Horizonte
DES·LEBENS

James J. Lynch

Die Sprache des Herzens

Wie unser Körper im Gespräch reagiert

Junfermann-Verlag, Paderborn 1987

Aus dem Amerikanischen von Sabine Störmer
Die Originalausgabe erschien 1985 unter dem Titel „ *The Language of the Heart* " bei Basic Books Inc., New York.

© 1985 by James J. Lynch
Für die deutsche Ausgabe:
© 1987 by Junfermann-Verlag, Paderborn
Programmlektorat: Roland Asanger
Umschlaggestaltung und Typografie: Christof Gassner
Gesetzt aus der Baskerville

Gesamtherstellung: Junfermann Druck & Service, Paderborn
Printed in Germany

CIP-Kurztitelaufnahme der Deutschen Bibliothek:
Lynch, James J.:
Die Sprache des Herzens: wie unser Körper im Gespräch reagiert/ James J. Lynch. [Aus d. Amerikan. von Sabine Störmer]. — Paderborn: Junfermann, 1987.
    (Horizonte des Lebens)
    Einheitssacht.: The language of the heart < dt. >
    ISBN 3-87387-267-6

INHALT

5

VORWORT

Als James J. Lynch vor vielen Jahren seine Untersuchungen mit Hochdruckpatienten begann, verfügte er noch nicht über automatische Geräte, die bei Menschen den Blutdruck auf unblutige Weise aufzeichnen. Er mußte seine Gespräche mit den Patienten immer wieder unterbrechen, damit der Blutdruck gemessen werden konnte. Dabei wurde aber der Blutdruck durch den Meßvorgang und den „Effekt der Person", d. h. die Sympathie oder Antipathie, die der Untersuchte für den Untersucher empfindet, beeinflußt. Als Dr. Lynch später ein Apparat zur automatischen Registrierung des Blutdrucks zur Verfügung stand, konnte er — unbeeinflußt von diesen Störungen — in vielen, ständig wiederholten Untersuchungen feststellen, daß es beunruhigende oder kränkende Erinnerungen gibt, von denen im Bewußtsein jede Spur gelöscht ist, auf die der Körper aber mit heftigen Reaktionen des Herzschlags und des Blutdrucks reagiert.

Das Erleben der körperlichen Reaktionen auf die Ereignisse unserer Umgebung ist für unsere Gesundheit von großer Bedeutung: Der berühmte amerikanische Physiologe und Zeitgenosse Pawlovs, W. B. Cannon, sprach von der „Weisheit des Körpers", der uns mit seinen Reaktionen auf unsere Umgebung mitteilt, was für unsere körperliche und seelische Gesundheit gut ist und was eine Gefahr bedeutet. Wenn dieser innere Dialog zwischen dem bewußten Erleben eines Menschen und seinem Körper gestört oder gar abgebrochen ist, tritt eine Situation ein, die von Psychoanalytikern „Verdrängung affektiver Konflikte ins Unbewußte" genannt worden ist und die nach ihren Erfahrungen eine Ursache oder Mitursache für eine körperliche Erkrankung sein kann.

Die Untersuchungen und Behandlungen, die Lynch in diesem Buch schildert, lassen uns diese Zusammenhänge besser verstehen und machen deutlich, welches Gewicht sie für die Medizin haben.

Freiburg, im Dezember 1986
Prof. Dr. med. Thure von Uexküll

DANKSAGUNGEN

Dieses Buch beschreibt eine Entdeckungsreise, die vor über zwanzig Jahren begann. Sie wäre nicht möglich gewesen ohne die liebevolle Unterstützung und die hervorragenden geistigen Fähigkeiten Dutzender von Kollegen, ohne den Schmerz und das Leiden Hunderter von Patienten und ohne die bereitwillige Teilnahme Tausender Einzelpersonen an unseren Forschungsstudien. Ihre vereinte Hilfe hat das Schreiben dieses Buches zu einer freudigen, aber auch verpflichtenden Arbeit gemacht. Denn keine Formel der Anerkennung und kein Ausdruck der Dankbarkeit könnten je hinreichend deutlich machen, wie sehr ich in der Schuld anderer stehe. Trotzdem ist es mir wichtig, an dieser Stelle zu betonen, daß dieses Buch niemals von einer Person allein hätte vollendet werden können.

Mein besonderer Dank gebührt den Patienten und dem Personal der Abteilung für Koronarbehandlung an der Klinik der Universität von Maryland, die uns zum ersten Mal dazu brachten, die Verknüpfung zwischen menschlicher Einsamkeit und Herzerkrankungen genauer zu prüfen. Des weiteren ließen uns viele Patienten des Psychophysiologischen Zentrums der Universität von Maryland an den kostbarsten und schmerzlichsten Seiten ihres Lebens teilhaben, so daß wir die Sprache des menschlichen Herzens hören und verstehen konnten. Der innigste Wunsch dieser Patienten ist es, daß durch ihre Bereitschaft, Einblick in persönliche Konflikte zu gewähren, anderen geholfen werden kann. Und ich hoffe inständig, daß dieses Buch ihre Erwartungen erfüllt. Zu ganz besonderem Dank verpflichtet bin ich auch den Mitarbeitern der Verwaltung an der Medizinischen Fakultät und der Krankenpflegenschule der Universität von Maryland, speziell in der Abteilung für Psychiatrie, die meine Forschungen in den letzten fünfzehn Jahren großzügig gefördert haben. Vor allem Eugene B. Brody, M. D., und Russell R. Monroe, M. D., sind hier dankbar zu erwähnen.

Dieses Buch enthält die Arbeitsergebnisse einer Gruppe engagierter Forschungskollegen, die dem Physiologischen

Zentrum an der Medizinischen Fakultät der Universität von Maryland eine ganz eigene Note von Wärme und vorzüglicher Leistung verliehen haben. Eine schlichte Auflistung ihrer Namen vermittelt zwar nicht, welch entscheidende Rolle sie bei der Entwicklung unseres Verständnisses gespielt haben, doch ohne ihr schöpferisches Engagement sowie ihre Sorge und ihr Interesse für das Wohlergehen ihrer Mitmenschen wäre dieses Buch nicht zustande gekommen. Ihnen allen danke ich für die Art, in der sie mein Leben bereichert haben, und hoffe, daß sie mit den Früchten ihrer Arbeit zufrieden sind:

Ruth Brownell, R.N., M.S.	Linda Sue Lottes, R.N., M.S.
Grace Chicadonz, R.N., PH.D.	Kenneth L. Malinow, M.D.
William Convey, M.D.	Paula Mason, R.N., M.S.
Ann Creamer, B.A.	Cindy Miller, R.N., M.S.
Jay Perry Foreman, B.S.	Mary Etta Mills, R.N., SCD.
Carolyn Freed, R.N., M.S.	Katie Mosley, R.N., M.S.
Erika Friedmann, PH.D.	Margaret Noctor, R.N., M.S.
Sally Grestly, R.N., M.S.	Lourdes F. Orta, B.S., PH.D.
Pamela Sue Hall, R.N., M.S.	David A. Paskewitz, PH.D.
Gayle Holcomb, R.N., M.S.	Christine Peterson, B.S., M.S.
John Hsiao, M.D.	Maureen Richey, R.N., M.S.
Katie Jones, R.N., M.S.	Marycarol Rossignol, R.N., M.S.
Aaron H. Katcher, M.D.	Ellen Sappington, R.N., M.S.
Denise Kulick-Ciuffo, R.N., M.S.	Eliot Siegel, M.D.
Debbie Lewandowski	Sue Snedker, R.N., B.S.N., M.A.
Pat Liehr, R.N., M.S.N.	Fran Wimbush, R.N., M.S.
Jack Long, D.S.W.	

Raymond Rochkind vom Graphikbüro der Universität Maryland in Baltimore zeichnete die meisten Abbildungen und Kurven in diesem Text. Seine einzigartig genaue Darstellung von Stephen Hales' erster Blutdruckmessung ist nur einer der zahlreichen hervorragenden Beiträge, die er zu unserer Arbeit leistete.

Zwei Ärzte — Dr. Paul Rosch, der Präsident des Amerikanischen Streß-Instituts in New York, und Dr. Kenneth Gimbel, ein Herzspezialist aus Atlanta — opferten unter großem persönlichen Aufwand selbstlos ihre Zeit wie ihre Fachkenntnis und geizten nicht mit schonungsloser Kritik an früheren Entwürfen dieses Buches. Ich muß heute noch lächeln, wenn ich daran zurückdenke, auf welch raffinierte Weisen sie etliche Male versuchten, mich vor möglichst vielen Unklarheiten zu bewahren — und sie meinen Lesern zu ersparen. Ich hoffe, diese liebenswerten Kritiker sind wenigstens ansatzweise mit dieser Schlußfassung zufrieden, die sich ihrer Lektüre entzog und infolgedessen ihr endgültiges wissenschaftliches Plazet nicht erhalten hat. Ebenso bin ich Dr. Richard B. Carter zu besonderem Dank verpflichtet. Es bestand darauf, daß ich bestimmten weitergehenden philosophischen Fragen, die sich aus unseren Experimenten ergaben, nicht auswich. Sein Einblick in die philosophischen Schriften René Descartes' und in die Beiträge von Adolf Portmann erwies sich als äußerst wertvoll. Gleichermaßen war mir Elinore Detiger aus den Niederlanden dabei behilflich, die umfassenden philosophischen Implikationen unserer Arbeit zu begreifen. Ich hoffe, dieses Buch wird ihren behutsamen Lektionen gerecht. Schließlich möchte ich Dr. Herbert C. Gross, dem Ko-Direktor der Psychophysiologischen Klinik, danken: Seine psychodynamischen Einsichten, sein Ansporn und seine Unterstützung halfen, viele der durch unsere neuen Techniken aufgeworfenen, klinischen Probleme herauszuarbeiten.

Mary Horka tippte zwei Jahre lang wieder und wieder die zahlreichen Versionen dieses Manuskripts. Für ihre Geduld, Ausdauer und Freundlichkeit bin ich besonders dankbar.

Ich hatte das große Glück, mit Martin Kessler, dem Geschäftsführer von Basic Books, und meiner Lektorin Phoebe Hoss zusammenzuarbeiten. Beide taten alles dafür, dieses Buch so gut zu machen, wie es die Grenzen des Autors erlauben wollten. Ihnen beiden verdanke ich und dieses Buch sehr viel.

Meiner Frau Eileen, meinen Söhnen Joe und Jim und meiner Tochter Kathleen schulde ich mehr als nur Dankbarkeit. Sie sind die Sprache meines Herzens, sind der Grund dafür, daß dieses Buch überhaupt existiert, und die Quellen jeglicher Inspiration in diesen Seiten. Sie sind das, was am *dialogos* — in dem ein Herz wahrhaft zum anderen spricht — so unendlich schön ist.

11

EINFÜHRUNG

Ungebildet, kannte er nicht des Lehrers feine Kunst, keine Sprache außer der Sprache des Herzens.
Alexander Pope

Wes das Herz voll ist, des geht der Mund über.
Matthäus 12; 34

Cor ad cor loquitur („Herz spricht zu Herzen").
Motto von John Henry Newman

Aber noch braucht das Herz seine Sprache. /
Samuel T. Coleridge

Herr, wer darf weilen in deinem Zelt, wer darf wohnen auf deinem heiligen Berg?
Wer untadelig lebt und tut, was recht ist und die Wahrheit redet von Herzen.
Psalm 15; 1-2

Wir Menschen unterscheiden uns von allen anderen Lebewesen dadurch, daß wir sprechen. Ob Mann oder Frau oder Kind, durch das Gespräch können wir unsere Sehnsüchte, Gedanken, Pläne und — vor allem — Gefühle miteinander teilen. Verbunden damit ist eine andere einfache und doch erhabene Wahrheit: Während wir mit Worten reden, sprechen wir auch mit unserem Fleisch und Blut. Wie wir sehen werden, deckt eine Studie nach der anderen auf, daß das menschliche Gespräch nicht nur deutlich auf unser Herz wirkt, sondern sogar die Biochemie einzelner Gewebe in den äußersten Extremitäten des Körpers verändert. Da durch jedes menschliche Gewebe Blut fließt, wird der gesamte Körper durch das menschliche Gespräch beeinflußt. Demnach ist es wahr: Wenn wir sprechen, so tun wir dies mit jeder Faser unseres Seins.

Diese „Sprache des Herzens" ist unerläßlich für die Gesundheit und das Gefühlsleben eines jeden von uns. Dennoch war diese lebenswichtige Wahrheit weitgehend durch eine wissenschaftlich-philosophische Sichtweise verdunkelt, die wir alle teilen und die uns veranlaßt, über den menschlichen Körper ausschließlich im Sinne seiner mechanischen Funktionen nachzudenken. In einem Zeitalter, das durch dramatische Bilder von Herztransplantationen, künstlichen Herzmaschinen und sogar der Verpflanzung eines Affenherzens in ein menschliches Baby beherrscht wird, ist es nur allzu leicht, den menschlichen Körper lediglich als eine Maschine zu betrachten, die weder in der Lage ist, anderen zuzuhören, noch mit ihnen zu sprechen. Trotzdem: Das Wesentliche des menschlichen Seins ist das Einbezogensein des Körpers in das Gespräch — ein Prozeß, den keine Maschine je vollziehen könnte. Denn das menschliche Herz spricht eine Sprache, die nicht nur unerläßlich für unser Wohlbefinden ist, sondern auch menschliche Gefühle ermöglicht und Menschen miteinander verbindet.

In diesem Buch möchte ich diese Sprache im Lichte neuer wissenschaftlicher Daten über die Verbindung zwischen dem gesprochenen Wort und dem menschlichen Herzen darstellen und zeigen, wie diese Verknüpfung zwei der wichtigsten Herz-Kreislauf-Erkrankungen, Bluthochdruck und Migränekopfschmerzen, beeinflußt*. Das menschliche Gespräch ist ein bedeutsamer Faktor sowohl bei der Entstehung als auch in der Behandlung dieser Erkrankungen. Ich hoffe, dieses Buch wird helfen, einiges von dem Leid und dem Schmerz zu lindern, die durch diese Krankheiten verursacht werden. Doch ich möchte gleich hinzufügen, daß mein Gesamtziel weit darüber hinausgeht, eine neue Betrachtungsweise ihrer Ursachen und ihrer Behandlung zu beschreiben oder auch weitere Krankheiten als symptomatisch für einen gestörten menschlichen Dialog einzubeziehen. Vielmehr soll anhand dieser beiden Krankheiten gezeigt werden, was es für einen Menschen bedeutet, in einem Körper zu leben, der spricht.

Um zu begreifen, warum wir dazu tendieren, unseren Körper als eine Maschine zu betrachten, brauchen wir uns nur ein herausragendes Ereignis von Ende 1982 und Anfang 1983 in Erinnerung rufen. Zum ersten Mal in der Geschichte wurde an der Universitätsklinik von Utah in *Salt Lake City* das Leben eines Menschen durch eine künstliche Herzmaschine aufrechterhalten. Die Öffentlichkeit reagierte wie elektrisiert auf dieses Unternehmen. Ähnliche Aufregung gab es wohl nur bei der ersten Herztransplantation, die 1969 von Christiaan Barnard in Kapstadt in Südafrika durchgeführt wurde. Und wie bei jener früheren Operation berichteten ärztliche Bulletins der Welt stündlich von Dr. Clarks Fortschritten. Währenddessen ließ außerhalb des Körpers des Patienten eine Maschine die lebenserhaltende Flüssigkeit — das Blut — weiterfließen, unablässig und effizient pulsierend im Takt der Seufzer ihrer Kompressoren. Noch 112 Tage arbeitete die Maschine, pumpte das Blut durch den Körper des Patienten, bis durch das Versagen anderer Organe sein Kreislauf kollabierte

---

* Da bereits eine große Zahl ausgezeichneter Veröffentlichungen über die fachlichen Aspekte dieser Erkrankungen zur Verfügung steht, habe ich in diesem Buch versucht, mit möglichst wenig Fachausdrücken auszukommen.

und er starb. Dreizehnhundert Trauergäste, einschließlich eines Stellvertreters des Präsidenten der Vereinigten Staaten, nahmen an seiner Beerdigung in der Stadt *Federal Way* im Staate Washington teil.

Zweifellos hatte nicht nur Dr. Clark, sondern der ärztliche Berufsstand insgesamt eine heroische und großartige Leistung in Angriff genommen und vollbracht. Darüber hinaus bildete diese Heldentat, die über die ganze Welt verkündet wurde, den Höhepunkt einer Glaubenseinstellung, auf deren Grundlage medizinische Wissenschaftler seit über drei Jahrhunderten gehandelt haben: daß nämlich der menschliche Körper sich aus einer Reihe im wesentlichen mechanischer Organe zusammensetzte, an denen man, wenn sie nicht richtig funktionierten, wie an jedem beliebigen Mechanismus herumbasteln könne, in der Hoffnung, ihn wieder in Ordnung zu bringen.

Ungefähr zur gleichen Zeit erlebten meine Kollegen und ich an der Psychophysiologischen Klinik der Medizinischen Fakultät der Universität Maryland, ebenfalls zum ersten Mal, eine völlig andere Seite des menschlichen Kreislaufsystems. Dies sollte dazu führen, daß wir eine völlig neue Behandlungsform entwickelten, die auf dem Verständnis der Verbindung zwischen menschlicher Kommunikation und dem Herz-Kreislaufsystem basiert. Denn die Computertechnologie ermöglichte uns die Beobachtung, daß der Blutdruck deutlich ansteigt, sobald jemand zu sprechen beginnt, daß das Herz schneller schlägt und mikroskopisch kleine Blutgefäße in den äußersten Körperpartien sich ebenfalls verändern. Umgekehrt sinkt der Blutdruck gewöhnlich, und die Herzfrequenz verringert sich — häufig bis unter das normale Ruheniveau —, wenn man dem Sprechen anderer zuhört oder sich in entspannter Weise intensiv auf seine Umgebung konzentriert.

Anfangs schien diese Entdeckung eher ein Kuriosum als ein konzeptioneller Durchbruch zu sein, besonders, wenn man ihr das menschliche Drama in Utah gegenüberstellte. Aber die Daten waren so eindeutig und so konsistent, daß wir nicht über sie hinweggehen konnten. Sie zeigten uns, daß

16

jahrhundertealte religiöse, philosophische, literarische und poetische Weisheiten über die Verknüpfung zwischen Rede und dem menschlichen Herzen im Kern eine erstaunlich fruchtbare Wahrheit enthielten, und eine für die Medizin zentrale zudem. Einmal dieser Wahrheit bewußt geworden, überprüften wir daraufhin eine Vielzahl von Fällen und Forschungsarbeiten. Wir untersuchten Tausende von Personen, von Neugeborenen, die in ihren Kinderbetten schrien, über Vorschulkinder, die ihr ABC aufsagten; Oberschüler beim lauten Vorlesen aus ihren Lehrbüchern; Krankenpflegeschüler und Medizinstudenten bei der Beschreibung ihrer täglichen Arbeitsroutine; Hochdruckpatienten in unserer Klinik und solche, die ängstlich auf eine *Bypass*-Operation am Herzen warteten; Schizophrene auf psychiatrischen Stationen; bis hin zu älteren Patienten in Pflegeheimen, die ihre Einsamkeit schilderten, und Patienten, die dem Tod nahe waren. In *jedem* Fall war die Verbindung zwischen Sprache und Herz deutlich erkennbar und nicht zu leugnen.

Dennoch gab es eine starke Kraft, die uns anfangs die Erkenntnis erschwerte, daß wir tatsächlich dabei waren, ein neuartiges Behandlungskonzept hervorzubringen. Diese Kraft hatte, wie ich bereits sagte, mit dem unüberprüften philosophischen Standpunkt zu tun, mit dem wir an unsere eigenen Untersuchungen herangingen. Er schließt eine Vorstellung vom menschlichen Körper ein, die im Grunde von jedem in unserer Gesellschaft geteilt wird und zum ersten Mal im siebzehnten Jahrhundert von dem französischen Philosophen René Descartes formuliert wurde. In einem Zeitalter, das Zeuge der Anfänge moderner Wissenschaft war, machte sich Descartes die Entdeckungen von Wissenschaftlern wie Galilei, Kopernikus, Kepler, Harvey und Pascal zunutze und schuf aus ihren Ergebnissen ein neues und übersichtliches philosophisches System. Wie Descartes selbst erklärte, wollte er eine völlig neue Medizin ins Leben rufen, die auf der Annahme basierte, der menschliche Körper sei eine Maschine. Er erreichte sein Ziel so glänzend, daß sein Einfluß, obwohl er alles durchdringt, heute kaum noch nachzuweisen ist. Vielmehr wird seine Sichtweise als so selbstverständlich vorausgesetzt wie die Luft, die wir atmen.

Descartes verkündete und verteidigte die Idee, daß der menschliche Körper gleich allen anderen Körpern in der Natur nach mechanischen Prinzipien funktionierte. Er trennte geistige Funktionen von körperlicher Mechanik und behauptete, die Fähigkeit, zu denken, sei eine Folge der Existenz der menschlichen Seele. Obwohl scheinbar harmlos, war dies dennoch eine außergewöhnliche Vision. Sie beherrscht die Art und Weise, in der wir in der westlichen Welt das Wesen des Menschen zu verstehen gelernt haben, und ebenso unser Verständnis des menschlichen Körpers, der menschlichen Gesundheit und der Verbindung zwischen unseren individuellen Körpern und unserer sozialen Existenz. Seit Descartes wurden Fragen von Gesundheit und Krankheit strikt der medizinischen Wissenschaft zugewiesen; geistige und soziale Belange dagegen wurden zunehmend so eingeschätzt, als hätten sie wenig gemeinsam mit körperlicher Gesundheit*. Dies führte dazu, daß Ärzte ähnlich ausgebildet werden wie jene hochgeschulten Techniker, welche die französischen Wassergärten instandhielten, wo Statuen so raffiniert konstruiert waren, daß sie sich durch Wasserdruck bewegten; Descartes ließ

---

* Der Einfluß Descartes' war in religiösen Kreisen ebenso ausgeprägt wie in der Medizin. So hält es heute keine theologische Schule — sei sie katholisch, protestantisch oder jüdisch — für nötig, ihre Studenten elementare Anatomie und Physiologie zu lehren. Der Körper ist für religiöse Fragestellungen völlig unwichtig, obwohl das biblische Denken in solchen Belangen verwurzelt ist (etwa den Diätvorschriften des Talmud oder christlichen und jüdischen Vorstellungen über das Blut und das Herz). Krankenhausgeistliche werden heutzutage so ausgebildet, daß sie keinerlei Notwendigkeit spüren, auch nur die Grundzüge einer körperlichen Erkrankung zu verstehen; statt dessen sehen sie ihre Aufgabe in der Sorge für die Seele. Ähnlich können Psychologen ihre gesamte Ausbildung ohne Unterricht in Anatomie und Physiologie abschließen (in den USA; Anm. d. Übers.). Für die Zulassung zum Medizinstudium werden nicht einmal elementare Einführungskurse in Psychologie oder Philosophie gefordert, aber fortgeschrittene Kenntnisse in Mathematik, Physik und Chemie verlangt.

sich davon bei der Formulierung seines Konzepts inspirieren. Drei Jahrhunderte nach ihm war es völlig normal, über eine Herztransplantation bei einem Menschen mehr oder weniger genauso zu denken wie ein Mechaniker über das Ersetzen einer defekten Wasserpumpe: Herzkrankheiten sind zu mechanischen Problemen in einem fehlerhaften hydraulischen System geworden. Fürwahr ist heute, wie der Arzt sagte, der das kleine Mädchen mit dem transplantierten Pavianherzen behandelte, „das Herz ... eine Muskelpumpe und nicht der Sitz der Seele".[1]

So war mit Descartes der Boden bereitet. Von da an begriff ein Denker nach dem andern, ein Wissenschaftler nach dem andern, den menschlichen Körper in mechanischen Kategorien — einschließlich, wie wir sehen werden, der führenden Geister der Neuzeit, Marx, Darwin, Freud, Pawlow. Ob in sozialer Evolution oder Revolution, unkritisch wurde die Annahme akzeptiert, der Körper sei eine isolierte und in sich geschlossene Gruppe von Organen, die streng nach mechanischen Prinzipien funktionierten. Im weiteren Verlauf wurde das Gefühlsleben des Menschen mehr und mehr als eine Widerspiegelung mechanischer Funktionen innerhalb einer gut geölten Maschine angesehen. Einzigartige Aspekte der menschlichen Sprache wurden durch eine wissenschaftliche Sichtweise verschleiert, die akzeptierte, daß der menschliche Körper anderen Tierkörpern in seiner Arbeitsweise ähnelt und das menschliche Gefühlsleben mit dem Gefühlsleben von Tieren vergleichbar ist.*

Der Aufbau dieses Buchs folgt der Entwicklung unseres Denkens in dieser Sache, über zwei Jahrzehnte der Forschung. Am Anfang unserer Entdeckungsreise versuchten wir zu verstehen, wie menschliche Beziehungen und menschliche Einsamkeit auf die Gesundheit des Herz-Kreislaufsystems wirken. 1977 faßte ich unsere Ergebnisse in dem Buch „Das

---

* Wie ich in den Kapiteln 4 und 9 beschreiben werde, war es diese Vorstellung, die Wissenschaftler dazu trieb, streßinduzierte körperliche Krankheiten mit Hilfe von Tierversuchen zu erforschen.

gebrochene Herz"[2] zusammen. Dieses Buch basiert auf der Tatsache, daß Einsamkeit zu den wichtigsten Ursachen für frühzeitiges Sterben gehört. In unseren Studien war die Zahl verfrühter Todesfälle bei alleinlebenden Personen für eigentlich jede Todesursache — ob Selbstmord, Krebs, Leberzirrhose, Autounfall oder Herzkrankheit — weit höher als bei Personen, die verheiratet waren. Während wir in gewissen Fällen — wie Selbstmord, Leberzirrhose oder Lungenkrebs — die Faktoren, die den vorzeitigen Tod verursacht hatten, leicht herausfinden konnten, waren die Mechanismen in anderen Fällen weit weniger eindeutig; insbesondere gilt dies für Herzerkrankungen, die häufigste Todesursache in den Vereinigten Staaten. Es war alles andere als offensichtlich, warum Alleinlebende, Verwitwete und Geschiedene mit einer doppelt bis vierfach so großen Wahrscheinlichkeit vorzeitig an Bluthochdruck, Schlaganfall und Erkrankungen der Herzkranzgefäße starben wie Verheiratete.

Obgleich menschliche Einsamkeit der einzig wichtige und zwingende emotionale Faktor bei diesen verfrühten Todesfällen zu sein schien, waren wir nicht in der Lage, zu erklären, wie dieser Gefühlszustand das Herz beeinflußte. Obwohl die Statistiken eindeutig waren, verstanden wir nicht, wie eine menschliche Erfahrung, etwa der Verlust eines Menschen oder ein Trauerfall, zu einem vorzeitigen Tod durch Bluthochdruck, Schlaganfall oder Herzinfarkt führen konnte. Ebensowenig durchschauten wir, auf welche Weise Einsamkeit Erhöhungen des Blutdrucks verursacht. Während wir noch über dieser Frage grübelten, bedrückte uns gleichermaßen die Sorge, wie wir diesem Problem wirksam begegnen könnten. Denn viele Patienten, die in der Abteilung zur Behandlung koronarer Herzkrankheiten erschienen, bestätigten nur die Statistiken, in denen wir eine Verbindung zwischen Einsamkeit und einem erhöhten Risiko für Herzkrankheiten entdeckt hatten.

Diese Fragen brachten uns dazu, Einsamkeit bei Hochdruckpatienten zu untersuchen. Bluthochdruck war und ist heute noch das wichtigste medizinische Problem im modernen

Amerika (schätzungsweise leiden 40 bis 60 Millionen Amerikaner an Bluthochdruck). Deshalb nahmen wir an, daß Einsamkeit eine bedeutende Rolle bei dieser Erkrankung spielt, zumindest in einem beträchtlichen Prozentsatz der Fälle.

Doch bei unserem Bemühen, die Wechselwirkungen zwischen menschlicher Einsamkeit und Bluthochdruck zu untersuchen, sahen wir uns bald mit einer ganzen Reihe von Widersprüchen konfrontiert. Einerseits schien es intuitiv offensichtlich, daß Gespräche das beste Gegenmittel gegen menschliche Einsamkeit sein müßten, andererseits warnte eine umfangreiche und wissenschaftlich gut belegte Literatur eindringlich, daß bestimmte Arten sozialer Interaktion ein erhebliches Ansteigen des Bluthochdrucks bei Hochdruckpatienten verursachen können. Genauer gesagt: Gerade die Form von psychotherapeutischem Gespräch, die am besten geeignet schien, bis zu der Einsamkeit der Hochdruckpatienten vorzudringen, hatte sich als eben jene Interaktion erwiesen, die den Anstieg des Blutdrucks in gefährliche Höhen verursachte. Dieses Problem bekam noch mehr Gewicht, als wir eine verblüffende Beziehung zwischen Sprechen und Bluthochdruck entdeckten. Der Blutdruck stieg bei nahezu jeder Testperson während des Sprechens an, erhöhte sich aber bei Hochdruckpatienten weit mehr als bei irgendeiner anderen Gruppe. Gelegentlich schnellte der Blutdruck eines Hochdruckpatienten um 50 Prozent über das Ruheniveau, sobald er oder sie zu sprechen begann. Wir mußten also einsehen, daß unsere psychotherapeutische „Behandlung" den Hochdruck verschlimmerte. Wir fingen an, uns zu fragen, ob Hochdruckpatienten in ihren eigenen Körpern gefangen sind wie in einer Falle — und zu ihrem Schicksal verurteilt sind, egal ob sie sich von ihren Mitmenschen zurückziehen oder versuchen, Beziehung zu ihnen aufzunehmen.

Bei unseren Anstrengungen, dieses Dilemma zu lösen, stießen wir auf eine ganz neue Dimension des Herz-Kreislaufsystems; dies ermöglichte es uns, einen völlig neuen Ansatz zur Behandlung von Kreislauferkrankungen wie Hochdruck und Migränekopfschmerz zu entwickeln. Schließlich erkannten wir, daß das menschliche Kreislaufsystem ungleich mehr leistet, als sich an innere oder äußere Anforderungen anzupassen: *Es kommuniziert auch.* Da unsere Herzen eine Sprache sprechen, die niemand hört oder sieht und folglich verstehen kann, können wir herzkrank werden.

In den folgenden Kapiteln werde ich einige klinische Fälle beschreiben, die von mir und anderen Mitarbeitern im psychophysiologischen Labor oder in der Medizinischen Klinik der Universität Maryland behandelt wurden. Diese Patienten waren Menschen, die sich, buchstäblich und absolut unwissentlich, in eine solche Herz-Kreislauferkrankung hineingeredet hatten und denen wir beibrachten, sich wieder gesund zu reden*.

Bei Maschinen, die von Menschen geschaffen wurden, ist es völlig klar, wer und was die inneren Mechanismen kontrolliert und warum eine bestimmte Maschine entwickelt wurde, zum Beispiel die Pumpe, die das Herz Barney Clarks ersetzte. Die Pumpe war entworfen worden, um einem besonderen Zweck zu dienen, und ihr Funktionieren wurde vollständig von ihren Herstellern geregelt. Doch wer für die Maschinerie des menschlichen Herzens verantwortlich ist und sie steuert, das ist eine andere Frage. Kontrolle wird hier sowohl von innen als auch von außen ausgeübt. Diese Idee ließ uns, obwohl sie uns anfangs simpel erschien, allmählich begreifen, daß innere körperliche Mechanismen, etwa Hochdruck, von denen man lange geglaubt hatte, sie seien primär durch das innere Getriebe reguliert, auch stark durch die Kraft des menschli-

---

* Um die Anonymität zu wahren, habe ich bestimmte persönliche Kennzeichen wie Name, Beruf, familiäre Umstände und Heimatort geändert. Außerdem sind die Dialoge im Text keine wörtlichen Wiedergaben, sondern sollen die Grundstimmung der Gespräche zwischen Therapeut und Patient erfassen. In den meisten Fällen wurde das Gespräch aus kurzen klinischen Notizen rekonstruiert, die während der Sitzung festgehalten worden waren. Weder die Veränderung der persönlichen Daten noch die Art der „aufgezeichneten" Gespräche sollte die Verständlichkeit der Fälle, des Therapieverlaufs oder des Therapieergebnisses für den Leser entscheidend mindern.

chen Gespräches beeinflußt werden. Nachdem diese Kraft einmal erkannt war, lernten wir zu verstehen, daß es gerade das Gespräch ist, was dem Körper das spezifisch Menschliche verleiht.

Da das menschliche Gespräch und seine Verbindung zu unseren Herzen und Gefühlen das zentrale Thema dieses Buches ist, möchte ich es hier wie in „Das gebrochene Herz" definieren:

In seiner allgemeinsten Bedeutung besteht das Gespräch aus der wechselseitigen Kommunikation zwischen zwei oder mehr Lebewesen. Es umfaßt das Mitteilen von Gedanken, körperlichen Wahrnehmungen, Ideen, Idealen, Hoffnungen und Gefühlen. Kurz, das Gespräch umfaßt den gegenseitigen Austausch jeglicher Erfahrung des Lebens ... Andere Merkmale des Gesprächsprozesses sind: Er ist wechselseitig, spontan, oft nonverbal und lebendig. [3]

Das Kernstück dieses Buches ist die Vorstellung, daß wir Menschen wechselseitig biologisch aufeinander bezogen sind — und daß jeder Versuch, Gesundheit zu erhalten oder wiederherzustellen, auf dieser Realität aufbauen muß. Wissenschaftliche Versuche, den menschlichen Körper losgelöst vom grundlegendsten aller menschlichen Wesenszüge zu begreifen — nämlich der Tatsache, daß wir sprechen —, bringen nur allzu leicht eine Heilkunde hervor, die zwar brilliant isolierte Teile des menschlichen Körpers behandelt, aber das Individuum als Ganzes und als einen Teil der Natur ernstlich vernachlässigt. Wir können Krankheit nur verstehen und mit ihr umgehen, wenn wir in der Lage sind, uns selbst als Teil einer komplexen Welt zu sehen, die über die engen Grenzen unserer eigenen Haut hinausgeht. Die Antwort unserer Herzen, Blutgefäße und Muskeln im Gespräch mit dem Ehepartner, den Kindern, Freunden, Kollegen und der größeren Gemeinschaft hat ebensoviel mit der Gesundheit unseres Kreislaufs zu tun wie die Faktoren von sportlichem Training oder Ernährung.

Die Sprache des Herzens ist derart lebenswichtig für die menschliche Gesundheit, daß sie schreckliches körperliches Leiden und sogar frühzeitiges Sterben verursachen kann, wenn sie unbeachtet bleibt, nicht gehört oder mißverstanden wird. Denn die Sprache unserer Herzen schreit danach, gehört zu werden. Sie verlangt danach, verstanden zu werden. Und wir dürfen uns ihr nicht verschließen. Unsere Herzen sprechen mit einer Beredsamkeit, die Dichter stets — und wahrhaftig — empfunden haben. Nun ist es an uns, ihr zuzuhören und sie verstehen zu lernen.

1
KÖRPER IM AUFRUHR

Es sind die Augenblicke der Krankheit, in denen wir gezwungen sind zu erkennen, daß wir nicht allein leben, sondern gefesselt an ein Wesen aus einem anderen Königreich, von dem uns Welten trennen; ein Wesen, das uns nicht kennt und dem wir uns unmöglich verständlich machen können: unser Körper.

Marcel Proust, Auf der Suche nach der verlorenen Zeit

Psychosomatische Erkrankungen

Wie Proust andeutet, neigen wir dazu, unsere Körper so lange als selbstverständlich hinzunehmen, bis wir krank werden. Wenn sich auch die Bürger unserer Gesellschaft immer bewußter werden, wie wichtig es ist, für den Körper zu sorgen, und immer mehr Menschen aktiv Sport treiben und Diät halten, so fragen wir uns doch selten, welche Beziehung wir eigentlich zu unserem Körper haben. Eine derartige Frage bleibt gewöhnlich Zeiten der Krankheit vorbehalten oder Momenten, in denen wir mit einem lebensbedrohlichen Leiden konfrontiert sind. Erst dann sehen wir — in wirklich tiefgreifender und doch beiläufiger Weise — der Feststellung ins Auge, daß eine Person und ihr Körper möglicherweise zwei verschiedene Wesen sind.

Instinktiv sucht man während einer Krankheit nach ihren Gründen in seinem Körper, der als hochkomplizierte biologische Maschine wahrgenommen wird. Und wenn die mechanische Ursache gefunden ist — sei es eine Infektion, ein Keim, ein Parasit oder eine ansteckende Seuche —, stößt man gern einen Seufzer der Erleichterung aus, in der Erwartung, das Problem könne durch die Medizin aus der Welt geschafft werden. Denn medizinische Wissenschaft und Technik haben die Tücken körperlicher Mechanismen so gründlich und erfolgreich untersucht, daß viele der Krankheiten, die einst die Menschheit heimsuchten, besiegt sind. Dieser Sieg wiederum führte zu einem besseren Verständnis gewisser komplexerer Ursprünge von Krankheit und Tod. Durch die immer eingehenderen Untersuchungen der Wissenschaftler wurde eine neue Dimension des menschlichen Körpers entdeckt. Sie umfaßt den Einfluß, den eine Person auf ihre körperliche Gesundheit hat; und es wurde deutlich, daß körperliche Mechanismen nicht nur duch äußere Kräfte zum Besseren oder Schlechteren gewendet werden können, sondern ebensogut durch Kräfte aus dem Inneren des Körpers. Diese Dimension, „psychophysiologisch" oder auch „psychosomatisch" genannt, wird allmählich als genauso wichtig für die menschliche Gesundheit betrachtet wie die traditionellen Krankheitsursachen.

Schon immer haben die Menschen ihren Hang zur Selbstzerstörung erkannt. Offener Selbstmord oder verdeckte Formen der Selbstzerstörung wie Zigarettenrauchen und Alkoholismus werden seit langem als realer Bestandteil der menschlichen Natur angesehen. Verbunden mit dieser Erkenntnis hat sich schrittweise die Einsicht entwickelt, daß auch psychosomatische Prozesse die Ursache für Schmerzen, Krankheit und sogar frühzeitigen Tod sein können. Diese psychosomatische Quelle der Selbstdestruktion ist weit beunruhigender als offenkundige Akte der Selbstzerstörung, besonders, weil sie unbewußt sein kann; oder selbst wenn man sich des Problems bewußt ist, kann man dennoch unfähig sein, es zu beherrschen.

Ein Hinweis auf das wachsende Bewußtsein für dieses Problem ist die zunehmende Anerkennung der Vorstellung, daß psychischer Streß stark auf den Körper wirkt oder einen Menschen krank machen kann. Der Begriff streßbedingter Krankheit wird heute häufig in den Nachrichten- und Unterhaltungsmedien erwähnt und bereitwillig von der breiten Öffentlichkeit übernommen. Es läßt eigentlich jeder die Idee gelten, daß Streß bei anderen eine Krankheit verursachen und vom menschlichen Körper einen gnadenlosen Tribut fordern kann. Während die Bedeutung von Streß auf einem abstrakten Niveau ohne Zögern akzeptiert wird, wird sie auf persönlicher Ebene nur halbherzig anerkannt, insbesondere, wenn das Problem dem Betroffenen nicht bewußt wird.

Doch sogar auf einem persönlichen Niveau wird Streß ohne weiteres eine Hauptrolle beim Entstehen körperlicher Erkrankungen eingeräumt, solange er als etwas wahrgenommen wird, das über das hilflose Opfer von außen hereinbricht. Ein Beispiel für diese Haltung ist der Fluglotsenstreik von 1982. Tausende verließen ihren Arbeitsplatz und mißachteten die Anordnung des Präsidenten, an die Arbeit zurückzukehren, weil man sie zu der Überzeugung gebracht hatte, daß ihre Beschäftigung extremen psychischen Streß verursachte und gefährliche Blutdruckanstiege. Obwohl ihre Arbeit wahrscheinlich nicht streßreicher als viele andere war und sicher weit weniger streßbeladen als Arbeitslosigkeit selbst, hatten

27

die Fluglotsen doch bereitwillig die Vorstellung übernommen, äußerer psychischer Streß könne ernsthafte Herz-Kreislauferkrankungen verursachen*. Während die Menschen sich immer mehr mit der Idee anfreunden, daß äußere Streßfaktoren den Körper beeinflussen, hat sich eine andere Wahrnehmung freilich nicht geändert. Den Körper betrachtet man weiterhin genauso, wie man ihn nahezu vierhundert Jahre lang gesehen hat: als eine Maschine, die sich selbst reguliert und einstellt. Psychischer Streß war lediglich einer Liste anderer Faktoren, die den Körper angreifen können, hinzugefügt worden, und insofern bildet er nur eine Ausweitung des Modells der Infektionskrankheiten. Heute wie im 17. Jahrhundert wird der menschliche Körper als eine hochkomplizierte, biochemische Maschine behandelt, die nur allmählich ihren Dienst versagt — es sei denn, sie wird zum Opfer von Kräften, die sie nicht kontrollieren kann; dabei spielt es keine Rolle, ob diese Kräfte geistiger oder körperlicher Art sind.

Die Trennung von Geist und Körper, veranschaulicht in Begriffen wie „psychosomatisch", hat es den Patienten besonders schwer gemacht, sich mit einer völlig anderen Quelle von Streß in ihrem Leben auseinanderzusetzen. Denn nicht alle streßbedingten körperlichen Leiden spiegeln, wie wir sehen werden, einen Kampf zwischen Geist und Körper wieder. Ganz im Gegenteil. Der Glaube, daß Geist und Körper in ei

---

* Ihre Überzeugung basierte auf medizinischen Studien, bei denen sich herausgestellt hatte, daß der Blutdruck höher als normal ist, wenn die Fluglotsen im Tower arbeiten.[1] Die medizinischen Forscher, die diese Untersuchungen durchführten, kannten die Verknüpfung von Sprechen und Blutdruck nicht und hatten aller Wahrscheinlichkeit nach Blutdruckanstiege gemessen, die nicht auf Streß zurückzuführen waren, sondern auf die Tatsache, daß der Blutdruck bei einer Aufgabe aufgezeichnet worden war, bei der die Fluglotsen sprechen mußten. Viele Fluglotsen waren so vollständig davon überzeugt, bei ihrer Arbeit ihre Gesundheit aufs Spiel zu setzen, daß sie streikten und sogar einer Anordnung des Präsidenten trotzten. Vermutlich verloren sie ihren Arbeitsplatz aufgrund einer unglücklichen Fehlinterpretation von Blutdruckwerten, die im Tower bei einer Arbeit gemessen worden waren, die nur mäßig streßbeladen gewesen sein dürfte.

ner Art selbstzufriedener, dualer Existenz zusammenleben, abgetrennt von allem anderen, hat die Tatsache verschleiert, daß Menschen darüber hinaus in ihrer natürlichen Umgebung leben, mit der sie biologisch ebenso verbunden sind wie mit anderen Menschen. So entsteht eine Hauptursache von Streß durch einen Zusammenbruch des Gesprächs und eine Blindheit gegenüber der Verbindung von menschlicher Kommunikation mit den Körperfunktionen, also dadurch, daß jemand emotional isoliert ist*.

Um diesen Ursprung von Streß und seine Wirkung auf den menschlichen Körper zu verdeutlichen, möchte ich zunächst drei Berufstätige aus Gesundheitsberufen vorstellen. Sie wehrten sich gegen die Erkenntnis, daß ihre körperlichen Leiden — Migränekopfschmerzen und Bluthochdruck — eine tiefgreifende Störung in ihrer Kommunikation mit anderen Menschen widerspiegelten. Jeder dieser „Gesundheitsprofis" wußte sehr viel über die menschliche Physiologie und Psychologie; und alle drei kannten sich in den neuesten Theorien über psychosomatische Erkrankungen gut aus. Dennoch half ihnen dieses Wissen nicht, ihre eigene, körperliche Notlage zu überwinden oder die Leiden zu lindern, die sich aus einem Mißverstehen der Sprache ihrer eigenen Herzen ergaben.

WENN ALLE TESTS NEGATIV AUSFALLEN

Nervös schnippte Patty die Asche ihrer Zigarette in einen Aschenbecher auf meinem Schreibtisch, lehnte sich in dem schwarzen Sessel zurück und ließ langsam den Rauch aus ihren Lungen strömen. Intensiv beobachtete sie, wie das dünne,

---

* Wie ich später — hauptsächlich in den Kapiteln 8 und 9 — erläutern werde, ist diese emotionale Isolation sehr komplex: Man kann von seinen eigenen Gefühlen abgeschnitten sein und sich deshalb im wörtlichen Sinne nicht auf sich selbst beziehen. Ist man nicht in der Lage, zu sich selbst eine Beziehung aufzunehmen, so ist man erst recht außerstande, zu anderen Kontakt herzustellen. Selbst wenn man versucht, diese emotionale Barriere zu durchbrechen und mit anderen zu sprechen, wollen diese möglicherweise nicht antworten.

grau-weiße Wölkchen träge von ihrer halb gerauchten Zigarette der Decke meines Sprechzimmers entgegenwaberte. Während sie auf den Rauch starrte, als sei sie von seinem langsamen Aufsteigen hypnotisiert, bemerkte sie mit gesenkter Stimme: „Alle Tests waren negativ — nicht einmal ein kleiner Tumor oder ein Blutgerinnsel — nicht der geringste Hinweis auf irgendein Problem. Ich nehme also an, daß die Migräne letzten Endes doch psychosomatisch sein muß." Sie verstummte für einen Moment, dann wandte sie sich mir zu, sah mich mit einem eigenartigen und etwas gezwungenen Lächeln an und fügte nachdenklich hinzu: „Doch, es ist bitter, sich wirklich einzugestehen, daß man irgendwie verrückt ist. Es ist besser, Krebs zu haben oder irgendeinen Hirntumor — Sie wissen, was ich meine?"

Äußerlich wirkte sie völlig ruhig, aber die Körperfunktions-Monitore neben ihrem Sitz zeigten eine andere, innere Wirklichkeit. Ihre Hände hatten eisige 25 Grad Celsius, fast sieben Grad unter normal; ihr Herz hämmerte mit 125 Schlägen pro Minute, doppelt so schnell wie normal; und der Blutdruck lag überraschend niedrig bei 98/50 Millimeter Quecksilbersäule*. Doch als ich Patty fragte, wie sie sich fühle, sagte sie: „Gut." Sie schien für das extreme Pochen ihres Herzens ebenso blind zu sein wie für die übrigen gravierenden Veränderungen, die in ihrem Körper auftraten.

Die ersten paar Male war ich überrascht, wenn ich die Patienten Angst gegenüber der Vermutung äußern hörte, ihre Migräne, ihre Muskelkrämpfe, ihr spastischer Dickdarm könnten nicht ausschließlich mechanisch bedingt sein. Obwohl solche Ängste weit verbreitet sind, wurde ich dennoch das Gefühl nicht los, Patty hätte es besser wissen und anders

---

* Bei der Blutdruckmessung bezieht sich die erste, höhere Zahl, hier 98, auf den *systolischen* oder Spitzenblutdruck, während die niedrigere Zahl, hier 50, den *diastolischen* oder niedrigsten Blutdruck in der Druckwelle bezeichnet. Ein normaler Blutdruck bei einer Patientin in Pattys Alter läge bei 120/60 und die normale Pulsfrequenz bei 60 bis 70 Schlägen pro Minute. Die Messung des Blutdrucks und ihre Bedeutung werden in Kapitel 2 eingehender erklärt.

empfinden müssen. Als blonde und attraktive Krankenschwester, dreiundvierzig Jahre alt, geschieden und gezwungen, für
den Unterhalt ihres sechsjährigen Sohnes allein zu sorgen,
schien sie kaum der Typ zu sein, der mit Depressionen auf die
Feststellung reagiert, daß ihre Migräne nicht die Folge eines
Hirntumors war.

Sie war gerade von einem Besuch bei einem Neurologen
zurückgekehrt. Dieser hatte umfassende medizinische Tests
durchgeführt, um die Möglichkeit auszuschließen, daß irgendein bis dahin unentdecktes, neurologisches Problem ihre
Kopfschmerzen verursacht haben könnte. In den letzten Monaten waren die Beschwerden so stark geworden, daß sie auf
ihrer Station nicht mehr effektiv arbeiten konnte. Von
Schmerzen und Sehstörungen geblendet fiel es ihr manchmal
schwer, die Tropfgeschwindigkeit der Infusionen zu erkennen, die sie bei schwerkranken Patienten einstellen sollte. In-
tramuskuläre Injektionen von Gynergin schienen Pattys
Kopfschmerzen nicht länger unterdrücken zu können, genausowenig wie eine ganze Batterie schmerzstillender Mittel.
Patty hatte sogar daran gedacht, aus einem Medikamenten-
schrank des Krankenhauses Codein zu stehlen, um ihrem
Elend zu entfliehen.

Aber selbst in ihrer Not hatte Patty nur zugestimmt, in
unsere Klinik zu kommen, weil ihr Neurologe fest darauf bestand. Sie erklärte, sie habe unsere Klinik ursprünglich für
„eine Art Zentrum für Biofeedback" gehalten, „wo ich hinge-
hen und lernen kann, meine Kopfschmerzen mit der Hilfe von
Computern zu kontrollieren." Ihre Einstellung wandelte sich,
sobald sie erfuhr, daß unsere Therapie weit mehr umfaßte, als
zu lernen, wie sie ihren Körper kontrollieren könnte, und daß
wir in der Tat glaubten, sie könne ihren Körper niemals wirklich „kontrollieren", sondern nur auf ihn hören, wenn er während eines zwischenmenschlichen Gespräches reagierte. Sie
schien sich unbehaglich zu fühlen bei der Aussicht, daß ihre
Körperfunktionen aufgezeichnet und auf einem Monitor dargestellt würden, während sie mit uns über verschiedene Themen sprach. Sie reagierte auf diese Methode mit der Bemer-

kung, eine Klinik, die sich „psychophysiologisch" nennt, müsse die Endstation sein — ein Ort, den man nur aufsuchte, nachdem alle anderen Behandlungsmöglichkeiten erschöpft waren.

Ihre starke Ambivalenz trieb mich dazu, auf die Ironie einzugehen, die in ihrer Sehnsucht enthalten war, eine körperliche Erklärung für ihre Probleme zu finden: „Wissen Sie, Patty, wenn Ihre Probleme mit Migräne aus Ihren Beziehungen zu anderen Menschen stammen, dann könnte es eine ganze Menge geben, was Sie tun könnten, um Abhilfe zu schaffen. Aber wie wären Ihre Aussichten, wenn Krebs oder ein Hirntumor entdeckt worden wären?"

„Ich weiß! Ich weiß!" erwiderte sie ungeduldig, während sie sich vorbeugte und ihre Zigarette im Aschenbecher ausdrückte. Dann — mit einem schnellen Blick auf den Computerbildschirm, der Minute für Minute lautlos die erheblichen Veränderungen der Herzfrequenz und des Blutdrucks abbildete — lächelte sie müde und bemerkte: „Diese Maschine stellt einen irgendwie bloß, nicht wahr?" Und ohne mir Zeit für eine Antwort zu geben, fuhr sie fort: „Also lassen Sie uns weitermachen mit dem, was Sie hier normalerweise tun — was auch immer es ist." (Ich werde Pattys Behandlung in Kapitel 8 wieder aufgreifen, wo ich mich speziell mit Migränekopfschmerzen befasse.)

DIE UNGEHÖRTE BOTSCHAFT

Mit neunundvierzig Jahren war Michael ein Arzt, der über zwanzig Jahre in einer Hausarztpraxis verbracht und routinemäßig bei Tausenden von Patienten den Blutdruck gemessen hatte. Freundlich und aus sich herausgehend, wie er war, sowie als hingebungsvoller Arzt schien er nicht in der Gefahr zu schweben, durch den „heimlichen Mörder" Nummer eins von Amerika zu sterben — so hatte die Amerikanische Herzgesellschaft (*American Heart Association*) den Bluthochdruck genannt. Wie alle anderen Patienten mit Hochdruck, die wir in unserer Klinik erlebt hatten, machte er anscheinend „alles richtig". Er trieb regelmäßig Sport, rauchte nicht, ach-

32

tete sorgfältig auf seine Ernährung und schien allgemein in einer exzellenten körperlichen Verfassung zu sein. Doch sein Blutdruck war in einem Maße erhöht, das als alarmierend bezeichnet werden mußte.

Anders als andere Patienten, die in unserer Universitätsklinik behandelt werden, war Michael allerdings gut über das Kreislaufsystem informiert. Er sah völlig ein, daß emotionale Aufregung, Anspannung und Streß hohe Blutdruckwerte verursachen können und daß der Blutdruck fallen kann, wenn die Patienten entspannt sind. Wie eigentlich alle Ärzte erkannte er an, daß es wichtig ist, den Blutdruck mehrere Male zu messen, um einen genauen Wert zu erhalten. Er stimmte auch der Ansicht zu, daß die Entstehung oder Verschlimmerung von Bluthochdruck mit emotionalem Streß verknüpft sein kann. Zudem kannte er die großen medizinischen Gefahren, die mit einem längerfristig erhöhten Blutdruck einhergehen — was ihn persönlich nur noch weiter beunruhigte. Er wußte alles über die drastisch ansteigenden Risiken eines Herzinfarktes oder Schlaganfalls, die mit Bluthochdruck in Verbindung gebracht worden waren. Er hatte in seiner medizinischen Praxis zuviele Krankheitsbilder und plötzliche Todesfälle erlebt, als daß er die ernste Bedrohung durch seinen eigenen hohen Blutdruck hätte in Frage stellen können. Sein Einblick in das Kreislaufsystem und seine hohe medizinische Bildung hatte seinen Kampf gegen den Hochdruck nur um so frustrierender gemacht — oder wie er mir anfangs sagte, „zermürbender".

Fünf Jahre, bevor wir uns begegneten, erkannte Michael zum ersten Mal den plötzlichen und alarmierenden Anstieg seines Blutdrucks in gefährliche Bereiche, als ihm im Stehen schwindelig wurde. Auch fing er an, vorübergehend verschwommen zu sehen. Sein Internist verschrieb schnell verschiedene konventionelle Mittel, die Michaels Blutdruck senkten. Unglücklicherweise verursachten die Medikamente eine Vielzahl von Nebenwirkungen, die Michael für noch problematischer hielt als seinen Hochdruck. Er war deprimiert und beunruhigt, weil die Mittel wesentlich zu seinen sexuellen Potenzschwierigkeiten beitrugen und zu seinem durchgängigen Gefühl von Energielosigkeit.

Nach fast zwanzig Jahren Ehe sowie einer schmerzlichen und emotional belastenden Scheidung hatte Michael kürzlich wieder geheiratet. Bald nach seiner Heirat — zwei Jahre vor unserer Begegnung — beschloß Michael, seine Medikamente nicht mehr zu nehmen und die mit Bluthochdruck verbundenen Risiken einzugehen. Er fühlte sich von zwei Seiten gleichzeitig bedroht: von den Gefahren, die sein hoher Blutdruck heraufbeschwörte, und von der möglichen Auflösung seiner zweiten Ehe wegen der medikamentenbedingten Impotenz und seines allgemeinen Gefühls der Lethargie und Depression. Er war auf Empfehlung seines Internisten in unsere Klinik gekommen; dieser glaubte, daß unsere Behandlungsmethoden hilfreich sein könnten.

Während unseres ersten Treffens war Michaels Blutdruck recht hoch und lag mit einem Mittelwert von 170/110* deutlich im krankhaften Bereich. Seine Herzfrequenz betrug im Mittel 90 Schläge pro Minute, also etwa 20 bis 25 Schläge pro Minute mehr als normal. Trotz dieser hohen Meßwerte betrachtete Michael den Bildschirm anfangs ziemlich gleichgültig. Der Computer zeichnete automatisch Michaels Herzfrequenz und seinen Blutdruck auf, während wir sprachen. Michael wirkte so unberührt sachlich wie ein Fernsehreporter, der „live" vom Ort einer Katastrophe berichtet. Jede Minute wurde die Manschette um Michaels Arm selbsttätig aufgepumpt, um den Druck zu messen, und jedesmal waren die Ergebnisse auf dem Bildschirm die gleichen. der Blutdruck war auf alarmierende Höhen gestiegen. Obwohl Michael nach der Hälfte der ersten Sitzung allmählich begann, ein gewisses Er-

---

* Der normale Blutdruck eines Patienten von neunundvierzig Jahren liegt zwischen 120 bis 140 zu 60 bis 80, bei einem normalen Ruhepuls von 60 bis 75 Schlägen pro Minute. Hochdruck wird gewöhnlich für Werte diagnostiziert, die bei zwei oder mehr aufeinanderfolgenden Messungen im Mittel über 155/95 liegen. Die Einheit ist Millimeter Quecksilbersäule — z. B. 155/95 mm Hg. Die Blutdruckmessung wird in Kapitel zwei näher erläutert.

staunen darüber auszudrücken, wie sein Blutdruck sich veränderte, wenn er sprach, so schien er doch völlig entspannt und lächelte liebenswürdig, als er über die Besorgnis plauderte, die „dieser Blutdruck, der jede Minute auf dem Bildschirm auftaucht", auslöste. Seine Stimme ließ allenfalls Anflüge von Gepreßtheit erkennen, sehr auffällig war aber, daß er beim Sprechen bemerkenswert flach atmete. Michael schien ohne Punkt und Komma zu sprechen — Kommata stehen an den Stellen, an denen man normalerweise innehält, um zu atmen. Michael sprach sanft, doch mit atemloser Eindringlichkeit und eigentlich ohne Pause, bevor er zu Ende gebracht hatte, was er sagen wollte.

Äußerlich erschien sein Verhalten typisch für Hochdruckpatienten. Ich sagte, ich würde nicht gerne Poker mit ihm spielen angesichts der Tatsache, daß er nach außen hin keinerlei Gefühle zeigte — mit Ausnahme seines liebenswürdigen Lächelns. Es war unmöglich, durch einen Blick in sein Poker-Gesicht festzustellen, was in ihm vorging. Das versuchte ich ihm nahezubringen, indem ich eine Bemerkung über den Widerspruch machte, daß er einerseits so ruhig wirkte, während gleichzeitig sein Blutdruck außer Kontrolle war.

„Habe mein ganzes Leben damit verbracht, dieses Lächeln zu perfektionieren", entgegnete er lächelnd. „Es ist eine Million Dollar wert, wissen Sie. Die Patienten lieben es. Schließlich kann man es nicht gut ertragen, wenn der Hausarzt unglücklich und krank aussieht, oder?" Mit einem Blick auf den Computerbildschirm, der den Anstieg seines Blutdrucks wiedergab, fuhr er fort: „Merkwürdig, wie ich mein ganzes Leben damit zugebracht habe, Dinge zu kontrollieren. Wissen Sie, wie bitter es ist, sich das anzusehen? Gerade, als ich endlich alles unter Kontrolle gebracht hatte, gerät das Ding hier aus den Fugen."

„Das Ding!" Dieser Ausdruck kam mir symptomatisch für seine Probleme mit dem hohen Blutdruck vor, und um dies hervorzuheben, wiederholte ich ihn.

„Das Ding ist ein Teil von Ihnen!" Ich wies ihn darauf hin, daß seine Sprache typisch für die Art ist, in der eigentlich jeder medizinische Symptome von der eigenen Person abtrennt. „Was glauben Sie, warum das Ding außer Kontrolle geraten ist?" fragte ich.

Er zögerte, um über die Frage nachzudenken, und witzelte etwas sarkastisch, während er immer noch lächelte: „Vielleicht liegt es an meinen Arteriolen? Oder an meinen Nieren? Oder am extrazellulären Flüssigkeitssystem? Wer weiß, vielleicht hat sich mein ganzer Körper gegen mich verschworen!" Seine Stimme klang angespannter, er sprach schneller, und er hörte auf zu lächeln. Er spielte kurz auf die Scheidung von seiner Frau vor fünf Jahren an und den Schock, den die Trennung verursacht hatte. Seine heranwachsenden Kinder hatten große Schwierigkeiten, sich damit abzufinden, daß ihr Vater die Mutter verließ, und ihr Kummer war für ihn besonders schmerzlich gewesen. Innerhalb von sechzig Sekunden schoß sein Blutdruck auf 210/125, und sein Herz fing an, heftig zu schlagen, mit über 110 Schlägen pro Minute. Besorgt über den plötzlichen Anstieg seines Blutdrucks, bat ich Michael, zu schweigen und tief zu atmen. Innerhalb einer Minute fiel sein Blutdruck auf 175/108 und seine Herzfrequenz auf 85 Schläge pro Minute.

„Das ist erstaunlich!" Er schien aufrichtig verblüfft über den abrupten Anstieg seines Blutdrucks, als er sprach, und ebenso überrascht über den unerwarteten Abfall, als er ruhig atmete. Doch obwohl er dies gesehen hatte, konnte er nicht lange still bleiben; er atmete auch nicht weiter tief ein und aus. Michael schien zum Sprechen getrieben, sogar während er seine Meinung über die Beziehung zwischen dem, was er sagte, und seinem Blutdruck äußerte: „Scheinbar schießt das Ding jedesmal in die Höhe, wenn ich über meine Vergangenheit spreche."

Dreimal kam Michael im Verlauf der Sitzung auf das Thema Scheidung zurück, und dreimal stieg sein Blutdruck auf Höhen um 216/139; und jedesmal unterbrach ich ihn, um ihn zu bitten, nicht zu sprechen und tief zu atmen.

Gegen Ende unserer ersten einstündigen Sitzung hörte Michael schließlich auf zu reden und beobachtete stumm die

Aufzeichnungen des Computers von seinem Blutdruck und seiner Herzfrequenz. Sein systolischer Blutdruck war auf eine Höchstmarke von 216 gestiegen und auf 159 abgefallen — das ergibt eine Druckveränderung von 57 Millimetern innerhalb einer Stunde, während der Michael sich kaum auf seinem Stuhl bewegt hatte. Sein diastolischer Blutdruck hatte sich ähnlich dramatisch verändert; er war bis 139 gestiegen und auf 103 gesunken. Äußerlich immer noch völlig ruhig und weiterhin lächelnd, überlegte er still: „Das bringt einen irgendwie dazu, sich nach dem Wert von Blutdruckmessungen mit dem Stethoskop zu fragen, nicht wahr? Ich möchte wissen wieviele Patienten in meine Praxis gekommen sind, bei denen sich der Blutdruck genauso wild veränderte wie meiner hier? Diese Schwankungen sind einfach erstaunlich". Er hielt nur einen kurzen Augenblick inne; trotz zahlreicher Ermahnungen während der Sitzung achtete er immer noch nicht auf seine Atmung und fuhr fort: „Dachte, ich hätte die Vergangenheit aus mir herausgedrängt — aber es sieht so aus, als hätte ich sie in Wirklichkeit aus meinem Kopf in das Kreislaufsystem verschoben. Wie beherrscht man seinen eigenen Körper, wenn er sich gegen einen auflehnt?"

Die Therapie hatte begonnen. Und innerhalb von acht Monaten lernte Michael, seinen Blutdruck auf normale Werte herunterzuregulieren, ohne auf Medikamente angewiesen zu sein.

Während der Behandlung erlebte Michael, wie sich sein Blutdruck und seine Herzfrequenz änderten, wenn er in der Klinik mit uns sprach. Die gefährlich hohen Blutdruckanstiege waren durch seine Sprechweise verstärkt worden. Später werde ich beschreiben, worüber er sprach, wie er sprach, wie er atmete und es versäumte zu atmen, und vor allem, wie er es fertigbrachte, stärkere Blutdruckerhöhungen vor sich selbst und anderen zu verbergen, wenn er sprach — all das hatte zu dem gefährlichen Anstieg seines Blutdrucks beigetragen. Während er mit uns plauderte, sah Michael dies alles über den Computer dargestellt. So konnte er schließlich erkennen, wie vollständig er von seinem eigenen Körper abgetrennt gewesen war. Schrittweise gelangte er zu der Einsicht, daß er sich der Gefühle überhaupt nicht bewußt war, die mit derart erheblichen körperlichen Veränderungen einhergingen. Einfache Unterhaltungen und alltägliche soziale Beziehungen, die er vorher hinsichtlich seines Problems für unwichtig gehalten hatte, erkannte er jetzt als ausschlaggebend für seine Krankheit. Michael lernte, daß er von weit mehr abgetrennt gewesen war als von der bewußten Wahrnehmung seines Blutdrucks und seines Gefühls: Er war von seinen Mitmenschen getrennt gewesen.

EINSAME FÜRSORGE
Vor einigen Jahren gab mir ein renommierter Psychiater einen kleinen Einblick in die Schwierigkeiten, in die sogar die qualifiziertesten Kliniker geraten können, wenn es darum geht, über Körperfunktionen und körperliche Kommunikation in einem zwischenmenschlichen Kontext nachzudenken — oder wenn sie die Vorstellung zu begreifen versuchen, daß der Körper sich selbst zerstören kann, wenn das Gespräch mit anderen zusammenbricht. Dieser Arzt hatte große Erfahrung und breites Wissen über psychische Konflikte und psychischen Streß. Wie Michael und Patty wußte auch Henry über die Verbindung zwischen psychischen Problemen und körperlichen Schwierigkeiten Bescheid; aber obwohl er alles über deren theoretische Verknüpfung und ihr Zusammenspiel wußte, schien sein Wissen nicht für seine eigenen, medizinischen Probleme mit Bluthochdruck zu gelten.

Auf einer medizinischen Tagung über die zwischenmenschlichen Faktoren, die den menschlichen Blutdruck beeinflussen, traf ich diesen dreiundfünfzigjährigen Psychiater zum erstenmal. Er war unter den etwa achthundert Zuhörern aus Gesundheitsberufen, denen ich ein Phänomen demonstrierte, das wir einige Jahre zuvor entdeckt hatten. Mein Vortrag handelte vom menschlichen Blutdruck und der Art, wie er plötzlich und dramatisch ansteigt, wenn Menschen sprechen. Über eine Stunde lang beobachtete Henry schweigend, wie ein Gesundheitsexperte nach dem anderen freiwillig

38

seinen Blutdruck von einem Computer aufzeichnen ließ. Jeder, der sich gemeldet hatte, wurde gebeten, zunächst vier Minuten lang still dazusitzen, dann zwei Minuten lang über irgendein Thema zum Publikum zu sprechen und schließlich wieder für zwei weitere Minuten ruhig sitzen zu bleiben. Automatisch zeichnete der Computer jede Minute den Blutdruck und die Herzfrequenz der einzelnen Personen auf und übertrug diese Schaubilder auf einen großen Bildschirm. Jedesmal schnellten Blutdruck und Herzfrequenz in die Höhe, wenn die Freiwilligen zu sprechen begannen. Bei einer Krankenschwester erhöhte sich die Herzfrequenz von 75 Schlägen pro Minute während des Schweigens auf 155 Schläge pro Minute, während sie über ihre Arbeit mit Infarktpatienten sprach. Anschließend wurde sie Zeuge, wie ihre Herzschlagrate zurück auf 70 fiel, als sie wieder schwieg. Ein junger Arzt verkündete stolz, er jogge jeden Tag fünf Meilen und sei sicher, daß sein Blutdruck wohlreguliert sei und beim Sprechen nicht ansteigen werde. Zuversichtlich kündigte er an, „er werde die Maschine schlagen". Seine Sicherheit wandelte sich in Ungläubigkeit, als die Zuhörerschaft nervös zu lachen begann, nachdem sein Blutdruck schnell von 115/60 während des Schweigens auf 170/95 angestiegen war, als er sprach. Der Blutdruck fast jedes Freiwilligen stieg von normalen Werten beim Schweigen in den Hochdruckbereich, wenn er oder sie zu sprechen anfing.

Das Publikum war äußerst überrascht über diese Gefäßreaktionen, die mir bereits vertraut waren. Nachdem ich sie bei Tausenden von Gelegenheiten beobachtet hatte, verstand ich diese Blutdrucksteigerungen als regelmäßige Körperreaktion, wenn jemand spricht. Henry war auch erstaunt. Wie die meisten der anwesenden Experten war er nicht dazu ausgebildet worden, über die Verknüpfung von Sprache und Kreislaufsystem nachzudenken. Und obwohl ihm und den anderen sehr wohl bewußt war, daß psychischer Streß den Blutdruck ansteigen lassen kann, waren sie doch nicht darauf vorbereitet zu erleben, wie dramatisch und plötzlich er sich durch den bloßen Akt des Sprechens änderte. Denn da die traditionelle Art der

Blutdruckmessung den Gebrauch eines Stethoskopes vorschreibt, war bislang das Schweigen förmlich in den Meßvorgang eingebaut. So war es gerade die Meßtechnik, die Kliniker davon abhielt, die Verbindung zwischen der menschlichen Kommunikation und dem Kreislaufsystem zu erkennen.

Gegen Ende der Demonstration beschloß Henry, dieses Phänomen an sich selbst zu testen. Er glaubte, eine Erklärung für die starken Blutdruckschwankungen bei den Freiwilligen gefunden zu haben. Er wiederholte die Versicherung des jungen Arztes, daß sein Blutdruck „die Maschine schlagen" könnte. Zu diesem Zeitpunkt wußte ich weder, daß Henry ein Psychiater war und an Bluthochdruck litt, noch, daß er hohe Dosen blutdrucksenkender Mittel nahm. Diese, so glaubte er, würden seinen Blutdruck davon abhalten, zu steigen. Während er ruhig dasaß, war sein Blutdruck leicht erhöht, um 155/90. Dann erzählte er den Zuhörern, er sei Psychiater und vermute, „daß die Reaktion der anderen Freiwilligen möglicherweise auf Angst und Lampenfieber zurückzuführen ist und durch Einblick und Übung im Umgang mit diesen Aspekten menschlicher Kommunikation die Reaktionen des Blutdrucks verringert werden könnten."

Er war überzeugt, daß sein Blutdruck sich nicht ändern würde während der zwei Minuten, die er sprach; und er beobachtete mit ungläubigem Entsetzen, wie sein Blutdruck auf 225/130 hochschoß — trotz seiner Medikamente. Henry wirkte verloren und allein, als er die restlichen zwei Minuten der Demonstration still vor der großen Zuhörerschaft saß, wenngleich sein Blutdruck auf 155/90 fiel, als er wieder schwieg.

Ein paar Wochen später rief Henry mich an und fragte, ob er nach Baltimore kommen und einige Tage bleiben könne, um die Behandlungstechnik unserer Klinik zu studieren. Er wollte sehen, ob er den Gebrauch der Methode lernen könnte, um mit ihrer Hilfe seinen Blutdruck zu vermindern und sie bei anderen Patienten anzuwenden. Ich sagte ihm, daß er kommen könne, daß aber unsere Methoden nicht schnell wirkten; ferner, daß wir normalerweise fünf bis sechs

Monate brauchten — und in einigen Fällen sogar noch länger — um den Blutdruck eines Patienten auf einen Stand zu senken, auf dem er ohne Einnahme von Medikamenten bleiben würde. Im übrigen hingen unsere Erfolge davon ab, ob es andere körperliche oder psychische Komplikationen gebe.

Am Telefon war Henry hartnäckig : „Die verflixten Medikamente wirken nicht — und außerdem liegt es an ihnen, daß ich mich scheußlich fühle. Sechs Jahre lang habe ich mit meinem Internisten jedes erhältliche Mittel durchprobiert, und immer noch ist mein Blutdruck außer Kontrolle."

Er hörte geduldig zu, als ich wiederholte, daß er zu einer diagnostischen Bestandsaufnahme kommen könne, aber daß wir keine Wunder vollbringen könnten, indem wir einen Schnellkurs mit Erfolgsgarantie oder einen zweitägigen Intensiv-Workshop durchführten. Er sagte, das sehe er alles ein. Er sei, so erinnerte er mich erneut, ein erfahrener Psychiater, der wisse, daß es keine Sofortheilung für sein Leiden gebe. „Was habe ich schon zu verlieren", fuhr er mit gedämpfter Stimme fort, „wenn alles, worauf ich mich freuen kann, nur noch mehr von dem ist, was ich die letzten sechs Jahre durchgemacht habe?" Er hielt inne und sagte dann: „Ich wäre dankbar, wenn ich trotzdem kommen könnte."

Ich fragte ihn, ob er es für möglich halte, mit seiner Frau zu kommen, trotz der Ausgaben für zwei Flüge. Ich sagte, es würde uns helfen, sie beide zusammen zu erleben, weil solche Erkrankungen den Partner oft in der einen oder anderen Weise einbeziehen. „Das Zusammenleben mit einem Menschen, der an Bluthochdruck leidet, birgt manchmal Kommunikationsprobleme, verstehen Sie?" Ich hatte das Gefühl, sein medizinischer Sachverstand gestattete mir, etwas freimütiger zu sein als gewöhnlich. Er sagte, er werde es mit seiner Frau besprechen und sich dann wieder bei mir melden.

Einige Wochen später, nachdem Henry seinen Krankenbericht erhalten hatte und mit einem Internisten durchgegangen war und nachdem beide, er und seine Frau Louise, sich einer Reihe von medizinischen und psychologischen Routinetests unterzogen hatten, kamen sie an, um die Arbeit an ihren

Problemen aufzunehmen. Obwohl Henry Jahre damit zugebracht hatte, neurotische und emotional gestörte Menschen zu
behandeln, waren ihm bei seiner eigenen Auseinandersetzung
mit Bluthochdruck offensichtlich etliche entscheidende Punkte
entgangen. Wie Patty und Michael war er erstaunlich unsensibel für Änderungen in seinem eigenen Körper, besonders für
solche, die bei der Unterhaltung mit anderen auftraten. Die
Tatsache, daß das Sprechen mit anderen Menschen zu den
Aufgaben seines täglichen Lebens gehörte, schien es ihm nicht
im geringsten zu erleichtern, die großen weitreichenden Veränderungen in seinem Blutdruck richtig einzuschätzen. Wie
bei Patty und Michael schienen seine Gefühle abgetrennt zu
sein von einem Bewußtsein über Veränderungen innerhalb
seines Körpers. Wie sie hatte auch er Schwierigkeiten, zu verstehen, auf welche Weise der Bluthochdruck mit jeglichen
Problemen verknüpft war, die er möglicherweise gerade hatte,
obgleich er bereitwillig anerkannte, daß Streß den Blutdruck
verändern kann. Ironischerweise erweckte er den Eindruck,
als ob sein breites medizinisches Wissen über die physiologischen Mechanismen, die den Blutdruck beeinflussen, und
seine gründliche Kenntnis der Psychologie es nur um so
schwieriger für ihn machten, zu erfassen, wie diese beiden
Faktoren zusammenwirkten, um seinen Hochdruck zu verursachen. Es war beinahe so, als glaubte er, das bloße Wissen
um das Problem hätte ihm Immunität gewähren müssen.

Während unserer ersten gemeinsamen Sitzung wurden
sein Blutdruck und seine Herzfrequenz jede Minute überwacht. Wie bei der ersten Begegnung auf der medizinischen
Tagung schwankte sein Blutdruck beträchtlich, wenn wir
sprachen, obwohl er unter hochdosierten blutdrucksenkenden
Medikamenten stand.

Binnen einer Stunde senkte sich sein Blutdruck jedoch genau bis auf den Grenzwert zum Hochdruckbereich. Als er ein
wenig entspannter wirkte, fragte ich ihn, ob seine Eltern noch
lebten. Diese Frage schien ihn zu irritieren. Er schüttelte den
Kopf, um anzudeuten, daß sie tot waren, hielt seinen Körper
starrer aufrecht und fing an, unregelmäßiger zu atmen. Aber

er sprach weiterhin mit sanfter Stimme und ohne starke Gefühlsregung.

In ausdrucksloser, kontrollierter Einförmigkeit begann er, sein früheres Leben zu beschreiben, als ob er ein Fernsehkommentator wäre und eine Neuigkeit von nur randständiger Bedeutung unbeteiligt schildern würde. „Mein Vater starb vor einigen Jahren, meine Mutter, als ich zwölf Jahre alt war." Er machte eine kurze Pause, stieß einen leichten Seufzer aus und fuhr fort: „Ich kann mich noch an das letzte Mal erinnern, daß ich sie gesehen habe. Es schneite, einer von diesen wilden Gebirgsblizzards, und der Polizeiwagen schaffte es kaum den Berg hinauf. Früher im gleichen Herbst hatte sie einen Schlaganfall gehabt, und Vater konnte einfach nicht damit fertigwerden. Fast zwei Monate lang hatte er stark und ausdauernd getrunken. Weihnachten soff er bis zur Besinnungslosigkeit. Gott sei Dank waren meine Großeltern da. Das alles muß ihn fertiggemacht haben. Ich — ich glaube fast — das war es. Komisch, ich kann mich nicht daran erinnern, damals geweint zu haben — aber ich kann mich noch daran erinnern, daß meine Mutter leise stöhnte, als wollte sie nicht in das staatliche Krankenhaus fortgebracht werden. Es schneite so stark, daß die Decke, in die sie gewickelt war, ganz mit Schnee überzogen war, bevor sie sie in das Polizeiauto kriegen konnten. Sie sah so weit weg aus, als ob sie irgendwo anders wäre — und das war das letzte Mal, daß ich sie gesehen habe, ganz mit Schnee bedeckt und so, als wäre sie weit weg. Sie starb am nächsten Tag."

Obwohl er eigentlich kein Gefühl gezeigt hatte, während er sprach, stieg sein Blutdruck auf 230/125. Ich bat ihn, ein paar Minuten nicht zu sprechen und anzufangen, tief zu atmen, damit sein Blutdruck sich senkte. Um ihm Zeit zum Atmen zu geben, lenkte ich das Gespräch auf Louise und fragte sie, ob sie von der Begebenheit wußte, die Henry gerade erzählt hatte. Sie wirkte genauso ruhig wie ihr Mann, als sie bestätigend nickte und dann mit einem warmen Lächeln hinzufügte: „Er hat noch viel mehr zu erzählen als das — aber ich glaube, das würde Tage dauern." Keiner von beiden schien seinen abnorm hohen Blutdruck zu bemerken.

43

Ich fragte Louise, ob sie etwas dagegen hätte, daß wir ihren Blutdruck gleichzeitig mit dem ihres Mannes überwachten. Zunächst scherzte sie, sie sei nicht der Patient, war aber anscheinend trotzdem bereit, ihre Kreislaufreaktionen aufzeichnen zu lassen. Sie und ihr Mann waren beide erstaunt zu entdecken, daß ihre Herzfrequenz bei 129 Schlägen in der Minute lag und ihr Blutdruck etwa bei 165/100, also ebenfalls bis in den Hochdruckbereich erhöht war. Wie bei ihrem Mann fiel auch ihr Blutdruck während der nächsten Stunde auf normale Werte, obwohl die Herzfrequenz hoch blieb. Beide wendeten in ihrem Kreislauf eine Energiemenge auf, die eher für Marathonläufer angebracht gewesen wäre als für jemanden, der sich ruhig in einem Sprechzimmer unterhält. Noch erstaunlicher war die Tatsache, daß ihre Kreislaufsysteme, während sie gemütlich plauderten — und weder von der Frau noch vom Ehemann bemerkt — in Reaktion aufeinander heftig auf und nieder schwankten. Wenn Henry sprach, nahmen sein Blutdruck und seine Herzfrequenz schnell zu und die Werte von Louise veränderten sich genauso schnell, wenn sie sprach. Es war für beide eine Offenbarung, zu entdecken, daß ihr Körper ebenso übermäßig reagierte wie der seine und vor allem mit fast genauso ausgeprägtem Hochdruck.

Später am Tage, nachdem wir mit beiden ein breites Spektrum von Themen erörtert und diese Themen in Beziehung zu Veränderungen in ihrem Herz-Kreislaufsystem gesetzt hatten, fragte ich Louise, ob sie ihre Empfindungen über unsere gemeinsamen Stunden zusammenfassen könne. Plötzlich füllten sich ihre Augen mit Tränen. Sie warf einen kurzen Blick auf den Computer, der ihren Körper überwachte, starrte dann angespannt auf die ganztägigen Aufzeichnungen vom Blutdruck ihres Mannes und sagte: „Ich mag das nicht sehen." Und als ob sie das Gefühl hätte, wir hätten sie beim ersten Mal nicht gehört, wiederholte sie: „Ich mag das nicht sehen. Wir haben alle Voraussetzungen, jetzt gemeinsam ein angenehmes Leben zu führen. Die Kinder sind erwachsen und selbständig und machen ihre Sache ganz gut. Darüber sind wir beide froh. Jetzt, wo alles glatt laufen könnte, scheint Henry zu viel zu trinken, kämpft gegen Depressionen an, sorgt sich wegen seines Blutdrucks und ringt mit Schwierigkeiten in unserem Sexualleben. Warum gerade jetzt? Warum wird jetzt wieder alles zunichte gemacht?"

Sie schüttelte verwirrt den Kopf, und zum ersten Mal in über fünf Stunden ließ sie die Maske völliger äußerer Ruhe fallen und begann zu schluchzen. In einem Anflug leiser Verzweiflung setzte sie mit sanfter Stimme hinzu: „Ich möchte nicht, daß er stirbt. Ich möchte nicht, daß er stirbt." Ihr Herz fing an, mit der hohen Frequenz von 165 Schlägen pro Minute zu pochen, und ihr Blutdruck stieg in bedrohliche Höhen. Ihr Mann rief mit einem kummervollen Lächeln aus: „Mein Gott! Dein Körper reagiert sogar noch stärker als meiner", während er sich zu ihr hinüberlehnte, um ihr die Schulter zu streicheln. Und da er zumindest eine Lektion in unserer gemeinsamen Sitzung gelernt hatte, ergänzte er: „Warum atmest du nicht ein paarmal tief ein und aus?"

Am Ende unseres zweiten gemeinsamen Tages begannen Henry und Louise darüber nachzudenken, wie behutsam sie miteinander gesprochen hatten, mit Worten, die nichts darüber aussagten, wie sehr ihre Körper innerlich schrien. Tatsächlich waren ihre Körper in ein Gespräch verwickelt, das bei ihm unausweichlich zur Entwicklung von Hochdruck geführt hatte, während sie in der erdrückenden Angst lebte, daß ein verborgenes Leiden das Leben ihres Mannes bedrohte. Doch nachdem sie einmal hinter das ruhige Äußere des anderen sehen und erkennen konnten, wie innig ihre Körper umeinander besorgt waren, fingen sie an, einander zuzuhören und auf das intensive, körperliche Gespräch zu lauschen — das Gespräch innerhalb eines jeden von ihnen und das Gespräch zwischen ihnen —, das keiner von beiden während ihres ganzen Ehelebens wahrgenommen hatte. Sie begannen zu begreifen, daß es eine Vielfalt von Dingen gab, die sie tun konnten, um die erheblichen Schwankungen in Herzfrequenz und Blutdruck einzuschränken, beispielsweise richtig zu atmen und den Gang des Gesprächs aufeinander abzustimmen. Beide sahen auch die Verbindung zwischen ihrem Blutdruck und den schmerzvollen Erinnerungen an geliebte Personen, die sie in der Kindheit verloren hatten. Aber vor allem fing jeder an, hinter die oberflächliche Ruhe des Körpers des anderen zu schauen und auf die Bedeutung des leiderfüllten und fürsorglichen inneren Dialogs zu achten. Henrys und Louises Körper hatten revoltiert, weil keiner die heimlichen Mitteilungen des anderen hörte oder sie verstand, teilweise, weil keiner von beiden das Leiden des anderen ertragen konnte. In einer merkwürdigen Verkehrung, die ich später besprechen werde, *sorgte* dieses Paar sich *zu sehr umeinander*.

Der Aufstand der Körper

Migränekopfschmerzen und Bluthochdruck sind nur zwei der Krankheitsbilder, an denen zwischenmenschliche Einflußgrößen entscheidend beteiligt sind. Während bestimmte dieser Erkrankungen ein Geschlecht oder eine spezielle Bevölkerungsgruppe häufiger befallen, ist im allgemeinen ein breites Spektrum von Menschen mit äußerst unterschiedlichen Hintergründen und Lebenserfahrungen anfällig dafür.

Blutdruck kann erhöht sein, wie es im Fall einer einundfünfzigjährigen Frau war, weil sie vor ihrer einunddreißigjährigen Tochter sorgfältig verborgen hatte, daß diese ein uneheliches Kind war. Die Frau sagte, das Leben mit ihrer Tochter sei eine einzige Lüge gewesen. Sie lebte in der Angst, daß ihre Tochter eines Tages die Wahrheit herausfinden würde. Sie spürte, daß sie sich über ihre Tochter ärgerte, „weil sie mich meine Anstrengungen spüren läßt — obwohl das nicht ihre Schuld ist". Erst nach einer ganzen Reihe von Sitzungen und nachdem sie ihrer Tochter gestanden hatte, daß ihr Vater nicht irgendein Held war, der im Koreakrieg gefallen war, fiel ihr Blutdruck von seinem hohen Niveau steil ab. Der Körper dieser Mutter hatte sich geweigert, bei diesem Betrug mitzuarbeiten.

Auch in dem Fall eines hochdynamischen Rechtsanwalts war der Blutdruck dramatisch angestiegen: Der Patient erzählte in einem Ausbruch besorgter Erregung und in eindringlicher, schneller Redeweise, daß er mit dem Verkauf unseres Behandlungskonzepts eine Million Dollar verdienen könnte — vorausgesetzt freilich, „Sie können mich so heilen, daß ich mich hinreichend beruhige, um das noch zu erleben". Ich entgegnete darauf nie mit der Vorstellung, daß er an der Heilung teilnehmen müsse und daß unsere Klinik keine vollautomatische Blitzwerkstatt ist, in der sich Körper über Nacht selbst reparieren. Er lächelte trotzdem, als ich vorschlug, er solle zunächst einmal etwas langsamer sprechen, damit ich alles aufnehmen könne, was er mir zu sagen versuchte.

Die Oberflächendurchblutung im Arm kann völlig zum Erliegen kommen, wie es bei einer Biochemikerin mit einer Gefäßfunktionsstörung (Raynaud-Krankheit) geschah, sobald sie darüber zu sprechen begann, wie sehr sie ihr Mutter haßte. Ebenso plötzlich fing das Blut der Patienten wieder an zu fließen, wenn sie sich den angenehmen Dingen in ihrem Leben zuwandte: „Sie meinen, der Arm stellt sich an und aus wie ein Wasserhydrant, der periodisch seinen Wasserdruck erreicht und wieder verliert? Ist ja toll!" Sie konnte weder genau beschreiben, was „toll" für sie bedeutete, noch konnte sie unmittelbar erfassen, warum es nützlich sein sollte, Liebe statt Haß gegenüber ihrer Mutter auszudrücken.

„Wie Sie wissen, kamen Sie direkt aus ihrem Bauch", sagte ich, weil ich sie an die Bedeutung der Tatsache erinnern wollte, daß ihr Körper genetisch zur Hälfte von ihrer Mutter stammte. „Wie können Sie sich also selbst lieben, wenn Sie sie hassen?"

„Sie kennen meine Mutter nicht!" konterte die Chemikerin und fügte hinzu, daß sie lieber sterben würde, als ihrer Mutter zu vergeben.

„Vielleicht versucht Ihr Immunsystem, Sie dazu zu zwingen?" deutete ich an und betonte, daß die Therapie einige Zeit in Anspruch nehmen würde.

„Toll!" wiederholte sie als Antwort und sah dabei auf die Computeraufzeichnung der Durchblutung in ihrem Arm. „Dieser Arm ist einfach toll!"

Dies waren nur einige der vielen Menschen in unserer Gesellschaft, deren Körper in dem Versuch, ein Gespräch aufzunehmen, drastisch reagieren, ohne von den Betroffenen gehört oder von anderen wahrgenommen zu werden. Dadurch bringen sich diese Menschen selbst in Gefahr und verletzen jene anderen, die sie am meisten lieben. Solche Menschen sind oft gebildet, erfolgreich, aufgeklärt, heiter und empfindsam. Gewöhnlich sind sie erstaunlich liebenswürdig und scheinen sich um ihre Mitmenschen zu kümmern. Und doch verursacht, trotz alledem, ihre Taubheit gegenüber der inneren Botschaft ihrer eigenen Körper Leiden, emotionale Isolation und Schmerz in zwischenmenschlichen Beziehungen.

Warum revoltiert ein Körper? Wie und warum lassen sensible, aufgeklärte und intelligente Menschen es zu, buchstäblich von ihren eigenen Körpern herumgestoßen zu werden: Der Grund dafür ist, glaube ich, daß sie die Sprache ihres Herzens nicht verstehen — und tatsächlich nie verstehen durften —, eine Sprache, die sich sowohl offenkundig als auch sehr subtil durch Veränderungen im Kreislaufsystem ausdrückt. Bevor wir diese Sprache und ihre Bedeutung weiter untersuchen, wollen wir einen Aspekt des Kreislaufsystems, den Blutdruck und seine Messung betrachten — sowie das Kreislaufsystem als Ganzes.

2
DAS LEBENSZEICHEN

Das Herz hat seine Gründe, von denen der Verstand nichts weiß ...
Liebt man aus Vernunft?
Blaise Pascal, Gedanken

Der Bildschirm knistert vor Spannung und Tragik. Mitten zwischen den Wrackteilen von einem halben Dutzend Autos liegt eine lebensgefährlich verletzte Frau regungslos auf dem Seitenstreifen einer Bundesstraße, während ein Team von Sanitätern sie umkreist. Im Hintergrund explodiert ein Tankwagen und geht in Flammen auf. Dann wechselt die Szene zum Notaufnahmeraum in einem Krankenhaus, wo ein Arzt, umgeben von Schwestern, ein Funkgerät in der Hand hält.

„Lebenszeichen!" kommandiert er und hört dann zu, während zwei Sanitäter ihm, auf Sekundenbruchteile genau abgestimmt, die kritischen Werte liefern:

„Weiblich, ungefähr fünfunddreißig Jahre alt".

„Puls: 58 und schwach."

„Herzschlag: unregelmäßig." „Blutdruck: 105 zu 50."

„Pupillen: sind erweitert, aber reagieren."

„Unfallopfer, Haut blaß und feucht."

Der Arzt streicht sich flüchtig übers Kinn. Er konzentriert sich offensichtlich auf die entscheidenden Informationen, die er gerade erhalten hat, und die lebenswichtigen Entscheidungen, die er innerhalb von Sekunden treffen muß. Seine Anweisungen kommen blitzartig aus dem Funkgerät: „Infusion einleiten, Ringer-Lösung, zwei Liter Sauerstoff, Nasalkanüle. Sofort EKG übermitteln und hertransportieren."

Tage vergehen. Dann begrüßt eine fröhliche, attraktive Blondine von ihrem Krankenbett aus die Sanitäter, ihren Arzt und die Schwestern in all der innigen Dankbarkeit und Ehrfurcht, die denen gebührt, die sie von der Schwelle zum Tod zurückgeholt haben.

Ein Achtjähriger mampft an seinem Sonntagabendimbiß, gebannt von dem Drama, das sich auf dem Bildschirm abspielt. Neben der Aufregung über das wogende Flammenmeer und die Heldentaten der Sanitäter hat das Kind eine unschätzbare Lehre mitgenommen, wenn es sich in sein Bett davontrollt. Durch die Zauberei moderner Elektronik hat es etwas gelernt, das unsere Urahnen zum erstenmal vor Tausenden von Jahren in Höhlen gelernt haben — die Bedeutung dessen, was der Arzt „Lebenszeichen" genannt hatte.

Herzschlag, Puls, Atmung, Pupillenreflexe (das heißt, die Reaktionsfähigkeit des Zentralnervensystems), Körpertemperatur und Blutdruck — dies waren die entscheidenden Funktionen, welche die Sanitäter durch den Donner der explodierenden Benzintanks gebrüllt hatten.

Trotz der Dramatik enthält die Fernsehsendung eine wichtige Lektion, der man nur schwer woanders beiwohnen kann als vor dem Fernsehapparat. Diese Lektion betrifft den Tod selbst und eben die Wichtigkeit dessen, was der Arzt „Lebenszeichen"* genannt hatte. Denn in unserer heutigen Welt ist das Schauspiel von Leben und Tod dem persönlichen Erfahrungshorizont der meisten Menschen entschwunden und wird stattdessen als aktions- und spannungsgeladenes, rührseliges Fernsehspiel miterlebt. Anders als bei früheren Generationen würden heutzutage die meisten ziemliche Mühe aufwenden müssen, um beim Sterben eines Mitmenschen dabeizusein. Nur wenige kommen in die Lage, die Veränderungen der Körperfunktionen — die Lebenszeichen — zu beobachten, die den Übergang vom Leben zum Tod kennzeichnen. Einst für jeden ein alltäglicher Teil seines Bewußtseins, findet dieses Drama heute auf den Intensivstationen der Krankenhäuser oder in Altenheimen statt. Normalerweise wird es vor den Blicken der Öffentlichkeit verborgen, es sei denn, das Fernsehen überträgt es in unsere Wohnzimmer.

Es ist unbekannt, wer den Ausdruck *Lebenszeichen* geprägt hat, aber ich nehme an, daß sogar die Männer und Frauen, die vor zehntausend Jahren in Höhlen lebten, gewußt haben, wonach man suchen muß, um zu entscheiden, ob jemand tot oder lebendig ist. Das körperliche Geschehen ist unverändert geblieben, auch wenn sich unser philosophisches Verständnis

---

* Auch eine andere, weit weniger nützliche Ansicht war dem Betrachter nahegelegt worden: nämlich die, daß es keine Rolle spielt, was passiert oder wie man sich verhält; besorgtes ärztliches Personal, das wachsam neben den Sprechfunkgeräten in den Notaufnahmeräumen steht, und ein Sanitätsteam für Notfälle auf den Landstraßen werden immer einsatzbereit sein, um einen aus Katastrophen zu retten.

vom Ursprung der „Lebenskraft" gewandelt hat. Die leblosen Lungen, die nicht mehr die lebenswichtige Luft einatmen; die Kälte des Körpers, der nicht länger vom zirkulierenden Blut erwärmt wird; das Fehlen von Herzschlag oder Puls: dies sind grundlegende Unterschiede zwischen Leben und Tod, die seit Anbeginn der Menschheit beobachtet und überwacht wurden. Es ist wirklich beschämend zu sehen, wie wenig wir unser Wissen erweitert haben, seit unsere Vorfahren, die in Höhlen lebten, mit diesem Drama gerungen haben. Denn obwohl unsere Kenntnisse sprunghaft angewachsen sind, ist in Tausenden von Jahren die Liste körperlicher Lebenszeichen nur um eine qualitativ neue Vitalfunktion — den Blutdruck — ergänzt worden. Natürlich haben wir neue Medikamente, und unser Verständnis der Herzfunktion und der Gefahr von Herzrhythmusstörungen hat sich sehr verbessert; aber dennoch sind diese Funktionen als Anzeichen von Leben nicht neu. Nur der Blutdruck ist „neu". Er ist das einzige Lebenszeichen, das von unseren Ahnen in ihren Höhlen nicht gemessen, beziehungsweise nicht einmal wahrgenommen werden konnte. Er ist das einzige neue Lebenszeichen, das es geschafft hat, sich selbst in den Vordergrund zu spielen und inmitten brennender Wracks auf der Landstraße durch Funkgeräte an Notärzte verkündet zu werden. Um keine Mißverständnisse aufkommen zu lassen: Die Blutdruckwerte, die über Funk an die Notfallzentralen weitergeleitet werden, sind Informationen von höchstem Rang; es sind Zahlen, die das Leben vom Tod trennen.

Obwohl dieses Zeichen des Lebens erst vor nicht allzu langer Zeit entdeckt wurde, messen die Menschen den Blutdruckwerten inzwischen eine solche Bedeutung zu, daß diese zum herausragenden Indikator für Gesundheit und Krankheit geworden sind. Man geht zu seinem Arzt und „bekommt" eine Zahl — nehmen wir an, 140/90 —, und irgendwie weiß man einfach, daß diese Note nicht so gut ist wie die des Nachbarn nebenan. Wenn die Patienten in unsere Klinik kommen, sprechen sie selten über ihre Atmung oder ihre Pulsfrequenz, ihre Körpertemperatur oder Pupillenreflexe — sie denken nicht einmal daran —, aber sie „wissen", ihr Blutdruck beträgt 140/90, und sie betrachten „ihn" — diesen Wert — mit Ehrfurcht. Mehr als ein Patient zog eine Karte oder Notiz aus seiner Brieftasche, zeigte mit selbstzufriedener Genugtuung darauf und sagte: „Das letzte Mal, als ich beim Arzt war, war mein Blutdruck 136 zu 72."

Dieser „Neuling" unter den Lebenszeichen wird heute routinemäßig in fast jeder ärztlichen Untersuchung gemessen; er ist ohne Zweifel der am häufigsten erhobene medizinische Wert. Die Bundeszentrale für Gesundheitsstatistik schätzt, daß in den Jahren 1975 und 1976 über einhundert Millionen Arztbesuche in den Vereinigten Staaten wegen der Behandlung von Erkrankungen des Kreislaufsystems stattfanden — eine Statistik, die das absolute Minimum der Häufigkeit angibt, mit der jährlich in der westlichen Welt von Ärzten und Schwestern der Blutdruck gemessen wird. Man hat hochgerechnet, daß der Blutdruck allein in den Vereinigten Staaten mindestens eine Milliarde Mal pro Jahr ermittelt wird.[1]

Was ist Blutdruck?

Der Blutdruck ist ein Maß für die Kraft, welche die Flüssigkeit Blut auf die Wände der Blutgefäße im Körper während eines Herzzyklus ausübt. Mit jedem Herzschlag werden 60 bis 80 Milliliter Blut unter Druck in die vom Herzen ausgehende Hauptarterie gepumpt, die Aorta. Die Aorta teilt sich überall im Körper in kleinere Äste auf. Die kleineren Arterien führen in ein System mikroskopisch feiner Blutgefäße, die Arteriolen, die sich erweitern und zusammenziehen können.

Die Beziehung zwischen den Arterien und den Arteriolen kann man über den Vergleich mit einem gewöhnlichen Gartenschlauch verstehen. Wenn der Wasserhahn aufgedreht ist, gelangt Wasser in den Schlauch. Ist die Düse am entfernten Ende des Schlauchs geschlossen, so ist der Druck im Schlauch hinter der Düse sehr hoch, und es fließt kein Wasser durch die Düse. (Man kann den Druck fühlen, indem man den Schlauch zusammendrückt.) Sobald man die Düse öffnet, fließt Wasser hinaus, der Druck fällt, und der Schlauch fühlt sich weicher an. Wenn die Düse ganz geöffnet ist, ist der Durchfluß am größten, und der Druck ist am niedrigsten. Innerhalb des Körpers funktionieren die kleinen Arteriolen wie Millionen von Düsen; das heißt, sie können sich öffnen (erweitern) und schließen (zusammenziehen). Wenn sie sich zusammenziehen, steigt der Druck hinter ihnen (in den Arterien).

Der Blutdruck wird bestimmt durch das Blutvolumen, das während eines Herzschlags aus dem Herzen gepumpt wird (dieses nennt man „Schlagvolumen"), und durch den Widerstand, auf den das Blut bei seinem Weg durch den peripheren Kreislauf trifft; das heißt, der Blutdruck verändert sich mit dem Schlagvolumen und dem peripheren Widerstand. Die Herzleistung wird beschrieben als das Blutvolumen, das pro Minute vom Herzen gepumpt wird; sie stellt deshalb einfach das Produkt aus Schlagvolumen und Herzfrequenz dar. In diesem Buch werde ich mich auf die dynamischen Größen konzentrieren, die im gesamten Kreislauf auf den Blutstrom wirken; dabei werde ich Herzfrequenz, Blutdruck und peripheren Widerstand berücksichtigen sowie das Wechselspiel zwischen diesen Variablen, wenn Menschen miteinander sprechen.

WAS SIND NORMALE UND WAS ABNORMALE BLUTDRUCKWERTE?

Wenn man den Blutdruck bei einer großen Gruppe von Menschen jeder Altersstufe messen würde, fände man schnell ein breites Spektrum von Werten, mit einem hohen und einem niedrigen Ende. Es ist festgestellt worden, daß bei den Menschen, deren Blutdruck am oberen Ende der Skala liegt, ein erhöhtes Risiko für verschiedene Kreislauferkrankungen besteht. Normaler Blutdruck ist also ein statistischer Begriff, was bedeutet, daß es keinen absoluten Wert oder Grenzpunkt gibt, der normalen von nicht normalem Blutdruck trennt. Vielmehr gibt es eine Spanne von Druckwerten; und je höher der Druck, desto größer ist die Wahrscheinlichkeit für eine Funktionsstörung des Kreislaufsystems. Man betrachtet ständige Blutdruckerhöhungen im oberen Bereich der Kurve als

Anzeichen für eine Erkrankung, die „Bluthochdruck" genannt wird.

Die Gefahr des hohen Blutdrucks

Kreislauferkrankungen haben während der letzten drei oder vier Jahrzehnte die Rangliste der Todesursachen in eigentlich jeder industrialisierten Gesellschaft angeführt. Herzkrankheiten sind heute für etwas mehr als 50 Prozent aller gemeldeten Todesfälle in den Vereinigten Staaten verantwortlich.[2] 1980 starben fast eine Million Amerikaner an Atherosklerose oder Bluthochdruck, während man bei weiteren vierzig Millionen Amerikanern festgestellt hatte, daß sie an Erkrankungen des Herzens und der Blutgefäße litten.[3] Das Nationale Gesundheitsinstitut schätzte 1980, daß allein in den Vereinigten Staaten die wirtschaftlichen Kosten von Herz-Kreislauferkrankungen, einschließlich der Produktionsausfälle und der Ausgaben für die Gesundheitsversorgung, achtzig Milliarden Dollar jährlich übersteigen.[4] Schon lange hat man erkannt, daß Bluthochdruck und anhaltend erhöhter Blutdruck wesentlich zu einer Vielzahl von Herz-Kreislauferkrankungen beitragen, einschließlich Schlaganfall und Herzattacken. Beispielsweise veranschlagt man, daß Personen mit Bluthochdruck zwei- bis dreimal so oft eine koronare Herzkrankheit (Sammelbegriff für Krankheitsbilder, deren Ursache eine Atherosklerose der Herzkranzgefäße ist) entwickeln wie Personen mit normalem Blutdruck und daß sie viermal so oft einen Schlaganfall erleiden. Ferner wird weithin angenommen, daß dauerhaft erhöhter Blutdruck oder plötzliche Druckveränderungen eine wichtige Ursache für Atherosklerose sind, einen Prozeß, der zur allmählichen Verhärtung der Arterien führt.[5]

Schätzungen zufolge leiden annähernd 60 Millionen Amerikaner an Bluthochdruck. Nur 24 Prozent dieser 60 Millionen werden wirkungsvoll mit Medikamenten behandelt; 26 Millionen (44 Prozent der Bluthochdruckpatienten) wissen zwar von ihrem erhöhten Blutdruck, aber ihr Zustand bleibt unbehandelt oder unzureichend kontrolliert.[6] Dieser Mangel an effektiver Therapie ist besonders beunruhigend, weil hoher Blutdruck die Oberfläche der Blutgefäße zerstören kann. Dieser Schaden an den Blutgefäßen, die lebenswichtige Organe wie Gehirn, Herz, Nieren und Augen versorgen, führt dann zu den klinischen Symptomen des Bluthochdrucks, beispielsweise Schlaganfall, Herzinfarkt und Herz- oder Nierenversagen. Da Bluthochdruck normalerweise keine feststellbaren Anzeichen mit sich bringt, bis ein sekundärer Organschaden auftritt, haben die medizinischen Wissenschaftler diese Krankheit „Amerikas heimlichen Mörder Nummer eins" genannt. All diese Tatsachen haben die Ärzte seit langem von der Notwendigkeit überzeugt, routinemäßig bei allen Patienten den Blutdruck aufzuzeichnen.

Bluthochdruck wirkt in vierfacher Hinsicht besonders zerstörerisch:

1. Anhaltend hoher Blutdruck zwingt das Herz, schwerer zu arbeiten, um den hohen Widerstand zu überwinden, wenn es das Blut ausstößt. Der erhöhte Druck in den Arterien kann eine Vergrößerung des Herzmuskels bewirken, besonders des linken Ventrikels, der Kammer, die das Blut hinaus in den ganzen Körper pumpt. Dieser Zustand, als „Hypertrophie des linken Ventrikels" bezeichnet, versetzt den Herzmuskel, das Myocard, in die ständig wachsende Gefahr eines Herzanfalls oder „Myocardinfarkts".

2. Ein weiteres, wichtiges Problem, das durch anhaltenden Bluthochdruck bedingt ist, tritt im Gehirn auf. Die ständige Belastung durch Hochdruck in den Blutgefäßen des Gehirns kann bestimmte dieser kleineren Blutgefäße zum Platzen bringen. Dies führt zu einem Schlaganfall, der gewissen lebensnotwendigen Nervenzentren den Sauerstoff entzieht. Derartige Hirnblutungen kommen bei Menschen mit Hochdruck viermal häufiger vor als bei solchen mit normalem Druck. Zudem gehen Blockierungen der größeren Hirngefäße normalerweise auch mit Schlaganfällen einher.

3. Zu den anderen wichtigen Organen, die durch ständig erhöhten Blutdruck Schaden erleiden können, gehören auch die Augen und die Nieren. Eine Nierenschädigung durch Blut-

hochdruck kann einen Teufelskreis erzeugen. Der Defekt kann verursachen, daß die Niere verstärkt Renin ausscheidet, eine Substanz, die den Druck noch weiter in die Höhe treibt. 4. Und schließlich besteht der Verdacht, daß hoher Blutdruck den Prozeß der Atherosklerose (Verhärtung der Arterien) beschleunigt. Atherosklerose — besonders in den Koronararterien, die den Herzmuskel selbst mit Blut versorgen — ist die zugrundeliegende pathologische Veränderung, die für Herzanfälle, das heißt Myocardinfarkte, verantwortlich gemacht werden muß.

Die Erkenntnis der Verbindung zwischen hohem Blutdruck und diesen schwerwiegenden Gesundheitsstörungen veranlaßte die Amerikanische Herz-Gesellschaft, eine landesweite konzertierte Aktion zur öffentlichen Aufklärung über Bluthochdruck zu starten. Ihre Botschaft bestand aus zwei Teilen: erstens, Bluthochdruck muß als eine ernsthafte medizinische Funktionsstörung angesehen werden; und zweitens, Bluthochdruck kann erfolgreich beeinflußt werden, wenn ein Arzt ihn behandelt. Hochdruck wurde definiert als ein systolischer Druck über 155 und ein diastolischer Druck über 95 (üblicherweise in mehreren Blutdruckmessungen ermittelt). Anfangs hielt man den diastolischen Druck für wichtiger als den systolischen, da er eher das allgemeine Grundniveau des Druckes widerspiegelt; aber mit der Zeit wurde der systolische Blutdruck als ebenso bedeutend angesehen. Wenn man gelten läßt, daß wiederholte Blutdruckwerte von 155/95 oder höher Bluthochdruck anzeigen, dann leiden heute annähernd fünfunddreißig Millionen Amerikaner unter dieser Krankheit. Eine zweite Gruppe von fünf bis zehn Millionen Menschen mit einem diastolischen Blutdruck zwischen 90 und 94 wird als Grenzfallpatienten klassifiziert. Die Kampagne hatte das Ziel, mehr dieser Leute zu einer Behandlung zu bewegen; der gewünschte Effekt ist deutlich eingetreten. Innerhalb der letzten Jahre verdoppelte sich die Zahl der Menschen, die wegen ihres Hochdrucks einen Arzt aufsuchten, und eine wachsende Vielfalt von Medikamenten wurde für die Therapie dieser Störung entwickelt.

Parallel zu diesen Bemühungen, die Öffentlichkeit über die Gefahren des hohen Blutdrucks aufzuklären, verstärkten die medizinischen Wissenschaftler ihre Anstrengungen, die Ursache oder die Ursachen für Bluthochdruck zu identifizieren. Bevor ich zu diesem Punkt komme, möchte ich jedoch kurz die Geschichte der Technik der Blutdruckmessung skizzieren. Denn in dieser Geschichte sind bestimmte, entscheidende Vorstellungen eingebettet, die uns verstehen ließen, warum gewisse zwischenmenschliche Aspekte der Blutdruckregulation weit unterschätzt wurden und warum solche Phänomene bei der Entwicklung wirksamerer Behandlungskonzepte für Bluthochdruck berücksichtigt werden müssen.

Die Technik der Blutdruckmessung

DAS KREISLAUFSYSTEM: WILLIAM HARVEY

Die meisten Medizinhistoriker schreiben die Anfänge des modernen Verständnisses von Herz und Kreislauf den wissenschaftlichen Studien von William Harvey (1578 — 1657) zu. In seinem klassischen Werk *Anatomica de Motu Cordis**, veröffentlicht im Jahre 1628, schrieb Harvey: „Ich war fast versucht, mit Fracastorius** zu glauben, daß die Bewegung des Herzens von Gott allein verstanden werden sollte."[7] So begann er einen Text, der heute weitgehend als ein Meilenstein in der Medizin angesehen wird, nämlich die erste vollständige Erklärung der Anatomie des Herzens und der Blutzirkulation. Dieses Werk trug wesentlich dazu bei, die Menschheit über die wahre Natur des Herz-Kreislaufsystems ins Licht zu setzen, und es erklärte viele der Mythen für ungültig, die dieses zentrale Organ der Körpers umgaben.

Harveys Untersuchungen enthüllten erstmals, wie das Herz funktioniert und wie die unüberschaubaren Verläufe der

---

* Der vollständige Titel von Harveys Buch lautet *Über die Bewegung des Herzens und des Blutes bei Tieren* oder, im Latein des Originals: *Exercitio Anatomica de Motu Cordis et Sanguinis in Animalibus.*

** Girolamo Fracastoro (1483 — 1553), italienischer Arzt und Dichter; ein langes Gedicht von ihm gab der Seuche Syphilis ihren Namen.

Arterien und Venen im Körper alle zu einem einzigen, einheitlichen und außerordentlich komplexen Netzwerk verbunden sind. Dieses nannte Harvey das „Kreislaufsystem". Er zeigte, daß das Gefäßsystem kreisförmig angelegt ist, und daß das Blut, aus dem Herzen gepumpt, sich im Kreise bewegt — Kreislauf —, um wieder zum Herzen zurückzukehren. Und noch bemerkenswerter, da das Mikroskop noch nicht allgemein verfügbar war: Er sagte die zwingende Existenz von Kapillaren voraus, die er „Poren" nannte; sie bilden die Übergänge, an denen das Blut aus den Arterien hinüber in die Venen gelangen kann.

Im Jahre 1616 beschrieb Harvey die Grundzüge seiner Theorie folgendermaßen: *Aus dem Aufbau des Herzens ergibt sich offenkundig, daß das Blut ununterbrochen durch die Lungen zur Aorta befördert wird wie durch die zwei Ventile einer Wasserpumpe ... Durch das Anlegen eines Schnürverbandes läßt sich zeigen, daß der Fluß von den Arterien zu den Venen verläuft ... Daraus folgt, daß die Bewegung des Blutes eine ununterbrochene Kreisbewegung ist, die durch die Schläge des Herzens herbeigeführt wird.*[8]

Aus diesen Zitaten wird deutlich, daß Harveys Vorstellungen über das Herz und den Kreislauf auf einem mechanischen Modell beruhen. Wenn er von „zwei Ventilen einer Wasserpumpe" spricht, wird die Analogie zur Hydraulik offensichtlich. Ich betone diesen Punkt, um zu zeigen, daß schon Jahrzehnte bevor 1637 Descartes' philosophisches Hauptwerk *Abhandlung über die Methode (Discours de la methode)**[9] erschien, Wissenschaftler in Kategorien der Physik und Hydraulik über den menschlichen Körper nachgedacht haben. Dasselbe Denksystem, das es den Forschern ermöglichte, himmlische „Körper" (die Sterne und Planeten) und physika-

---

* Wie man aus dem *Diskurs* sehen kann, hatten Descartes und Harvey etwas unterschiedliche Vorstellungen über die Mechanik des Herzens; sie korrespondierten miteinander und diskutierten ihre beiderseitigen Ideen. Während die Geschichte die technischen Beschreibungen Harveys bestätigen sollte, stellte Descartes seine Feststellungen in einen größeren philosophischen Zusammenhang, der Wissenschaft und Medizin stark beeinflußte.

lische „Körper" (chemische Strukturen) zu studieren, wurde von Harvey und anderen Wissenschaftlern auch auf den menschlichen Körper angewandt. Er war letzten Endes ebenfalls ein „Körper", der Raum einnahm: Er hatte eine bestimmte Masse und bewegte sich im Raum. Deshalb schien der menschliche Körper der gleichen Art wissenschaftlicher Analyse zugänglich, die von den Wissenschaftlern der Renaissance erfolgreich auf die Untersuchung von anderen Körpern angewandt wurde. Wie ich in Kapitel 10 erörtern werde, war die Descartessche Behauptung, der menschliche Körper gehorche ähnlichen Gesetzen wie eine Maschine, keineswegs neu. Vielmehr fügte Descartes eine Perspektive hinzu, die sich qualitativ von Harvey unterschied. Descartes weitete die mechanische Auffassung des Körpers aus, um das Gefühlsleben der Menschen einzubeziehen. Im weiteren Gang seiner Überlegungen erklärte Descartes diesen grundlegenden Aspekt des menschlichen Lebens zu einer unbedeutenden Größe unter den möglichen Eigenschaften, die als einzigartig für den menschlichen Körper angesehen werden könnten. Emotionen waren als ein Problem inbegriffen, dem man sich vom Standpunkt der Physik und Hydraulik aus zuzuwenden hatte.

Die Bedenken, auf die Harveys Darstellung von Herz und Kreislauf sogleich stieß, waren jedoch weit mehr technischer als philosophischer Art. Seine Beschreibungen brachten viele Leute auf die Frage, wie das Herz so schlagen könnte, daß es das Blut in die Lage versetzt, durch den ganzen Körper und die Extremitäten zu strömen und doch in der gleichen Menge und Fließgeschwindigkeit zum Herzen zurückzukehren, in der es hinausgepumpt wurde.

HYDRAULIK BEI LEBEWESEN: DIE ENTDECKUNG DES BLUTDRUCKS

Im Jahre 1733, ungefähr hundert Jahre nach Harveys Entdeckungen, demonstrierte ein englischer Geistlicher, Reverend Stephen Hales (1677-1761), die Existenz einer physikalischen Kraft, die erklärte, wie Harveys Kreislaufmodell funktionierte. Hales nannte die Kraft „Blutdruck" und beschrieb seine Ergebnisse in einer Schrift mit dem Titel *Bericht über einige hydraulische und hydrostatische Experimente, durchgeführt am Blut und den Blutgefäßen von Tieren.*[10] Wie dieser Titel erkennen läßt, stammte Hales Bezugsrahmen für den Blutdruck aus den gerade entstehenden wissenschaftlichen Gebieten der Mechanik und Physik. Hales versuchte zu zeigen, daß das menschliche Blut denselben Gesetzen der Hydraulik und Hydrostatik folgt, denen auch andere Flüssigkeiten in der Natur gehorchen.

Hales Fähigkeit, Blut als etwas aufzufassen, das einen „Druck" hat — welcher in Begriffen der Hydraulik und Hydrostatik definiert werden konnte — war ihrerseits abhängig von den wissenschaftlichen Formulierungen eines anderen außergewöhnlichen Menschen, Monsieur Blaise Pascal (1623-1662). 1663, fast vierzig Jahre nach dem Erscheinen von Harveys Buch, veröffentlichte der Schwager Pascals (Perier) dessen Entdeckungen posthum in *Traité de l'equilibre des liqueurs* und *Traité de la pesanteur de la masse de l'air* (*„Abhandlung über das Equilibrium von Flüssigkeiten"* und *„Traktat über das Gewicht von Luft"*.[11] In diesen Arbeiten wies Pascal klar und prägnant zwei Tatsachen nach, die sich lange dem wissenschaftlichen Verständnis entzogen hatten: nämlich, daß Luft Gewicht hat und daß deshalb Flüssigkeiten einem Druck ausgesetzt sind, der gemessen werden kann.

Pascal begann seine Forschungen mit dem Versuch, eine Frage zu beantworten, die Galilei im Jahre 1638 gestellt hatte. Galilei berichtete in seinen *Discorsi*, daß eine Saugpumpe das Wasser nur bis zu einer festen Höhe von ungefähr zehn Metern heben konnte. Dieser Befund, so glaubte Galilei, widersprach der Theorie des Aristoteles, daß die Natur das Vakuum verabscheue. Drei Jahre später wandelte Evangelista Torricelli (1608 — 1648) Galileis Experiment etwas ab, indem er das Wasser durch Quecksilber ersetzte. Er beobachtete, daß die Höhe der Säule nur bis auf 76 Zentimeter anstieg anstelle der zehn Meter, die das Wasser erreicht hatte. Torricelli leitete folgerichtig daraus ab, daß die unterschiedlichen Höhen, die von diesen beiden Flüssigkeiten erreicht wurden, mit dem Gewicht der äußeren Luftsäule zu tun hatten. Und was noch wichtiger ist, Toricelli stützte ebenfalls Galileis Beobachtungen, daß in der Natur ein Vakuum existieren kann.

Toricellis Experiment konnte anfangs nicht bestätigt werden und wurde nicht zur Kenntnis genommen, bis Pascal 1646 mit Erfolg zum selben Ergebnis gelangte. In einer Reihe brillanter Experimente konzentrierte sich Pascal auf die entscheidende Idee, daß Luft etwas wiegt, und indem er das tat, entwickelte er ein völlig neues Verständnis der Physik von Flüssigkeiten. Er beschrieb ein Phänomen, das er „hydrostatischen Druck" nannte, eine erstaunlich einfache und klare Demonstration, daß Wasser, genau wie alle anderen Flüssigkeiten, einen bestimmten Druck hat, der von verschiedenen physikalischen Kräften abhängt. Die wichtigste dieser Kräfte ist die Luft als solche. Pascal bewies, daß Luft einen Gegendruck zu dem Druck von Flüssigkeiten ausüben kann, daß die Luft selbst ein Gewicht hat. Als Nächstes wies er nach, daß das Gewicht der Luft eine mathematisch meßbare Wechselwirkung mit dem Wasser eingeht. Dann ging er daran, in eleganter Einfachheit die Mathematik des Luftdrucks und die grundlegende Physik der Flüssigkeiten auszuarbeiten, wobei er Galileis Vermutung bestätigte, daß die Natur das Vakuum nicht verabscheut.[12]

Bei zwei Gelegenheiten, am 23. und 24. September 1647, diskutierte Pascal seine Entdeckungen über die Existenz von Vakuen und das Konzept des Flüssigkeitsdrucks mit einem älteren Zeitgenossen, René Descartes. Da Descartes gerade seine philosophischen Hauptabhandlungen veröffentlicht hatte, einschließlich der *Abhandlung über die Methode* (1637) und *Die Leidenschaften der Seele* (1645-46), war Pascal mit den zentralen Gedanken seiner Philosophie recht vertraut. Wie Harvey hatten Descartes und Pascal beide starkes Interesse an der Beschaffenheit des menschlichen Herzens und des Kreislaufs — allerdings aus einer philosophischen Perspektive, die über Harveys klinische hinausging. Descartes und Pascal kamen zu dem Schluß, daß der Körper ein physikalisches Objekt war, das viel mit anderen physikalischen Objekten in der Natur gemeinsam hatte. Die Frage war, ob es irgend etwas am Körper gab, das ihn als einzigartig menschlich auszeichnete.

Es steht fest, daß Pascal scharf der Grundauffassung von Descartes widersprach, Körpersysteme wie das Herz und der Kreislauf seien lediglich mechanische Teile einer hochkomplizierten körperlichen Maschine.* Pascal war sich dessen bewußt, daß sein Beweis, daß Luft etwas wiege und daß Flüssigkeiten in Kategorien des Drucks gemessen werden könnten, von tiefgreifender Bedeutung für Descartes' ganzes philosophisches System war. Da dieser bereits erklärt hatte, das Herz und der Kreislauf funktionierten streng nach mechanischen Prinzipien und diese Funktionen seien bei Menschen und Tieren identisch, begriff Pascal sehr wohl, daß seine eigene Auffassung über den „Druck von Flüssigkeiten" das Descartessche Modell eines mechanischen Herzens funktionsfähig machen würden. Da Blut eine Flüssigkeit ist, konnte es letztlich wie andere Flüssigkeiten in Einheiten seines Drucks gemessen werden.

Doch gleichzeitig war Pascal tief beunruhigt über das Kernstück der cartesianischen Philosophie, obwohl er spürte, sie würde die westliche Welt im Sturm erobern. Er war ganz anderer Ansicht als Descartes, was das Wesen der menschlichen Gefühle und ihre Beziehung zum menschlichen Körper betraf. Seine Überlegung, daß „das Herz seine Gründe hat, von denen der Verstand nichts weiß. ... Liebt man aus Vernunft?",[13] war keine romantische Metapher, sondern ein scharfer Angriff auf die zentralen Gedanken der cartesianischen Philosophie. Pascal glaubte, daß Descartes' mechanisches Modell des Körpers das Wesen des menschlichen Gefühlslebens unzulässig vereinfachte: Wenn der menschliche Körper ausschließlich als Maschine angesehen werden sollte,

---

* Während der Rahmen dieses Buches jede detaillierte Darstellung der überlappenden Interessen von Pascal und Descartes ausschließt, sei immerhin folgendes gesagt: Beide leisteten wesentliche Beiträge zur Mathematik und Physik. Auch hatten beide ein lebhaftes Interesse an der wissenschaftlichen Methode und ihrer möglichen Anwendung bei der Lösung bestimmter grundlegender Fragen über die wesensgemäße Beziehung des Menschen zur übrigen Natur und — im weiteren Sinne — zu Gott.

dann würde man, so erkannte Pascal, in Gefühlen, die im Körper aufsteigen, nichts anderes sehen dürfen als ungenaue Gedanken. Auf diese Weise könnte das Herz (und im weiteren Sinn der ganze Körper) nicht länger der Ursprung jeglicher Gefühle sein, die als einzigartiges Merkmal des Menschen betrachtet werden könnten. Denn die körperlichen Mechanismen der Gefühle waren offensichtlich bei Tieren und Menschen sehr ähnlich.* Die Kontroverse zwischen diesen beiden Männern über die Natur des menschlichen Gefühlslebens und

---

* Pascals Befürchtungen wegen des menschlichen Herzens hatten viel mit religiösen Fragen zu tun und mit seiner Überzeugung, daß Glauben auf Gefühlen gründe, nicht auf Vernunft. In demselben Abschnitt der *Pensées* (Gedanken) schrieb Pascal ferner: „Es ist das Herz, das Gott erfährt, nicht der Verstand. Das ist es, was den Glauben ausmacht: Gott wird vom Herzen erfüllt, nicht vom Verstand".[14]

Um jedoch den Gesamtzusammenhang der Debatte zwischen Descartes und Pascal zu erfassen, erinnere man sich daran, daß zu jener Zeit nicht nur Galileis Leben durch orthodoxe theologische Interessen bedroht war, sondern daß eine ganze Reihe schrecklicher religiöser Verfolgungen quer durch Europa ausgebrochen waren. In einem zutiefst ironischen Sinn unterstützte Pascal eine Bewegung, die gegen die Vorrangstellung von rationalen Erklärungen für alle natürlichen Phänomene kämpfte. Ich sage „ironisch", weil auch er fest an die Nützlichkeit der wissenschaftlichen Methode glaubte. Er stritt mit Descartes nur über ihre Grenzen. Denn Pascal stellte das Leitprinzip der modernen Naturwissenschaften auf, als er in seinem Buch *Traité de la pesanteur de la masse de l'air* notierte: „Experimente sind die wahren Lehrer, denen man in der Physik gehorchen muß."[15] Diese Aussage verkörperte seinen Glauben, daß der Mensch der Natur gegenüber unterwürfig sein müsse. Mit diesem Satz wandte er sich gezielt gegen Descartes' zentrale Überzeugung, daß die menschliche Vernunft der Natur Gesetze auferlegen könne und dabei nicht von den Objekten verändert werde, die sie betrachte. Pascal glaubte, daß das menschliche Herz beteiligt ist und deshalb geändert wird, wann immer zwei Menschen miteinander in Beziehung treten. Aber angesichts der gefühlsmäßigen Grundstimmung jener Zeit waren nur wenige Intellektuelle dazu aufgelegt, sich überhaupt eine philosophische Position anzuhören, welche die Grenzen der Vernunft herausforderte oder für die Wichtigkeit der menschlichen Gefühle eintrat. Denn in diesen düsteren Zeiten (und in vielen finsteren Zeiten danach) schien es, als ob in der objektiven Vernunft die größte Hoffnung für die Menschen liege, die Gefahren der menschlichen Irrationalität zu überleben.

seine Verbindungen zum Körper bildet das Kernthema, das im letzten Teil dieses Buches mit der Entdeckung (oder Wiederentdeckung) der Sprache des Herzens angesprochen werden soll.

Pascals Demonstrationen des Luftdrucks und des hydraulischen Drucks ermöglichten Pfarrer Hales die Folgerung, daß eine andere Flüssigkeit — das Blut — ebenfalls einen Druck haben müsse, der mathematisch definiert werden könne. In einer langen Reihe von Experimenten nahm er sich den Versuchsaufbau zum Vorbild, den ursprünglich Pascal in groben Zügen beschrieben hatte. Er maß den Blutdruck bei Pferden (und später bei Schafen und Hunden), indem er die Tiere liegend festband und dann ein Bronzerohr von einem sechstel Inch (etwa vier Millimeter Durchmesser) drei Inch (knapp acht Zentimeter) vom Bauch des Pferdes entfernt in eine Arterie einsetzte. An dem kleinen Bronzerohr befestigte Hales ein zweites, längeres Bronzerohr und eine Glasröhre von fast neun Fuß (etwa 1,85 Meter) Länge. Durch diese Methode konnte er das Blut in der Arterie des Pferdes mit jedem Herzschlag steigen und fallen sehen. Hales beschreibt folgendermaßen, was er mit seiner Methode beobachtete:

Wenn ich die Abschnürung an der Arterie löste, stieg das Blut in der Röhre senkrecht auf acht Fuß und drei Inches über dem Niveau des linken Herzventrikels, aber es erreichte seinen Höhepunkt nicht sofort; die halbe Strecke schaffte es im Nu und danach hob es sich allmählich, mit jedem Herzschlag 12, 8, 6, 2 und manchmal 1 Inch: Als das Blut auf voller Höhe angelangt war, stieg und fiel es bei und nach jedem Pulsschlag um 2, 3, 4 Inches; und manchmal sank es 12 oder 14 Inches und hatte an dieser Stelle eine Zeitlang die gleichen Schwankungen nach oben und unten, bei und nach jedem Pulsschlag, die es auch an seinem Höhepunkt gehabt hatte, zu dem es normalerweise nach vierzig oder fünfzig Schlägen wieder anstieg.[16]*

---

* Vor ungefähr zehn Jahren veranlaßten Forschungsfragen nach den Wirkungen menschlichen Kontakts unsere Klinik, Herzveränderungen am Pferd zu untersuchen. Hales berichtete, der Puls eines Pferdes betrage im

Hales leitete daraus ab, daß die Höhe des Blutes in der Glasröhre und die Veränderungen dieser Höhe ein Ergebnis der Wechselwirkung zwischen dem Druck aus dem Blutstrom des Pferdes und dem Luftdruck waren. Dies war eine brillante Ausweitung von Pascals Nachweisen des hydrostatischen Drucks in das Reich der Physiologie. Hales beobachtete, daß sich der Blutdruck des Pferdes mit jedem Herzschlag änderte und wellenartig in dem Glaszylinder anstieg und abfiel. Es war auch deutlich, daß der Wert der Druckveränderung von Herzschlag zu Herzschlag schwankte. Manchmal stieg das Blut zehn Inches und fiel vier Inches; manchmal stieg es um vier und fiel um zehn und so weiter.

So bewies Hales drei Annahmen gleichzeitig:
1. die Existenz des Blutdrucks;
2. daß sich das Blut wellenartig durch die Arterien bewegt, mit einer Wellenspitze und einem Tal oder Tiefpunkt; und
3. daß der Blutdruck sich, manchmal sehr deutlich, mit jedem Herzschlag verändert.

Hales arbeitete die Mechanik der Gefäßreaktion aus, indem er zeigte, daß der Blutdruck in der Arterie durch die Größe des Pferdes und die Herzfrequenz des Tieres festgelegt wurde. In Experimenten, die sogar im Lichte heutiger Standards bemerkenswert sind, bewies Hales als Nächstes, daß die Spitzenanstiege und -abfälle des Blutvolumens in dem Glaszylinder direkt mit dem Füllen (Diastole) und Entleeren (Systole) des linken Ventrikels des Pferdeherzens zusammenhingen. Wenn sich die linke Herzkammer während der sogenannten Diastole mit Blut füllte, dann, so beobachtete Hales, fiel der Blutdruck in der Arterie (also das Blutvolumen in der Glasröhre) immer auf seinen niedrigsten Punkt. Wenn sich der Ventrikel in der sogenannten Systole mit der Kontraktion des Herzens entleerte, stieg der Druck in der Arterie auf den

---

Mittel 36 Schläge pro Minute, und stellte fest, daß er bis auf 100 Schläge pro Minute ansteigen konnte, wenn das Pferd aufgeregt war. Fast 250 Jahre später fanden wir mit hochfeinen, telemetrischen Geräten exakt dieselben Herzreaktionen.[17]

höchsten Wert. Diese beiden Druckwerte wurden deshalb „systolischer" und „diastolischer" Blutdruck genannt, weil sie mit dem Füllen und Entleeren der Herzkammern verknüpft waren.* Systolisch war der Spitzenwert, diastolisch der niedrigste Wert des Drucks in der Arterie. Obgleich Hales' Techniken und sein konzeptuelles Denken brillant waren, schloß doch der Preis, den das Pferd zu zahlen hatte — nämlich den Verlust seines Lebens —, eindeutig die Durchführung jeglicher, ähnlicher Experimente am Menschen aus. Was Hales mittels einer Glasröhre beobachtet hat, ist ironischerweise den Blutdruckveränderungen erstaunlich ähnlich, die man heute mit Hilfe der modernen Technik von Mini-Computern betrachtet — ein Blutdruck, der deutlich mit jedem Schlag des Herzens schwankt.

HYDRAULIK BEIM MENSCHEN: N. S. KOROTKOW

Während der nächsten 150 Jahre versuchten die Wissenschaftler mit einer Vielzahl anderer Techniken (anders als das Einsetzen von Bronzerohren) den Blutdruck beim Menschen zu messen, ohne die Person in Gefahr zu bringen. Aber keine Methode war zufriedenstellend, bis 1904 N. S. Korotkow (1874—1920) eine elegante technische Lösung für das Problem ersann. Der russische Arzt stützte seine Technik auf eine scheinbar simple Erfindung, die erst sechs Jahre vorher aufgetaucht war. Im Jahre 1898 entwickelte ein italienischer Wissenschaftler, Scipione Riva-Rocci (1863—1937), eine pneumatische Manschette, die um den Arm gewickelt und schrittweise aufgepumpt werden konnte. Dadurch wurde der Arm so stark zusammengedrückt, daß der Puls, den man normalerweise an der radialen (Handgelenk-) Arterie fühlen kann, ausgelöscht wurde.[18] Die Manschette war mit einem Sphygmomanometer *(sphygmus* = „Puls") verbunden; dies ermöglichte eine genaue Abschätzung des Druckwertes, den

---

* Die Ausdrücke *systolisch* und *diastolisch* haben ihren Ursprung in den griechischen Worten *systolein,* was „zusammenziehen", und *diastolein,* was „sich ausdehnen" oder „aufpumpen" heißt.

67

man benötigte, um den Puls am Handgelenk zu unterdrücken. Mit dieser Technik konnte man den systolischen Blutdruck messen.

Im Jahre 1904 überlegte sich Korotkow, daß er eine veränderte Version von Riva-Roccis Vorrichtung einsetzen könnte, indem er gleichzeitig ein Stethoskop benutzte, um das Pulsieren der Armarterie genau unterhalb der Manschette nahe dem Ellenbogen zu hören. Indem er zunächst den Puls mit der Hand fühlte (das heißt, den Puls palpierte) und dann das Pulsieren der Arterie mit dem Stethoskop abhörte, erarbeitete Korotkow, wie man beim Menschen Blutdruck mißt:

Dieser Berichterstatter kam zu dem Schluß, daß eine vollständig zusammengedrückte Arterie unter normalen Bedingungen kein Geräusch erzeugt. Diesen Umstand macht sich der Berichterstatter zunutze und schlägt die Geräusch-Methode vor, um den Blutdruck beim Menschen zu bestimmen. Die Druckmanschette von Riva-Rocci wird in der Mitte des Oberarmes angelegt. Der Druck in der Manschette wird rasch erhöht, bis die Blutzirkulation unterhalb der Manschette zum Stillstand kommt. Anschließend benutzt man ein Kinderstethoskop, um sich direkt unterhalb der Manschette die Arterie anzuhören, wobei man das Quecksilber im Manometer absinken läßt. Am Anfang ist überhaupt kein Geräusch zu hören. Wenn das Quecksilbermanometer auf eine bestimmte Höhe gesunken ist, tauchen die ersten kurzen Töne auf; ihr Erscheinen zeigt den Durchfluß eines Teils der Pulswelle unter der Manschette an. Folglich entspricht der Manometerwert, bei dem die ersten Töne erscheinen, dem Maximum des Drucks. Beim weiteren Abfallen des Quecksilbers im Manometer hört man systolische Druckgeräusche, die sich wieder in einen Ton verwandeln (sekundär). Schließlich verschwinden alle Geräusche. Der Moment, in dem die Töne unhörbar werden, zeigt den freien Durchgang der Pulswelle an; mit anderen Worten: In dem Augenblick, an dem die Geräusche verschwinden, ist der minimale Blutdruck in der Arterie größer als der Druck im Ärmel. Folglich stimmt der Wert des Manometers zu diesem Zeitpunkt mit dem Minimum des Blutdrucks überein.[19]

Durch seine Methode, mit dem Stethoskop auf zwei verschiedene arterielle Geräusche zu hören — heute die

Korotkow-Töne genannt —, war Korotkow in der Lage, die beiden Extremwerte des Blutdrucks zu bestimmen:

1. Systolischer Blutdruck, *der Punkt auf dem Blutdruckmeßgerät, bis zu dem das Quecksilber abgesunken ist, wenn der Puls wieder anfängt zu schlagen, nachdem er durch das Aufpumpen der Manschette völlig abgeschnürt oder ausgelöscht war.*

2. Diastolischer Blutdruck, *der Wert auf dem Blutdruckmeßgerät, auf den das Quecksilber gefallen ist, wenn die sekundären Töne aufhören. Dies zeigt an, daß der Manschettendruck so abgeschwächt ist, daß der Pulsdruck in der Arterie zu seiner normalen Strömung zurückgekehrt ist.*

Obgleich der philosophische Kontext des achtzehnten Jahrhunderts, der die modernen Ansichten über den Blutdruck bestimmte, weitgehend unverändert geblieben war, gab es doch entscheidende Unterschiede in Korotkows und Hales' Methoden. Da Korotkows Technik ein Stethoskop erfordert, um die Pulsationen der Arterie zu hören, war Schweigen während der Blutdruckmessung vom Arzt wie auch vom Patienten ausdrücklich verlangt. Außerdem konnte Korotkow den systolischen und diastolischen Blutdruck beim Menschen jeweils nur einmal messen, wenn die Manschette aufgepumpt war. Dies war anders als bei Hales, der die Blutdruckveränderungen mit jedem Herzschlag des Pferdes beobachten konnte.

Von diesen zwei Hauptunterschieden in der Technik war das Schweigen die entscheidende Größe, die aber niemand als problematisch ansah. Denn was Hales' Pferd und ein schweigender Mensch gemeinsam haben, ist, daß beide für die Dauer der Messung nicht sprechen. Ohne Zweifel hatte Hales erlebt, daß Herzschlag und Blutdruck verändert waren, wenn ein Tier erregt war. Von Anfang an waren sich die Wissenschaftler sehr wohl der Bedeutung von Erregung und Streß für den Kreislauf bewußt. Nachdem es endlich möglich war, den Blutdruck beim Menschen zu messen, machten sich die Wissenschaftler schnell die Auffassung zu eigen, daß gefühlsmäßige Erregung den Blutdruck beeinflussen könnte. *Der emotionale Inhalt von Gesprächen* wurde bereitwillig als Einfluß auf den Blutdruck betrachtet, während die Ärzte gleichzeitig blind für

69

den Gedanken waren, daß *der Akt des Sprechens* — ganz unabhängig von seinem emotionalen Inhalt — ebenfalls einen Einfluß auf den Blutdruck ausüben kann.

Die punktuelle Einzelmessung wurde von den Ärzten schnell als eine Begrenzung von Korotkows Technik erkannt; aber als eine Einschränkung, die nach allgemeiner Ansicht dadurch umgangen werden konnte, daß man den Blutdruck mehrere Male maß, um einen genauen Wert zu erhalten.

Trotz dieser beiden Begrenzungen — des erforderlichen Schweigens und der singulären Messung — war Korotkows Methode ein bedeutender technischer Durchbruch, der um so bemerkenswerter war wegen seiner Einfachheit und der geringen Kosten, die mit der Anwendung seiner Methode verbunden waren. Sie wurde rasch auf der ganzen Welt übernommen, und man kann ihre Auswirkungen auf die Medizin des zwanzigsten Jahrhunderts gar nicht überschätzen. Zum ersten Mal hatten Ärzte ein Verfahren, um nicht nur den Herzschlag zu überwachen, sondern auch den systolischen und diastolischen Blutdruck einzelner Patienten. Diese Methode erlaubte eine viel umfassendere und genauere Diagnose des Gesamtzustandes von Herz und Kreislauf, als bis dahin denkbar gewesen war; und innerhalb weniger Jahre machte eine beeindruckende Menge von Daten es möglich, Normen für gesunde Blutdruckhöhen aufzustellen.

DAS ERLEBNIS DER BLUTDRUCKMESSUNG

Wegen der Wichtigkeit des Blutdrucks haben die Rituale und Instrumente, die zu seiner Messung gehören, unsere moderne Sichtweise vom menschlichen Körper stark geprägt und unsere Einstellungen gegenüber den Ursachen von Gesundheit und Krankheit verstärkt. Die aufblasbare Manschette, die um den Arm des Patienten gewickelt wird, die Quecksilbersäule, die in dem Meßgerät steigt (der Pegel, der sich aufwärts bewegt — sagen wir bis 180 — während der Arzt oder die Krankenschwester die Manschette aufpumpen) und — am wichtigsten — das Stethoskop, ein Instrument, das dem Arzt gestattet, dem Pulsieren des Blutes in der Armschlagader zu lauschen: Dies sind die Werkzeuge, mit denen die meisten von uns groß geworden sind, und wir alle erkennen sie an als wesentliche Symbole der modernen Medizin. Ich wage zu behaupten, kein moderner Arzt und keine Krankenschwester fühlen sich wirklich komplett angezogen, wenn nicht das Stethoskop umgehängt ist oder in einer Tasche des Kittels getragen wird.*

Obwohl etliche Aspekte des Rituals der Blutdruckmessung eine eingehendere Prüfung verdienen, ist keiner wichtiger als die Vorstellung, daß man einen festen Blutdruck hat, eine Zahl, von einem Instrument exakt gemessen, die dem eigenen Körper von jemand anderem „entrungen" wird. Eigentlich jeder hat dieses Ritual mindestens einmal erlebt; die meisten von uns haben ein Dutzend Mal oder öfter daran teilgenommen. Ich erinnere mich lebhaft an meine eigene Initiation. Mit ungefähr sieben oder acht Jahren, als ich mit Fieber und einer Erkältung kämpfte, die sich weigerten, unter den Standardheilmitteln Bettruhe, Meiden der Schule, Hühnersuppe und dem wichtigsten Gesundheitstonikum überhaupt, Pfefferminztee, zu verschwinden, wartete ich stundenlang mit meiner Mutter und zwanzig oder fünfundzwanzig anderen Personen in der gedämpften Atmosphäre des Wartezimmers in der Praxis unseres Hausarztes. Als der lange Winternachmittag in den Abend hinüberzudämmern begann, rief die Schwester endlich meinen Namen auf und führte meine Mutter und mich in eines der Untersuchungszimmer des Arztes. Sie maß meine Temperatur, während sie ernst mit meiner Mutter über meinen Husten und mein Fieber sprach und etwas auf eine Karteikarte in ihrem Klemmbrett kritzelte. Der Arzt kam kurz darauf — er war ein freundlicher und liebenswürdiger Mann, dem, das wußte ich, unsere Familie ihr Wohlergehen schon beinahe zwei Jahrzehnte lang anvertraut hatte, obwohl ich ihn nie zuvor gesehen hatte.

Nach ein paar Minuten ruhiger Unterhaltung mit meiner Mutter und einigen wohlwollenden Bemerkungen bat er

---

* Das Stethoskop erfüllt außer seiner Verwendung beim Feststellen des Blutdrucks noch viele weitere Funktionen.

mich, meinen Pullover und mein T-Shirt auszuziehen. Nackt fröstelte ich vor Verlegenheit, als es im Zimmer absolut still wurde. Er hängte ein Stethoskop in seine Ohren und bewegte das kalte, metallene Mikrophon über meinen Rücken und meine Brust: „Einatmen. Das ist richtig. Jetzt ausatmen. ... Gut. ... Jetzt huste ein paar Mal. ... Wunderbar! Nun atme wieder ein. ... Atme aus. ... Das ist großartig!"

Dann griff er nach einem rechteckigen Kasten neben dem Untersuchungstisch, wickelte einen schwarzen Gurt oder eine Manschette um meinen Arm, befestigte sie mit einem langen Gummiriemen und fing an, die Manschette aufzupumpen, indem er einen schwarzen Kolben, den er in der Hand hielt, zusammendrückte. Die Manschette verengte sich um meinen Arm, während eine silberne Säule aus Quecksilber in einer dünnen Röhre in dem Blutdruckmeßgerät steil aufwärts schoß. Der Arzt setzte das Mikrophon des Stethoskops auf meinen Arm und ließ langsam einen sanften Luftstrom durch ein Ventil an dem Gummiball entweichen. Er beugte sich vor und lauschte angespannt, während die Quecksilbersäule in der Glasröhre langsam fiel. Er wiederholte die Prozedur, und diesmal konnte ich in der absoluten Stille meinen Puls spüren, der kräftig gegen die immer enger werdende Manschette pochte. Dann löste sie der Arzt, und die Luft, die sanft aus dem Ventil zischte, brach das Schweigen.

„Ausgezeichnet, James, ausgezeichnet." Er kritzelte die entscheidenden Zahlen auf seine Karteikarte und wandte sich zuversichtlich an meine Mutter: „In ein paar Tagen wird er sich besser fühlen. Es gibt keine Anzeichen für eine Lungenentzündung."

In seinen Worten schwangen Autorität und Unfehlbarkeit; und als der Arzt sich das Stethoskop um den Hals legte, und die Manschette von meinem Arm entfernte, wußte ich mit der gleichen Sicherheit, in der ich wußte, daß es einen Himmel gab, daß dies ganz außergewöhnliche Werkzeuge waren und daß nur die Begabtesten und Talentiertesten unter den Menschen Zugang zu solch geheimnisvollen Geräten haben konnten.

Damals, in der Mitte des Zweiten Weltkrieges, maßen gewöhnlich nur Ärzte den Blutdruck. Da es die Technik, die derart lebenswichtige Informationen lieferte, erst seit kurzem gab, war es den Krankenschwestern vor dem Zweiten Weltkrieg im allgemeinen nicht erlaubt, den Blutdruck zu bestimmen.

Heutzutage verflüchtigt sich das Ritual rapide. Schon einem Gymnasiasten kann man beibringen, ein Stethoskop und eine Manschette zu benutzen, um den Blutdruck zu messen. Eine weitere Entwicklung ist im Vergleich zu dem alten Ritus mit Arzt und Stethoskop noch schockierender: seit 1980 kann in den USA jeder seinen Arm auf eine computergesteuerte Maschine in nahezu jedem beliebigen Einkaufszentrum oder jeder Apotheke legen und seinen Blutdruck automatisch aufzeichnen lassen. Heute braucht niemand mehr einen anderen Menschen, um dieses Lebenszeichen zu messen. Die Mystik des Rituals ist für immer zerstört.

DIE KONSEQUENZEN

Neben seiner symbolischen Bedeutung beeinflußte der Einsatz von Stethoskop und Sphygmomanometer bei der Blutdruckmessung aber auch tiefgreifend unser Verständnis der Gesamtregulation des Herz-Kreislaufsystems. Er bestätigte die Vorstellung aus dem achtzehnten Jahrhundert, daß dem menschlichen Kreislaufsystem hydraulische Prinzipien zugrunde lägen und daß solche Prinzipien genutzt werden könnten, um sämtliche Kreislaufphänomene beim Menschen zu beschreiben.* Außerdem lenkte diese mechanische Sicht-

---

* Neue Entdeckungen von Forschern wie Dr. John Laragh an der Cornell-Universität über Eiweiße im rechten Vorhof — die einen starken Einfluß auf das Absinken des Blutdrucks haben — führen zu neuen Ansichten über das menschliche Herz *(Wall Street Journal,* 7. Dezember 1984). Diese Hormone werden vom rechten Vorhof gebildet und in den Blutstrom abgegeben, wenn das Herz registriert, daß der Blutdruck zu hoch ist. Dies geschieht, wenn die Wände des rechten Vorhofs stärker gedehnt werden. Obwohl sie sich in den Rahmen mechanistischen Denkens einfügen, lassen diese Ergebnisse sicherlich die Veränderungen des Blutdrucks beim

weise die Aufmerksamkeit von anderen Faktoren ab, die den Blutdruck beeinflussen könnten, wie Kommunikation und menschliche Beziehungen, und betonte statt dessen die an ihm beteiligte Mechanik.

Das mechanistische Denken über den Blutdruck wurde weiterhin dadurch bestärkt, daß die Messung mit dem *Stethoskop von Arzt und Patient verlangte, währenddessen schweigend zu verharren. Das Schweigen war strukturell in die Prozedur eingebaut.* Diese verfahrenstechnische Notwendigkeit machte die Kliniker blind gegenüber dem Tatbestand, daß der Blutdruck von einem der elementarsten Aspekte menschlicher Beziehungen entscheidend beeinflußt wird — unserer Fähigkeit, miteinander zu kommunizieren. Deshalb war es nicht weiter erstaunlich, daß meine Kollegen und ich die Tragweite unserer eigenen Entdeckung völlig übersahen, als uns der Computer zum ersten Mal zeigte, daß das menschliche Sprechen eine erhebliche Wirkung auf den Blutdruck hat. In der Physik war kein anderes hydraulisches oder hydrostatisches System bekannt, das von einfachen Gesprächen beeinflußt wurde. Deshalb beeindruckte es uns anfangs als ein merkwürdiges Ergebnis, aber nicht als eines, das viel mit den *wirklichen — das heißt, den mechanischen — Faktoren* zu tun hatte, *die den Blutdruck beeinflussen.* Schließlich können etliche Milliarden Blutdruckmessungen, die jährlich in der Welt schweigend durchgeführt werden, nicht in die Irre führen. Oder doch?

<hr />

Sprechen in einem neuen Licht erscheinen. Dr. Paul Rosch, Präsident des Amerikanischen Instituts für Streß, erklärte diese Konsequenzen in einem persönlichen Gespräch und bemerkte: „Hier entsteht eine neue Art und Weise, über das Herz zu denken, eine, die darauf hindeutet, daß es viel mehr ist als eine pumpende Maschine. Dies legt in der Tat nahe, daß es eine Sprache des menschlichen Herzens gibt."

3
DIE MENSCH-MASCHINE

*Sie schien von allem und jedem abgeschnitten durch Mauern der
Pein, und das Gefühl der Einsamkeit einer jeden menschlichen Seele
überwältigte mich plötzlich. Seit meiner Heirat war mein Gefühlsleben immer ruhig und oberflächlich gewesen. Ich hatte all die
tieferen Probleme vergessen und war zufrieden gewesen mit vorlauter
Klugheit. Plötzlich schien die Erde unter mir nachzugeben, und ich
befand mich in einer ganz anderen Welt. Innerhalb von fünf
Minuten durchliefen mich einige Gedanken wie die folgenden: Die
Einsamkeit der menschlichen Seele ist unerträglich; nichts kann sie
durchdringen außer der höchsten Intensität jener Art von Liebe, die
religiöse Lehrer gepredigt haben; was nicht diesem Motiv entspringt,
ist schädlich oder bestenfalls nutzlos; daraus folgt, daß Krieg
Unrecht ist; daß eine höhere Schulbildung verabscheuenswert ist, daß
die Anwendung von Gewalt verurteilt werden muß und daß man in
menschlichen Beziehungen zum Innersten der Einsamkeit in jeder
Person vordringen und zu diesem sprechen sollte.*
Bertrand Russell, Autobiographie

Ein Telefonanruf, den ich im Frühjahr 1983 erhielt, brachte mich dazu, wieder einmal über meine eigene Blindheit gegenüber den Verbindungen zwischen Kommunikation und Blutdruck nachzudenken.

„Valerie und ich haben uns entschlossen zu heiraten, und wir dachten — äh, Entschuldigung — um Ihren Jargon zu benutzen, wir *fühlten,* daß Sie und Sue* unter den ersten sein sollten, die davon erfahren. Das ist also der Grund für diesen Anruf. Wir haben uns das Vergnügen aufgeteilt, diese Neuigkeit zu verbreiten; also ruft Valerie Sue an, und mir ist es überlassen, Sie anzurufen."

Da Ed übersprudelte vor Glück über seine Heiratspläne, war es nicht schwer für mich, einige seiner Gefühle wahrzunehmen: Freude, der Sieg über die Einsamkeit, Liebe. Doch da war noch mehr. In höchst persönlicher Weise hatte auch ich teil an der Freude über seinen Erfolg und den komplexen Gefühlen, die ein unauslöschlicher Teil unserer Beziehung waren. Denn Ed war nicht einfach irgendein Patient, der anrief, um mich über ein glückliches Ereignis in seinem Leben zu informieren. Er war auch ein wahrer Pionier, die allererste Person, die sich an einem Unternehmen beteiligte, das meinen Kollegen und mir half, den menschlichen Körper und menschliche Gefühle in ganz neuer Weise zu sehen. Eds Beitrag war wirklich einzigartig. Es war unsere Behandlung von Ed, durch die wir verstehen lernten, daß menschliche Herzen und Blutgefäße eine Sprache sprechen, die oft beredter ist als die menschliche Sprache selbst. Ed war der erste Patient, an dem wir den tieferen Sinn des Ausdrucks „die Sprache des Herzens" begriffen und auch die tragischen Konsequenzen der Unfähigkeit, sie zu hören, wahrzunehmen, zu beachten oder zu verstehen. Durch die Behandlung von Ed entdeckten wir in unserer Klinik, wie diese Sprache so zu entschlüsseln war, daß man mit ihrer Hilfe Menschen zurück in die Gesundheit führen konnte.

---

* Dr. Sue Ann Thomas, Co-Therapeutin bei der Behandlung dieses Patienten.

Während Ed weiter über seine Heirat sprach, dachte ich darüber nach, wieviel sich geändert hatte, seit wir uns zum ersten Mal vor ungefähr sieben Jahren getroffen hatten. Eds Kreislaufsystem schrie buchstäblich über ein Jahr lang nach Beachtung, bevor wir in der Lage waren, zuzuhören. Es brachte mich in Verlegenheit, mir wieder einmal ins Gedächtnis zu rufen, wie lange wir uns dagegen gewehrt hatten, gerade das Phänomen zu erkennen, zu dessen Entdeckung wir ausgezogen waren. Und doch war dies in mancherlei Hinsicht der faszinierendste Aspekt unserer ganzen Anstrengungen. Wir hatten uns vorgenommen, Ed davon zu überzeugen, daß sein Bluthochdruck mit seinen zwischenmenschlichen Beziehungen zusammenhing, aber wir waren völlig über das entscheidende Beweismaterial hinweggegangen, das diese Verknüpfung erklärte. Der vielleicht einzige Trost für unsere diesbezügliche Blindheit war die Erkenntnis, daß wir nicht allein standen: In der Vergangenheit war eine Legion von medizinischen Forschern und Ärzten ebenso blind gewesen.

Als ich Ed jedoch im Herbst 1977 traf, gab es kein Anzeichen für die Rolle, die er in unserer Forschung und bei der Entwicklung unseres Konzeptes spielen würde. Ganz im Gegenteil. Anfangs war er sehr verstört durch den Vorschlag seines Neurologen, daß er uns zu Rate ziehen sollte. Ed mochte weder den Gedanken, zu einer „psychophysiologischen" Klinik geschickt zu werden, noch konnte er die Möglichkeit akzeptieren, daß verborgene emotionale Konflikte zu seinem Hochdruck beitragen könnten. Eher betrachtete Ed sich als einen Fels emotionaler Unerschütterlichkeit. Während er anerkannte, daß gewisse berufliche Belastungen seinen Blutdruck gelegentlich in die Höhe treiben könnten, grinste er dennoch, als er darüber nachdachte, ob er eine „klinische Behandlung" würde ertragen müssen, die, wie er es ausdrückte, „eine Art von Psychotherapie zu sein schien". Oberflächlich wirkte er zwar recht entgegenkommend, aber er war nicht begeistert von unserer Methode, die anfangs aus einer Mischung allgemeinster Formen unterstützender Gesprächstherapie mit häufig eingestreuten Anweisungen bestand, richtig zu atmen und sich zu entspannen.

Selbst das behutsamste, allgemein gehaltene Sondieren nach seinem Privatleben löste anscheinend Unbehagen bei ihm aus. Er hatte wohl sein ganzes Leben damit verbracht, das Selbstbild einer Person zu hegen, die frei von psychischen Konflikten ist — ein Kartenhaus emotionaler Stabilität und vordergründiger Freundlichkeit zu errichten. Die leiseste Andeutung, daß sein Bluthochdruck mit irgendeinem emotionalen oder zwischenmenschlichen Problem zu tun haben könnte, mußte sofort zurückgewiesen werden, als ob sie ihm Charakterschwäche unterstelle. Ed war nicht der Mann, der eine persönliche Schwäche bei sich selbst ohne weiteres ertragen hätte oder den Gedanken an unerkannte psychische Konflikte, die ihn einer solchen Schwäche ausliefern könnten.

Obwohl er freundlich und gesprächig war, aus sich herausging und fast ständig lächelte, setzte er logisches Denken und Fragen in einer Weise ein, die uns davon abhielt, ihm zu nahe zu kommen. Jedes Vorgehen, jede Intervention und jedes Konzept mußte er anfechten und kritisch prüfen. Er sprach schnell; seine Worte sprudelten in Sätzen hervor, die von kontrollierter, atemloser Gespanntheit waren.

Und doch waren Eds Zweifel leicht zu verstehen, wenn man sie in dem größeren Zusammenhang der Gesundheitskrise sah, die sein Leben im Herbst des Jahres 1977 bedrohte. Ed war fünfzig Jahre alt, nicht verheiratet und Börsenmakler mit einem ausgezeichneten Ruf bei einem führenden Beteiligungsunternehmen in Washington, D. C. Eines Tages stand er vor der beängstigenden Erkenntnis, daß nicht nur seine Karriere, sondern sein Leben schlechthin in tödlicher Gefahr war. Er war zutiefst beunruhigt durch die Tatsache, daß blutdrucksenkende Mittel ersten Grades* seinen Blutdruck nicht unter Kontrolle bringen konnten und daß er vielleicht für den Rest seines Lebens noch stärkere Mittel einnehmen müßte.

---

* Das Ziel der „abgestuften Behandlung" bei der Therapie des Bluthochdrucks ist, die am wenigsten giftigen Mittel zuerst einzusetzen und Medikamente für einen möglichst effektiven Gebrauch sinnvoll zu kombinieren. Die Stufe-1-Medikamente — die Thiazin-Diuretika (harntreibende, die Ausscheidung von Salz und Wasser fördernde Mittel) — werden am

„Warum", überlegte Ed laut, „sollte eine Behandlung, die so offenkundig weniger präzise arbeitet als die blutdrucksenkenden Mittel, die mir mein Arzt verschreibt, irgendeine Hoffnung bieten? Andererseits muß ich zugeben, daß Ihre Therapie auch nicht als große Gefahr betrachtet werden kann. Sie kann nicht die Nebenwirkungen meiner Medikamente haben."

Die Angst und der unterdrückte Ärger hinter dieser Feststellung waren unter der Oberfläche seines liebenswürdigen Auftretens nur schwer auszumachen. Zu jener Zeit hatten wir

---

häufigsten angewandt; sie sind gut erforscht, und man nahm lange an, daß sie wenig Nebenwirkungen haben. Stufe-2-Medikamente werden in Kombination mit dem Diuretikum gegeben und beeinträchtigen in gewisser Weise die Funktion des sympathischen Nervensystems, entweder durch Wirkung auf das Zentralnervensystem oder durch eine Beeinflussung der peripheren sympathischen Aktivität. Die Mittel der zweiten Stufe werden nur hinzugenommen, wenn die Kontrolle des Blutdrucks nicht über Stufe-1-Medikamente aufrechterhalten werden kann. Beta-Blocker wurden ursprünglich als Stufe-2-Medikamente eingestuft; doch da neuere Daten darauf hinweisen, daß diuretische Mittel möglicherweise schädlicher sind, sind Beta-Blocker für viele praktische Ärzte zum Medikament der ersten Stufe geworden. Wenn der Blutdruck nicht mit Stufe-1- und Stufe-2-Medikamenten kontrolliert werden kann, würde als nächstes Mittel ein weiteres, ergänzendes Stufe-2-Medikament hinzugenommen. Die Substanz der dritten Stufe, Hydralazin, wirkt stark und direkt gefäßerweiternd. Mit jeder höheren Stufe in diesem Behandlungsansatz steigt auch das Risiko von Nebenwirkungen der Medikamente. Die Stufe-4-Substanz ist Guanethidin, das eine Abschwächung der Reaktion in den sympathischen Nervenendigungen bewirkt und die Norepinephrinspeicher entleert. Dieses Medikament ist wiederum schlechter zu vertragen und hat möglicherweise ernsthafte Nebenwirkungen. Weitere Medikamente, die neuerdings zur Behandlung des Bluthochdrucks eingeführt wurden, sind beispielsweise die Calzium-Kanalblocker und Captopril. Diese neuen Arzneimittel sind nützlich und beliebt, aber noch nicht in die Methode der abgestuften Behandlung eingegliedert. Neue Empfehlungen für Anpassungen an das Programm der abgestuften Behandlung werden laufend ausgearbeitet, sobald Daten über den Gebrauch von Medikamenten verfügbar sind. Weitere Einzelheiten finden Sie in der kürzlich erschienenen Übersichtsarbeit von Dr. David Roffman und Dr. Sue Ann Thomas.[1]

ihm unsere alles überschattende Sorge noch nicht mitgeteilt, daß unser Vorgehen vielleicht noch schlimmere Nebenwirkungen haben könnte als Medikamente. Wie ich im folgenden ausführlicher beschreiben werde, basierte unser Behandlungsansatz auf der Annahme, daß menschliche Beziehungen ein unumgänglicher Aspekt des Kreislaufsystems sind und daß Einsamkeit ein wesentlicher Faktor ist, der bei verschiedenen Kreislauferkrankungen mit in Betracht gezogen werden sollte. Forschungsarbeiten hatten jedoch gezeigt, daß einzel- oder gruppenpsychotherapeutische Behandlungsmethoden für Bluthochdruck zu beträchtlichen Blutdruckanstiegen führen können.[2] Während verschiedene Studien Eds Zweifel an der Wirksamkeit von Psychotherapie im Blick auf andere Situationen wohl belegt hätten, so gab es doch wenig Unsicherheit über ihre mögliche Wirkung auf Bluthochdruck. Die meisten der verfügbaren Daten legten nahe, daß die von uns erwogene Art der Therapie, die ihrem Wesen nach auf sozialer Interaktion beruhte, bei Patienten mit Bluthochdruck vermieden werden sollte, da sie entweder nicht helfen oder, noch wahrscheinlicher, den Blutdruck des Patienten weiter in die Höhe treiben würde. Zugleich untermauerten diese Daten aber eigentlich unsere zentrale These, daß menschliche Beziehungen einen bedeutenden Einfluß auf das Herz haben. Das einzige Problem war, daß der Großteil dieser Studien sich auf die negativen und sogar katastrophalen Folgen unangenehmer Interaktionen für das Herz konzentrierte. Es war völlig unklar, wieviel zusätzlichen Streß Eds Kreislaufsystem ertragen könnte, und wir wußten, wir mußten mit großer Sorgfalt vorgehen.

Er war gerade nach einer umfangreichen diagnostischen Bestandsaufnahme wegen einer transienten ischämischen Attacke * aus dem Krankenhaus entlassen worden. Ed war wäh-

---

* Eine transiente ischämische Attacke ist ein kurzfristiges Absinken der Durchblutung und der Sauerstoffversorgung in einem kleinen Bezirk des Gehirns. Sie verursacht häufig Schwäche in den Gliedern, Schwindel und einen kurzen Verlust des Erinnerungsvermögens. Man hält sie für ein Warnsignal, das auf einen möglicherweise bevorstehenden Schlaganfall hindeutet.

rend einer Vorstandssitzung zusammengebrochen, als er die Aktienbestände eines Kunden durchsprach. In den vorangegangenen zwei Jahren war sein Blutdruck auf kritische Höhen angestiegen, was schließlich in der ischämischen Attacke gipfelte. Ed spürte, daß seine Karriere von einem plötzlichen Tod oder dem Schreckgespenst eines möglichen Schlaganfalls bedroht wurde, der ihn zum Krüppel machen würde.

Seit fünf Jahren hatte Ed widerwillig die Medikamente eingenommen, die seine Ärzte ihm verschrieben hatten. Unglücklicherweise war er weniger erfolgreich darin, ihre Gesundheitsratschläge zu befolgen, die er durchaus als vernünftig anerkannte. Trotz wiederholter Warnungen, er solle sein Arbeitstempo verringern, seine Eßgewohnheiten ändern und dreißig oder vierzig Pfund von seinem Übergewicht abnehmen, das er auf seinen 1,80 Metern mit sich trug, konnte Ed sich nicht umstellen. Ed war das klassische Beispiel der Typ-A-Persönlichkeit, wie sie von Dr. Meyer Friedmann und Dr. Ray Rosenman beschrieben wurde.[3] Rastlos ehrgeizig, schnell sprechend und ständig „unter Dampf" schien Ed unfähig, den Schritt auf seinem Marsch zu verlangsamen, der ihn unablässig dem Grab entgegenführte. Er versuchte vergeblich, sich zu ändern, bloß um festzustellen, daß er ein Gefangener seiner eigenen Persönlichkeit war. „Meine Ärzte scheinen zu glauben, meine Errettung liege darin, daß ich den Lebensstil eines scholastischen Mönches annehme", bemerkte er mit einem grimmigen Lächeln. Weitere Fragen zu seiner Persönlichkeit tat er mit einem Achselzucken ab, als hätte er von vornherein entschieden, daß bestimmte Themen ausgeschlossen seien oder daß es müßig sei, sie zu erörtern. Grundsätzlich sprach er in der Vergangenheit und im Passiv, fast als hätte er sich mit der Unabwendbarkeit seines vorzeitigen Todes abgefunden. Sein Gefühl einer schlimmen Vorahnung war gar nicht so weit von der klinischen Wirklichkeit entfernt. Während unserer ersten Sitzung lag sein Blutdruck im Mittel bei 185/110, obwohl er blutdrucksenkende Mittel der Stufe eins einnahm.

Die verfügbaren medizinischen Statistiken unterstrichen unglücklicherweise den Wahrheitsgehalt von Eds Vorahnung.[4]

Tabelle 3.1 zeigt den relativen Anstieg und Abfall der Gesamt-sterblichkeitsrate für verschiedene Höhen des Blutdrucks in standardisierten Risikotabellen der Lebensversicherungen. Auf dieser Tabelle entsprechen 100 Prozent der mittleren Sterblichkeitsrate bei jedem gegebenen Alter. Prozentwerte unter 100 stehen für eine Lebenserwartung, die höher ist als normal, während die Prozentwerte über 100 bedeuten, daß die Sterblichkeitsrate größer als üblich ist. Wie die Tabelle er-kennen läßt, liegt Eds Wert von 185/110 für den systolischen Blutdruck um 132 Prozent über dem Druchschnitt und für den diastolischen Blutdruck um 144 Prozent: Die Wahr-scheinlichkeit, zu sterben, ist für ihn also mehr als doppelt so groß wie für Menschen gleichen Alters, deren Blutdruck im Durchschnitt bei 125/80 liegt.

Tabelle 3.1

Relative Mortalität von lebensversicherten Personen 1954-72 in Abhängigkeit von der Höhe des Blutdrucks

Systolischer Blutdruck	*Mortalitätsrate* Männer	Frauen	Diastolischer Blutdruck	*Mortalitätsrate* Männer	Frauen
Unter 108	71%	83%	Unter 73	85%	87%
108_ 17	77	90	73_ 77	92	96
118_ 27	89	93	78_ 82	99	103
128_ 37	111	107	83_ 87	118	114
138_ 47	135	121	88_ 92	136	132
148_ 57	166	135	93_ 97	169	167
158_ 67	206	169	98_ 102	200	181
168_ 77	218	178	103_ 07	258	208
178_ 87	232	200	108_ 12	244	195

Quelle: Blutdruck-Studie 1979, Gesellschaft der Versicherungs-Mathematiker und Vereinigung der medizinischen Lebensversicherungsdirektoren von Amerika (November 1980).

Es gab noch eine weitere Möglichkeit, abzuschätzen, wie ernst Eds gesundheitliche Probleme waren: Man konnte die Auswirkungen seines Blutdrucks anhand der Jahre betrach-ten, um die sich seine normale Lebenserwartung verringern könnte. Die Daten verdeutlichen, daß die Lebenserwartung um so geringer ist, je höher der Blutdruck ist (siehe Tabelle 3.2).

Tabelle 3.2

Durch Bluthochdruck verlorene Lebensjahre

Höhe des Blutdrucks	Männer		Frauen	
	Alter 35	Alter 65	Alter 35	Alter 65
140/ 90	3 Jahre	2 Jahre	2 Jahre	1.5 Jahre
160/ 95	6 Jahre	4 Jahre	4 Jahre	3 Jahre
180/100	8 Jahre	5 Jahre	5.5 Jahre	4 Jahre

Quelle: Blutdruck-Studie 1979, Gesellschaft der Versicherungsmathematiker und Vereinigung der medizinischen Lebensversicherungsdirektoren von Amerika (November 1980).

Aufgrund dieser Statistiken deuteten auch die optimistischsten Voraussagen für Eds langfristige Überlebungschancen darauf hin, daß er wahrscheinlich mindestens fünf bis acht Jahre früher sterben würde als Menschen seines Alters mit einem niedrigeren Blutdruck. Verbunden mit der Tatsache, daß Ed die Symptome einer gestörten Hirndurchblutung zeigte, schien es möglich, daß er nicht mehr lange genug leben würde, um seinen Ruhestand genießen zu können.

Doch sieben Jahre später, zu Beginn des Winters 1984, lag Eds Blutdruck im Mittel bei 130/75, sowohl zu Hause als auch bei Nachfolgeuntersuchungen in unserer Klinik. Es gelang ihm, seinen Blutdruck merklich zu senken und seine Überlebensaussichten infolgedessen gewaltig zu verbessern. Noch überraschender war, daß er keine Medikamente mehr brauchte, um seinen Blutdruck zu regulieren, obwohl er in den dazwischenliegenden Jahren kein Gramm abgenommen hatte.

Wodurch kam diese Veränderung zustande? Wie befreite sich Ed von einer Kreislauferkrankung, die eine ernsthafte

Bedrohung für sein Leben dargestellt hatte? Was an seinem Lebensstil, seiner Persönlichkeit oder tatsächlich an seinem Körper war anfangs dafür verantwortlich, daß sein Blutdruck in gefährliche Höhen stieg? Hatte er eine Krankheit, die auf irgendeine wunderbare Weise in letzter Minute abgewendet wurde, oder war sie wirklich nur die symptomatische Widerspiegelung eines anderen Problems? Und warum war es so schwer für Ed gewesen, seine überdynamische Persönlichkeit zu ändern, nachdem er sich selbst eingestanden hatte, daß sie zu seiner Kreislaufproblematik beitragen könnte? Wofür waren wir — wie viele Forscher vor uns — blind, was den Schlüssel zu Eds Genesung anging?

Das traditionelle Paradigma des Körpers

Um die Veränderungen von Ed erklären zu können, skizziere ich zunächst die Sichtweise von Kreislauferkrankungen, die wir in der Klinik vertraten, als wir mit Ed zu arbeiten begannen. Denn erst rückblickend wurde klar, daß gerade die Fragen, die wir uns wegen seines Blutdrucks stellten, nicht beantwortet werden konnten, bevor wir nicht einige unserer grundlegenden Annahmen über den menschlichen Körper veränderten.

In seinem berühmt gewordenen Buch *Die Struktur wissenschaftlicher Revolutionen* beschreibt Thomas Kuhn ein Phänomen, das er „wissenschaftlichen Paradigmenwechsel" nennt.[5] Kuhn definiert den Begriff *Paradigma* in seiner allgemeinsten Bedeutung als ein Konstrukt, das den ganzen Komplex von Überzeugungen, Werthaltungen, Techniken und Einstellungen umfaßt, welche die Mitglieder einer gegebenen Wissenschaftsgemeinde miteinander teilen. Nach seiner Darstellung bestimmt das Paradigma, wie Wissenschaftler an die Untersuchung von Phänomenen in ihrem spezifischen Interessensgebiet herangehen und wie sie die Daten, die sie beobachten, verstehen und interpretieren. Das Paradigma ist eine Art der Betrachtung wissenschaftlicher Daten, und es bleibt jeweils so lange gültig, bis sich genug widersprechende Daten angesammelt haben, um es ernsthaft in Zweifel ziehen zu müssen. Ein

Wechsel von Paradigmen findet statt, wenn eine alternative Möglichkeit der Datenanalyse entwickelt wird und man herausfindet, daß die widersprüchlichen Daten mit ihrer Hilfe wirkungsvoller interpretiert werden können.

Zu unserer Auseinandersetzung mit Ed gehörten genau solch ein Paradigma und unsere Umstellung auf ein neues. Wie ich in Kapitel 2 geschildert habe, akzeptierten wir, als wir mit Eds Hochdruckbehandlung begannen, unkritisch die Vorstellung vom menschlichen Körper als einer Maschine — eine Überzeugung, die wir mit eigentlich allen medizinischen Wissenschaftlern und Ärzten teilten. So betrachteten wir das menschliche Herz und seine Blutgefäße als eine unglaublich ausgefeilte körperliche Maschine, als ein unfaßbar sensibles hydraulisches System, das beständig Blut zu allen Geweben des Körpers fließen läßt. Wir wußten, daß das Kreislaufsystem höchst anpassungsfähig ist und sich schnell auf die inneren Erfordernisse des Körpers sowie die äußeren Anforderungen einer sich ständig ändernden Umwelt einstellen kann. Jeder beliebige von einer Unzahl innerer und äußerer Faktoren kann die Herzfrequenz und den Blutdruck eines Menschen ansteigen lassen. Umgekehrt war uns bekannt, daß bestimmte Gleichgewichtsmechanismen in Gang gesetzt werden können, um das System herunterzuschalten. In ähnlicher Manier erkannten wir an, daß mechanische Schwierigkeiten den Zusammenbruch des gesamten Organismus' verursachen können.

Unser eigenes, spezielles Interesse konzentrierte sich darauf, einen bestimmten äußeren Reiz zu begreifen, der eine starke Wirkung auf das Herz auszuüben schien. Zwar hatten schon viele Wissenschaftler ihr Augenmerk auf die Art und Weise gerichtet, in der eine Unzahl innerer und äußerer Faktoren das Kreislaufsystem beeinflussen kann; uns fiel aber auf, daß ein naheliegender Reiz übersehen worden war: dem Einfluß anderer Menschen hatte man relativ wenig Aufmerksamkeit gewidmet. Man hatte kaum Anstrengungen unternommen, zu erforschen, wie Freunde, Kinder, der Ehepartner, die sanfte Berührung eines anderen Menschen oder auch die persönlichen Feinde auf das menschliche Herz einwirken. Dieses Gebiet rückte in den Mittelpunkt unseres Interesses.

Doch als wir unsere Untersuchungen aufnahmen, unterschied das übergreifende Paradigma, dem wir anhingen, sich in nichts von dem anderer Wissenschaftler. Wir überprüften die Wirkungen von Menschen auf die gleiche Weise, mit der die übrigen Wissenschaftler Faktoren wie Eßgewohnheiten, körperliches Training oder Rauchen erforscht hatten. Unsere Methoden waren vom Wesen her nicht anders als die eines Wissenschaftlers, der studiert, wie ein Golfschläger einen Golfball über den Rasen treibt. Genauso, wie verschiedene physikalische Faktoren, beispielsweise die individuelle Stärke des Schwunges oder der Winkel des Schlägers, die Flugbahn und Weite eines Golfschlages bestimmen, betrachteten wir andere Menschen als eine Klasse „sozialer Reize", die auf das Herz eines Menschen treffen. Für uns waren menschliche Beziehungen lediglich eine vernachlässigte Klasse von Umweltreizen, die sich qualitativ nicht wirklich von irgendwelchen anderen Reizen unterschieden. Das Paradigma, das wir unkritisch akzeptierten, bot keine Alternative. Wenn der menschliche Körper eine fein abgestimmte biologische Maschine ist, dann können menschliche Beziehungen Herz und Blutgefäße nur beeinflussen, indem sie auf körperliche Mechanismen wirken, die eine Reaktion dieses Systems auslösen.

Unsere Versuche, Eds Hochdruck zu behandeln, brachten uns erstmals dahin, die gefährlichen Beschränkungen dieser Sichtweise zu erkennen. In unserem Bemühen, seinen Blutdruck zu senken, wurden wir mit gewissen Fragen konfrontiert, die schon bei unserer Arbeit gegenwärtig gewesen, aber durch das Kreislauf-Paradigma in den Hintergrund getreten waren. Nach Eds Behandlung jedoch fingen wir an zu begreifen, daß es eine weitere Dimension menschlicher Beziehungen gab, die über das Konzept hinausging, Menschen als „soziale Stimuli" zu sehen, die auf die Kreislaufmechanik anderer Menschen einwirken: Diese Dimension umfaßt, daß Menschen ihrem Wesen nach wechselseitig aufeinander bezogen sind, sowie das „spezifisch Menschliche" des menschlichen Körpers. Wir begannen zu verstehen, daß menschliche Beziehungen etwas ganz anderes sind als nur ein weiterer Reiz, der auf das Herz wirkt; sie üben einen Einfluß aus, der davon grundverschieden ist. Das Herz und die Blutgefäße reagieren nicht nur auf menschliche „Stimuli", sondern diese Reaktionen können von anderen Menschen als Mitteilungen gesehen, gehört und gefühlt werden. Wie wir erkennen werden, verweist diese Dimension menschlicher Beziehungen die körperlichen Mechanismen in eine Region, die weit jenseits all dessen liegt, was wir bisher betrachtet haben.

Um die Unterscheidung dieser Paradigmen zu erleichtern sowie ihren Einfluß auf unser Verständnis des menschlichen Kreislaufsystems und auf unseren Behandlungsansatz für Probleme wie Bluthochdruck und Migränekopfschmerzen zu verdeutlichen, möchte ich kurz einige entscheidende Erfahrungshintergründe umreißen, die uns veranlaßten, das eine Paradigma durch das andere zu ersetzen.

Der Effekt der Person

Ich begann meine wissenschaftliche Ausbildung in der ruhigen Atmosphäre eines Tierlaboratoriums, weit ab von den Problemen, die Eds Bluthochdruck aufwirft. Als ich meine Graduiertenausbildung begann, lag mir in der Tat nichts ferner als Fragen über menschliche Beziehungen und die Gesundheit des Herz-Kreislaufsystems. Ich war im Jahre 1962 mit gänzlich anderen Absichten an das Pawlow-Laboratorium in Perry Point, Maryland gekommen. Unter der Anleitung einer weltweit führenden Autorität im pawlowschen Konditionieren wollte ich erforschen, wie das Gehirn Informationen verarbeitet und wie Lernen vor sich geht. Es dauerte jedoch nicht lange, bis meine Karrierepläne und Ziele sich geändert hatten. Bald fand ich mich wieder, wie ich auf den Rhythmus eines Aufzeichnungsstiftes lauschte, der die elektrische Wellenform des Herzschlags eines Hundes auf das Papier eines Mehrfachschreibers kritzelte. In der stillen Dunkelheit eines Beobachtungsraums im Labor saß ich neben meinem Lehrer, Dr. W. Horsley Gantt (1893-1979), und spähte fasziniert durch einen Einwegspiegel, als mir ein wissenschaftliches Phänomen vorgestellt wurde, das Dr. Gantt den „Effekt der Person" nannte.

Auf einem Tisch stand, regungslos entspannt und nur sehr locker mit einer Leine angebunden, ein Mischlingshund. Das Tier war ganz allein, von Kontakten mit der Außenwelt isoliert, während Hautelektroden jeden Herzschlag und Atemzug aufzeichneten.

„Sie sehen auf dem Schreiber im Augenblick nur einen kleinen Teil dessen, was Claude Bernard* das innere Milieu genannt hat", bemerkte der Direktor des Pawlow-Laboratoriums an der medizinischen Fakultät der Johns Hopkins-Universität**, als er dazu ansetzte, mir seine bemerkenswerte Entdeckung zum ersten Mal zu demonstrieren. Dr. Gantt war als Professor bereits emeritiert und der einzige lebende amerikanische Wissenschaftler, der mit dem großen russischen Physiologen Iwan Pawlow (1849-1936) gemeinsam geforscht hatte.*** Gantts fortgeschrittenes Alter und die

---

* Claude Bernard (1813-1878), französischer Physiologe, der unter anderem das sympathische Nervensystem erforschte.

** Das Pawlow-Laboratorium von *Johns Hopkins* war dem Pawlow-Laboratorium des Krankenhauses der *Veterans Administration* (Fürsorgeverwaltung für Kriegsteilnehmer) in Perry Point, Maryland angeschlossen. Beide Laboratorien hatten denselben Direktor, Dr. W. Horsley Gantt, und beide trieben interdisziplinäre Forschung. Meine erste Untersuchung am *Veterans Administration*-Krankenhaus in Perry Point wurde von der *Veterans Administration* gefördert, und ich bin sehr dankbar für diese Unterstützung.

*** Dr. Gantt war 1922 ursprünglich als Sanitätsoffizier nach Rußland gegangen, wo er in der russischen Hungerhilfe tätig war, die Präsident Herbert Hoover organisiert hatte. Während seines Dienstes in Leningrad lernte Dr. Gantt Pawlow kennen und war wie elektrisiert von seinen kühnen neuen Konzepten. Pawlows Theorien schienen große Hoffnungen auf die Entwicklung einer neuen Art von Psychiatrie zu eröffnen, die auf objektiven, wissenschaftlichen Prinzipien gründete und von dem Morast schlecht definierter Begriffe und ungewisser klinischer Behandlungsmethoden befreit war, der psychisch kranke Patienten in

Breite seiner Sachkenntnis vergrößerten die Bedeutung, die ich seinen Einsichten beimaß. Nach fünfzig Jahren wissenschaftlicher Forschung war Gantt eine wahre Fundgrube von Informationen. Wenn er nachdrücklich betonte, daß ein Experiment das Zusehen wert war, dann war es das ohne Zweifel, und gespannt beobachtete ich und hörte zu.*

Er fuhr fort: „Das Herz ist der wichtigste Teil unseres inneren Lebens. Der Kreislauf steht mit jedem Organ und jeder Zelle im Körper in einer Wechselbeziehung, und in diesem Sinn müssen Sie ihn verstehen und auch die Faktoren, die ihn beeinflussen. Veränderungen an Herz und Kreislauf können

---

psychiatrischen Krankenhäusern ohne Aussicht auf Besserung dahinvegetieren ließ. Gantt blieb sieben Jahre in Rußland und half, Pawlows Untersuchungen Beachtung in der englischsprachigen Welt zu verschaffen. Als Gantt nach Amerika zurückkehrte, widmete er seine eigene wissenschaftliche Karriere der Weiterentwicklung des Werks seines berühmten russischen Lehrers. Gantt ahmte die Methoden seines Lehrers so getreulich nach, daß seine Labors an der Hopkins-Universität in Perry Point genauso aussahen wie die Bilder, die ich in Psychologielehrbüchern von Pawlows Hunden gesehen hatte, welche auf konditionierte Reize hin in ihren Isolationskammern Speichel absonderten.

* Die Zitate in diesem Abschnitt beruhen auf Erinnerungen an verschiedene Gespräche, die ich während der zehn Jahre unserer Zusammenarbeit mit Dr. Gantt führte. Sie sind keine wörtlichen Zitate in dem Sinne, daß sie auf Tonband aufgenommen wurden oder von mir niedergeschrieben, sondern sie sind eher eine Zusammenfassung seiner Ansichten. Jede dieser Ideen wurde häufig von ihm wiederholt und auch in einer Artikelserie beschrieben, die Dr. Gantt über diese Themen veröffentlichte.[6] Ich habe mich entschieden, seine Vorstellungen in einen Gesprächszusammenhang zu bringen, um so vielleicht etwas von der intellektuellen Kraft und Vitalität zu vermitteln, mit der er seine Untersuchungen verfolgte, und darzustellen, wie er mit Kollegen und Studenten umging. Dr. Gantt verbrachte eine Menge Zeit mit jüngeren Studenten, da er überzeugt war, daß Studienanfänger am empfänglichsten sind und noch nicht mit Überzeugungen und Einstellungen vollgestopft, die ihre Fähigkeit blockieren könnten, die Dinge in ungewohnter Weise zu betrachten. Ich war keineswegs der erste oder der letzte Student, den Dr. Gantt in seiner selbstlosen und wahrhaft fürsorglichen Weise unterrichtete.

überall im Körper zu Veränderungen führen. Dieses Organsystem ist der große Vereiniger des lebendigen Organismus, das System, das unseren Körper zu einem Ganzen integriert.

Wie Sie auf dem Mehrfachschreiber sehen können, gibt es ein Leben an der Oberfläche und ein ganz anderes, dynamisches, ständig sich wandelndes Leben im Inneren des Körpers. Wenn Sie wirklich begreifen wollen, was Sie sehen, dann müssen Sie viele Stunden lang beobachten. Pawlows Motto lautete: Beobachtung und nochmals Beobachtung." Er lachte in sich hinein, und seine kräftige, heisere Stimme drückte entschieden die Bedeutung aus, die er Pawlows Methoden beimaß, und die tiefe Bewunderung, die er für seinen russischen Lehrer hegte.

Sechzig- bis achtzigmal in der Minute zeichnete der Stift die Kurven vom Herzschlag des Hundes auf, wobei der Rhythmus mit jedem Einatmen und Ausatmen schneller und wieder langsamer wurde. Über vierzig Minuten lang saß Dr. Gantt neben dem Mehrfachschreiber, mit leicht zusammengekniffenen Augen, um den Hund zu beobachten, während er weiter in Ruhe darüber sprach, wie Biologen und Psychologen Tiere in Isolation studierten. „Die Verknüpfungen zwischen unserem sozialen Dasein und dem Funktionieren des Körpers sind von der Wissenschaft überhaupt nicht beachtet worden. Sie (die Wissenschaftler und Biologen) konzentrieren sich statt dessen darauf, die homöostatischen Mechanismen des Körpers zu verstehen. Das Dilemma liegt schlicht und einfach in den Methoden, die Wissenschaftler einsetzen, um die Physiologie zu studieren."

Er hielt einen Augenblick inne, um einige Notizen über das Verhalten des Hundes in ein Laborprotokoll zu schreiben, und fügte dann in seinem rhythmischen Akzent aus Südwest-Virginia, der durch Jahre des Studiums in England und Rußland abgeschwächt worden war, hinzu: „Um objektiv zu sein, ist der Wissenschaftler gezwungen, eine Distanz zwischen sich und dem Objekt seiner Untersuchung aufrechtzuerhalten. Trotzdem treten wir ohne Zweifel auch in eine Wechselbeziehung zu unserem Studienobjekt, wenn wir lebende Organis-

90

men erforschen. Heisenberg entdeckte dieses Phänomen im Jahre 1929 in der Physik."* Er schien sowohl amüsiert über das Paradox, als auch erregt wegen des Phänomens, das er mir gerade zeigen wollte: „Wie Sie sehen werden, ist das Anschauen der Physiologie eines Hundes etwas ganz anderes, als mit demselben Tier zusammen zu sein. Das ganze Herz-Kreislaufsystem ändert sich, wenn eine Person anwesend ist."

Als er dann die Stahltür zu dem Isolierraum des Hundes öffnete, begann der Stift des Mehrfachschreibers wie rasend zu kritzeln, da das Herz des Tieres aufgeregt pochte; 120, 130, 140, 150, 160, 170 Schläge pro Minute. Die Herzfrequenz des Hundes verdreifachte sich beinahe in dem Augenblick, in dem Dr. Gantt den Raum betrat. Auf einmal schien der Stift anzuhalten, und es wurde merkwürdig ruhig im Zimmer, während die Herzfrequenz des Hundes sich plötzlich auf 30 Schläge pro Minute verringerte. Sie war fast sofort abgesunken als Antwort auf Dr. Gantts sanftes Streicheln.

---

* Werner Heisenberg (1901-1976), deutscher Physiker; dieses Phänomen war das von ihm entdeckte Unschärfeprinzip. In seinen brillanten Aufsätzen *What is Life?* (Was ist Leben?) und *Mind and Matter* (Geist und Materie) beschreibt Erwin Schrödinger (1887-1961) diesen revolutionären Aspekt von Heisenbergs Entdeckung: „Wir können keinerlei sachliche Feststellung über einen gegebenen Naturgegenstand (oder ein physikalisches System) machen, ohne mit ihm ‚in Kontakt zu treten'. Dieser ‚Kontakt' ist eine echte physikalische Wechselwirkung. Auch wenn er lediglich darin besteht, daß wir ‚das Objekt anschauen', so muß dieses doch von Lichtstrahlen getroffen werden und sie in unser Auge reflektieren oder in irgendein Beobachtungsgerät. Das bedeutet, daß das Objekt durch unsere Beobachtung beeinflußt wird. Man kann von einem Objekt keine Kenntnis gewinnen, solange man es vollständig isoliert. Die Theorie behauptet, daß diese Störung weder belanglos noch vollständig überschaubar sei. Nach einer beliebigen Anzahl von mühseligen Beobachtungen befindet sich das untersuchte Objekt in einem Zustand, von dem einige Züge (die zuletzt beobachteten) bekannt, andere aber (die durch die letzte Beobachtung beeinflußten) unbekannt oder nur teilweise bekannt sind. Dieser Tatbestand wird als eine Erklärung dafür angeboten, warum eine vollständige, lückenlose Beschreibung eines physikalischen Objektes niemals möglich ist."[7]

Das Streicheln hatte einen verblüffenden Einfluß gehabt. Äußerlich konnte ich kaum eine Veränderung im Verhalten des Hundes ausfindig machen. Die gesamte Reaktion hatte sich in einem verborgenen körperlichen Universum abgespielt, dessen Arbeitsweise ich zum ersten Mal für einen kurzen Moment gesehen hatte.

„Das ist ein Teil des Effektes der Person!" sagte Dr. Gantt leidenschaftlich. „Solche Reaktionen haben wir jetzt viele Jahre lang gesehen. Bei anderen Tieren sind sogar noch weit größere Veränderungen zu beobachten. Ich glaube, dies ist eines der wichtigsten biologischen Phänomene überhaupt.

Der Effekt der Person gehört zu den meistignorierten Phänomenen in der gesamten modernen Medizin. Obwohl jeder Arzt Lippenbekenntnisse zur Wichtigkeit des Verhaltens am Krankenbett ablegt, starren die jungen Ärzte wie hypnotisiert auf die wissenschaftliche Technik. Sie haben ihr wichtigstes therapeutisches Werkzeug vergessen. Vielleicht schenkt man ihm keine Beachtung, weil seine Wirkung so durchschlagend ist. Es wird für selbstverständlich gehalten wie die Luft, die wir atmen, sofern sie nicht vergiftet oder verschmutzt ist. Vielleicht wird zu Ihren Lebzeiten ..." Er lächelte versonnen und deutete damit an, daß er bei seinem fortgeschrittenen Alter von zweiundsiebzig Jahren wohl nicht mehr erleben würde, wie diese Entdeckung die wissenschaftliche Anerkennung erhielt, die sie seiner Meinung nach verdiente: „Vielleicht wird zu Ihren Lebzeiten ..." Er wiederholte den Satz beinahe geistesabwesend, als verstünde er selbst nicht recht, warum die Bedeutung des Effekts der Person in der modernen Medizin nicht klarer erkannt wurde.

Dann fuhr er fort: „Osler* wußte alles über den Effekt der Person und die Macht des Verhaltens am Krankenbett.

---

* Sir William Osler (1849-1919) war einer der Wegbereiter und Gründer der Medizinischen Hochschule an der Johns Hopkins-Universität und eine führende Figur in der Medizin des frühen zwanzigsten Jahrhunderts. Er war ein herausragender Wortführer der Medizin und verwandte sein Leben darauf, einer ganzen Generation von Medizinstudenten die Wichtigkeit des Verhaltens am Krankenbett nachdrücklich vor Augen zu führen.

Er war sicher der größte medizinische Lehrer, den die Hopkins-Universität je hatte. Er bemerkte einmal, daß allein ein Besuch von einem optimistischen und fröhlichen Arzt einen Patienten im Endstadium von Krebs plötzlich drei oder vier Pfund zunehmen ließ. Sie sollten seine Beschreibungen über die Auswirkungen lesen, die das Verhalten gegenüber dem Kranken bei Herzpatienten hat."

Dann, als ob er den einzigartigen wissenschaftlichen Charakter seiner Beobachtungen herausstreichen wollte — im Gegensatz zu den traditionellen klinischen Beschreibungen des Verhaltens am Krankenbett —, fügte er hinzu: „Wir hätten diese Reaktion nicht entdeckt, wenn wir nicht Pawlows Methoden eingesetzt hätten, den Hund von allen äußeren Reizen zu isolieren. Pawlow wußte, wie wichtig der Kontakt zum Menschen für den Hund war. Darum isolierte er den Hund so sorgfältig von allen Umgebungseinflüssen. Das war die einzige Möglichkeit, wie er den konditionierten Reflex erforschen konnte."

Seit Anbeginn meiner Forschungsausbildung am Pawlow-Laboratorium erschien es mir völlig widersinnig, daß Dr. Gantt sich zwar ganz der Weiterentwicklung der Untersuchungsmethoden seines geliebten Lehrers widmen konnte und doch gleichzeitig den Isolationsraum — die Pawlowsche Kammer — benutzte, um den Effekt der Person zu erforschen. Auf der einen Seite war sein Lehrer, Iwan Pawlow, ein ausgesprochener Verfechter eines streng mechanistischen Standpunktes in der Physiologie. Pawlow glaubte, der Körper werde durch automatische Reflexe — seine sogenannten unkonditionierten Reflexe — gesteuert. Er dachte über die Physiologie in Kategorien ihrer Reflexschaltungen nach. Tiere lernen weder ihre Herzfrequenz zu beschleunigen, wenn sie sich körperlich anstrengen, noch lernen sie, Speichel abzusondern, wenn Futter in ihrem Maul ist: sie sind einfach so „verdrahtet" (Ich werde Pawlows Einfluß in Kapitel 10 ausführlicher darstellen).

Im Kontext des Pawlowschen Paradigmas und seiner Forschungstradition, Tiere von allen Umgebungseinflüssen zu isolieren, beobachtete Dr. Gantt im Jahre 1938 zum ersten

Mal den Effekt der Person. Mit Hilfe eines der ersten elektro-
kardiographischen Aufzeichnungsgeräte, die entwickelt wurden, bemerkte er die auffallende Weise, in der das Herz eines
Hundes auf menschlichen Kontakt reagierte. Es gab ein festes
physikalisches Reaktionsmuster, wenn der Hund allein war,
und ein ganz anderes, wenn ein Mensch anwesend war.

Über Jahrzehnte hinweg erkundeten und beschrieben
Gantt und seine Kollegen verschiedene Dimensionen dieser
bisher verborgenen Welt des Kreislaufsystems.[8] In einem der
spannendsten dieser Experimente beobachteten zwei seiner
Kollegen, Dr. Joseph Newton und Dr. Walter Ehrlich, daß
die Anwesenheit eines Menschen den Blutfluß durch Koronararterien deutlich beeinflußte. (Diese Blutgefäße sind von
besonderer Bedeutung, da sie das Blut direkt zum Herzmuskel selbst transportieren und entscheidend für das gesunde Arbeiten des Herzens sind.) Zum Verlauf ihrer physiologischen
Experimente erklärten diese Forscher: „Während unserer Experimente über die Auswirkungen von Ernährung und körperlicher Belastung auf die Koronardurchblutung waren wir
überrascht, solch große Steigerungen der Koronardurchblutung zu finden, die nur darauf zurückzuführen waren, daß
eine Person den Raum betrat. Tatsächlich war bei einigen
Hunden die Person fast ein genauso starker Stimulus für die
Koronardurchblutung wie heftige Bewegung in einer Tret-
mühle, und das, obwohl durch die Person nur ein kleiner Anstieg in der Bewegungsaktivität hervorgerufen wurde."[9] Wie
wir später an Patienten wie Ed erkennen sollten, sind solche
verborgenen Kreislaufreaktionen völlig normale Erscheinungen bei vielen menschlichen Begegnungen und manchmal
weit dramatischer als bei Hunden.

Über sieben Jahre hinweg machte ich mir Dr. Gantts einzigartige und paradoxe Perspektive zu eigen, während ich an
vielfältigen Laboruntersuchungen zu seinem Effekt der Person teilnahm. Gelegentlich kamen in Gesprächen tiefergeh-
hende Fragen über den Effekt der Person auf. Diese Fragen
betrafen menschliche Beziehungen, die über die Reflexschaltungen in homöostatisch regulierten Maschinen hinausgin-

gen. Im Labor selbst wurde das Phänomen allerdings innerhalb der Grenzen des Pawlowschen Paradigmas erforscht. Aber sogar im Rahmen dieses mechanistischen Reiz-Reaktions-Paradigmas waren die Kreislaufveränderungen wirklich auffällig. Es gab eine spezifische Herzfrequenz und einen bestimmten Blutdruck, wenn die Tiere allein waren, und eine ganz andere Frequenz und einen anderen Druck, wenn eine Person anwesend war. Dies wurde zum zentralen Anliegen meiner eigenen Forschung: Kein biologisches Phänomen erschien mir wichtiger oder eher eine genaue Untersuchung zu verdienen.

AM RAND DES TODES

Als ich 1969 eine Stelle an der medizinischen Fakultät der Universität Maryland annahm, hatte ich gehofft, die Laborbeobachtungen über den Effekt der Person auf die Ebene des Menschen ausdehnen zu können. Ich war anfangs tief beeindruckt von den Ähnlichkeiten zwischen Patienten, die in Krankenhausabteilungen für koronare Herzerkrankungen liegen, und Hunden, die reglos und ganz allein in Pawlowschen Isolierkammern daliegen. Wenn die Berührung durch einen Menschen die Herzen von Tieren beeinflußt, dann — die Annahme schien folgerichtig — dürfte sie bei Patienten mit koronarer Herzkrankheit Ähnliches bewirken. Fortschrittliche Medizintechnik machte es möglich, die Herzschläge dieser Patienten in fast der gleichen Weise fortlaufend aufzuzeichnen, in der die Physiologie der Tiere im Labor überwacht worden war. Wie wir es zuvor getan hatten, so konnten wir auch hier die Herzfrequenz und den Herzrhythmus des Patienten beobachten, wenn er allein war, und dann vergleichen, was passierte, wenn eine Schwester, ein Arzt oder eine geliebte Person ans Bett trat.

Natürlich gab es Unterschiede zu den früheren Laboruntersuchungen. Da die Patienten auf der Intensivstation für Herzkranke um ihr Leben kämpften, kam die Art kontrollierter Experimente, wie sie im Labor durchgeführt wurden, einfach nicht in Frage. Die Herzschläge der Patienten zu überwachen und zu notieren, wann sie allein waren und wann jemand an ihre Betten kam, war alles, was man tun konnte. Um auch nur die einfachste menschliche Interaktion wie das Pulsmessen zu untersuchen und auszuwerten, mußten die Patienten vierundzwanzig Stunden lang fortlaufend überwacht und ihr Elektrokardiogramm aufgezeichnet werden, wann immer jemand an ihre Betten trat. Doch trotz all der Umstände, die den Effekt eines routinemäßigen Pulsfühlens überlagern und verschleiern können, wurde bald offensichtlich, daß sogar diese einfache menschliche Interaktion sich auf die Herzfrequenz und den Herzrhythmus auswirkte.[10]

Die sanfte Berührung durch eine Schwester, die den Puls tastet, ein kurzer Besuch von der Ehefrau oder einer anderen geliebten Person, all diese menschlichen Interaktionen wirkten nachweislich auf die Herzen der Intensiv-Patienten, verglichen mit den Grundwerten, wenn diese Patienten allein waren.[11] All diese Beobachtungen warfen freilich auch gewisse grundlegende Fragen über Funktionsmechanismen auf. Waren diese Veränderungen am Herzen spezifisch für menschlichen Kontakt, oder waren sie in Wirklichkeit eine Folge von Veränderungen in der Muskelbewegung oder den Atmungsmustern, wenn eine Person an das Bett des Kranken trat? Patienten, die sich in einem Schockzustand befanden, ermöglichten es uns, die Auswirkungen von menschlichem Kontakt an Menschen zu untersuchen, bei denen alle normalen physiologischen Vermittlungsfunktionen ausgeschaltet waren. Wenn ihr Herz-Kreislaufsystem auf eine menschliche Berührung reagierte, dann mußten die Reaktionen direkt vom Zentralnervensystem gesteuert sein.

So saß ich 1972 eines Abends allein in der einschläfernden Stille der Überwachungszentrale auf der Schock- und Trauma-Station der Universität von Maryland. Computer zeichneten stumm die Zahlen und Kurven für die Vitalfunktionen der Patienten in den acht Betten auf, die um die Instrumentenbank der zentralen Wachstation herum angeordnet waren. Blutdruck, Herzfrequenz, Kerntemperatur, Wärme im Körperinneren, Atmung, Blutgase: Jede Zahl blitzte mit empfindungsloser, objektiver Präzision auf und markierte stetig die Grenze zwischen Leben und Tod. Wenn die Zahlen unter bestimmte kritische Werte fielen, ertönte ein Alarmsignal, und ein Wiederbelebungs-Team aus Schwestern und Ärzten eilte an das Bett des Kranken. Es war ein Tag mit wiederholten Notfällen gewesen, und ich hatte es äußerst anstrengend gefunden, acht Stunden lang still zu sitzen und akutes menschliches Leiden zu beobachten. Zum ersten Mal in über acht Stunden war die Abteilung ruhig geworden, beinahe gespenstisch ruhig.

Im Verlauf dieser Stunden hatte ich den regungslosen Körper eines dreizehnjährigen Mädchens beobachtet, das um sein Leben kämpfte, seit es in der vorangegangenen Woche auf der Straße von einem Auto verletzt worden war. Am Tag zuvor hatte sich sein Zustand sehr verschlechtert, und eine Gruppe von Ärzten und Schwestern setzte alles daran, es zu retten. Die zentrale Instrumentenbank protokollierte fortlaufend seinen Herzschlag, während das leise Piepen seines Herz-Monitors am Bett die Tatsache bestätigte, daß es noch lebte. Über einen Luftröhrentubus wurde Sauerstoff in seine Lungen gepumpt, wobei ein Beatmungsgerät zuverlässig alle sechs Sekunden einen Seufzer ausstieß und dadurch half, sein Leben zu erhalten.

Um es so vielleicht stabilisieren zu können, war ihm das Mittel d-Tubocurarin verabreicht worden, durch das es, auch wenn es nicht in einem tiefen Koma gelegen hätte, unfähig gewesen wäre, sich zu bewegen, selbständig zu atmen, zu sprechen oder auch nur seine Augen zu öffnen. Doch es konnte Geräusche hören und die Berührung durch eine Person wahrnehmen, denn das Medikament lähmte nur seine Muskeln, ließ aber sein Wahrnehmungssystem unberührt.

Den ganzen Tag über hatte ich beobachtet und gewartet. Das Notfall-Team war fast ständig am Bett des Mädchens gewesen. Zum ersten Mal in acht Stunden war es für fünfzehn Minuten allein gelassen worden. Sein Herzschlag war gleichmäßig (mit einem Durchschnitt von 105 bis 125 Schlägen pro Minute). Er stieg und fiel mit dem Schrittmacherrhythmus der Ein- und Ausatmungen des Beatmungsgerätes. Auf meine Bitte hin näherte sich eine Schwester dem Bett, hielt die Hand des Mädchens und streichelte ihm drei Minuten lang sanft über den Kopf, während sie leise zu ihm sprach. Die Schwester erzählte ihm, daß es in einem Krankenhaus sei, und versicherte ihm, daß eine Schwester oder ein Arzt immer in der Nähe wären, daß man sehr um es besorgt sei, es sehr gern habe und daß alles gut werden würde.

Wie aus Abbildung 3.1 ersichtlich, veränderte sich die Herzfrequenz des Mädchens nicht, solange die Schwester an seinem Bett stand. Es schien nicht zu hören oder etwas zu fühlen. Doch sobald die Schwester die Hand gesenkt hatte und vom Bett weggegangen war, stieg die Herzfrequenz höher, als sie über achtzehn Minuten lang gewesen war, bis auf 135 Schläge pro Minute; dann fiel sie bis unter das Ruheniveau auf 95 Schläge pro Minute, bevor sie sich wieder dem Rhythmus des Beatmungsgerätes anpaßte. Die Wirkungen dieser einfachen menschlichen Interaktion schienen sich in den Veränderungen der Herzfrequenz des Mädchens widerzuspiegeln. Dies war die erste von vielen solcher Herzreaktionen, die wir bei den unterschiedlichsten Patienten in dieser Abteilung beobachteten.[12] Sie waren Teil einer Serie von Studien, die uns davon überzeugten, daß menschlicher Kontakt einen meßbaren Einfluß auf das Herz hat.

VON MENSCHLICHEM KONTAKT ZU MENSCHLICHER EINSAMKEIT

Etliche Jahre lang konzentrierten wir uns weiterhin fast ausschließlich auf kurze, nonverbale Interaktionen. Dies geschah aus zwei Gründen: Erstens konnten solche Phasen leicht von den Zeiten unterschieden werden, in denen ein Patient allein im Bett lag. In gewissem Sinne kam dieses Vorgehen den Tierstudien am nächsten, die wir früher durchgeführt hatten: Beide Male bezogen die Untersuchungsphasen Berührungen ein und waren leicht von den Perioden stiller Isolation abzugrenzen. Ferner standen beide in der Tradition des Pawlowschen Paradigmas, das erstmals den Einfluß des Effekts der Person offenbart hatte. Der zweite Grund war die Erkenntnis,

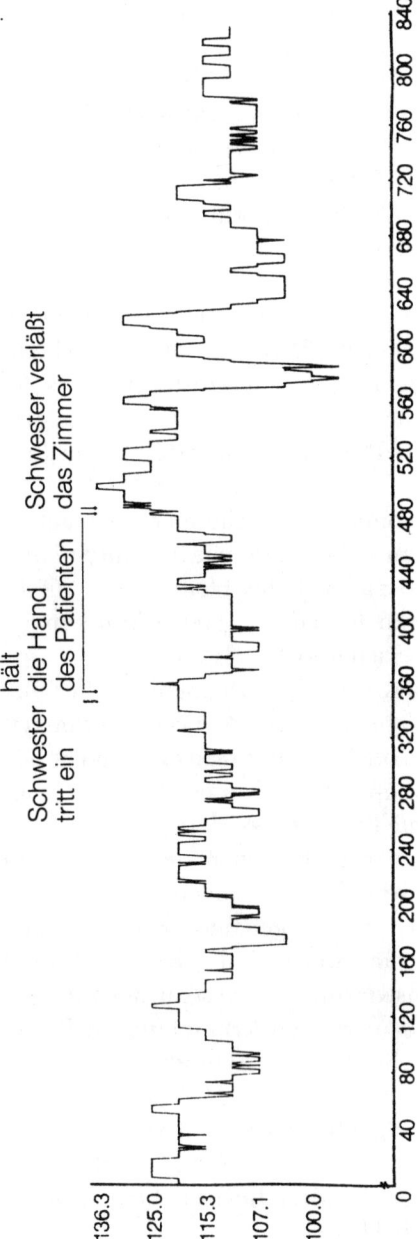

Aufeinanderfolgende Herzschläge

Abb. 3.1: Veränderungen von Herzschlag zu Herzschlag in der Herzfrequenz eines dreizehnjährigen Mädchens auf einer Intensivstation, bevor, während und nachdem eine Schwester seine Hand hielt. Zu dieser Zeit lag das Mädchen im Koma, seine Muskeln waren mit d-Tubocurarin gelähmt, und sie wurde künstlich beatmet. Man beachte den plötzlichen Anstieg und dann den plötzlichen Abfall in der Herzfrequenz dieses Mädchens, nachdem die Schwester sein Bett verlassen hatte.

daß komplexere Formen der Interaktion, etwa solche, die sprachliche Kommunikation einschlossen, ernsthafte methodologische Probleme aufwarfen. Der Gefühlsgehalt von Gesprächen kann außerordentlich variieren, und seine Wirkungen auf das Herz des Patienten sind viel schwieriger zu beurteilen als kurze, nonverbale Interaktionen.

Gleichzeitig war uns allerdings bewußt, daß menschliche Beziehungen nicht durch die kurzen Interaktionen gekennzeichnet sind, die wir untersuchten, sondern durch längere, die, wie wir annahmen, weit stärkere Konsequenzen haben. Man brauchte nicht viele Ehefrauen zu beobachten, die ihren Ehemann besuchten, um festzustellen, daß lebenslange Beziehungen sehr viel wichtiger sind als das einminütige Tasten des Pulses. Diese Einsicht löste weitere Fragen aus.

Wenn dauerhafte menschliche Beziehungen so mächtig und entscheidend in unserem Leben sind, wie beeinflußt dann das Fehlen einer solchen Beziehung das Herz? Führt dieser Mangel zu einem geringeren Risiko von Herzerkrankungen oder verschlimmert er die Sache noch?

Medizinische Statistiken über Verlust menschlicher Beziehungen, Mangel an Liebe und menschliche Einsamkeit enthüllten schnell, daß der Ausdruck *gebrochenes Herz* nicht nur ein poetisches Bild für Einsamkeit und Verzweiflung ist, sondern eine überwältigende medizinische Wirklichkeit. Alle verfügbaren Daten deuteten darauf hin, daß der Mangel an menschlicher Gesellschaft, ständige Einsamkeit, soziale Isolation und der plötzliche Verlust einer geliebten Person zu den Hauptursachen für einen frühzeitigen Tod gehören. Obwohl wir entdeckten, daß die Auswirkungen menschlicher Einsamkeit zu eigentlich jeder bedeutenderen Erkrankung in Beziehung standen — sei es Krebs, Lungenentzündung oder eine psychische Krankheit —, so waren sie bei Herzerkrankungen doch besonders offensichtlich. Und diese sind wiederum die Haupttodesursache in den Vereinigten Staaten. Offenbar sterben Millionen von Menschen geradezu buchstäblich an einem gebrochenen oder einsamen Herzen.[13]

Ein Beispiel für diesen beachtlichen Einfluß ist in den Gesamtsterblichkeitsraten für Männer zwischen fünfzehn und sechsundvierzig Jahren in den Vereinigten Staaten zu finden. Beinahe ohne Ausnahme wiesen ledige Verwitwete und Geschiedene eine überzufällig höhere Sterblichkeitsrate bei letztlich jeder Todesursache auf als Verheiratete (siehe Tabelle 3.3).* Der Einfluß des Familienstandes auf die Gesundheit ist keineswegs nur charakteristisch für weiße, männliche Personen. Nahezu auf jeder Altersstufe, bei beiden Geschlechtern und allen Rassen liegen die Sterblichkeitsraten für die Ledigen, Verwitweten und Geschiedenen je nach der Todesursache zwischen zwei- und zehnmal höher als für Verheiratete.

Die Folgerungen aus den Sterblichkeitsstatistiken konfrontierten uns bald mit einer weiteren bedrückenden Tatsache. Statistische Wahrscheinlichkeiten, auch solche, die unzweideutig die zerstörerischen Auswirkungen menschlicher Einsamkeit aufzeigen, sind ein schwacher Trost für die einzelnen Patienten, die ganz allein in ihrem Krankenhausbett liegen und versuchen, nach einem Herzinfarkt ihr Leben wieder aufzubauen. Genauso wichtig war eine andere Frage, die wir uns stellen mußten: Was konnte man tun, um zu vermeiden, daß Gesundheitsprobleme ein derart schmerzvolles und vernichtendes Ende finden? Außerdem war, trotz all der Statistiken, die wir gesammelt hatten, überhaupt nicht ersichtlich, *wie* Einsamkeit zur Entstehung von Herzkrankheiten oder zu Erhöhungen des Blutdrucks beiträgt. Während bestimmte verhängnisvolle Folgen der menschlichen Einsamkeit — wie Selbstmord, Lungenkrebs, Leberzirrhose und Autounfälle — zweifelsfrei mit menschlichem Verhalten verknüpft sind, war es weit ungewisser, wie menschliche Einsamkeit das Herz beeinflußt. Unsere Unwissenheit in dieser Hinsicht war teilweise ein Resultat des Schwerpunkts unserer eigenen Forschungen und anderenteils die Folge der Ausrichtung nahezu aller anderen wissenschaftlichen Untersuchungen.

---

* Für weitere Ausführungen und eine detaillierte Diskussion dieser Statistiken siehe Lynch, *Das gebrochene Herz*.[14]

Tabelle 3.3
Familienstand und Sterblichkeit:
Sterblichkeitsraten pro 100.000 Einwohner in den
Vereinigten Staaten (Alter 15 bis 64 Jahre)

Todesursache	Sterblichkeitsraten für weiße Männer			
	ver- heiratet	ledig	ver- witwet	ge- schieden
Koronare Herzkrankheit und andere Myokard-(Herz-) Degenerationen	176	237	275	362
Auto- und Motorradunfälle	35	54	142	128
Lungen- und Bronchialkrebs	28	32	43	65
Krebs der Verdauungsorgane	27	38	39	48
Gefäßverletzungen (Schlaganfall)	24	42	46	58
Selbstmord	17	32	92	73
Krebs der Lymphknoten und blutbildenden Gewebe	12	13	11	16
Leberzirrhose	11	31	48	79
Rheumatisches Fieber (Herz)	10	14	21	19
Bluthochdruck	8	16	16	20
Lungenentzündung	6	31	25	44
Diabetes mellitus	6	13	12	17
Mord	4	7	16	30
Chronische Nephritis (Niere)	4	7	7	7
Stürze	4	12	11	23
Tuberkulose, alle Formen	3	17	18	30
Prostatakrebs	3	3	3	4
Brand oder Explosion	2	6	18	16
Syphilis	1	2	2	4

Spätestens 1977 wurde offensichtlich, daß wir etwas ändern mußten. Es schien nicht länger sinnvoll, das Sammeln weiterer Anhaltspunkte fortzusetzen, um nachzuweisen, daß menschliche Beziehungen die Gesundheit des Kreislaufsystems beeinflussen. Vielmehr machte das Gewicht der vorhandenen Beweise dringend den Versuch erforderlich, dieses Wissen auf den Behandlungsprozeß zu übertragen. Unser Gefühl für die Notwendigkeit, unsere Forschungsergebnisse in einen wirkungsvollen Behandlungsplan umzusetzen, wurde von Dr. Sue Ann Thomas verstärkt. Sie war Krankenschwester und hatte seit Anbeginn unserer Herz-Forschungen die Schwestern und das Forschungsteam organisiert und geleitet, die uns bei der Durchführung unserer Untersuchungen halfen. Dr. Thomas war auch dafür zuständig, Patienten mit einer Krankheit der Herzkranzgefäße über ihre Erkrankung und mögliche Schutzmaßnahmen zu unterrichten, bevor sie das Krankenhaus verließen. Bei dieser Aufgabe wurde sie regelmäßig mit einer Dimension der Rehabilitation Herzkranker konfrontiert, die in der akutmedizinischen Umgebung der Station für koronare Herzkrankheit vertuscht wurde. Eine bedeutende Anzahl ihrer Patienten schien unter Einsamkeit zu leiden und ein lebender Beweis für gerade die Statistiken zu sein, die wir zutage gefördert hatten. Diese Patienten lebten allein, waren verwitwet, geschieden oder unglücklich verheiratet. Viele hatten erlebt, daß ihre Kinder weit weg zogen; wieder andere hatten durch ihre Pensionierung das soziale Netz verloren, das ihre Arbeitsstellen geboten hatten. Zugleich schienen aber viele dieser Herzkranken ihre eigene Einsamkeit in seltsamer Weise nicht zu bemerken; sie wirkten abgeschnitten von einem wirklichen Bewußtsein ihrer emotionalen Qualen. Ihr Leid schien direkt in eine Herz-Kreislauferkrankung umgewandelt worden zu sein, fast, als hätten diese Patienten ihre Herzen und Blutgefäße dazu benutzt, ihre Schmerzen kurzzuschließen und abzutöten. Viele Patienten waren wie Ed noch relativ jung und gebildet; sie hatten genug, wofür sich zu leben lohnte, aber ihnen fehlte jedes Bewußtsein für ihre Einsamkeit oder für eine mögliche Verbindung zwischen ihrem Gefühlsleben und ihrer Herzkrankheit. Jahrelang hatten sie unter Symptomen wie Bluthochdruck gelitten, die sie gewarnt haben sollten, daß etwas in ihrem Leben nicht stimmte, daß ein paar Korrekturen stattfinden müßten. Aber die Warnung verhallte ungehört.

Vorsorge wäre natürlich weit effektiver als Bemühungen, die darauf abzielen, den Patienten gesundheitlich wiederherzustellen, nachdem das Herz selbst bereits ernsthaft geschädigt wurde. Gleichzeitig machten sowohl unsere Forschungserfahrungen als auch die statistischen Daten deutlich, daß ein solches Vorsorgeprogramm sich gerade mit dem Problem beschäftigen mußte, das man jahrzehntelang nicht zur Kenntnis genommen hatte — dem Wechselspiel zwischen menschlichen Beziehungen und dem gesunden Funktionieren des Herzens.

Die Behandlung des Bluthochdrucks

Die Krankheit, die selbstverständlich am ehesten in Form einer sinnvollen Gesundheitsvorsorge angegangen werden sollte, war der Bluthochdruck. Er war nicht nur das vorherrschende Gesundheitsproblem in den Vereinigten Staaten, sondern jede Mühe, die Patienten helfen konnte, ihren Blutdruck zu senken, brächte erheblichen gesundheitlichen Nutzen in dem Sinne mit sich, daß dadurch die Entstehung ernsterer Kreislaufschwierigkeiten verhindert würde. Von über sechzig Millionen erwachsenen Amerikanern nimmt man an, daß sie unter Bluthochdruck leiden. Doch obwohl er derart weit verbreitet ist, ist in 90 Prozent aller Fälle die grundlegende Ursache des Hochdrucks unbekannt. In nur fünf bis zehn Prozent aller Fälle war es möglich, die Ursache dieser Erkrankung eindeutig zu identifizieren.

Während medizinische Experten sich über die relative Wichtigkeit verschiedener Faktoren stritten, die möglicherweise zum Hochdruck beitragen, meinten sie nahezu einmütig, daß wahrscheinlich kein einzelner Faktor als ausschließliche Ursache in allen Fällen dingfest zu machen sei — dies stand im Gegensatz zu den Modellen über Infektionskrankheiten aus dem neunzehnten Jahrhundert, in denen ein einzelner Keim eine bestimmte Erkrankung verursachte.[15] Das vorliegende Beweismaterial stützte überwältigend die Annahme, daß die Krankheit durch eine Kombination von Faktoren verursacht sein könnte; diese umfaßte körperliche, biochemische, soziale und psychische Variablen, Variablen der Persönlichkeit und des zentralen Nervensystems.[16] Es waren nicht nur unterschiedliche körperliche Mechanismen erkannt worden, die zu einem Anstieg des Blutdrucks führen konnten; sondern, was noch wichtiger war, die Mechanismen, die zu andauernden Blutdruckanstiegen führten, konnten anscheinend ganz andere sein als die, welche vorübergehend den Blutdruck erhöhten.[17] Die Verdopplung der Sterblichkeitsrate durch Bluthochdruck bei Ledigen, Verwitweten und Geschiedenen deutete stark darauf hin, daß menschliche Beziehungen einen erheblichen Einfluß auf dieses Leiden haben. Aber trotz der Statistiken hielt die konventionelle medizinische Behandlung des Bluthochdrucks an der Grundvorstellung fest, daß Hochdruck ein hydraulisches Problem sei, das mit Medikamenten wirksam reguliert werden könne. Über diese konzeptuelle Sichtweise hinaus bestimmte jedoch noch ein anderer unumgänglicher Faktor die Behandlung, die von den Ärzten verschrieben wurde: Die Regierung der Vereinigten Staaten selbst empfahl die Behandlung mit Medikamenten als die Methode der Wahl. Die medikamentöse Behandlung des Hochdrucks wurde als Teil der nationalen Gesundheitspolitik festgelegt, weil wissenschaftliche Daten die Risiken verdeutlicht hatten, die sich aus einer unterlassenen Behandlung extremer Blutdruckerhöhungen (ein diastolischer Blutdruck von 110 oder mehr) ergaben, und weil die verfügbaren Studien nachwiesen, daß Arzneimittel die wirkungsvollste Behandlungsmethode waren.

Während die Ursprünge dieser Gesundheitspolitik bis zu den allerfrühesten Vorstellungen über die hydraulische Natur des Blutdrucks zurückverfolgt werden konnten, fußten die spezifischen Empfehlungen für die Behandlung auf einer Vielfalt wissenschaftlichen Beweismaterials. 1967 und noch einmal 1970 veröffentlichte die Fürsorgeverwaltung für Kriegsveteranen die ersten Ergebnisse einer größeren Gesundheitsbefragung, die an Hochdruckpatienten durchgeführt worden war. Diese Untersuchungen lieferten den überzeugenden Beweis, daß die medikamentöse Behandlung männlicher Patienten mit mäßigem Bluthochdruck (ein diastolischer Blutdruck von mindestens 105) nützlich war, um Schlaganfälle, Herzinfarkte und Herzversagen zu verhüten.[18] 1979 gab das Nationale

Herz-, Lungen- und Blut-Institut die Resultate einer anderen umfangreichen Studie zur Veröffentlichung frei — das Programm zur Entdeckung und Nachfolgeuntersuchung von Bluthochdruck.[19] Wie die frühere Studie der *Veterans Administration* stützte auch diese Untersuchung den starken Einsatz von Medikamenten bei der Behandlung des Hochdrucks.

Während die genannten Studien ergeben, daß Medikamente die Gesamtsterblichkeit von Patienten mit gefährlich hohem Blutdruck senken können, wurden jedoch die ersten Fragen laut, wie das Kosten-Nutzen-Verhältnis der Behandlung mit starken Pharmaka bei Fällen auf der Grenze zum Hochdruck aussieht. 1983 veröffentlichte das Nationale Herz-, Lungen- und Blut-Institut eine Langzeitstudie — die *Multiple Risk Factor Intervention Trail* oder MRFIT-Studie — über die Wirkungen ergänzender Faktoren zu Medikamenten, beispielsweise Ernährung und körperliches Training. Diese Studie brachte zutage, daß Patienten mit geringem Hochdruck, die Normabweichungen in ihrem Ruhe-Elektrokardiogramm aufwiesen und mit Medikamenten behandelt wurden, eine *vergleichsweise höhere Sterblichkeit* hatten als solche, die keine medikamentöse Behandlung bekamen. Dieses unerwartete Ergebnis rief Verunsicherung und einige Verwirrung darüber hervor, welche Behandlung ein Arzt bei geringem Hochdruck empfehlen sollte.[20]

Neben den jüngsten wissenschaftlichen Kontroversen über die Wirksamkeit verschiedener medikamentöser Therapien waren jedoch schon lange vor dem MRFIT-Bericht von 1983 andere Probleme bei den pharmakologischen Behandlungsansätzen für Bluthochdruck erkannt worden. Zunächst einmal weigerte sich eine große Zahl von Patienten einfach, den Rezeptvorschriften Folge zu leisten, weil gelegentlich Nebenwirkungen — Antriebsarmut, Impotenz und Niedergeschlagenheit — durch diese blutdrucksenkenden Mittel auftraten. Und obwohl diese Schwierigkeit von Patienten weithin nicht beachtet wird, ist es eine Tatsache, daß ein plötzliches Absetzen bestimmter blutdrucksenkender Mittel eine Vielzahl von Nebenwirkungen verursachen kann, die den Patienten dem Risiko von Kreislaufproblemen aussetzen, einschließlich einem plötzlichen Herzanfall. Das Problem mangelnder Befolgung ärztlicher Vorschriften wird weiter durch die Tatsache kompliziert, daß Bluthochdruck gewöhnlich keine spürbaren Symptome hervorruft und deshalb viele Patienten schlicht nicht bereit sind, Jahr für Jahr Mittel gegen eine Krankheit einzunehmen, deren Symptome nicht offensichtlich sind. Das Einhalten vorgeschriebener Lebensweisen ist unter Personen mit gefährlich erhöhtem Blutdruck nicht besser als bei anderen und verringert sich sogar noch bei denen, die schon fünf Jahre lang oder länger Medikamente einnehmen.[21]

Spätestens in den frühen siebziger Jahren war offensichtlich geworden, daß die Probleme, die mit der medikamentösen Hochdrucktherapie verbunden waren, sowohl die Entwicklung von Alternativen zu Medikamenten erforderten als auch sicherere Medikamente. Im Jahre 1983 gab das US-Ministerium für Gesundheit und Sozialdienste neue Behandlungsrichtlinien für Ärzte heraus, welche zum ersten Mal Empfehlungen enthielten, die nicht nur auf Medikamente bauten: „Anfangsbehandlung leichten Hochdrucks, besonders bei einem diastolischen Druck im Bereich von 90 bis 94 mm Hg, mit nichtpharmakologischen Maßnahmen, solange diese Behandlung die Aufrechterhaltung eines normalen Blutdrucks bewirkt."[22]

Diese Empfehlungen spiegelten ferner eine Einstellungsänderung wider, welche die Auswirkungen medikamentöser Langzeitbehandlungen bei einer Gruppe von Patienten mit nur geringfügig erhöhtem Blutdruck betraf. Das heißt, es wurde die Frage gestellt, ob die unerwünschten Nebenwirkungen verschiedener Heilmittel auf lange Sicht nicht stärker ins Gewicht fallen als der mögliche Nutzen, der aus der Kontrolle über einen geringen Hochdruck erwächst.

Als Reaktion auf die lauter werdende Forderung nach gangbaren Alternativen zu Medikamenten begannen die Forscher ernsthaft eine Vielfalt von Methoden zu prüfen, wie zum Beispiel Yoga, Biofeedback, Meditation und eine geregelte Lebensweise. Jede dieser Alternativen schien wenigstens teilweise für einige Patienten mit Bluthochdruck eine wirksame Hilfe zu sein, ihren Blutdruck ohne Medikamente zu steuern. Doch gleichzeitig schien jede Alternative zur medikamentösen Behandlung nur begrenzte Erleichterung zu verschaffen, oder sie war auf eine relativ kleine Untergruppe beschränkt, die diese Technik anwenden konnte. Außer den Zweifeln an ihrer Wirksamkeit hatten freilich dieser Alternativen ironischerweise eine Eigenschaft mit den Medikamenten gemeinsam: Alle waren grundsätzlich auf den einzelnen bezogen und setzten Techniken ein, die ihr Schwergewicht nicht auf die Problematik menschlicher Beziehungen legten.

Obwohl jede dieser nicht-medikamentösen Techniken soziale Interaktion umfassen kann, sind diese Verfahren im wesentlichen auf den einzelnen abgestellt. Jedes dieser therapeutischen Manöver zielt darauf ab, verschiedene Körpermechanismen zu verändern, und sie unterscheiden sich nur in den Strategien, die eingesetzt werden, um auf mechanische Weise den Blutdruck zu beeinflussen. Weder eine Gewichtsabnahme noch Gymnastik oder Yoga, weder Entspannung noch Biofeedback oder transzendentale Meditation erfordern Kontakte zu anderen Menschen als einen unersetzlichen Teil des Behandlungsarrangements. Dies alles sind Techniken, die allein ausgeführt werden können. Man kann sich mit ihnen allerdings auch zu mehreren beschäftigen.* An anderer Stelle haben meine Kollegen und ich gezeigt, daß der Blutdruck um so wirksamer gesenkt wird, je stärker die Menschen bei diesen Verfahren aufeinander bezogen sind.[23]

1977 beschlossen wir, mit einer neuartigen Behandlung zu experimentieren, die sich auf die Verknüpfung zwischen dem sozialen Leben eines Patienten und ihren oder seinen Schwierigkeiten mit Bluthochdruck konzentrierte. Zugleich wollten wir

---

* Zwar werden diese Aktivitäten häufig gemeinsam mit anderen Menschen durchgeführt — und scheinen tatsächlich oft wirksamer zu sein, wenn andere in den Vorgang einbezogen sind —, ihre Wirksamkeit im Sinne körperlicher Gesundheit wird jedoch gewöhnlich in Kategorien physiologischer Mechanik begriffen.

einige der nicht-medikamentösen Techniken einsetzen, von denen andere nachgewiesen hatten, daß sie auf den Blutdruck möglicherweise senkend wirken. Ed war der erste Fall, in dem wir versucht haben, das in eine Behandlung umzusetzen, was wir als eine intuitiv und empirisch naheliegende Lebenskraft empfanden. Und diese Behandlung sollte die Verbindungen zwischen den menschlichen Beziehungen und dem menschlichen Kreislaufsystem einbeziehen.

Doch als Dr. Thomas und ich Eds Krankengeschichte durchsahen, bevor wir ihn zur Behandlung annahmen, waren wir beunruhigt. Wir erwogen eine interaktionelle Behandlung, deren Ausgang nicht im entferntesten vorhersehbar war. Diese Therapie konnte gemäß vorliegender Daten, die ich im folgenden Kapitel darstellen werde, Eds Blutdruck deutlich erhöhen. Und Ed war ein Mann, dessen Risiko, einen Herzinfarkt oder Schlaganfall zu erleiden, nicht nur ohnehin mehr als doppelt so hoch wie bei Menschen mit normalem Blutdruck, sondern durch sein einzelgängerisches Leben sogar noch gesteigert war. Das, wofür wir uns entschieden hatten, war zu diesem Zeitpunkt eine unkonventionelle Therapie und ein Kompromiß, der sich aus Eds düsteren Vorahnungen über die Auswirkungen einer medikamentösen Langzeitbehandlung ergab, aus seiner Skepsis gegenüber der Nützlichkeit von Psychotherapie und aus unserer Überzeugung, daß menschliche Beziehungen ein wichtiger Aspekt der Gesundheit des Kreislaufsystems sind.

4
TÖDLICHES GESPRÄCH

Mein Leben liegt in den Händen eines jeden Schurken, dem es gefällt, mich zu ärgern oder sich über mich lustig zu machen.
Dr. John Hunter, um 1790

Das Schicksal John Hunters trug kaum dazu bei, unsere Besorgnis zu mildern, als Dr. Thomas und ich anfingen, zunächst einen Behandlungsplan für Ed zu entwerfen. Hunter war ein englischer Arzt, eine legendäre Figur in der Geschichte der Medizin, in Chirurgenkreisen berühmt wegen seiner Entdeckung der Verbindung zwischen Plazenta und Uterus und wegen seiner überragenden chirurgischen Fähigkeiten, die es ihm ermöglichten, die erste erfolgreiche Operationsmethode für krankhafte Arterienerweiterungen zu entwickeln. Auch war er hochgeschätzt wegen seiner brillanten Arbeiten auf dem Gebiet der vergleichenden Anatomie, die im Hunter-Museum des Königlichen Chirurgenkollegs in London verewigt sind. Doch ironischerweise war es Hunter bestimmt, daß man sich nicht nur wegen dieser Errungenschaften an ihn erinnerte, sondern fast mehr noch wegen seiner schaurigen Voraussage über die Umstände seines eigenen Todes. Er war offenbar von Natur aus leicht reizbar und temperamentvoll und verstrickte sich oft in verbissene Diskussionen, einschließlich einer erbitterten Auseinandersetzung mit seinem älteren Bruder William, einem Arzt, der John seine glänzende Karriere ermöglicht hatte. Fünfundzwanzig Jahre lang stritten sie sich, wer den Vorrang bei der Entdeckung über die Plazenta und den Uterus hatte, wobei William offensichtlich den Eindruck hatte, John habe sich seine Ideen angeeignet, ohne diese Schuld gebührend anzuerkennen.

Man kann nur darüber spekulieren, ob sein erregbares Temperament zu der Entstehung einer schweren *Angina pectoris** führte; aber im Jahre 1785, im Alter von fünfund-

---

* *Angina pectoris,* die gewöhnlich als Schmerz in der Brust wahrgenommen wird (obwohl der Schmerz nicht notwendigerweise auf die Brust beschränkt ist), spiegelt ein Ungleichgewicht zwischen den Stoffwechselbedürfnissen des Herzens und der adäquaten Blutzirkulation in den Koronararterien wider. Die *Angina pectoris* wird durch einen Sauerstoffmangel verursacht, der durch eine plötzliche Verminderung der Blutversorgung entsteht. Der Schmerz ist gewöhnlich wechselhaft und wird durch körperliche Belastung, kaltes Wetter, Essen und oft durch emotionalen Streß ausgelöst. Der Schmerz tritt auf, weil der Herzmuskel weiterarbeitet,

112

sechzig Jahren, begann John Hunter unter wiederkehrenden Brustschmerzen zu leiden. Er war ein scharfsinniger Beobachter seines eigenen Gesundheitszustandes und der Faktoren, die zu seinen *Angina pectoris*-Anfällen beitrugen, und er erklärte öffentlich: „Mein Leben liegt in den Händen eines jeden Schurken, dem es gefällt, mich zu ärgern oder sich über mich lustig zu machen". Am 16. Oktober 1793, nachdem ein Kollege ihn auf einer Ärztekonferenz verärgert hatte, geriet er in einen Streit mit dem Aufsichtsrat des St. George's-Hospitals. Hunter stürmte wütend aus dem Sitzungszimmer und fiel gleich darauf tot um. Er starb im gleichen Alter, fünfundsechzig Jahre, wie sein ebenso jähzorniger älterer Bruder William.

John Hunters Geist verfolgte die spätere Geschichte der Medizin als ein herausragendes Beispiel dafür, wie menschliche Interaktion einen starken Einfluß auf das Kreislaufsystem ausüben kann. Nach seinem Tod zog niemand mehr ernsthaft in Zweifel, daß menschliche Interaktion auf das Herz wirkt. Auch wurde weder die Stärke dieses Einflusses in Frage gestellt, noch, daß er nicht gerade heilsam war. Diese Einstellung wurde durch die Modelle des neunzehnten und zwanzigsten Jahrhunderts für infektiöse und ansteckende Krankheiten verstärkt. Wieder wurden menschliche Beziehungen als entscheidend für die Gesundheit angesehen, aber weitgehend in negativer Hinsicht. Andere Menschen wurden als Träger von ansteckenden Keimen und tödlichen Infektionen betrachtet, als eine Existenzbedrohung schlechthin, nicht als eine Quelle von Gesundheit. Darüber hinaus bestätigte in diesem Jahrhundert eine breite Palette wissenschaftlicher Studien Hunters prophetische Weisheit mehr als hinreichend. Menschliche Interaktion und insbesondere emotional aufregende Gespräche können sicherlich die Gesundheit des Kreislaufsystems unterminieren. Und wie ich kurz umreißen werde, weist eine große

---

obwohl das Sauerstoffangebot vermindert ist. Das gleiche geschieht, wenn man die Blutversorgung eines Fingers mit einem engen Gummiband unterbricht; wenn man den Finger unter solchen Umständen stärker bewegt, wird er immer heftiger schmerzen.

Menge wissenschaftlicher Daten darauf hin, daß Menschen mit Bluthochdruck in dieser Hinsicht besonders anfällig sind.[1]

Gespräche mit Koronarpatienten

Gewisse eigene Erfahrungen mit Koronarpatienten sensibilisierten uns für diese Gefahren schon lange, bevor wir daran dachten, Patienten wie Ed zu behandeln. In einer Studie beobachteten wir, daß ganz normale Gespräche mit diesen Patienten Veränderungen der Herzfrequenz und des Herzrhythmus hervorrufen konnten, die, um es milde auszudrücken, besorgniserregend waren. Obwohl sich der größte Teil unserer Forschung auf die allgemein beruhigenden Wirkungen der nonverbalen Interaktion konzentrierte, waren wir auch an komplexeren Formen der Interaktion interessiert, besonders am menschlichen Zwiegespräch. Ursprünglich wurde unser Interesse durch Dr. Thomas angeregt, die, wie schon gesagt, als klinische Spezialistin für die Betreuung von Herzpatienten diese über die richtige Diät, Vorschriften für das Körpertraining und Arbeitsprogramme nach ihrer Entlassung aus dem Krankenhaus unterrichtete. Während ihre Patienten sich im allgemeinen sehr an ihrem Programm zur Gesundheitserziehung interessiert zeigten, nutzten viele Patienten diese Sitzungen auch, um zum ersten Mal über viel drückendere Sorgen zu sprechen, die sie schlecht zum Ausdruck bringen konnten, solange sie noch auf der Station für Koronarpatienten waren. Einige Patienten äußerten Angst davor, das Krankenhaus zu verlassen, oder beschrieben ihre Schwierigkeiten zu Hause, ihre Furcht zu sterben, ihren schrecklichen Alptraum, wegen ihres Herzens zum Krüppel zu werden, ihre Armut, ihre wirtschaftliche Notlage sowie ihr Gefühl von Isolation und Einsamkeit. Die Regelmäßigkeit dieser Ausbrüche und auch ihre offensichtliche Heftigkeit brachten uns auf die Frage, wie eine derartige Entlastung sich auf ihre Herzen auswirkt. War es therapeutisch richtig für Patienten, über ihre Befürchtungen und Ängste zu sprechen und die Probleme nach außen zu tragen, die sie in sich verschlossen hatten? Oder machten Erörterungen die Sache nur noch schlimmer?

Diese Frage war besonders beunruhigend im Zusammenhang mit der Anfälligkeit ihres Kreislaufsystems. Wenn Herz und Blutgefäße einer Person völlig gesund waren, würden vorübergehende emotionale Aufwallungen im Verlauf von Auseinandersetzungen wahrscheinlich keine ernsthafte Lebensbedrohung darstellen, selbst wenn sie beträchtliche Veränderungen der Herzfrequenz und des Blutdrucks hervorriefen. Andererseits war klar, daß bei jemandem, der schon einen Myokardinfarkt oder irgendeine andere Herzerkrankung gehabt hatte, jeder plötzliche Anstieg des Blutdrucks oder eine deutliche Beschleunigung der Herzfrequenz etliche gesundheitliche Risiken mit sich bringt.

Um die Schwere dieses Problems objektiv beurteilen zu können, fingen wir an, die Auswirkungen von Gesprächen auf die Herzfrequenz und den Herzrhythmus von Patienten zu überwachen, solange diese noch auf der Koronar-Station waren. Wir forschten nicht gezielt nach verborgenen emotionalen Sorgen, sondern verwickelten die Patienten vielmehr in ein Gespräch mit offenem Ende, in dem sie über alles reden konnten, was ihnen auf dem Herzen lag. Sie wurden interviewt, nachdem die unmittelbare medizinische Krise, die sie auf die Station für Koronarpatienten gebracht hatte, einige Tage vorbei war und ihr Gesundheitszustand sich stabilisiert hatte. Jeder Patient wurde dann gebeten, die Symptome und Ereignisse zu beschreiben, die zu seiner oder ihrer Einweisung auf die Station geführt hatten. Die Frage war als ein Ausgangspunkt gedacht, und danach wurde jeder Patient ermutigt, über alles zu sprechen, was von Belang oder Interesse sein könnte. Jedes Interview dauerte ungefähr dreißig Minuten. Vorher und nachher lag ein Zeitabschnitt von dreißig Minuten, in dem der Patient allein blieb. Über die gesamte Zeit hinweg wurde sein oder ihr Elektrokardiogramm fortlaufend aufgezeichnet. Das Interview selbst wurde für eine spätere, unabhängige Analyse der geäußerten Gefühlsinhalte auf Tonband aufgenommen.

Zwölf der neunzehn Patienten zeigten während des Interviews deutliche Erhöhungen der Herzfrequenz, aber das Muster der Veränderungen war sehr unterschiedlich. Bei einigen Patienten stieg die Herzfrequenz unmittelbar zu Beginn des Gespächs, während andere die größten Veränderungen nach der Hälfte des Gespräches an den Tag legten. Wie die Abbildungen 4.1 und 4.2 darstellen, verminderte sich bei manchen Patienten nach dem Gespäch ihre Ruhefrequenz merklich, während andere gerade das gegenteilige Muster zeigten.

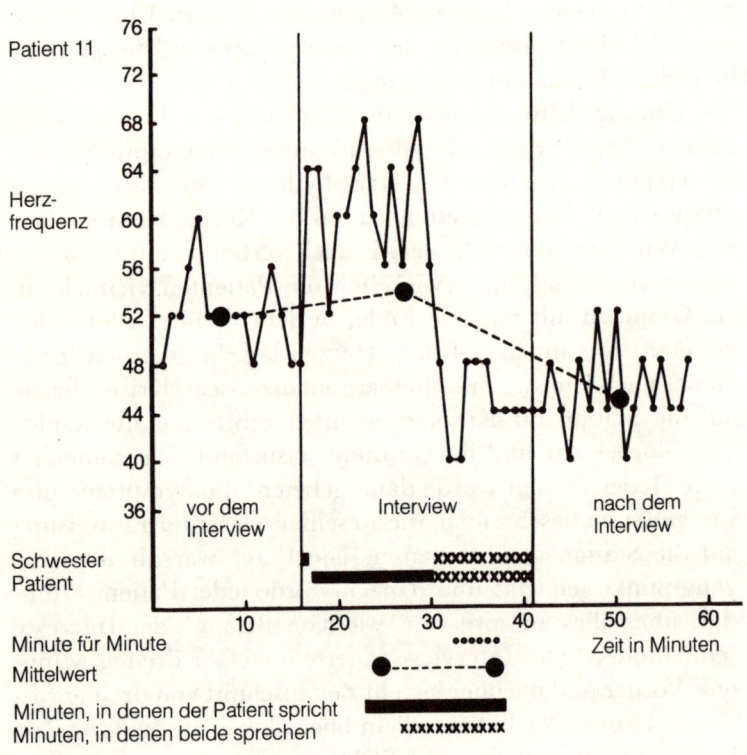

Abb. 4.1
Minutenweise Veränderungen der Herzfrequenz eines Koronarpatienten vor, während und nach einem Interview mit einer Schwester. Man beachte, daß die Herzfrequenz des Patienten während des Interviews deutlich anstieg und dann auf ein niedrigeres Ruheniveau abfiel als vor dem Interview.

116

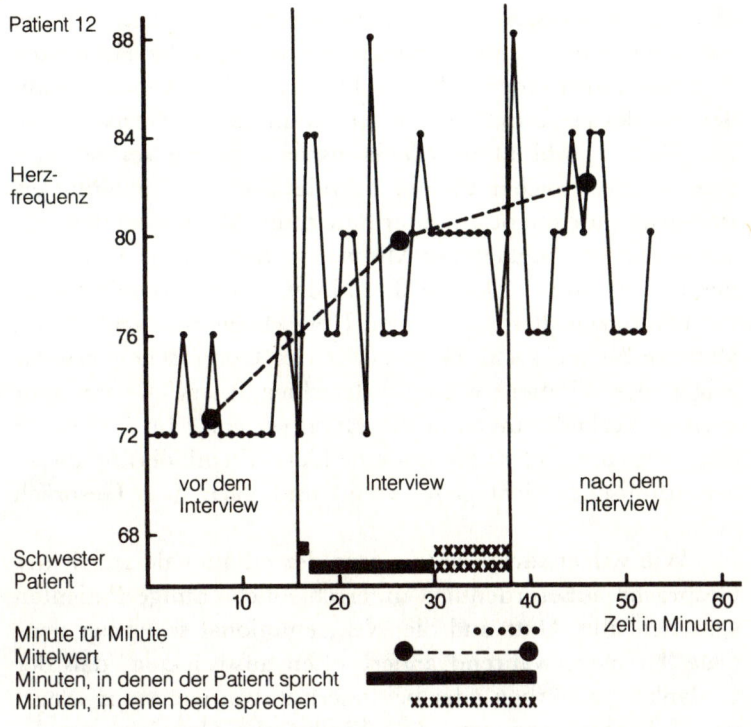

Abb. 4.2
Minütliche Veränderungen der Herzfrequenz bei einem zweiten Koronarpatienten vor, während und nach dem Interview mit einer Schwester. Wiederum stieg die Herzfrequenz des Patienten während des Interviews, aber
sie kehrte nicht zu dem Ruheniveau zurück, das man vor dem Interview beobachtete.

Außer den Frequenzveränderungen wiesen acht der
neunzehn Patienten während der Ruhepausen vor ihren Gesprächen zeitweilige Herzrhythmusstörungen auf. Die Neigung zu solchen anomalen Herzschlägen nimmt nach einem
Herzanfall häufig zu und ist eng mit dem erhöhten Risiko eines plötzlichen Todes verknüpft: je größer die Häufigkeit sol-

117

cher arrhythmischer Schläge, desto höher das Risiko.* Vier
Patienten zeigten einen deutlichen Anstieg in der Häufigkeit
ventrikulärer Extrasystolen (Schläge der Herzkammern außerhalb des Herzrhythmus; d. Ü.) während des Gespächs mit
Dr. Thomas. Abbildung 4.3 veranschaulicht die Veränderungen bei zwei solcher Patienten. Wie aus der Zeichnung ersichtlich, hatte ein bestimmter Patient im Mittel ein oder zwei
arrhythmische Schläge pro Minute, sowohl vor als auch nach
der Unterhaltung. Doch während des Interviews selbst stieg
die Häufigkeit dieser anomalen Herzschläge deutlich an und
kletterte bis auf sechzehn pro Minute. Überraschenderweise
zeigte dieser Patient während desselben Interviews nur sehr
geringe Veränderungen in der Herzfrequenz.[2] Im Gegensatz
dazu wies der andere Patient eine klare Verminderung dieser
arrhythmischen Schläge während und nach dem Gespräch
auf.

Wie wir erwartet hatten, war der emotionale Inhalt der
Gespräche außerordentlich unterschiedlich. Einige Patienten
sprachen über Gott und die Welt, emotional scheinbar neutrale Themen, während andere offen ausdrückten, daß der
Gedanke, zu sterben oder behindert zu werden, sie in Angst
und Schrecken versetzte. Der Einfluß der Gespäche auf die
Herzen der Patienten schwankte ebenfalls: Herzfrequenz und
Herzrhythmus veränderten sich sowohl in eine gesundheitlich
nützliche Richtung, als auch manchmal in eine gefährliche,
wie Abbildung 4.3 zeigt. Zu unserer Überraschung bestand
nicht immer ein enger Zusammenhang zwischen den Änderungen und dem emotionalen Inhalt des Gesprächs. Aufgrund
früherer Forschungen hatten wir angenommen, daß Ge-
sprächsstoff, der Gefühle aktiviert, stärkere Schwankungen

---

* Oft kann nach einem Herzanfall der Herzrhythmus völlig instabil sein.
  Es ist nicht ungewöhnlich, dann eine größere Häufigkeit von arrhythmischen Herzschlägen zu beobachten. Einer der Gründe, aus denen spezia-
  lisierte Stationen für Koronarpatienten eingerichtet wurden, war die
  Möglichkeit, diese Unregelmäßigkeiten im Rhythmus sorgfältig zu überwachen und, falls nötig, ihr Auftreten mit Medikamenten zu unterdrücken.

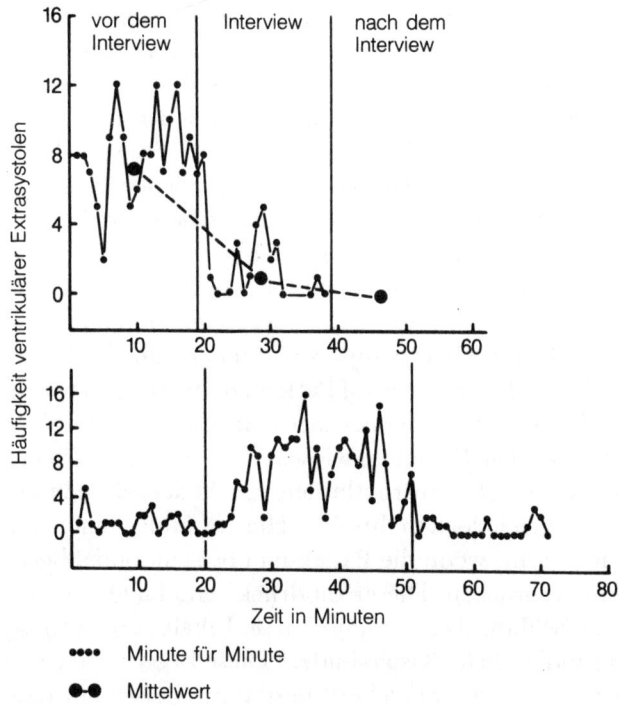

Abb. 4.3
Veränderungen in der Häufigkeit von ventrikulären Extrasystolen bei zwei
Koronarpatienten vor, während und nach einem Interview mit einer
Schwester. Die Patienten wiesen gegensätzliche Muster dieser möglicherweise lebensbedrohlichen, anomalen Herzschläge auf. Der erste Patient
zeigte eine deutliche Verringerung dieser Schläge während des Interviews
und ein völliges Aufhören solcher Herzrhythmusstörungen nach dem Interview. Für den zweiten Patienten wurde ein deutlicher Anstieg in der Häufigkeit dieser anomalen Schläge während des Interviews beobachtet, aber
ein ähnliches Muster vor und nach dem Interview.

am Herzen hervorrufen würde; aber bei einigen Patienten
schienen auch die neutralen Themen mit deutlichen Effekten
verknüpft zu sein. Wir vermuteten, daß bestimmte Veränderungen, wie etwa die Erhöhung der Häufigkeit von ventrikulären Extrasystolen, sich aus einer Wechselwirkung zwischen

119

dem Kreislaufzustand eines Patienten und dem Gespräch selbst
ergeben mußten. Doch selbst wenn diese Annahme zutreffend
wäre, half sie nicht wirklich abzuklären, warum solche Veränderungen während neutraler Unterhaltungen auftraten.

Dr. Ian Stevenson, Dr. Charles Duncan, Dr. Stewart Wolf,
Dr. Herbert Ripley und Dr. Harold Wolff, Mitglieder der medizinischen Forschungsgruppe an der medizinischen Fakultät der
Cornell-Universität, hatten fast drei Jahrzehnte vor unserer
Studie auf ähnliche Weise Patienten überwacht, die ins Krankenhaus gekommen waren und über Herzklopfen oder
Brustschmerz klagten.[3] Wie in unserer Untersuchung beobachteten sie, daß acht der ersten zwölf Patienten, die sie überwachten, während ihrer Interviews deutliche Anstiege der Herzfrequenz zeigten. Etliche Patienten wiesen auch eine merklich erhöhte Häufigkeit von Herzarrhythmien auf. Anders als in unserer Studie schienen jedoch in ihrer die Herzveränderungen am
auffälligsten zu sein, wenn die Patienten über emotional belastende Themen sprachen. Dieser Eindruck veranlaßte die Forscher zu dem Schluß, daß der emotionale Inhalt von Gesprächen das gesundheitliche Risiko bilde.* Diese Ergebnisse wurden später von anderen Forschern bestätigt.[4] Es schien, daß
Hunter recht hatte: Das Leben von Personen, die bereits unter
einer Herzerkrankung litten, liegt „in den Händen eines jeden
Schurken, dem es gefällt", sie „zu ärgern oder sich über (sie) lustig zu machen". Obwohl es uns verwirrte, daß die Veränderungen am Herzen, die wir bei unseren Koronarpatienten beobachteten, nicht immer mit dem Ausmaß der emotionalen Erregung in den Gespächen verknüpft waren, bestätigte unsere
Ergebnisse dennoch das allgemeine Phänomen, daß das menschliche Gespräch einen deutlichen Einfluß auf das Herz hat.**

----

* In dieser und in vielen nachfolgenden Studien wurde, wie ich später erörtern werde, dem Akt des Kommunizierens und der Frage, wer von
beiden gerade sprach, wenig Aufmerksamkeit gewidmet; vielmehr lag
der Schwerpunkt auf dem emotionalen Inhalt des Gesprächs.

** Einer der Hauptunterschiede zwischen unseren Beobachtungen auf der
Station für Koronarpatienten und anderen Studien war folgender: Un-

Das Dilemma des Hochdruck-Dialogs

Freilich waren es nicht nur die Veränderungen in der Herzfrequenz und im Herzrhythmus bei Koronarpatienten, die wir beobachtet hatten, was uns unsicher machte, wie wir Ed behandeln sollten. Weit beunruhigender waren die Daten einer umfangreichen Studienreihe über Blutdruckveränderungen bei Hochdruckpatienten.

Schon in den vierziger und fünfziger Jahren, dreißig Jahre, bevor wir Ed kennenlernten, hatten Forscher herausgefunden, daß Hochdruckpatienten während belastender Interviews häufig erhebliche Anstiege des Blutdrucks aufwiesen.[5] Diese Ergebnisse leiteten uns entscheidend bei unserem anfänglichen Vorgehen. Da die Daten der vorausgegangenen Studien übereinzustimmen schienen, waren wir entschlossen, emotional aufrührende Themen bei Ed zu vermeiden und uns statt dessen unterstützend und bestärkend zu verhalten. Die beste Strategie schien zu sein, daß wir Ed jede Woche zu einer einstündigen Sitzung trafen, in der wir therapeutisch stützend und emotional nicht herausfordernd mit ihm umgingen. Gleichzeitig wollten wir ihn grundlegende Entspannungstechniken lehren, die ihm helfen könnten, seinen Blutdruck zu senken. So fingen Dr. Thomas und ich an, uns mit Ed zu unterhalten, ähnlich wie wir es mit den Koronarpatienten getan hatten, und maßen vier- oder fünfmal während der Stunde seinen Blutdruck mit dem Stethoskop. Ed war aufgeklärt worden, daß unsere Methode einen experimentellen Charakter hatte und daß das gesamte Unternehmen sich sogar als fruchtlos herausstellen könnte.

---

sere Bestimmung der emotionalen Erregung wurde anhand objektiver Schätzskalen vorgenommen und durch unabhängige psychiatrische Bewertungen. Andere Untersuchungen verließen sich bei der Einschätzung emotionaler Erregung auf die eigenen klinischen Urteile der Experimentatoren. Es gab noch eine andere Variable, deren Bedeutung uns erst im nachhinein aufging, nämlich diese: Wir kodierten nicht nur den Inhalt der Gespräche, sondern zeichneten auch auf, wer gerade sprach. Später sollten wir verstehen lernen, daß es viel bedeutsamer war, wer sprach, als der emotionale Inhalt der gesprochenen Worte.

Doch trotz unserer Absicht, emotionale Konfrontationen zu vermeiden, konnte Ed nicht umhin, die theoretische Grundlage unseres Ansatzes rasch in Zweifel zu ziehen. Wie ein Nachtfalter gerade von der Flamme angezogen wird, die ihn versengt, so schien Ed unerbittlich zu Themen hingezogen, die naturgemäß Gefühlsreaktionen herausforderten. Obwohl wir versuchten, seine Aufmerksamkeit auf allgemeine Entspannungstechniken zu lenken, deren Nutzen für eine vorübergehende Senkung des Blutdrucks erwiesen war — beispielsweise Muskelentspannung, tiefes Atmen und modifizierte Formen des Biofeedback — schien es, als ob unsere bloße räumliche Anwesenheit ihn in Gefühlserregung stürzte.

Tabelle 4.1

Sterblichkeitsraten für verschiedene
Herz-Kreislauferkrankungen pro 100.000 US-Bürger,
weiße männliche im Alter von 45 bis 54 Jahren

	Koronare Herzkrankheit	Bluthochdruck-Erkrankung	Hirngefäß-Erkrankung
verheiratet	330	16	35
ledig	458	35	70
verwitwet	548	36	78
geschieden	713	48	96

In unserer zweiten Sitzung stellte Ed die gesamte Philosophie unserer Behandlung und die Grundannahmen unseres Ansatzes in Frage. Während er zustimmte, daß bestimmte Entspannungstechniken helfen könnten, seinen Blutdruck zu senken, behauptete er, er sei überzeugt, daß die Hauptursachen seines Blutdrucks sein Übergewicht und sein übermäßiger Salzgenuß seien, der ein Zurückhalten von Flüssigkeit im Körper bewirkte. Er räumte bereitwillig ein, daß es ihm schwer falle abzunehmen, schrieb aber seinen Hochdruck eher seinem Übergewicht zu als etwaigen verborgenen emotionalen oder zwischenmenschlichen Schwierigkeiten. Wir dachten keineswegs, daß Eds Vorstellungen über die Bedeutung des Körpergewichts und der Salzaufnahme für die Blutdruckregulation unwichtig seien. Im Gegenteil, wir wußten, daß sie sehr wichtig waren. Wir glaubten einfach, daß es noch andere entscheidende Faktoren gab, von denen Ed nichts ahnte. Da wir nicht in der Lage waren, ihn auf irgendeine andere Weise zu überzeugen, zeigten wir ihm zögernd einige der Statistiken über Herzerkrankungen und Familienstand für Männer in seinem Alter (Tabelle 4.1).* Tatsächlich bestand Ed darauf, „harte Daten" zu sehen, um, wie er sich ausdrückte, „die *raison d'être*" unserer Methode „abzuschätzen". Ed sagte, er habe es „eilig mit der Besserung" und sei „bereit, alles zu versuchen, was nur einigermaßen vernünftig erscheint", wenn wir ihm Beweise bringen könnten, die unsere These glaubhaft machen würden. Wir fürchteten, die Daten würden zuviel Aufregung hervorrufen, aber Ed zeigte sich recht amüsiert. „Das sind doch nur Korrelationen!" bemerkte er lachend zur Verdoppelung der Sterblichkeit an Hochdruck und Schlaganfall bei ledigen Männern in seinem Alter. Und indem er die Tabelle flüchtig überflog, fast, als wollte er betonen, daß er nicht besorgt war, fügte er mit der Objektivität eines Börsenmaklers hinzu: „Korrelationen beweisen nichts, was die Ursache angeht. Genausogut hätten Sie die Häufigkeit von Geisteskrankheiten mit verschiedenen Phasen des Mondes korrelieren und daraus eine Begründung für Verrücktheit ableiten können, die Ihrer Theorie über Einsamkeit vergleichbar ist."

Obwohl er weiterhin lächelte, sprach er mit gesteigertem Nachdruck, ohne eine Pause zum Atmen einzulegen. Anfangs lehnte er kategorisch ab, daß er einsam sei oder Schwierigkeiten mit menschlichen Beziehungen haben könnte. Er bestand im Gegenteil darauf, daß sein Leben durch geschäftliche Bekanntschaften und einen ständigen Wirbel gesellschaftlicher Aktivitäten ausgefüllt sei, so daß er die Zeit, die er allein verbrächte, sehr schätze. Obwohl er allein lebte, und obwohl er ebenfalls bereitwillig anerkannte, daß ihm ein enger Freund

---

* Einzelheiten und eine detaillierte Diskussion dieser Statistiken finden sich in Lynch *Das gebrochene Herz*.[6]

oder Vertrauter fehlte, mit dem er seine Erfahrungen austauschen könnte, hatte er Schwierigkeiten, sich vorzustellen, wie man diese Situationen mit dem hohen Blutdruck in Verbindung bringen könnte. Fast wie eine nachträgliche Überlegung setzte er hinzu, daß einige Jahre zuvor sein engster Freund, ein Berufskollege, unerwartet an einem Herzinfarkt gestorben sei. Seitdem sei es ihm nicht gelungen, eine vergleichbare Freundschaft aufzubauen. Ed ließ auch anklingen, daß er sich etwas abmühe, eine engere Beziehung zu einer Frau anzuknüpfen, die er seit etlichen Jahren verehrte — aber er beurteilte diese Anstrengung als „eine, die jeder Mann mittleren Alters ein bißchen schwierig zu bewältigen finden würde".

Obwohl uns das eine beachtliche Liste zwischenmenschlicher Schwierigkeiten zu sein schien, leugnete Ed, sich in der Beziehung zu anderen Menschen irgendwie unbehaglich zu fühlen, und betonte nachdrücklich, daß er nicht einsam sei und den vertrauten Umgang mit anderen nicht brauche. Er schien sich zunehmend unwohler zu fühlen, je länger er sprach. Doch als wir ihn fragten, ob er nervös sei, spielte er den Verblüfften und lachte, als er entgegnete: „Nervös? Nein, überhaupt nicht! Ich finde es amüsant, daß Sie versuchen, Bluthochdruck mit Einsamkeit in Zusammenhang zu bringen. Ich weiß zwar, daß dies eine von Ihren Lieblingstheorien ist, aber ich muß leider sagen, daß sie auf meinen Fall nicht zutrifft. Ich habe schon mehr Probleme als genug, ohne daß Sie noch welche dazutun müßten."

Eingedenk der Verknüpfung von gefühlsmäßiger Erregung und Blutdruck unterbrach Dr. Thomas an dieser Stelle die Diskussion und wies Ed an: „Atmen Sie ein paarmal tief ein und aus, und entspannen Sie sich, während ich ihren Blutdruck messe." Dann spöttelte sie ein bißchen über seine Unfähigkeit, richtig zu atmen, wenn er sprach. Während sie zum Stethoskop griff, fragte sie: „Sprechen alle Börsenmakler so wie Sie? Es ist schwer, mit jemandem zu diskutieren, der nie eine Pause macht, um Luft zu holen. Ich glaube, das ist Ihre Art, Auseinandersetzungen zu gewinnen. Sie reden einfach weiter, ohne zu atmen, so daß die anderen nicht gegen Sie ankommen können." Dann fügte sie hinzu, wobei sie auf das Stethoskop zeigte: „Aber wir haben eine Geheimwaffe. Wir haben eine Möglichkeit, Land zu gewinnen, indem wir Ihren Blutdruck messen."

Im Zimmer wurde es still, als sie mit dem Gummibalg pumpte, um die Manschette aufzublasen. Während sie angespannt auf die Korotkow-Geräusche in seiner Armarterie lauschte, dachte ich über Eds Bemerkungen nach. In einer Hinsicht hatte er völlig recht. Ohne Zweifel drehten wir ihm eine „Lieblingstheorie" an, und es schien keinen anderen Weg zu geben, ihn von dem Einfluß menschlicher Beziehungen auf Gefäßerkrankungen zu überzeugen, als ihm statistische Daten und wissenschaftliche Studien vorzulegen. Der Mangel an eindeutigen Beweisen war besonders hinderlich; nicht nur, weil Ed Einsamkeit als Ursache für Bluthochdruck nicht akzeptieren konnte, sondern — was die Sache genauer trifft — er glaubte nicht, daß sie überhaupt ein wirkliches Problem in seinem Leben war.

Während Dr. Thomas langsam die Luft aus der Manschette ließ, dachte ich über Eds Erwiderung nach, daß Korrelationen nichts über die Ursachen bewiesen. Er hatte vollkommen recht. Er hatte nicht nur kurzerhand die medizinischen Statistiken heruntergemacht, die wir ihm zeigten, sondern unterstrich auch noch unsere Unwissenheit. Wir wußten einfach nicht, wie es kam oder woran es lag, daß die Sterblichkeit an Kreislauferkrankungen bei einsamen Menschen anstieg. Wir verstanden nicht, wie eine Scheidung oder Alleinleben das Risiko eines herz- oder kreislaufbedingten Todes erhöhten.

Selbst wenn man zugestand, daß es einen plötzlichen Anstieg der Sterblichkeit durch Kreislauferkrankungen bei hinterbliebenen Witwern gab oder eine Verdopplung der Sterblichkeitsrate aufgrund von Hochdruck bei alleinlebenden Personen, blieb Eds zentrale Frage unbeantwortet. Wie tragen der Verlust eines geliebten Menschen oder Einsamkeit zu Bluthochdruck, Herzerkrankungen und plötzlichem Tod bei? Und warum war es in Eds Fall Hochdruck? Warum nicht Magengeschwüre, Krebs, Migränekopfschmerzen oder eine Dickdarmverkrampfung? Welche Mechanismen bestehen hier?

Dr. Thomas nahm das Stethoskop aus ihren Ohren und schrieb ihre Ergebnisse auf. Eds Blutdruck war auf 192/128 gestiegen, und sein Puls hämmerte mit 96 Schlägen pro Minute! Früher in der Sitzung hatte sein Druck 160/101 betragen und sein Puls 71. Beunruhigt über den Anstieg seines Blutdrucks, wies Dr. Thomas Ed an, sich zu entspannen.

„Ihr Blutdruck ist im Moment ein bißchen hoch; warum schweigen Sie nicht einfach ein paar Minuten lang und entspannen sich, indem Sie tief atmen." Obwohl Ed nicht sonderlich aufgeregt wirkte, offenbarte sein Blutdruck eine ganz andere Wirklichkeit. Was noch überraschender war, Ed schien der rasche Anstieg seines Blutdrucks völlig gleichgültig zu sein. Nach drei oder vier Minuten ruhigen, tiefen Atmens maß Dr. Thomas noch einmal seinen Blutdruck; diesesmal war er auf 170/105 gefallen, und seine Herzfrequenz hatte sich auf 68 Schläge pro Minute beruhigt.

Nachdem Dr. Thomas Ed mitgeteilt hatte, daß sein Blutdruck gefallen war, sagte sie: „Vielleicht sind Sie nicht einsam, und vielleicht haben Sie keine Schwierigkeiten mit Beziehungen, doch mit Sicherheit hat diese Diskussion Ihren Blutdruck rapide ansteigen lassen." Dann fügte sie hinzu: „Aber sehen Sie, wie schnell Sie ihn wieder senken konnten, als Sie sich entspannten."

„Wie geht das vor sich?" antwortete Ed und wirkte ein bißchen engagierter, seit er gehört hatte, daß sein Blutdruck wieder gefallen war.

Daraufhin wies Dr. Thomas ihn an, jeden Tag zu Hause seinen Blutdruck zu messen, bevor und nachdem er sich fünf Minuten lang entspannt und tief geatmet hatte. Eine Reihe von Studien, einschließlich kürzlich veröffentlichter Arbeiten aus Dr. Herbert Bensons Laboratorium an der Medizinischen Fakultät der Havard-Universität, habe darauf hingedeutet, daß stille Meditation und Entspannung hilfreich seien, um vorübergehend den Blutdruck zu senken.[7] Dr. Thomas hoffte,

Ed glaubhaft versichern zu können, daß es außer dem Abnehmen weitere Möglichkeiten gab, die er nutzen könnte, um seine Gesundheit zu verbessern. Außerdem bat ich Ed, da er sich seiner Gefühle nicht bewußt zu sein schien, jedesmal aufzuschreiben, wie er sich fühlte, bevor er zu Hause seinen Blutdruck maß. Ich dachte, dieser Kunstgriff könnte ihm helfen, auf die mögliche Verbindung zwischen seinen Gefühlen und seinem Blutdruck zu achten.

Nach etlichen weiteren Behandlungssitzungen mit Ed waren wir allerdings entmutigt. Zunächst einmal hatten sich unsere anfänglichen Befürchtungen von theoretischen Bedenken wegen des Blutdrucks zu einer sehr realen Sorge um Eds Kreislaufgesundheit gewandelt. Sein Blutdruck folgte einem Muster, das uns ernsthaft verstörte. Jedesmal, wenn er über emotionsgeladene Themen sprach, stieg sein Blutdruck. Ähnlich ging sein Blutdruck immer zurück, wenn er sich entspannte und tief atmete. Es war eine vertrackte Situation, eine Art therapeutische Falle. Auf der einen Seite nahmen wir an, daß bestimmte psychische Konflikte im Zusammenhang mit zwischenmenschlichen Beziehungen zu seinem Hochdruck beitrugen. Doch gleichzeitig war offenkundig geworden, daß jede Erörterung dieser Konflikte deutliche Erhöhungen seines Blutdrucks hervorrief.

Trotz dieses Dilemmas und unserer eigenen Befürchtungen beschlossen wir weiterzumachen. Diese Entscheidung gründete auf zwei unausweichlichen Tatsachen. Erstens war unsere Klinik gewiß nicht der einzige Ort, an dem Ed sich mit Themen beschäftigte, die Gefühle hervorriefen, oder wo er Begegnungen voller Streß erlebte. Zahllose soziale und geschäftliche Situationen lösten wahrscheinlich ähnlich markante Erhöhungen des Blutdrucks aus. Doch anders als in unserer Klinik, wo wir wenigstens fünf- oder sechsmal in jeder Sitzung Eds Blutdruck erheben konnten, gab es keine Möglichkeit, auf ähnliche Weise seinen Blutdruck im Alltag zu überwachen. Ed konnte wohl seinen Blutdruck in der Zurückgezogenheit seiner Wohnung messen, aber nicht, während er mit einem rechthaberischen Kunden fertig werden mußte. Da

Ed größere Anstiege seines Blutdrucks überhaupt nicht bewußt wurden, hatte er keine Möglichkeit, die zwischenmenschlichen Situationen, die seinen Blutdruck erhöhten, zu erkennen oder von denen zu unterscheiden, die ihn senkten. Außerdem war seine Unfähigkeit, größere Blutdruckschwankungen in seinem Körper wahrzunehmen, anscheinend mit seinem Unvermögen verknüpft, die eigenen Gefühle zu spüren oder auseinanderzuhalten. Anders als Dr. Hunter, der wenigstens seinen eigenen Brustschmerz empfinden und ihn so mit dem unglücklichen Zufall in Verbindung bringen konnte, einem „Schurken" zu begegnen, hatte Ed allem Anschein nach keine Möglichkeit, vielleicht tödliche Begegnungen von denen zu trennen, die erfreulich sein könnten. Für ihn gab es keinen Weg zu erkennen, was belastend und was nicht belastend war oder wie er Schurken von Freunden unterscheiden konnte. Wir dachten, dies könnte etwas sein, das wir ihn lehren könnten.

Das Erkennen dieser Kernpunkte brachte uns dazu, unsere anfängliche therapeutische Strategie zu verändern. Vielleicht mußten Ed zuerst seine Gefühlsprobleme und Empfindungen zu Bewußtsein gebracht werden, bevor er sich mit seinem Blutdruck befassen konnte. Doch diese Möglichkeit ließ rasch eine Menge anderer Fragen auftauchen. Konnte Ed auf die Tatsache aufmerksam gemacht werden, daß er Probleme hatte, die hinter seinem Blutdruck verborgen waren, wenn dieses System nur indirekt und von Zeit zu Zeit überwacht werden konnte? Noch verwirrender war die Frage, wie er Blutdruckerhöhungen beeinflussen könnte, wenn er gefühlsbetonte Themen diskutierte. Sollte er alle geschäftlichen Kontakte vermeiden, die emotionale Belastungen beinhalteten, und gleichermaßen sämtlichen bedeutungsvollen, gefühlshaften Begegnungen in seinem Leben aus dem Weg gehen? Sollte er sich aus seinem Berufsleben zurückziehen, das er genoß, wie er versicherte, obwohl es verlangte, daß er sich ständig mit anderen Leuten beschäftigte?

Wir fingen außerdem an, über eine weitere, noch verzwicktere Frage nachzudenken. Konnten die vorübergehenden Erhöhungen von Eds Blutdruck klären helfen, warum Ed sich von allen engen Beziehungen abgesondert hatte? Versuchte er unbewußt, sich vor gefühlsbetonten Interaktionen zu schützen, die tödlich für ihn sein könnten? Stieg sein Blutdruck, wenn er sich aufregte, in so gefährliche Bereiche, daß er gezwungen war, sich von allen Menschen zurückzuziehen und sich vor schlimmeren Folgen zu schützen? Waren Einsamkeit und Bluthochdruck Teile eines Teufelskreises?

Vierzig Jahre, bevor wir uns diese Fragen stellten, hatten Forscher psychotherapeutische Modelle verwandt, mit denen man erfolgreich andere Arten psychischer Konflikte behandelt hatte, und untersucht, ob auf Einsicht gerichtete Therapie nützlich bei der Behandlung des Bluthochdrucks sein könnte.[8] Eine ansehnliche Reihe von Beweisen stützte die Vorstellung, daß bestimmte Persönlichkeitsmerkmale, psychische Konflikte und emotionale Probleme wesentlich zu dieser Erkrankung beitrugen; aber eine auf Einsicht abzielende Therapie schien kein wirksames Verfahren für die Behandlung zu sein.

Als wir diese Studien zum erstenmal unter die Lupe nahmen, meinten wir, daß vielleicht ein entscheidender zwischenmenschlicher Faktor übersehen worden sei, der den klinischen Mißerfolg erklären könnte. Schließlich hatten uns unsere früheren Forschungen vollständig davon überzeugt, daß menschliche Beziehungen therapeutisch günstig für das Herz sind, während Einsamkeit und soziale Isolation Hauptursachen für Herz-Kreislauferkrankungen darstellen. Aber nach einigen therapeutischen Begegnungen mit Ed formulierten wir eine völlig andere Hypothese. Wir fingen an zu glauben, daß er in seinem eigenen Körper psychisch gefangen war. Sein Blutdruck schwankte offensichtlich in Gesprächen und reagierte ähnlich wie ein Sicherungskasten auf einen plötzlichen Stromstoß. Diese Analogie führte uns zu einer neuen Einsicht, und wir begannen zu argwöhnen, daß jene Themen in der Psychotherapie, die den Blutdruck deutlich erhöhen, nur eines von zwei Ergebnissen nach sich ziehen können: entweder man schließt das Gespäch kurz, indem man es abbricht oder in eine andere Richtung lenkt; oder eine Sicherung im Körper droht durchzubrennen. Um das Letztere in Gestalt eines Herzinfarkts oder Schlaganfalls zu vermeiden, könnten Patienten wie Ed demnach entweder ihre Gefühle beherrschen — also die Energiewelle menschlicher Interaktion —, indem sie eine ausreichende Distanz zu anderen Menschen einhielten, oder sie könnten aus den Situationen fliehen, die ihr Kreislaufsystem zu überlasten drohten.

Diese Hypothese machte das Dilemma eines Hochdruck-Gespräches offenkundig. Wenn wir uns im Umgang mit Ed ausschließlich bestätigend und emotional stützend verhielten und einen sicheren Abstand einhielten, würde sein Blutdruck vergleichsweise niedriger bleiben. Wenn wir andererseits versuchten, an die Ursachen seines seelischen Leidens heranzukommen, und anfingen, über Probleme zu sprechen, die stärkere Gefühle hervorriefen, dann würde Eds Blutdruck schnell in gefährliche Höhen steigen. Es war ein Dilemma, das uns wenigstens half, eine Seite von Eds Leben zu verstehen: nämlich, warum er einsam war.

Die Grundlagen des tödlichen Gesprächs

Als wir beobachteten, daß Eds Blutdruck und Herzfrequenz jedesmal rapide anstiegen, wenn er über gefühlsbetonte Themen sprach, schienen sich damit Erkenntnisse erneut zu bestätigen, die Dr. Franz Alexander bereits vor vier Jahrzehnten gewonnen hatte. 1939 berichtete dieser psychoanalytische Pionier zum erstenmal über etwas, woraus eine ganze Serie von Untersuchungen hervorgehen sollte, in denen versucht wurde, eine einsichtsorientierte Psychotherapie zur Behandlung von Bluthochdruck einzusetzen.[9] Alexanders Studien wurden zu einer Zeit durchgeführt, als es noch keine wirksame medikamentöse Therapie für Hochdruck gab und eine wirkungsvolle Möglichkeit, mit diesem Problem umzugehen, dringend gebraucht wurde.

Alexander stellte die Hypothese auf, daß tief verborgene emotionale Konflikte die Hauptursache für Bluthochdruck seien. Er nahm an, daß eine Psychotherapie auf psychoanalytischer Basis das beste Verfahren wäre, die Konflikte aufzudecken und so den Patienten zu helfen, ihren Blutdruck zu senken.

Alexanders Hypothese stützte sich auf die psychoanalytischen Arbeiten Sigmund Freuds[10] und auf die klassischen physiologischen Studien Walter Cannons.[11] Alexander hoffte, die Entdeckungen dieser beiden Forscher miteinander verbinden zu können. Um den Zusammenhang darzustellen, in dem Alexanders Studien standen, möchte ich jedoch zunächst Cannons zentrale Ergebnisse etwas eingehender betrachten.

In seinem Werk *Bodily Changes in Pain, Hunger, Fear and Rage* (Körperliche Veränderungen bei Schmerz, Hunger, Angst und Wut, 1929) beschreibt Cannon, wie das autonome Nervensystem und das System der Nervenhormone das Herz-Kreislaufgefüge beeinflussen. Sein Buch war ein Meilenstein in der Geschichte der Medizin, denn es gehörte zu den allerersten, welche die entscheidende Rolle betonten, die emotionaler Streß bei der Entstehung von Krankheiten spielt. Vor Cannons Untersuchungen hatten medizinische Wissenschaftler ganz andere Ansichten über Emotionen. Das heißt nicht, daß die Ärzte den Einfluß von Emotionen auf das Herz überhaupt nicht erkannten. Im Gegenteil, wie wir bereits am Fall von Dr. Hunter feststellten, ist die Medizingeschichte angefüllt mit Beweisen für den Einfluß von Emotionen auf das Herz. Was aber Cannon dieser Anekdote hinzufügte, war ein wissenschaftlicher Weg, das Phänomen zu begreifen. Allein durch die Überzeugungskraft und Klarheit seiner experimentellen Belege ließ sein Text keinen Zweifel an der Wichtigkeit von Emotionen für die Körperfunktionen. Fast beiläufig erwähnt Cannon, wie Gefühle den Blutdruck rapide verändern:

Große Aufregung geht mit sympathischen Innervationen einher [das heißt, mit dem Feuern der sympathischen Nerven des autonomen Nervensystems], welche die kleinen Blutgefäße zusammenziehen, die Herzfrequenz beschleunigen und so den arteriellen Blutdruck erhöhen. In 100 Fällen, die von Gallavardin und Haour untersucht wurden, war der Blutdruck zunächst, als die Versuchspersonen aufgeregt waren, 25 bis 35 Millimeter Quecksilbersäule höher als später, nachdem sie sich an den Vorgang gewöhnt hatten. Bei einem von Schrumpf beobachteten Pa-

tienten war die Angst vor einer ungünstigen Diagnose von erhöhtem Blutdruck begleitet. Der Druck lag um 33 Prozent höher als der Wert, den man maß, nachdem der Patient beruhigt worden war. Bei sehr großer Freude, Angst oder Furcht kann ein Anstieg um 90 Millimeter auftreten. [12]

Cannon formulierte eine neue, kühne These über die Nützlichkeit körperlicher Veränderungen, die emotionale Erregung begleiten. Er sah sie als Teil einer primitiven „Kampf- oder Flucht-Reaktion". Cannon stellte fest, daß die Organfunktionen von Menschen wie Tieren so eingerichtet sind, daß sie in Notfällen Energiereserven bereitstellen können. Er begründete dies damit, daß der Körper für Zeiten starker körperlicher oder seelischer Belastung die Anpassungsfähigkeit haben müsse, entweder um sein Überleben zu kämpfen oder zu fliehen. Cannons These wurde zur zentralen Theorievorstellung und bestimmte die Art und Weise, in der spätere Forscher über Emotionen nachdachten. Cannon schrieb:

Unsere bisherigen Nachforschungen haben ergeben, daß das Adrenin [Adrenalin], das in Streßzeiten freigesetzt wird, all die Wirkungen auf den Körper hat, die durch injiziertes Adrenin hervorgerufen werden. Es wirkt mit sympathischen Nervenimpulsen zusammen und überschwemmt so das Blut mit Zucker; es hilft, das Blut an das Herz, die Lungen, das Zentralnervensystem und die Glieder zu verteilen, während es von den [neuronal] gehemmten Organen des Bauchraums abgezogen wird; es beseitigt schnell die Auswirkungen körperlicher Ermüdung; es macht das Blut leichter gerinnbar. Diese bemerkenswerten Tatsachen sind darüber hinaus mit einigen der primitivsten Erfahrungen im Leben höherer Organismen verbunden, Erfahrungen, die allen gemeinsam sind, dem Menschen wie dem Tier, die elementaren Erfahrungen von Schmerz und Angst und Wut, die plötzlich in kritischen Notsituationen auftreten. *Welche Bedeutung haben diese tiefgreifenden körperlichen Veränderungen? Was sind die Notfall-Funktionen des sympathico-adrenergen Systems?*[13] *(Hervorhebungen von J. L.)*

Dies war die Grundlage von Cannons heutzutage allgemein anerkannter Theorie der „Kampf- oder Flucht"- Reaktion. Die automatische Reaktionskette im Körper, die dabei abläuft, ist bereits erwähnt worden — die Ausschüttung von Adrenalin, eine deutliche Erhöhung von Herzfrequenz und Blutdruck, die Verstärkung und Verminderung der Durchblutung in verschiedenen Teilen des Körpers. Dies waren die Veränderungen, die Cannon als die Hauptmechanismen erfaßte, die den Menschen darauf vorbereiten, zu kämpfen oder zu fliehen. Er erkannte auch, daß dieses „primitive" Alarmsystem zwar unter bestimmten Bedingungen einen hohen Anpassungswert hat, daß es aber auch eine wichtige Ursache nachfolgender Fehlanpassung und Erkrankung sein kann. Das heißt: Dieselben Kampf- oder Fluchtreaktionen, die den Körper zum Handeln vorbereiten, können auch in Situationen auftreten, in denen eine Person nicht mehr fliehen oder kämpfen kann. Dann fängt der Körper an, sich auf das Handeln vorzubereiten — er macht Dampf im Kessel, wenn man so will —, ohne zum Vollzug in der Lage zu sein. Cannon fügte also eine neue Dimension hinzu. Sie stellte die verborgenen Körperreaktionen dar, die parallel zu dem leichter sichtbaren Ausdruck von Emotionen in Gang gesetzt werden. Er postulierte, daß Tiere in Lebensgefahr nicht nur imstande sein müssen, ihren Emotionen Ausdruck zu verleihen, sondern auch, ihren Körper auf den Kampf oder die Flucht vorzubereiten. Cannon meinte, daß ein Tier, wenn es eine Gefahr wahrnehme, seinen ganzen Körper einsatzbereit mache, um die Fähigkeit zu verbessern, angemessen zu reagieren. Cannon wies darauf hin: Es gibt nicht nur *sichtbare Anzeichen* für den *Ausdruck von Emotionen,* sondern auch *innere Korrelate,* die man nicht sehen kann und die oft nicht einmal empfunden werden. Erhöhungen von Herzfrequenz und Blutdruck, Schwankungen in der Durchblutung, die durch die Ausschüttung von Adrenalin und die Aktivierung des autonomen Nervensystems hervorgerufen werden — all das sind Teile eines ausgefeilten körperlichen Systems, das die Tiere darauf vorbereitet, zu kämpfen oder zu fliehen. Dieser allgemeine Rahmen der Physiologie von Emotionen prägte stark die späteren Ansätze zur Erforschung von Krankheiten wie Bluthochdruck. Nach Cannons Arbeit wurde weithin anerkannt, daß emotionale Aufregung „Kampf- oder Flucht"-Reaktionen auslösen kann, die deutliche Erhöhungen des Blutdrucks und der Herzfrequenz einschließen.

PSYCHOLOGISCHE EINSICHT: FRANZ ALEXANDER

Von diesem wissenschaftlichen Hintergrund stark beeinflußt, nahm Alexander an, Bluthochdruck sei aller Wahrscheinlichkeit nach das Endresultat unbewußter Konflikte, die eine Person in einen Zustand übermäßiger Wachsamkeit versetzten oder ständig unter Kampf- und Fluchtbedingungen stellten. Zwei Jahrzehnte lang untersuchte Alexander die Persönlichkeit von Menschen mit Bluthochdruck, um die Ursache ihrer emotionalen Konflikte zu verstehen und abzuschätzen, ob Psychotherapie geeignet war, ihre Probleme zu lindern und so den Blutdruck zu senken.

Mitte der dreißiger Jahre begann Alexander einen Mann mit Bluthochdruck zu behandeln, an fünf Tagen in der Woche, mit einer klassischen, einstündigen analytischen Psychotherapie. Zwei Jahre lang maß er systematisch vor und nach jeder Sitzung den Blutdruck des Patienten mit Hilfe eines Stethoskops. Alexander führte eine der vollständigsten Meßreihen der Blutdruckschwankungen von Tag zu Tag durch, die bis zu jener Zeit bei Hochdruckpatienten vorgenommen worden waren. Er beobachtete, daß in Sitzungen, in denen der Patient ziemlich ruhig war, der Blutdruck fast immer niedriger lag. Im Gegensatz dazu war der Blutdruck regelmäßig höher, wenn der Patient über Themen sprach, die ihn gefühlsmäßig berührten. Alexander war überzeugt, daß der Gefühlszustand dieses Mannes und die Themen, die in der Therapiestunde besprochen wurden, die einzig wichtigen Faktoren waren, die das Allgemeinniveau seines Blutdrucks beeinflußten.

Alexander verfolgte die Probleme des Patienten mit seinem Bluthochdruck bis zu psychischen Konflikten in der frühen Kindheit zurück. Die emotionalen Schwierigkeiten hatten mit einer gestörten Kommunikation zwischen Eltern und Kind zu tun. Da man den kindlichen Wünschen des Patienten, umsorgt und verstanden zu werden, nicht gerecht wurde, wuchs er in dem ständigen Drang auf, sich Unterstützung und

Liebe zu suchen. Dies führte dazu, daß er Beziehungen aufnahm, von denen er abhängig und folglich in einem Teufelskreis gefangen war, insbesondere, was das offene Ausdrücken
von Ärger betraf. Der Patient war innerlich zerrissen von dem
steten Bemühen, seine aggressiven Regungen nicht offen zu
zeigen, und versuchte immer, äußerlich freundlich zu wirken,
damit andere ihn mochten. Seine Persönlichkeit war von einer
übermäßigen, aber gehemmten Feindseligkeit beherrscht, die
aus den frühen Konflikten seines Lebens stammte.

Nach zwei Jahren intensiver Psychoanalyse hatte der Patient eine gewisse psychische Einsicht erlangt, litt aber immer
noch unter Bluthochdruck. Obwohl Alexander erwähnt, daß
der Blutdruck etwas abfiel, als der Patient gefühlsmäßig ausgeglichener wurde, war deutlich, daß dieser therapeutische
Ansatz weder eine preiswerte noch eine sonderlich wirksame
Methode darstellte, den Blutdruck zu senken. Anders als andere neurotische Patienten, die Alexander gesehen hatte,
schien dieser Hochdruckpatient so auf die Psychotherapie zu
reagieren, als konfrontiere die Therapie selbst ihn mit einer
Kampf- oder Fluchtsituation, und zwar in einer Umgebung,
in der er weder kämpfen noch weglaufen konnte.

PSYCHOLOGISCHE EINSICHT: ANDERE UNTERSUCHUNGEN

Spätere Versuche anderer Forscher, verschiedene Formen
der Psychotherapie in der Behandlung von Hochdruckpatienten einzusetzen, bestätigten die ursprünglichen Schlußfolgerungen von Dr. Alexander.[14] Es entstand allgemein die Ansicht, daß es eine „hypertensive Persönlichkeit" gab, charakterisiert durch lebenslange unbewußte Konflikte, die unter anderem das Ausleben von Feindseligkeit, Aggression, Abhängigkeit und Ehrgeiz betrafen. Wenn der Hochdruckpatient in
der Interaktion mit anderen Menschen diesen Konflikten gegenübersteht, ist er gezwungen, seiner Wut ins Auge zu sehen. Dies wiederum löst starke Kampf- oder Fluchtreaktionen
aus, damit die andere Person den Ärger nicht bemerkt und
entweder angreift oder — was noch lähmender wäre — sich
abweisend verhält.

1951 beschrieben Morton Reiser, M. Rosenbaum und E. B. Ferris zwölf Patienten mit malignem Hypertonus*, die an der Medizinischen Fakultät der Universität Cincinnati untersucht worden waren.[15] Wie schon bei Alexanders Studien war auch ihr allgemeiner Eindruck, daß die Ursprünge des Bluthochdrucks in der frühen Kindheit anzusiedeln waren und in Konflikten wegen der Abhängigkeit von den Eltern. Der Ausbruch der Erkrankung lag gewöhnlich im frühen Erwachsenenalter (zwischen zwanzig und dreißig Jahren). Er war verbunden mit einer schweren emotionalen Krise, und die Krankheit entwickelte sich dann bis zum malignen Stadium im Alter von vierzig bis fünfzig Jahren, parallel mit dem erneuten Auftreten einer schwereren Lebenskrise (mit dem Tod eines Lebenspartners oder einer Scheidung). In so gut wie jedem Fall war die Hauptbelastung mit der Auflösung entscheidender Beziehungen verknüpft, auf die der Patient zu seiner seelischen Unterstützung angewiesen war. Dies ließ den Betroffenen in einem sozialen Vakuum zurück, in dem er seinem Ärger keinen Ausdruck verleihen konnte, während er gleichzeitig von bedeutsamen menschlichen Beziehungen abgeschnitten war.

Besonders beeindruckend an der Untersuchung Reisers war aber die Tatsache, daß einige Patienten in der Lage waren, ihren Blutdruck zu senken und ein erträglicheres Stadium der Erkrankung zu erreichen. Dies gelang mit einem relativ geringen Therapieaufwand und einem Vorgehen, das die Autoren als unterstützend beschrieben. Wie bei Alexander hatten diese psychotherapeutischen Erfolge den Hochdruck allerdings nicht ganz abgebaut. Diese Forscher hatten im wesentlichen Alexanders allgemeine Befunde für eine schwerere Form der Erkrankung bestätigt.

Im weiteren Verlauf ihrer wissenschaftlichen Arbeit untersuchten Reiser und seine Kollegen eher den Einsatz von

---

* Maligner Hypertonus ist ein Zustand, in dem ein anhaltend hoher Blutdruck Organschäden verursacht hat — zum Beispiel Störungen der Nierenfunktion, Hirnschwellungen und/oder Veränderungen in der Netzhaut.

Beruhigung und emotionaler Unterstützung zur Blutdrucksenkung bei Hochdruckpatienten als eine Therapie, die auf Einsicht beruhte. Im Jahre 1953 berichteten die Forscher über ihre Ergebnisse an achtundneunzig Patienten, die in drei unterschiedlichen Intensitäten mit etwas behandelt wurden, das als „therapeutische Unterstützung" bezeichnet wurde.[16] Sie beobachteten, daß am Ende der Therapie zwischen 22 und 58 Prozent der Patienten einen niedrigeren Blutdruck hatten, während er bei 20 Prozent gestiegen war. Reiser und seine Kollegen beschrieben die intensivste ihrer therapeutischen Vorgehensweisen als „oberflächliche Therapie durch Einsicht" und unterschieden sie so von der tiefendynamischen Methode, die frühere Forscher verwendet hatten. In ihrer Studie zogen fast 50 Prozent der Versuchspersonen einigen Nutzen aus der „therapeutischen Unterstützung", wobei der Erfolg augenscheinlich von der Fähigkeit des Patienten abhing, seine oder ihre unbewußten Abwehrmechanismen aufrechtzuerhalten, und außerdem von der sozialen Distanz in der therapeutischen Beziehung.

Von einer anderen interessanten Studie, die zur gleichen Zeit durchgeführt wurde, berichtete der Psychoanalytiker Dr. Leon Moses. Wie Alexander gewann auch er zehn Patienten für eine psychoanalytisch orientierte Intensivpsychotherapie. Vier Patienten, die er als „vorübergehend hypertensiv" einstufte, hatten nach sechs Monaten Therapie einen normalen Blutdruck. Im Gegensatz dazu gaben die zwei Patienten mit dem höchsten Blutdruck — den Moses als „gesteigerte Hypertonie" bezeichnete (200-230/110-130) — die Therapie sehr bald auf. Die Patienten mit einem Hochdruck im mittleren Bereich waren am Ende der Therapie immer noch hypertensiv. Die Patienten mit dem stärksten Hochdruck konnten eine auf Einsicht abzielende Psychotherapie nicht ertragen und zogen sich deshalb von der Behandlung zurück.

Diese Untersuchungen waren aus einem weiteren Grund bedeutsam, der einige Zeit unerkannt blieb; und sie sollten für über fünfundzwanzig Jahre die letzten ihrer Art sein. In den frühen fünfziger Jahren kam das erste einer breiten Skala von

Medikamenten auf den Markt, das den Blutdruck wirksam zu senken schien. Die Verfügbarkeit dieser medikamentösen Behandlungsformen führte wiederum zu einer Abnahme des Interesses an nicht-pharmakologischen Methoden. Das Interesse an psychotherapeutischen Behandlungen, die zeitraubend, teuer und nur mäßig wirksam waren, schwand schnell, als die Hoffnung aufkeimte, daß zu guter Letzt eine effektivere und effizientere Behandlung für den Bluthochdruck gefunden worden war.

Obwohl der Wandel der Behandlungsmethoden dramatisch war, wurden seine Auswirkungen damals nicht in ihrer ganzen Tragweite erkannt. Dr. Alvin Shapiro hat sich zu dem Umschwung in den Denkkonzepten geäußert, den die Einführung blutdrucksenkender Mittel auslöste. Er schreibt über Reisers Pioniertaten:

Es ist bedauerlich, daß in der Explosion von Wissen über die physiologischen Mechanismen und die pharmakologische Beeinflußbarkeit des Blutdrucks, das sich in den letzten zwanzig Jahren angehäuft hat, diese kleine Arbeit [Reisers Studie] ein Schmuckstück bleibt, das nur von Internisten gewürdigt wird, die beim Umgang mit Patienten, die an malignem Hochdruck leiden, ein „offenes Ohr“ haben und eine Bestätigung für ihre klinischen Erfahrungen suchen. Diejenigen, die „zugehört“ haben, bekräftigen häufig die Beobachtungen Reisers, daß man fast immer, wenn der Hochdruck sich zum malignen Stadium verschlimmert, emotionale Konflikte finden kann, die für den Patienten ein beträchtliches Gewicht haben. Aber weil andere Tatsachen über diese Krankheit leichter mitteilbar sind, wird die Bedeutung der emotionalen Faktoren in der gegenwärtigen Lehre nicht hinreichend weitervermittelt.[18]

Obwohl die Behandlung des Hochdrucks sich in den fünfziger Jahren fast ausschließlich auf Medikamente verlagerte, wurde dennoch die Persönlichkeit hypertensiver Patienten weiter erforscht.[19] Im Laufe der Studien begann sich ein gleichbleibendes Muster zu zeigen. Es wurde deutlich, daß viele Hochdruckpatienten von lebenslangen, unbewußten Kämpfen um den Ausdruck von Wut, Feindseligkeit, Ärger, Auflehnung, Ehrgeiz und Aggression belastet waren. Die ursprüngliche Quelle der Wut wurde fast immer bis zu kindlichen Bedürfnissen nach Abhängigkeit zurückverfolgt, die unerfüllt geblieben waren oder denen man nicht entgegengekommen war. Als Erwachsene verlangten diese Patienten unbewußt, daß man für sie sorgte. Doch sie waren ständig befangen durch die Möglichkeit, daß ihre Wut oder ihr Ärger von denen wahrgenommen oder entdeckt werden könnten, auf die sie angewiesen waren. Deshalb setzten Hochdruckpatienten vielfältige Abwehrmechanismen ein, um ihre negativen Gefühle zu verbergen. Typischerweise wurden ihr Ärger und ihre Aggression durch Emotionsäußerungen verdeckt, die ihren inneren Gefühlen genau entgegengesetzt waren. Sie schienen freundlich zu sein, wenig selbstsicher, sogar unterwürfig. Da diese Probleme in Abhängigkeitskonflikten der Kindheit wurzelten, erlebt der oder die Hochdruckkranke im allgemeinen die größten Konflikte mit Autoritätspersonen, die seine oder ihre Eltern symbolisch repräsentieren. Während zahlreiche Aspekte der psychodynamischen Ursprünge dieser Konflikte heftig umstritten waren, war man sich allgemein über die Gesamtpersönlichkeit einig. Unterdrückter Ärger bei zwischenmenschlichen Begegnungen schien ein vorherrschendes Merkmal zu sein. Alexander und seine Kollegen faßten die Ergebnisse vieler Forscher wie folgt zusammen:

Die Patienten hatten Angst, die Zuneigung anderer zu verlieren, und mußten den Ausdruck ihrer Feindseligkeit kontrollieren. In der Kindheit neigten die Patienten zu Wut- und Aggressionsausbrüchen. Als die Kinder heranwuchsen und sich entwickelten, lernten sie die Wutattacken zu beherrschen. Infolgedessen wurden sie offenbar nachgiebig und selbstunsicher. Als Erwachsene verfolgten sie ein Ziel verbissen, oft gegen unüberwindliche Hindernisse. Wenn sie in leitende Stellungen aufstiegen, hatten sie Schwierigkeiten, weil sie sich nicht durchsetzen oder andere dazu bringen konnten, ihren Anordnungen zu folgen. Sie waren übermäßig gewissenhaft und zu verantwortungsbewußt. Ihre Gewissenhaftigkeit steigerte nur ihr Empfinden von Verdruß bei Aufgaben, die sie sich selbst auferlegt hatten.[20]

Lebensstreß und essentieller Bluthochdruck

Unter den Forschungsergebnissen, die unser anfängliches Vorgehen bei Ed beeinflußten, standen die Untersuchungen von Dr. Stewart Wolf und Dr. Harold Wolff an der Medizinischen Hochschule der Cornell-Universität am stärksten im Mittelpunkt. In ihrem bahnbrechenden Werk *Life Stress and Essential Hypertension* (Lebensstreß und essentielle Hypertonie, 1951)[21], schilderten diese Ärzte gemeinsam mit mehreren Mitarbeitern sehr ausführlich die wirklich schwerwiegenden Blutdruckerhöhungen, die Hochdruckpatienten bei belastenden Befragungen an den Tag legen können. Diese Studien waren nicht nur deshalb von zentraler Bedeutung, weil sie die Beobachtungen von Ärzten wie Dr. Alexander beträchtlich erweiterten. Vielmehr waren sie besonders wichtig, weil diese Ärzte eine Vielzahl von Veränderungen des Herz-Kreislaufsystems und der Neurochemie überwachten, die während belastender Interviews auftraten. Ihre zentrale These war, daß emotionaler Streß eine Hauptursache für Bluthochdruck sei. Diese Forscher sahen, wie viele andere, nicht das Sprechen selbst oder die Unterhaltung als eine größere Belastung an, sondern sie benutzten Streß-Interviews als Mittel, um gefühlsmäßige Erregung auszulösen. Sie nahmen an, daß das Sprechen über unangenehme Lebenserfahrungen und frühere gefühlsmäßige Umbruchsituationen ähnliche emotionale Reaktionen hervorrufen würde, wie seinerzeit das damalige Ereignis selbst.

In ihren Untersuchungen wiesen Wolf und Wolff Hochdruckpatienten an, für dreißig oder vierzig Minuten zu ruhen, während ihr Blutdruck in gleichmäßigen Zeitabständen gemessen wurde (zusammen mit vielen anderen körperlichen Messungen).*

Im Anschluß an die Ruheperiode wurden die Patienten dreißig Minuten über Themen befragt, von denen die Forscher bereits wußten, daß sie die Patienten aus dem Gleichge-

---

* Diese Untersuchungen wurden in den vierziger Jahren durchgeführt, als noch keine wirksamen pharmakologischen Heilmittel für den Hochdruck existierten. Viele Patienten wurden später mit verschiedenen chirurgischen Verfahren behandelt, die auch Durchtrennungen ihres sympathischen Nervensystems einschlossen.

wicht bringen würden; während des Interviews wurde der Blutdruck jedes Patienten regelmäßig gemessen.

Was diese Forscher beobachteten, war über ein breites Spektrum von Patienten hinweg erstaunlich gleichbleibend. Häufig stieg der Blutdruck während des Streß-Interviews außergewöhnlich hoch. Ungewöhnlich starke Veränderungen konnte man nicht nur beim Blutdruck feststellen, sondern auch in der relativen Gerinnungszeit des Blutes, der Zähigkeit (Viskosität) des Blutes, im Hämatokrit (oder der Zahl der roten Blutkörperchen) und in der Blutsenkungsgeschwindigkeit. Abbildung 4.4 zeigt ein Beispiel der typischen Blutdruckerhöhungen und Veränderungen in der Durchblutung, die Patienten während der Streß-Interviews aufwiesen. Außer Blutdruck und Herzfrequenz wurden früher gemessen: das Schlagvolumen (die Menge Blut, die mit jedem Schlag aus dem Herzen herausgepumpt wird), die Veränderung der Nierendurchblutung (der unterschiedliche Prozentsatz von Blut, das vor und während des Interviews durch die Nieren fließt), ebenso die Filtrationsfraktion (der Anteil des Blutes, der durch die sogenannten Glomeruli in der Niere fließt — diese sind das Filtersystem der Nieren). Die belastende Befragung übte auf jeden Kreislauf-Kennwert, der aufgezeichnet wurde, eine erhebliche Wirkung aus. Im Gegensatz dazu gab es nur geringe Änderungen in diesen Maßen der Kreislauffunktion, wenn die Patienten in ihren Empfindungen bestätigt oder gebeten wurden, über gefühlsmäßig neutrale Themen zu sprechen, und wenn sie angewiesen wurden, tief durchzuatmen.

Typisch für diese Patienten und ihre Blutdruckveränderungen ist der Fall, der im folgenden Krankheitsbericht geschildert wird:

Eine 45-jährige schwedische Hausfrau wurde wegen Schwindel und Kopfschmerzen, verbunden mit Bluthochdruck, in die Klinik eingeliefert. Der Hochdruck wurde zum erstenmal vor 16 Jahren während ihrer ersten Schwangerschaft bemerkt. Die Schwindelanfälle hingen eng mit belastenden Ereignissen in ihrem Leben zusammen, die hauptsächlich ihren alkoholabhängigen Ehemann betrafen. Bei ihrem ersten Aufenthalt in der Klinik betrug ihr Blutdruck 236/148. Die körperliche

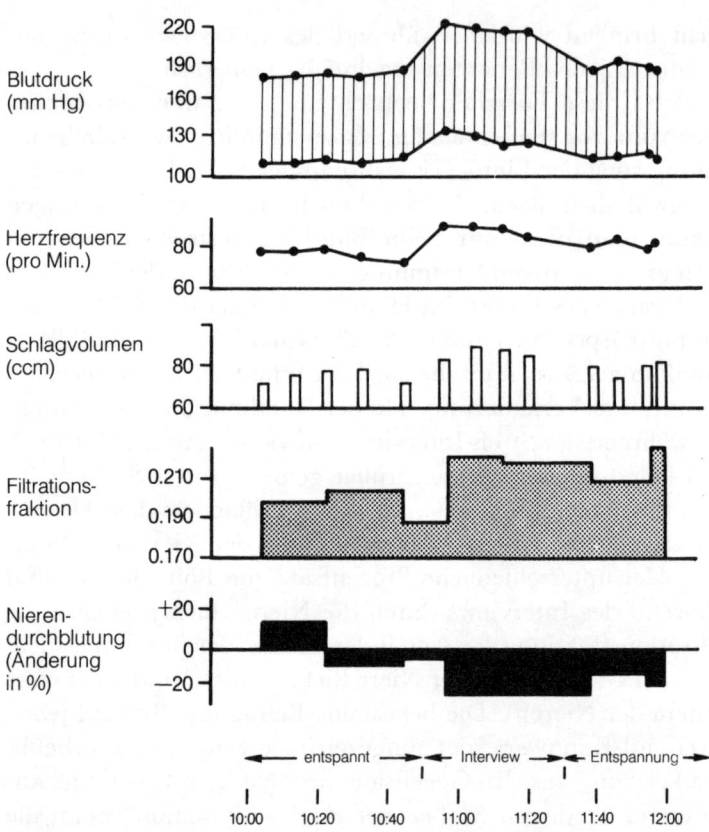

Blutdruck (mm Hg) — 220, 190, 160, 130, 100

Herzfrequenz (pro Min.) — 80, 60

Schlagvolumen (ccm) — 80, 60

Filtrationsfraktion — 0.210, 0.190, 0.170

Nierendurchblutung (Änderung in %) — +20, 0, −20

entspannt — Interview — Entspannung

10:00 10:20 10:40 11:00 11:20 11:40 12:00

Abb. 4.4
Veränderungen in Blutdruck, Herzfrequenz, Schlagvolumen und Nierendurchblutung bei einem Hochdruckpatienten vor, während und nach einem belastenden Interview. Diese Abbildung ist neu gestaltet nach Daten, die zum ersten Mal von Dr. Stewart Wolf und seinen Kollegen 1951 in *Life Stress and Essential Hypertension* (Baltimore, Williams & Wilkins, 1955) berichtet wurden.

Untersuchung zeigte, daß ihr Herz etwas vergrößert war, und man hörte ein schwaches, systolisches Geräusch über der Herzbasis. Die Röntgenuntersuchung der Brust zeigte ebenfalls eine Vergrößerung des linken Herzens; das Elektrokardiogramm ließ eine Abweichung der elektrischen Herzachse nach links erkennen. Die Ergebnisse der Beobachtung dieser

142

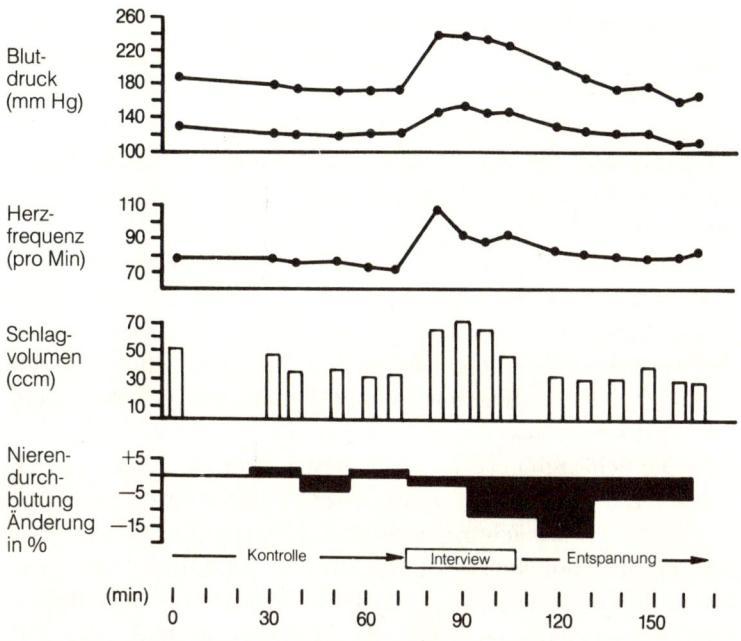

Abb. 4.5
Veränderungen in Blutdruck, Herzfrequenz, Schlagvolumen und Nierendurchblutung bei einer fünfundvierzigjährigen Frau mit Bluthochdruck
vor, während und nach einem dreißigminütigen Streß-Interview. Diese Abbildung ist neu gestaltet nach Daten, die zum ersten Mal von Dr. Stewart
Wolf und seinen Kollegen 1951 in *Life Stress and Hypertension* (Baltimore, Williams & Wilkins, 1955) berichtet wurden.

Patientin bei einem Interview sind in [Abbildung 4.5] dargestellt. Nach
einer einleitenden Phase der Ruhe und Entspannung, in der es kein Ge-
spräch gab, wurde die Patientin in eine Unterhaltung über ihr Eheleben
verwickelt. Sie beschrieb den Alkoholismus ihre Ehemannes und die
Auswirkungen auf ihren Sohn und sie selbst. Während des Gesprächs
wirkte sie ängstlich und verärgert. Ihr Blutdruck stieg von 186/128 auf
242/168, gleichzeitig stiegen Herzfrequenz, „Schlagvolumen" und
„Herzminutenvolumen". Im Verlauf dieses Zeitabschnittes fiel der „pe-
riphere Widerstand", der nicht in der Abbildung dargestellt ist, von 89
auf 43. Die Nierendurchblutung nahm ab, die Filtrationsfraktion nahm

143

zu. Gegen Ende des Gesprächs wurde die Patientin still und erschien ruhig. Das Schlagvolumen und der Puls verminderten sich, aber der Blutdruck blieb hoch, verbunden mit einem steilen Anstieg des peripheren Widerstands auf 98 Einheiten. Währenddessen blieb die Nierendurchblutung herabgesetzt. Schließlich kehrten Blutdruck, peripherer Widerstand und Nierendurchblutung insgesamt auf ihre ursprünglichen Werte zurück. [22]

Obwohl Allgemeinärzte und sogar Experten für Bluthochdruck dazu neigen, diese Daten unbeachtet zu lassen (zum Teil, wie ich vermute, wegen der außerordentlichen Schwierigkeit, all diese Meßgrößen zu überwachen), beeinflußten sie dennoch unseren ersten Behandlungsansatz gegenüber Ed sehr stark.

Die Schlußfolgerungen aus diesen Studien waren unzweifelhaft. Zahlreiche Teilaspekte wurden später durch Dutzende ähnlicher Untersuchungen bestätigt. [23] Die Daten der Forschungsarbeiten von Alexander, Reiser, Wolf und Wolff sowie vielen anderen Forschern verdeutlichen ebenso wie unsere Anfangsbeobachtungen der Reaktionsbereitschaft von Eds Blutdruck, daß Themen, die starke Gefühle auslösten, bei Hochdruckpatienten vermieden werden müssen. Eigentlich jede Studie kam zu gleichartigen Ergebnissen:

1. *Gefühle, die im psychotherapeutischen Gespräch aufgewühlt werden, können zu erheblichen vorübergehenden Blutdrucksteigerungen führen.*

2. *Im Gegensatz dazu kann eine unterstützende Therapie, die stark beruhigend wirkt und Anweisungen zur Entspannung umfaßt, den Blutdruck aus gefährlichen Höhen absenken; sie allein kann aber den Hochdruck nicht völlig abbauen.*

3. *In so gut wie jeder Untersuchung konnten die zentralen zwischenmenschlichen Konflikte bis zu emotionalen Spannungen in der Kindheit zurückverfolgt werden.*

4. *Bestimmte Krisen im Leben eines Erwachsenen können gravierende Erhöhungen des Blutdrucks hervorrufen. Diese können, wenn sie mit gewissen unbekannten, physiologischen und/oder genetischen, prädisponierenden Bedingungen zusammenwirken, zu einem essentiellen Hochdruck führen und schließlich zu Organschädigung.*

5. *Unterdrückte Wut oder gehemmte Aggression, kombiniert mit dem oberflächlichen Anschein einer unterwürfigen Freundlichkeit, schienen bei vielen Hochdruckpatienten beherrschende Persönlichkeitszüge zu sein.*

6. *In einigen Untersuchungen wiesen die Forscher darauf hin, daß es möglich war, mit Hochdruckpatienten Gespräche zu führen, solange in diesen Begegnungen Themen vermieden wurden, die starke Gefühle wachriefen, und die Patienten außerdem beruhigt und angewiesen wurden, tief durchzuatmen.*

Ein Gegenmittel gegen das tödliche Gepräch

Die Frage war, wie wir mögliche Quellen von Streß in Eds Leben ausfindig machen und zugleich helfen konnten, tragfähige Beziehungen aufzubauen. Wie konnten wir helfen, ihn von einem Leben mit todbringenden Gesprächen in eine Welt menschlicher Beziehungen zu befördern, in der er so kommunizieren konnte, daß er dabei seinen Körper nicht zugrunde richtete?

Ein Hinweis lag in der Art und Weise, wie Hochdruckpatienten selbst versuchen, dieses Problem zu lösen. Schließlich fallen die meisten Hochdruckpatienten nicht mitten in einer sozialen Begegnung tot um, wenn diese ihre Gefühle aufgewühlt hat, noch ziehen sie sich auf eine einsame Insel zurück, um dem Kontakt mit ihren Mitmenschen aus dem Wege zu gehen. Irgendwie schafft es die Mehrheit der hypertensiven Menschen, sich anzupassen und mit solchen Situationen fertig zu werden, zumindest meistens.

Ausgehend von der Annahme, daß unterdrückte Feindseligkeit ein wesentliches Persönlichkeitsmerkmal von Hochdruckpatienten ist, untersuchten einige Forscher, wie diese Menschen zwischenmenschliche Situationen bewältigen. Zwei Forschungsgruppen , die eine unter der Leitung von Dr. Margaret Thaler-Singer, die andere unter Dr. Herbert Weiner, beschäftigten sich insbesondere damit, wie Hochdruckpatienten andere Menschen wahrnehmen und wie sie infolge dieser Wahrnehmung zu anderen in Beziehung treten.[24] Diese Studien ergaben, daß hypertensive Patienten andere als bedrohlich, spöttisch und nicht vertrauenswürdig empfinden. Wegen dieser negativen Wahrnehmung bemühen sich diese Patienten sehr, Beziehungen auf Distanz zu halten, während sie gleichzeitig versuchen, freundlich und unterwürfig zu erscheinen. Wie Dr. Weiner aufzeigte, ruft die Zwiespältigkeit hypertensiver Patienten paradoxerweise Ärger bei den Menschen hervor, mit denen sie eine Verbindung aufzunehmen versuchen — genau die Reaktion, die der Hochdruckpatient am meisten fürchtet. Letztlich muß der Hypertensive im Umgang mit anderen die gleiche Geschicklichkeit aufbringen, die von einem Zirkuskünstler verlangt wird, der versucht, ein hoch gespanntes Drahtseil zu überqueren. Was die Angst hervorruft, ist der drohende Absturz, nicht das Balancieren selbst! Weiner schrieb: „Wenn Hochdruckpatienten ihre Distanz erfolgreich aufrechterhielten und Beziehungen vermieden, blieb die Höhe des Blutdrucks unverändert; aber wenn diese gewohnheitsmäßige Verteidigungsmaßnahme versagt, dann treten kritische Erhöhungen des Blutdrucks auf." [25]

Die Hochdruckpatienten bei diesen Studien mußten ständig die Nähe und Distanz in ihren Beziehungen neu auf den Grad einstellen, den sie ertragen konnten. Dr. W. J. Grace und Dr. David Graham an der Universität von Wisconsin spielten auf dieses Problem an, als sie bemerkten, hypertensive Patienten seien stets gefangen in dem „Bewußtsein körperlicher Bedrohung, ohne irgendeine Möglichkeit, wegzulaufen oder sich zur Wehr zu setzen." [26] Zu viele Beziehungen oder zu bedrängende rufen deutliche Erhöhungen des Blutdrucks hervor; zu wenige verursachen Einsamkeit und ein Gefühl der Verlassenheit.

Diese Daten ließen verschiedene Schlußfolgerungen zu. Wir beschlossen, die gefühlsmäßige Distanz, die wir in unseren Gesprächen einhielten, ständig neu anzupassen — genau wie man die Medikamentendosierung bei einer Behandlung einreguliert. Während wir versuchen wollten, Ed zu beruhigen und zu trösten, wollten wir ebenso unser Bestes tun, eine gewisse Distanz zu wahren, indem wir gefühlsbetonte Gespräche vermieden, die Eds Blutdruck steigen lassen würden.

Außerdem beschlossen wir, das Schwergewicht auf verschiedene mechanische Schritte zu legen, durch die Ed sein Atmungsmuster verändern konnte, und ihn klassische Entspannungsübungen durchführen zu lassen. In dem Bemühen, das emotionale Niveau der Gespräche zu kontrollieren und sie so wenig aufregend wie möglich zu halten, fingen wir an, in unseren Sitzungen genausoviel zu sprechen wie Ed, manchmal sogar mehr. Im Mittelpunkt sollte eher der Blutdruck stehen als zwischenmenschliche Angelegenheiten.

Ganz wie bei einem komplizierten Tanz versuchten wir, im Gespräch einen gefühlsmäßigen Rhythmus einzuhalten, um Ed zu ermöglichen, eine für ihn angenehme soziale Distanz zu errichten. Und wir näherten uns gefühlsbetonten Themen, wie man einen unerfahrenen Kämpfer auf eine Boxkampf vorbereitet. Wir waren die Übungspartner und manövrierten herum, um die Intensität des Gesprächs zu regulieren und Eds Kreislaufsystem nicht zu überlasten. Alle zehn Minuten unterbrachen wir das Gespräch, um seinen Blutdruck zu messen; und immer, wenn er gefühlsmäßig erregt war, brachen wir die Unterhaltung ab und wiesen ihn an, sich zu entspannen und tief zu atmen. Wir meinten, das sei der beste Weg, Ed etwas über seine Gefühle beizubringen und ihn darin zu üben, mit ihnen umzugehen. Nach diesem Programm richteten wir uns etliche Monate lang jede Woche, in der Annahme, es sei ein erster Schritt, den Auswirkungen des todbringenden Gesprächs entgegenzuwirken.

5
EIN UNERHÖRTER SCHREI

So geht mein Traum: Wer bin denn ich?
Ein Kind, das nächtens weint:
Ein Kind, das ruft nach Licht:
Mit Worten nicht, bloß noch mit einem Schrei.
Alfred Lord Tennyson, „In Memoriam"

Die Feinabstimmung des Gesprächs

Etliche Monate sahen wir Ed wöchentlich. Sein Blutdruck begann zu fallen. Sowohl in unserer Klinik als auch zu Hause näherten sich seine Blutdruckwerte langsam, aber sicher normalen Bereichen. Es war schwierig, herauszubekommen, warum Eds Blutdruck sank, aber einige Faktoren schienen doch wesentlich zu sein. Am auffälligsten war das tiefe Atmen. Immer wenn Ed an einem Gespräch innerlich stark beteiligt war, fing er an, schneller zu sprechen, und vergaß häufig zu atmen. Mehrfach wiesen wir ihn auf diese Regelhaftigkeit hin und trugen ihm auf, zu Hause seinen Blutdruck zu messen, einmal morgens und einmal abends. Ed sollte seinen Blutdruck zum einen kontrollieren, während er ruhig war; dann sollte er fünf Minuten entspannt und tief atmen und danach seinen Blutdruck wieder messen. Bald erkannte Ed einen sehr eindeutigen Trend: Sein Blutdruck war nach den Atemübungen fast immer niedriger.

Doch über die Atemtechniken hinaus nahm Ed eine andere, größere Umstellung in seinem Privatleben vor. Obwohl er einige Wochen gebraucht hatte, es auch nur zu erwähnen — die Hauptquelle zwischenmenschlicher Belastungen in Eds Leben war eine Frau namens Valerie. Zwar ging er stolz damit hausieren, welche Vorteile es hätte, ein eingefleischter Junggeselle zu bleiben, aber es stellte sich heraus, daß er eine Frau tief bewunderte, ungefähr genauso alt wie er, die sich kürzlich von ihrem Mann hatte scheiden lassen. Allerdings war es verständlicherweise schwierig für Ed, nach Jahrzehnten eines überzeugten Junggesellendaseins mit Valerie eine Liebesbeziehung anzuknüpfen. Anstatt den Finger auf die zwischenmenschlichen Probleme zu legen, die sich in Eds Ängsten gegenüber Valerie zeigten, identifizierten wir uns mit seinen Konflikten und gaben uns alle Mühe, ihn zu bestätigen. „Natürlich ist es schwer, eine Liebesbeziehung anzufangen", antwortete Dr. Thomas ihm. „Es war schon schlimm genug, all diesen Aufruhr der Gefühle als Jugendlicher durchzumachen, in einem Alter, in dem man eigentlich noch nicht einmal einen Sinn dafür hat, was alles zu einer Beziehung gehört. Gewiß ist es ein größeres Problem, sich zu verlieben, wenn man älter und verständiger geworden ist."

Wieder und wieder beruhigten wir Ed, daß seine inneren Kämpfe nicht lächerlich seien und seine Sorgen verständlich. Dr. Thomas betonte auch, sie vermute, daß Valerie eine ähnlich schwierige Zeit durchlebte — eine Vorstellung, die Ed aufrichtig zu erstaunen schien, so verwickelt in seine eigenen Probleme wie er war. Er sah Valerie als „geschiedene Frau, die alles über Männer und Liebesbeziehungen wußte" und hatte das Gefühl, er sei derjenige, der Schwierigkeiten mit ihrem Verhältnis hatte. Eds erste Verabredung zum Abendessen mit Valerie war ein bedeutsamer psychologischer Sieg für beide — und ebenso für Dr. Thomas und mich.

Während wir Ed in seinen Bemühungen unterstützten, sein soziales Leben zu erweitern, suchten wir weiter nach einer anderen Möglichkeit, seinen Blutdruck kontinuierlich zu messen. Da Ed uns allmählich vertraute, schien er sich etwas freier zu fühlen, wenn zwischenmenschliche Fragen angesprochen wurden, die er früher als bedrängend empfunden hätte. Ich sage „schien", weil wir keine Methode hatten, um wirklich zu erfahren, welche unserer Diskussionen seinen Blutdruck erhöhten.

Die Schwierigkeit, eine therapeutisch angemessene emotionale Distanz zu Ed aufrechtzuerhalten, war mit einem Problem verbunden, das so gut wie jeden anderen Forscher geplagt hatte, der in der Vergangenheit versuchte, Patienten mit Bluthochdruck zu behandeln.

Wie jeder andere, der sich vor uns mit Hochdruckpatienten befaßt hatte, waren wir ernsthaft durch die Meßtechniken eingeschränkt, die uns zur Verfügung standen. Wenn wir nicht einen Katheter unmittelbar in seine Arterien schoben (ein Verfahren, das eindeutig nicht in Frage kam), konnten wir Eds Blutdruck nur mit Stethoskop und Manschette feststellen. Durch diese Beschränkung mußten wir alle fünf oder zehn Minuten jede Unterhaltung einstellen und schweigen, solange Dr. Thomas mit dem Stethoskop auf Eds Pulswellen lauschte.

In gewissem Sinne war dies ein erheblicher Rückschritt gegenüber den Blutdruckstudien, die ich fünfzehn Jahre vorher mit Tieren durchgeführt hatte. Damals konnte ich den Blutdruck bei jedem Herzschlag messen, indem ich Katheter direkt in die Arterien eines Hundes einsetzte. Diese Untersuchungen deckten nicht nur den starken Einfluß menschlichen Kontaktes auf den Blutdruck auf, sondern auch die außerordentlich großen Blutdruckschwankungen innerhalb weniger Herzschläge. Es schien wahrscheinlich, daß eine ähnliche Reaktionsempfindlichkeit auch beim menschlichen Blutdruck vorhanden war, und daß wir sehr viel verpaßten, indem wir Eds Blutdruck nur etwa alle zehn Minuten maßen. Wir brauchten unbedingt ein Gerät, das es uns ermöglichte, den Blutdruck kontinuierlich zu messen, und uns erlaubte, das Gespräch genauer auf Ed abzustimmen. Wir brauchten eine Methode, um Ed zu überzeugen, daß seine Schwierigkeiten in zwischenmenschlichen Beziehungen deutlich auf seinen Blutdruck wirkten, obwohl er behauptete, sich im Umgang mit anderen Menschen nicht unbehaglich zu fühlen.

Nach einigen Monaten Suche stießen wir auf einen wissenschaftlichen Bericht, der die Messung von etwas beschrieb, das als „Pulsdurchlauf-Zeit" bezeichnet wurde. Es handelte sich dabei um ein Versuchsinstrument, das, wie etliche Studien nahelegten, ein indirektes Verfahren bereitstellen konnte, den Blutdruck bei jedem Schlag des Herzens zu messen. Dieses Gerät erwies sich als entscheidender Wendepunkt in unserer Behandlung von Ed.[1]

Die Pulsdurchlauf-Zeit: Der Anfang des Gefäß-Dialogs

„Wann geht's los?" fragte Ed gutgelaunt, während er auf den in die Jahre gekommenen Fernschreiber horchte, der geräuschvoll Zahlen auf das Papier druckte. Wie der Hammer eines Zimmermanns, der einen Nagel in solide Eiche treibt, hackte der Drucker vibrierend und wackelnd die Zahl der Millisekunden herunter, die zwischen dem Herzschlag und den anschließenden Pulswellen am Handgelenk lag. „Ich glaube fast, Dick Van Dyke in seiner Chitty-chitty-bang-bang-Kiste würde sich in dieser Klinik richtig zu Hause fühlen. Wie sollen wir ein Gespräch führen, wenn das Ding ständig im Hintergrund rattert?" Ed kicherte über seine eigene Vorstellung, während der Fernschreiber noch lauter hämmerte, fast als ob er das letzte Wort behalten wollte.

„Machen Sie sich deswegen keine Sorgen", entgegnete ich mit einer Stimme, die entschieden lauter war als in früheren Gesprächen. „Sue und ich werden den größten Teil der Unterhaltung bestreiten. Notfalls können wir uns ja immer noch so in die Haare kriegen, wie wir es bei unseren ersten paar Treffen getan haben."

Ed grinste bei der Anspielung auf diese angespannten früheren Sitzungen. Er war in der Lage, darüber zu lächeln, teilweise wenigstens, glaubte ich, weil sein Blutdruck so deutlich gesunken war. „Was soll dieser ganze Firlefanz, Sue?" fragte Ed und fegte die Elektrodendrähte beiseite, die seinen Herzschlag und seinen Puls abnahmen.

„Dies ist ein Verfahren zur Messung der Pulstransit-Zeit", antwortete Sue, „das heißt, nach jedem Herzschlag wird die Zeit aufgezeichnet, die Ihr Puls braucht, um das Handgelenk zu erreichen. Wir glauben, das könnte uns ein indirektes Maß für Ihren Blutdruck geben, ohne daß wir unser Gespräch alle zehn Minuten unterbrechen müssen, um ihn mit einem Stethoskop zu messen. Etliche Forscher nehmen neuerdings an, daß die Zeit, die Ihre Pulswelle braucht, um sich vom Herzen bis zum Handgelenk fortzupflanzen, durch den Blutdruck beeinflußt wird. Deshalb dachten wir, wir probieren es einmal aus. Es ist sicher besser, als einen Katheter in Ihre Arterie einzusetzen; meinen Sie nicht auch?"

Ohne Eds Antwort abzuwarten, setzte Sue hinzu: „Sehen Sie, welche Mühe wir uns gegeben haben, um ohne Unterbrechungen mit Ihnen sprechen zu können! Diese Elektrodendrähte an Ihrer Brust und an Ihrem Handgelenk senden das Signal für Ihren Herzschlag in einen Mehrfachschreiber, der es dann an den Computer weiterleitet. Im Computer fängt nach jedem Herzschlag eine Uhr an zu laufen. Sie registriert die Zeit, die Ihr Puls braucht, bis er an Ihrem Handgelenk ankommt. Und peng! Das ist das Chitty-chitty-bang-bang, das Sie hören."

„Großartig, das ist einfach großartig!" rief Ed mit gespieltem Ärger aus. „Jetzt werden wir nicht mehr alle zehn Minuten unterbrochen! Wie können das Reden bloß gleich ganz einstellen!" Der Fernschreiber fing an, schneller zu hämmern, während Ed weitersprach. „Dieser Lärm würde jedem den Blutdruck in die Höhe treiben. Ist das irgendein perverses Experiment, das Sie sich ausgedacht haben, um den Fortschritt zu bremsen, den ich mache?"

Dies Frage war, wie ich meinte, Eds Art, uns an die Besserung zu erinnern, die er erreicht hatte. Zu dem Zeitpunkt konzentrierten wir uns nämlich nicht nur darauf, seinen Blutdruck zu senken, sondern versuchten auch die Dosierung seiner blutdrucksenkenden Mittel herabzusetzen. Ursprünglich hatten wir die letztere Möglichkeit nicht wirklich in Betracht gezogen; wie hatten die Therapie vielmehr aufgenommen, um Ed dazu zu bringen, seine Medikamente regelmäßig zu nehmen. Das Nicht-Befolgen der Verschreibungen war eines von Eds Hauptproblemen gewesen; und eigentlich hatten wir ihm nur helfen wollen, seinen Blutdruck mit Medikamenten zu senken, um das Risiko eines Schlaganfalls zu verringern. Aber nun, nach vier Monaten der Behandlung, war sein Blutdruck so nachhaltig gesunken, daß der überweisende Neurologe es für lohnenswert hielt, mit einem Herunterschrauben von Eds Medikation zu experimentieren. Die Risiken schienen sehr gering zu sein. Wenn sein Blutdruck wieder anstieg, konnte Ed schnell die Medikamentendosis erhöhen. Darüber hinaus hätte ein plötzlicher Blutdruckanstieg Ed ein für alle Mal von der Notwendigkeit überzeugen können, die Vorschriften seines Arztes zu befolgen.

Schweigend sah ich die Tabelle seiner häuslichen Blutdruckaufzeichnungen durch, während Dr. Thomas seinen Blutdruck mit dem Stethoskop maß. Der Fernschreiber tickte weiterhin mit jedem Herzschlag. Der Abfall des Drucks zu Hause stimmte mit der Minderung des Blutdrucks in der Klinik genau überein.

„Schön!" bemerkte Dr. Thomas, als sie das Stethoskop aus ihren Ohren nahm. „Er liegt bei 130 zu 75! Besser könnte es nicht sein."

„Es muß an den Atemübungen liegen", sagte ich und fügte, da der Fernschreiber langsamer wurde, hinzu, „verbunden damit, daß Sie Ihre Einsamkeit überwunden haben."

„Du lieber Himmel! Diese Theorie geben Sie wohl nie auf?" parierte Ed. Er hatte sich angewöhnt, unseren Ansichten über menschliche Beziehungen und Blutdruck prompt zu widersprechen, sobald wie sie vorbrachten. Es war wie ein Schachspiel, in dem jeder unserer Züge mit einem Gegenzug von ihm gekontert wurde. Bei all diesen Auseinandersetzungen mit Ed sprang allerdings eine Tatsache ins Auge. Obwohl Ed außergewöhnlich weltläufig, hochgebildet und feinfühlig war, schien er sich seiner eigenen, emotionalen Empfindsamkeit nicht bewußt zu sein und stritt häufig ab, daß bestimmte Themen ihn aus der Ruhe brachten, obgleich sein Blutdruck eine ganz andere Wirklichkeit offenbarte. Er wirkte gänzlich von seinem Körper abgeschnitten und daher auch von den Gefühlen, die mit den beträchtlichen Veränderungen in seinem Kreislauf einhergingen.

Ed fuhr fort: „Ich wollte, ich könnte Ihnen in Ihrer Einsamkeitstheorie folgen, aber ich glaube wirklich, Sie sind auf dem Holzweg." Dann lehnte er sich in seinem Stuhl vor, wobei der Drucker eiliger zu hämmern anfing.

„Wie geht es in Ihrer Beziehung mit Valerie voran?" warf Dr. Thomas ein.

Ed wurde lebhaft und begann, schneller zu sprechen und auch unregelmäßiger zu atmen. Er erklärte, er und Valerie hätten beschlossen, einander regelmäßig zu sehen, und sie hätten gerade ein sehr gemütliches Wochenende miteinander verbracht. Das Tickern des Druckers wurde merklich heftiger, als Ed sein Wochenende beschrieb, und Dr. Thomas unterbrach die Unterhaltung.

Ed hatte sich im Verlauf unserer Therapie an solche Unterbrechungen gewöhnt und wußte im voraus genau, was sie sagen würde. „Atmen Sie!" — das war der mittlerweile ver-

155

traute Befehl in unserer Strategie, das Gespräch „einzuregulieren", um Eds Blutdruck zu senken.

Das Pulstransit-Gerät hatten wir bei dieser Sitzung in der Hoffnung eingeführt, daß es unser Vorgehen genauer machen würde. Wenn das Instrument funktionierte, müßte es deutlich unsere Fähigkeit verbessern, Veränderungen des Blutdrucks zu entdecken und folglich emotional belastende Themen besser abzuschätzen.

Als Antwort auf die Anweisung von Dr. Thomas hielt Ed inne und atmete einige Male tief durch. Sogleich konnte er hören, wie das Hämmern des Druckers sich verlangsamte. Er zeigte mit dem Daumen auf den Fernschreiber, ohne ein Wort zu sagen. Dann, nachdem er eine etwas längere Pause gemacht hatte, um tief zu atmen, sah er uns mit einem überraschten Lächeln an und murmelte: „Wissen Sie, es ist schwierig, an das Atmen zu denken, wenn man über etwas Interessantes redet."

Gegen Ende der Sitzung, als wir inzwischen alle das Tickern des Fernschreibers satt hatten, fragte ich halb im Scherz: „Nun, haben Sie heute etwas gelernt?" Dies war ein indirekter Weg, mich für die Unannehmlichkeiten zu entschuldigen, die Ed in dem Experiment erduldet hatte. Es schien den ganzen Aufwand kaum wert zu sein. Das Gewirr von Drähten und der laut tickende Fernschreiber wirkten wenig hilfreich. Es mußte noch einen anderen Weg geben, den Blutdruck zu messen.

„Worauf Sie sich verlassen können!" rief Ed laut, während Dr. Thomas sein Hemd hob, um die Elektroden von seiner Brust zu entfernen. „Sie wollten mich mit dem Ding wohl hereinlegen. Immer, wenn ich sprechen wollte, hämmerte es lauter und schneller. Das ist eine großartige Möglichkeit, mich in diesen Sitzungen stille zu halten, wenn es das ist, was Sie erreichen wollten!"

Dr. Thomas lachte. Vielleicht war es unsere gemeinsame Einbildung, aber es sah so aus, als ob Ed recht hätte. Jedesmal, wenn er sprach, schien der Fernschreiber schneller und lauter zu ticken.

„Es wäre schön", antwortete ich, „wenn wir Ihren Blutdruck mit einem Katheter überwachen könnten — aber wenn Sie nichts dagegen haben, bleiben wir für einige weitere Sitzungen bei diesem Überwachungssystem."

In der ersten Woche, nachdem Ed seine Medikamente gegen den Hochdruck heruntergesetzt hatte, stieg sein Blutdruck um ungefähr zehn Prozent; danach nahm er seinen langsamen Kurs abwärts wieder auf. Es gab nur ein Problem. Wir hatten immer noch keine Vorstellung davon, wodurch es gelang, seinen Blutdruck zu senken.

Sechs Sitzungen lang setzten wir weiter das Pulstransit-Gerät ein, schoben aber den Drucker in ein angrenzendes Zimmer, so daß sein Geräusch kaum hörbar war. Doch insgesamt war das Experiment enttäuschend. Statt uns einmal alle zehn Minuten mit Daten über den Blutdruck zu versorgen, lieferte es uns zu jedem Schlag von Eds Herz die Millisekunden für die Pulstransit-Zeit. Es mußte irgendeinen gangbaren Mittelweg geben. Einige Monate nach dem Start dieses Experimentes stießen wir zufällig auf ihn.

Die Menschmaschine und die Blutdruck-Maschine

Zu jener Zeit erfuhren wir von einem neuen Gerät — einem Computer —, das die automatische und fortlaufende Bestimmung von Blutdruck und Herzfrequenz gestattete. Die Manschette am Arm wurde in regelmäßigen Zeitabständen aufgepumpt, und das Instrument zeigte den Blutdruck und die Herzfrequenz der Person von Minute zu Minute digital an.* Das Gerät war nicht nur faszinierend, weil es die Bestimmung dieser Größen relativ unaufdringlich erlaubte, sondern es nahm auch die Messung so vor, daß das Gespräch ununter-

---

* Das automatisierte Blutdruckgerät *Dinamap* wird von der *Critikon Corporation* hergestellt; Dr. Maynard Ramsey und Dr. Bernard Krause von der *Critikon Corporation* stifteten es unserer Klinik. Sie stellten uns etliche dieser Computer zur Verfügung und versorgten uns außerdem mit technischen Informationen. Wir sind sehr dankbar für ihre Großzügigkeit, ohne die wir unsere Forschungsstudien nicht hätten durchführen können.

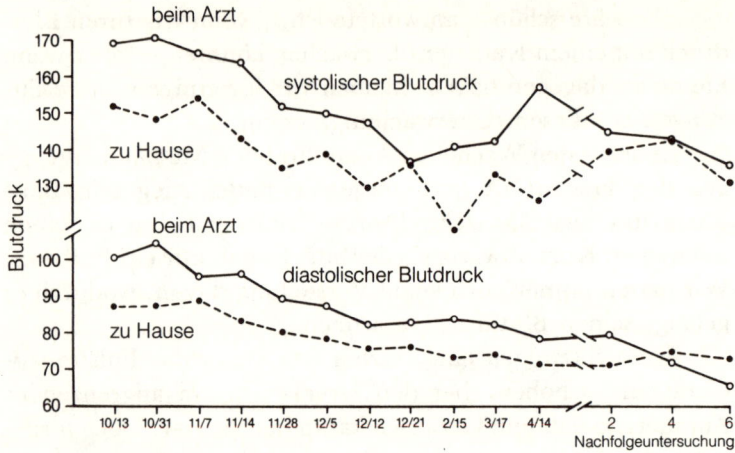

Abb. 5.1

Blutdruckveränderungen bei einem Hochdruckpatienten, zu Hause und während der Therapie, und Blutdruckmessungen über sechs Jahre nachfolgender Aufzeichnungen. Jeder Punkt in der grafischen Darstellung entspricht dem Mittelwert von wiederholten Blutdruckmessungen. Man beachte, daß die Veränderungen des Blutdrucks zu Hause eng mit den Änderungen verknüpft waren, die in der Klinik auftraten; obwohl im allgemeinen der Blutdruck zu Hause gewöhnlich niedriger war. (Der Blutdruck zu Hause wurde immer gemessen, wenn der Patient schwieg, während die Messungen im Labor normalerweise während eines Gespräches vorgenommen wurden.)

brochen weitergehen konnte. Es ermöglichte zudem viel häufigere Messungen des Blutdrucks, als sie mit dem traditionellen Stethoskop möglich gewesen waren — ohne daß man auf die einzig vergleichbare, aber bedenkliche Methode der Arterien-Katheter zurückgreifen muß.

„Aha! Ich sehe, Sie haben ein neues Spielzeug!" begrüßte Ed das automatisierte Blutdruck-Gerät mit derselben Neugier und Begeisterung wie wir. „Gerade, wenn ich dabei bin, meine Therapie zu beenden, kommen Sie mit den tollsten Sachen an. Nun gut, vielleicht muß der nächste Patient nicht so verdrahtet werden wie unsere Astronauten im Weltall."

Ich lächelte bei Eds Anspielung darauf, daß unsere Therapie sich dem Ende näherte. Sein Blutdruck war auf normale

Höhen gesunken, und er hatte erfolgreich alle Medikamente abgesetzt.

Wie Abbildung 5.1 zeigt, war er in den sieben Monaten Therapie weit vorangekommen.*

„Sie nehmen immer noch zu?" fragte Dr. Thomas, als Ed von der Waage stieg. „Was ist los? Haben Sie Angst, Valerie könnte Sie unwiderstehlich finden, wenn Sie anfangen abzunehmen?"

Im Verlauf unserer Therapie hatte Ed, obwohl sein Blutdruck stetig gefallen war, gut dreieinhalb Kilo Gewicht zugelegt.

„Ich schwöre", protestierte Ed, während ich ihm die Manschette um den Arm wickelte, „ich nehme zu, sobald ich bloß ans Essen denke."

„Vielleicht liegt es an Ihrem wasserabführenden Medikament", warf Dr. Thomas ein. „Jetzt, da sie ihre Tabletten los sind, kann es sein, daß Ihr Körper für eine Weile Flüssigkeit zurückhält. Wir müssen Sie nur genau überwachen. Achten Sie auf Ihre Salzaufnahme, und nach einer Weile sollte sich Ihr Körper darauf einstellen."

Ed lächelte überrascht, als der Computer automatisch begann, die Druckmanschette an seinem Arm aufzupumpen. Ich wartete ungeduldig darauf, daß der Computer den ersten Blutdruckwert aufzeichnete, und fühlte mich, als ob jemand ein Geschenk von mir auspackte. Die roten Lichter auf der Instrumententafel des Computers signalisierten die ersten Werte:

Systolisch 148
Diastolisch 78
Herzfrequenz 82
Arterieller Mitteldruck 98**

---

* Abbildung 5.1 enthält zugleich Blutdruckwerte aus Nachfolgeuntersuchungen von 1977 bis 1984, um zu zeigen, daß Ed auch weiterhin seinen Blutdruck kontrolliert hat.

** Der arterielle Mitteldruck ist gleich dem diastolischen Blutdruck plus zwei Drittel der Differenz zwischen systolischem und diastolischem Blutdruck.

„Das haut mich um", prustete Ed aufgeregt heraus. „Das ist wirklich ein tolles Spielzeug. Die Werte scheinen ein bißchen hoch zu sein, verglichen mit denen, die ich zu Hause gemessen habe; aber es ist sicher um Längen besser als all die Drähte und das Klappern des Fernschreibers, den wir vor ein paar Monaten hatten."

Dann, als die Manschette sich wieder aufpumpte, kam Ed frohgemut auf das vorherige Thema zurück: „Valerie sagt, sie hat nichts dagegen, daß ich dick bin; aber sie ist auch Ihrer Ansicht, daß sie wahrscheinlich Konkurrenz bekäme, wenn ich zehn Kilo abnehmen würde. Wenn ich zehn Kilo abnähme, würden wohl etliche Damen ein zweites Mal hinschauen. Da stecke ich schon ein bißchen in der Klemme."

Die Zahlen leuchteten wieder auf, und diesmal waren alle beträchtlich höher:

Systolisch 162
Diastolisch 91
Herzfrequenz 85
Arterieller Mitteldruck 115

Ed bemerkte den verwirrten Ausdruck meines Gesichts und warf einen flüchtigen Blick auf die Zahlen. Dann lächelte er: „Das war die schnellste Heilung, die gar keine war. Dem Computer nach werden wir das Ende der Therapie noch etwas verschieben müssen."

Da Dr. Thomas bemerkte, daß Ed angefangen hatte, schneller zu sprechen, und daß sein Blutdruck in den Hochdruckbereich gestiegen war, unterbrach sie die Unterhaltung und forderte Ed auf: „Atmen Sie!"

Ed blieb still und atmete tief, als die Manschette wieder aufgepumpt wurde. Diesmal fielen die Werte dramatisch:

Systolisch 138
Diastolisch 72
Herzfrequenz 76
Arterieller Mitteldruck 93

„Sehen Sie", sagte sie, „wenn Sie nur richtig atmen, können Sie Ihren Blutdruck niedrig halten."

Ed konterte: „Das ist mir eine hübsche Beweisführung! Sind Sie denn sicher, daß das Ding funktioniert? Der Blutdruck kann nicht so herumhüpfen. Ich meine, wenn ich ihn zu Hause gemessen habe, nachdem ich tief geatmet hatte, fielen die Werte ein paar Millimeter aber nicht derart enorm."

Wieder zeichnete der Computer seine Ergebnisse auf:

Systolisch 152

Diastolisch 86

Herzfrequenz 83

Arterieller Mitteldruck 106

Eds Blutdruck war erneut gestiegen!

Der Computer war erst am Nachmittag vorher eingetroffen; und als ich diese rapiden Schwankungen in Eds Blutdruck sah, wußte ich, wir würden die Werte der Maschine mit Messungen vergleichen müssen, die per Katheter erhoben worden waren.* Unabhängig davon war jedoch zu bemerken, daß Ed zu atmen versäumte, wenn er sprach, und ich fragte: „Glauben Sie nicht, nach dieser ganzen Therapie, daß Gefühle Ihren Blutdruck hochtreiben können?"

„Sicher", antwortete Ed schnell, während die Manschette sich schon wieder aufzupumpen begann. „Zweifellos können Gefühle und Streß bei jedem den Blutdruck in die Höhe treiben, aber ich fühle mich nicht aufgeregt, beim besten Willen nicht. Wenn es eine frühere Sitzung wäre, dann würde ich Ihnen natürlich einräumen, daß mein Blutdruck manchmal himmelhoch gestiegen ist. Aber heute fühle ich mich ganz entspannt, und heute morgen war mein Blutdruck 128 zu 68." Dann lachte er kurz auf und setzte nachdenklich hinzu: „Nun ja, vielleicht gibt es einige Streßfaktoren, die mir noch nicht bewußt sind."

Ein weiteres Mal leuchteten die Werte auf:

Systolisch 170

Diastolisch 98

---

* Spätere Experimente an Patienten mit Katheter überzeugten uns, daß der Apparat äußerst genau und zuverlässig arbeitete.

Herzfrequenz 85
Arterieller Mitteldruck 118

Wieder war sein Blutdruck deutlich gestiegen, und diesmal brüllte Dr. Thomas Ed fast an: „Atmen!" Während er gehorchte, suchte ich nach einer Entgegnung auf Eds logische Argumentation. Da erschienen wieder die Zahlen:

Systolisch 132
Diastolisch 72
Herzfrequenz 76
Arterieller Mitteldruck 92

Nach einer Minute tiefen Atmens war sein Mitteldruck um mehr als 25 Prozent gefallen. Eds Blutdruck sprang auf und nieder wie ein Jojo. Auch ich begann an der Fehlerlosigkeit des Computers zu zweifeln.

Den Rest der Sitzung ging das Gespräch hin und her, mit ähnlichen Ergebnissen. Eds Blutdruck schwankte weiterhin gewaltig. Gegen Ende der Sitzung waren unsere Zweifel an der Genauigkeit des Computers so stark geworden, daß Dr. Thomas begann, Eds Blutdruck mit dem Stethoskop zu messen, während der Computer gleichzeitig seine eigenen Werte angab. Ihre Ergebnisse entsprachen sehr genau denjenigen der Maschine.

Am nächsten Tag fingen wir an, die Zuverlässigkeit des Gerätes systematisch zu überprüfen. Es erwies sich als sehr verläßlich, und so blieb uns nur eine Schlußfolgerung: Wenn Ed mit uns sprach, schwankte sein Blutdruck viel schneller und drastischer, als wir es je für möglich gehalten hatten. Die nächste Frage betraf Art und Ursachen der Reaktionsempfindlichkeit seines Blutdrucks. Waren solche Veränderungen spezifisch für Ed, für Hochdruckpatienten allgemein, oder reagieren andere Menschen auf die gleiche Weise?

Um diese Frage zu beantworten, maßen wir rasch den Blutdruck von zwanzig Laborangestellten und stellten fest, daß der Blutdruck bei allen stark schwankte, wenn sie in ein Gespräch verwickelt waren. Sobald die Leute schwiegen, schien ihr Blutdruck fast immer niedriger zu sein als während des Sprechens.

Damals sahen wir in diesen Ergebnissen — mit Hilfe einer ausgefeilten Technologie — das bestätigt, was andere Forscher bereits früher herausgefunden hatten: daß nämlich Gefühle den Blutdruck rapide in die Höhe treiben können; doch die Plötzlichkeit dieser Blutdruckanstiege war überraschend. Alexander, Weiner, Reiser, Wolf, Wolff und andere Wissenschaftler hatten nachgewiesen, daß Interviews bei hypertensiven Patienten zu auffälligen Erhöhungen und starken Schwankungen des Blutdrucks führen konnten; und sie hatten die Theorie aufgestellt, die unvermeidliche emotionale Anspannung bei ihren klinischen Interviews sei der Hauptfaktor für die Veränderung des Blutdrucks. Wir nahmen deshalb an, der Computer hätte nur gezeigt, daß das Phänomen allgemein anzutreffen war: Der Blutdruck steigt nicht nur bei Hochdruckpatienten, sondern bei jedem Interviewten. Immer noch waren wir nicht in der Lage, die ganze Tragweite unserer Beobachtungen zu erkennen.

All diese Erwägungen brachten uns dazu, Eds Blutdruckschwankungen etwas leichter zu nehmen. Schließlich war sein Ruheblutdruck nach den Messungen zu Hause und im Labor in den zurückliegenden sieben Monaten stetig und beträchtlich gefallen. Außerdem war Ed nicht mehr auf Medikamente angewiesen, um seinen Blutdruck unter Kontrolle zu halten. In der folgenden Woche zeigte ich ihm, wie mein eigener Blutdruck auf und ab ging, während wir miteinander plauderten, und versicherte ihm, daß seine Schwankungen normal seien. Ich sagte ihm, in nächster Zeit werde Dr. Thomas ihn alle zwei Monate zu Routine-Überprüfungen sehen, da ich gerade kurz vor der Abreise zu einem sechsmonatigen Forschungsaufenthalt in Irland stand. Und dort — auf der anderen Seite des Atlantiks — geschah es dann, daß ich ziemlich unerwartet den Schlüssel zur Sprache des Herzens fand.

Der Schrei eines Kindes

Ich hatte geplant, in Irland verschiedene Aspekte psychosomatischer Erkrankungen zu erforschen. Die Umstände änderten meine Pläne jedoch gründlich, und ich fand mich in einem höchst unerwartetes Laboratorium wieder, in dem ich meine gesamte Zeit verbrachte — der Neugeborenen-Station des Nationalen Mütter-Krankenhauses in Dublin.

Einige Monate lang hatte ich die Gelegenheit, den Blutdruck einer Gruppe von Neugeborenen zu überwachen. Bevor Geräte mit Computerunterstützung erfunden worden waren, war es nahezu unmöglich, den diastolischen Blutdruck bei Kleinkindern zu messen. Man konnte die gedämpften Geräusche des Blutes, das durch ihre kleinen Arterien pulsierte, einfach nicht hören. Und über die Dynamik des Blutdrucks bei Neugeborenen war wenig bekannt. Jetzt verbrachte ich meine Sonntage damit, irische Säuglinge zu beobachten, die fest in ihren Babykrippen schliefen, während der Computer ihre Herzfrequenz und ihren Blutdruck maß. Stunde um Stunde saß ich allein in diesem legendären Land eines geselligen Volkes und sprach mit niemandem, außer mit dickbäuchigen, rotbackigen irischen Babys, die immer mal wieder ihre Augen öffneten und mich für ein paar Minuten verwirrt anstarrten, bevor sie wieder einschliefen. Wenn sie hungrig nach ihrer Ration Milch schrien, gab es ein bißchen Abwechslung. Dann stieg ihr Blutdruck merklich an; gegenüber den Werten, wenn die Säuglinge schläfrig waren, verdoppelten sich der diastolische und systolische Druck oft; schließlich sanken sie auf die Ausgangswerte zurück, sobald die Kinder wieder einschliefen. Und je länger die Säuglinge schrien, desto länger blieb ihr Blutdruck erhöht.

Obwohl ich wußte, daß noch niemand zuvor den Blutdruck bei Neugeborenen auf diese Weise gemessen hatte, entging mir zunächst die weiterreichende Bedeutung meiner Beobachtungen. Erst nach etlichen Monaten wiederholter Beobachtungen und weiterer Überlegungen fiel mir schließlich die durchgängige Verknüpfung von Schreien und Blutdruckerhöhungen auf. Meine Aufmerksamkeit war eher auf die Schwankungen des Blutdrucks selbst gerichtet gewesen als auf die Faktoren, die ihn beeinflussen könnten. Zunächst schien das konsequente Ansteigen des Blutdrucks während des Schreiens völlig logisch zu sein, einfach eine Folge der erhöhten gefühls-

164

mäßigen Erregung und der gesteigerten körperlichen Aktivität.

Plötzlich jedoch kam mir in den Sinn, daß die Blutdruckerhöhungen der schreienden Säuglinge den Veränderungen bei Ed ähnelten, wenn er sprach. Versuchten die Säuglinge zu sprechen? Oder schrie Ed? Hatte der schlichte Akt menschlicher Kommunikation einen grundlegenden Einfluß auf den Blutdruck, das Herz und das menschliche Kreislaufsystem?

Je länger ich über diese Fragen nachdachte, umso größer schien mir die Tragweite der Verknüpfung von Kommunikation und Blutdruck zu sein. Nicht nur hypertensive Erwachsene wie Ed erhöhen ihren Blutdruck beim Sprechen; Säuglinge tun es ebenso, wenn sie schreien! Der stimmliche Ausdruck ist entscheidend! Sich mitzuteilen, ist das Wesentliche! Wie bei einem Puzzle, das zum erstenmal zusammenpaßte, ging mir auf, daß der Computer uns auf etwas anderes hinwies als das, was Alexander, Wolf und Wolff und viele andere Ärzte erkannt zu haben glaubten. Sogar in unserer Studie zur koronaren Herzkrankheit hatten wir die fundamentale Tatsache übersehen, daß es für die Kreislaufveränderungen des Patienten viel wichtiger sein könnte, *wer* gerade sprach — die Schwester oder der Patient —, als *worüber* sie sprachen! Erneut rief ich mir den Pulstransit-Fernschreiber in Erinnerung, wie er jedesmal seine Zahlen herunterhämmerte, wenn Ed sprach — und zum erstenmal verstand ich seine Botschaft. Ed hatte völlig recht! Die Maschine brachte ihn tatsächlich trickreich zum Schweigen, denn sie war direkt an sein Sprechen gekoppelt. Auch der Blutdruck-Computer hatte uns genau dasselbe mitgeteilt. Der Blutdruck änderte sich nicht einfach mit dem Wachsen und Schwinden menschlicher Gefühle. Die Blutdruckerhöhungen waren ans Sprechen gebunden. Jedesmal, wenn Ed sprach, stieg sein Blutdruck. Und genauso war es bei jeder anderen Person im Labor gewesen. Es waren nicht bloß die Gefühlsinhalte der Gespräche, die den Blutdruck erhöhten, wenn Menschen miteinander sprachen. Es war das Sprechen selbst. Die körperliche Reaktion, auf die wir jahrelang gutgläubig gestarrt hatten, war sehr viel grundlegender, als uns klargeworden war. Nicht allein der emotionale Inhalt von Unterhaltungen war wichtig für das Herz; das Sprechen selbst war von vitaler Bedeutung.

Ich fing an, gänzlich anders über Ed zu denken, über die Präzision seiner Sprache, seine Einsamkeit und seinen Hochdruck. Vielleicht gab es in Ed einen Säugling, der schrie, um gehört zu werden. Während die Kleinkinder in dem irischen National-Hospital ihren hungrigen Protest hinausbrüllten, fragte ich mich, ob Eds Worte wirklich die verschlüsselten Schreie eines Kindes waren. War das menschliche Gespräch ein Ersatz für die Nabelschnur, die bei der Geburt durchschnitten wurde? Sind wir durch unser Rufen und Schreien — biologisch — so verbunden, daß davon sogar unser Überleben beeinflußt wird? War Eds Hochdruck unter Umständen die Folge emotionaler Belastungen in seinem Leben als Erwachsener? Vielleicht benutzte er seine Worte — sogar treffende Worte — in einer Weise, die unverständlich war, die eher verdeckte als enthüllte, was er unbedingt mitteilen wollte? War sein Blutdruck gesunken, weil wir Eds Rufen gehört und seine Bedeutung entschlüsselt hatten, ohne zu wissen, daß wir dies taten? War es uns gelungen, die Sprache seines Herzens zu hören, ohne daß wir uns dessen bewußt waren?

6

KREISLAUF UND KOMMUNIKATION – DER VERBINDUNG AUF DER SPUR

Chronische Erregung, die zur Sterblichkeit beiträgt, kann nicht nur im medizinischen Rahmen gemildert werden, denn die Kräfte, die Erregung erzeugen, sind stark und tief in unserer Sozialstruktur und Kultur verwurzelt. Wir können auch nicht, selbst wenn das wünschenswert wäre, zu einem primitiven Lebensstil zurückkehren. Doch wir können und müssen zu einem vernünftigeren Gleichgewicht zwischen Arbeit und Spiel, Kämpfen und Leben, Individualität und gegenseitiger Abhängigkeit gelangen. Jedenfalls scheint es das zu sein, was die Radioimmuno-Assays und Chromatogramme uns mitteilen wollen!

Peter Sterling und Joe Eyer, *Biological Basis of Stress-Related Mortality* (Die biologische Grundlage streßbedingter Sterblichkeit)

Die Fähigkeit, zu sprechen, ist das Hauptunterscheidungsmerkmal der Spezies *Homo sapiens* und die gängigste Erscheinung in unserem täglichen Leben. Außer Atmen gibt es nichts, was wir Menschen regelmäßiger und häufiger täten, als miteinander zu reden. Wenn das Sprechen seinerseits eng mit dem Herz-Kreislaufsystem verbunden ist, wie die Computer in der Klinik andeuteten, dann muß es auch einen erheblichen Einfluß auf die Gesundheit des Kreislaufsystems haben.

Nachdem wie einmal die Beziehung zwischen Sprechen und Blutdruck erkannt hatten, fragten wir uns, wie wir dieses Phänomen so lange übersehen konnten, obwohl wir es in den zwanzig Jahren unserer Forschung über menschliche Beziehungen und Herz-Kreislauf-Gesundheit oft beobachtet hatten. Auch waren wir nicht die einzigen, die es übersahen. Zwar werden in den USA Milliarden von Dollars ausgegeben, um die einzelnen Faktoren zu isolieren, welche die Gesundheit des Kreislaufsystems beeinflussen; und doch hatten die Forscher nicht bemerkt, welch lebenswichtige Rolle das ganz gewöhnliche, alltägliche Sprechen des Menschen spielt.

Zunächst spekulierten wir, das erzwungene Schweigen bei der Blutdruckmessung könnte den Untersuchern den Blick für die Verbindung zwischen Kommunikation und Kreislauf verstellt haben. Diese Deutung verlor an Gewicht, als wir uns klarmachten, daß der Blutdruck Zehntausender von Patienten in Krankenhäusern kontinuierlich mit Kathetern überwacht worden war: Dabei wäre das Phänomen sicher aufgefallen. Natürlich waren die meisten dieser Patienten schwerkrank oder lagen im Koma, so daß sie sich wahrscheinlich nicht an Unterhaltungen beteiligten. Nicht nur die Blutdruckreaktion auf das Sprechen war übersehen worden, sondern auch eine ihrer Komponenten, die Herzfrequenz, deren Messung kein Schweigen erfordert. Tatsächlich waren Milliarden polygraphischer Messungen der Herzfrequenz auf Krankenhausstationen und in Universitätslaboratorien durchgeführt worden, und doch wurden die Verknüpfungen zum Sprechen ebensowenig erkannt. Die bloße Menge derartiger Messungen ließ uns gegenüber unseren Beobachtungen am Computer unsicher werden, noch lange, nachdem wir von ihrer Zuverlässigkeit vollständig überzeugt waren. Es lag auf der Hand, daß etwas anderes als technische Beschränkungen die Beziehung zwischen Blutdruck und Sprechen verdeckt hatte.

Gewiß sind Teilaspekte dieser Verknüpfung schon früher bemerkt worden. Seit langem hatten Wissenschaftler die Technik der Mehrfachschreiber für Messungen wie die „Lügen-Detektion" verfeinert. Die diagnostische Stärke dieser Techniken liegt in der Reaktionsempfindlichkeit des menschlichen Körpers auf verbale Antworten. Man kann zumindest grob anhand der Muster von Veränderungen im autonomen Nervensystem eines Menschen unterscheiden, ob der oder die Betreffende die Wahrheit „spricht" oder lügt. Diese Veränderungen wurden in einem Bezugssystem betrachtet, in dem die menschliche Sprache als eine von vielen Komponenten der übergeordneten Erscheinung „emotionale Erregung" galt. Aus einem ähnlichen Blickwinkel heraus achteten die Forscher wie Alexander und Wolf mehr auf den Gefühlsinhalt der Gespräche mit ihrem Patienten als auf das Sprechen selbst. Das wissenschaftliche Verständnis des autonomen Nervensystems hatte sich mit Theorien über emotionale Erregung vereinigt, um die Denkweisen von Wissenschaftlern wie klinischen Praktikern über die menschliche Kommunikation zu beherrschen. So wurde das menschliche Sprechen eher als untergeordnete Erscheinung angesehen — als einer von vielen Faktoren, die unter dem zentralen Phänomen der emotionalen Erregung zusammengefaßt wurden, und nicht als Prozeß, der für sich genommen entscheidend ist.

Diese Sichtweise richtete noch viel mehr Unheil an als die Forscher für die besondere Natur des menschlichen Sprechens blind zu machen. Sie regte Wissenschaftler ferner dazu an, Modelle für die Physiologie der Emotionen zu entwerfen, die auf Tierversuchen aufbauten; dabei ließen sie sich von der Vorstellung leiten, solche Modelle könnten auch auf den Menschen übertragen werden. Darwins Auffassung von Evolution und die Überzeugung, daß der Unterschied zwischen Menschen und höheren Tieren eher quantitativ als qualitativ sei, verstärkten ebenfalls diese Grundeinstellungen. Da Tiere nicht sprechen können und dennoch eine ausgefeilte Physiologie der Emotionen an ihnen erarbeitet worden war, schien es wenig Grund für die Annahme zu geben, daß die Sprache selbst wichtig für die Physiologie der menschlichen Emotionen sein würde.

Dieser allgemeine Denkrahmen und die tief verwurzelten philosophischen Ideen, die ihn stützen, leiteten die Forscher, die ähnliche Vorgänge wie wir beobachteten. Beispielsweise bemerkten im Jahre 1960 Dr. Stanley Kaplan und seine Mitarbeiter, daß der Blutdruck hypertensiver Menschen nach dem Sprechen längere Zeit erhöht blieb. Außerdem bestand ein deutlicher Zusammenhang zwischen den aggressiven Inhalten ihrer Äußerungen und Steigerungen des diastolischen Blutdrucks.[1] Ähnlich beobachteten Dr. George Innes und seine Kollegen, daß Hochdruckpatienten sich im Anschluß an Arztgespräche von Personen mit normalem Blutdruck unterschieden. Auch wenn diese Patienten ebenso schnell sprachen wie Menschen mit normalem Blutdruck, blieb ihr Blutdruck länger erhöht, sobald sie wieder schwiegen.[2] In einer Arbeit, bei welcher der Blutdruck direkt mit dem Katheter gemessen wurde, berichteten 1976 Dr. Rolf Adler und seine Kollegen, daß der Blutdruck von Hochdruckpatienten nicht nur in Abhängigkeit vom Gefühlsinhalt der Unterredungen anstieg, sondern auch abhängig von der Sprechgeschwindigkeit und der Anzahl der Worte war, die ein Patient sprach. Diese Untersucher zogen jedoch den Schluß, daß dieses Phänomen nur für hypertensive Menschen charakteristisch sei.[3] In Nachfolgeuntersuchungen zu den Studien, die Meyer Friedman und Ray Rosenman Mitte der fünfziger Jahre über die Verknüpfungen zwischen der Typ A-Persönlichkeit und der koronaren Herzerkrankung durchführten (siehe den Abschnitt zur Typ A-Persönlichkeit in diesem Kapitel)[4], bestätigte Dr. Ted Dembrowski wiederum die enge Beziehung zwischen dem Sprachverhalten von Typ A-Persönlichkeiten und der durchgehenden Erhöhung ihres Blutdrucks.[5] Bei vielen Untersuchungen über die Verbindungen zwischen psychischem Streß und Kreislaufveränderungen wurden spezielle Subtraktionsaufgaben oder andere mathematische Übungen, die laut vorzurechnen waren, als Streßreize eingesetzt. Doch in all diesen Studien hielt man eher die Belastung durch die Aufgabe als das Sprechen für den entscheidenden Faktor. Sprache wurde in diesen und ähnlichen Untersuchungen im größeren Zusammenhang emotionaler Erregung betrachtet und nicht als ein Prozeß, der direkt mit dem menschlichen Kreislaufsystem verknüpft war.

Eine ähnliche Sichtweise beherrschte unsere eigene Forschung. Wir hatten etliche Jahre damit verbracht, gerade die Auswirkungen von Gesprächen auf die Herzfrequenz und den Herzrhythmus von Koronarpatienten zu untersuchen, und doch war uns der allerwichtigste Aspekt der Reaktion entgangen.[6] Sicher beobachten wir deutliche Erhöhungen der Herzfrequenz bei den Patienten. Jeder einzelne Abschnitt unserer Gespräche wurde bis ins kleinste auf seinen gefühlsmäßigen Inhalt hin überprüft; jede einzelne Minute der Unterhaltung und der Herzfrequenzaufzeichnungen wurde peinlich genau untersucht in dem Bemühen, verschiedene physiologische, psychische und emotionale Faktoren sowie Merkmale der Interaktion zu isolieren, die möglicherweise Herzfrequenz und Herzrhythmus eines Patienten beeinflussen. Aber kein einziges Mal kümmerten wir uns um den einfachsten Gesichtspunkt unseres Gespräches, nämlich darum, *wer* gerade sprach. *Was* besprochen wurde, der gefühlsmäßige Inhalt der Unterhaltungen schien uns von viel größerer Bedeutung zu sein. Sogar als die Pulstransit-Zeiten auf uns einhämmerten, wenn Ed sprach, hatten wir unsere Aufmerksamkeit auf anderes gerichtet. Und was noch bemerkenswerter ist, wir wurden nicht hellhörig, als der Blutdruck-Computer unzweifelhaft nachwies, daß Eds Blutdruck beim Sprechen deutlich anstieg, und sich herausstellte, daß der Blutdruck von jedem anderen in unserem Labor sich ähnlich erhöhte. Eds Herz schrie über ein Jahr förmlich nach unserer Aufmerksamkeit, bevor wir in der Lage waren zuzuhören. Doch vielleicht war das der faszinierendste Aspekt des ganzen Ringens. Wir waren angetreten, um Ed zu beweisen, daß seine zwischenmenschlichen Beziehungen entscheidend mit seinem Hochdruck verknüpft waren, und weit über ein Jahr hatten wir das Phänomen völlig unbeachtet gelassen, das diese Verknüpfungen erklärte.

Die Modell-Situation

Um das Phänomen systematisch und folgerichtig untersuchen zu können, entschlossen wir uns für eine bestimmte Modellsituation. Dies war einer der Gründe, warum die Verknüpfung zwischen Blutdruck und Sprechen schließlich mit zwingender Klarheit sichtbar wurde. Das Modell entstand aus zwei Grundüberlegungen. Zunächst einmal und vor allem gab uns die Computertechnologie die Möglichkeit, den Blutdruck zu messen, während die untersuchten Personen gleichzeitig weitersprechen konnten. Zweitens schien uns, der Blutdruck müsse in einer Gesprächssituation überprüft werden, die von der gleichen Eindeutigkeit war wie die Kommunikation der Säuglinge, die ich auf der Säuglingsstation in Dublin gehört hatte. Die strukturierte Umgebung dieser Neugeborenen und die langen Zeiten ruhigen Schlafens, die plötzlich von den durchdringenden Schreien eines Babys unterbrochen wurden, machten es unmöglich, die damit verbundenen Blutdrucksteigerungen zu übersehen. Wir meinten, daß ein analoger Situationsaufbau bei den Erwachsenen eingesetzt werden sollte. Auf eine Zeit des Schweigens sollte das Sprechen folgen, auf dieses wiederum eine Periode des Schweigens. Da Kleinkinder gewöhnlich keine thematisch geordneten Wechseldialoge führen, bei denen mal der eine, mal der andere spricht, wie es für die Unterhaltungen Erwachsener typisch ist, beschlossen wir, getrennt darzustellen, *wer* gerade sprach und über *was* gesprochen wurde. In gewissem Sinn beinhaltete dieses Modell, daß die Sprache eines Erwachsenen einerseits als hilfloser Schrei, andererseits auch als eine hochentwickelte und differenzierte Botschaft untersucht werden konnte.

So begannen wir also systematisch Blutdruck und Herzfrequenz zu überwachen, wenn die Versuchspersonen schwiegen, dann mit uns sprachen und wieder schwiegen. Es war ein einfaches Modell, das wir schließlich benutzten, um bei Tausenden von Personen Blutdruck und Herzfrequenz zu messen, und gerade die Einfachheit brachte uns endlich dazu, über das menschliche Herz in neuer Weise nachzudenken.

Experiment 1. Nachdem das Modell einmal ausgearbeitet war, ging es nur noch darum, unsere Forschungen mit den Personengruppen zu beginnen, die für uns in unserer Klinik am leichtesten erreichbar waren — unsere fortgeschrittenen Krankenpflege- und Medizinstudenten. Für unser erstes Experiment baten wir sechs gesunde Schwesternschülerinnen, im Alter zwischen 25 und 38 Jahren, sich freiwillig zur Verfügung zu stellen. Der Blutdruck wurde im Ausbildungsseminar gemessen, einmal während sie schwiegen, einmal, während sie zu ihren Mitschülerinnen über irgend etwas sprachen, das sie interessierte. Den Freiwilligen wurde gesagt, der Zweck der Demonstration sei, den Blutdruck und die Herzfrequenz automatisiert mit einem Computer zu messen.[7]

Wie Abbildung 6.1 (siehe nächste Seite) zeigt, erhöhte sich der Blutdruck von allen sechs Krankenschwestern schnell und deutlich, wenn sie sprachen, und fiel genauso schnell ab auf das Ausgangsniveau, wenn sie wieder schwiegen. Bei drei der sechs Schwestern stieg der Blutdruck, sobald sie zu sprechen anfingen, in Bereiche, die an der Grenze zum Hochdruck lagen. Die Herzfrequenz kletterte bei fünfen der sechs auf über 100 Schläge pro Minute — Werte die weit über dem Ruheniveau lagen und über den körperlichen Anforderungen des Sprechens.

Obwohl diese Schülerinnen sich gegenseitig gut kannten und vorher schon oft vor der Klasse gesprochen hatten, und obwohl sie nicht angespannt wirkten, zeigten alle sechs deutliche Erhöhungen des Blutdrucks und der Herzfrequenz, sobald sie zu ihren Klassenkameradinnen sprachen. Eigenartigerweise hatte die Schwester mit der größten Steigerung der Herzfrequenz die geringste Blutdruckerhöhung, während die Schwester mit dem geringsten Anstieg der Herzfrequenz proportional die stärksten Blutdruckerhöhungen aufwies.

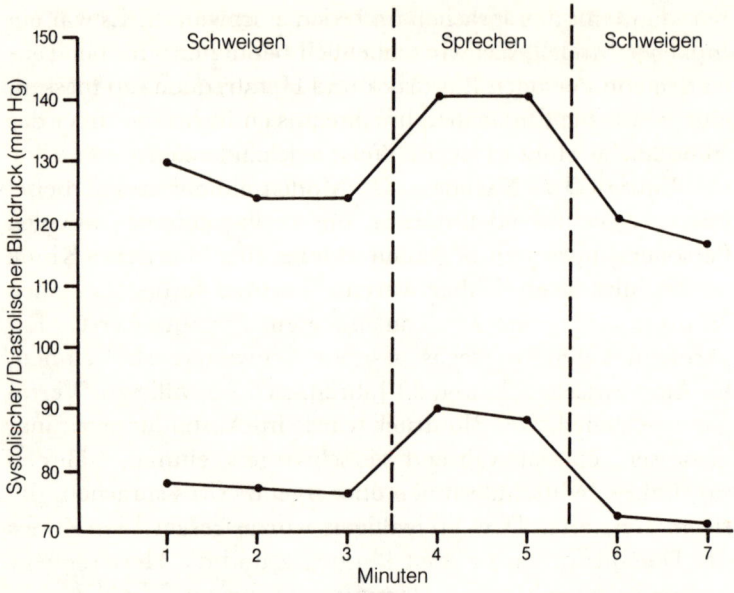

Abb. 6.1
Die Auswirkungen des Sprechens auf den systolischen und diastolischen Blutdruck bei sechs Krankenschwestern.

Es wurde kein bestimmter Inhalt bei diesen Gesprächsabschnitten verlangt. Jede Frau redete ruhig über einige Probleme mit Patienten, die sich bei den alltäglichen Pflichten im Krankenhaus ergaben. Obwohl diese Themen für die einzelne nicht belastend zu sein schienen und alle Krankenschwestern lächelten, während sie redeten, ließen Herzfrequenz und Blutdruck darauf schließen, daß die Themen, die sie erörterten, sie doch unter Streß setzten. Wegen der Größe der Veränderungen stellten wir die Hypothese auf, daß sie durch den Streß erklärt werden könnten, vor einer kleinen Gruppe von Mitschülern oder vor dem Lehrer zu sprechen.

Experiment 2. Um diese Möglichkeit zu überprüfen, entwarfen wie ein zweites, ähnliches Experiment, bei dem nur der Versuchsleiter und ein einzelner Student gemeinsam im

174

Raum waren. Und um die Untersuchungssituation noch angenehmer zu gestalten, wurde ein Mitstudent als Versuchsleiter gewählt. Weitere zehn Medizinstudenten und fortgeschrittene Krankenpflegeschüler meldeten sich freiwillig, um ihren Blutdruck und ihre Herzfrequenz beim Schweigen und Sprechen aufzeichnen zu lassen. Das Protokoll entsprach dem des ersten Experiments vollständig. Sie wurden gebeten, während der Sprechphase einige Minuten lang über sich selbst zu erzählen oder ihren Tagesablauf zu beschreiben.

Tabelle 6.1

Vergleich der Durchschnitte von Blutdruck und Herzfrequenz
über die experimentellen Phasen
bei 10 Krankenpflegeschülern und Medizinstudenten

Minuten der Studie	(Minute 3) Schweigen Baseline	(Minute 4) erste Sprechen	(Minute 5) zweite Sprechen	(Minute 6) wieder Schweigen
Arterieller Mitteldruck (Durchschnitt)	92	100	97	92
Systolischer Druck	121	127	130	121
Diastolischer Druck	75	82	79	71
Herzfrequenz	82	94	86	78

Alle Werte sind auf die nächste ganze Zahl gerundet. Sämtliche Erhöhungen des Blutdrucks und der Herzfrequenz während des Sprechens sind statistisch signifikant.

Wie in der ersten Untersuchung zeigten wiederum alle Studenten deutliche Anstiege in Blutdruck und Herzfrequenz, sobald sie zu sprechen begannen; und diese Werte fielen genauso schnell ab, wenn die Studenten wieder schwiegen (siehe Tabelle 6.1).

Obwohl die Studenten ein breites Spektrum von Themen wählten, über die sie sprechen wollten, war das Muster der

Blutdruckerhöhungen in der gesamten Gruppe gleich. Wieder war, wie im ersten Experiment, die Höhe der Veränderungen überraschend groß. Anders als in der ersten Untersuchung, in der die Probanden vor einer kleinen Gruppe gesprochen hatten, redeten sie diesmal mit einem Gleichgestellten, einem Klassenkameraden, der einfach als Assistent diente und half, das Experiment durchzuführen. Sie schienen auch nicht im geringsten psychisch oder emotional durch die Aufgabe belastet zu sein. Und selbst wenn die experimentelle Situation als solche belastend gewesen wäre, dann sollte dieser Streß eigentlich viel eher das Ruheniveau des Blutdrucks erhöht haben als die Blutdruckwerte beim Sprechen. Da alle Studenten anscheinend in einer ausgezeichneten körperlichen Verfassung waren und die meisten angaben, daß sie regelmäßig Sport trieben, nahmen wir ferner an, ihr Blutdruck werde weniger stark auf etwas so offensichtlich Harmloses reagieren wie eine Unterhaltung mit einem Studienkollegen über die alltäglichen Dinge.

Angesichts des Ausmaßes und der Durchgängigkeit dieser Veränderungen begannen wir uns zu fragen, ob sie durch das Kommunizieren mit einer anderen Person verursacht wurden oder durch das Sprechen an sich.

Experiment 3. Um diese Frage zu beantworten und auch mögliche andere Faktoren zu beurteilen, wie das Geschlecht von Versuchsleiter und Versuchsperson, gewannen wir weitere 20 Studenten (der Medizin und der Krankenpflege) als Freiwillige für ein drittes Experiment. Zehn männliche und zehn weibliche Studierende wurden nach dem Zufall entweder einem Versuchsleiter oder einer Versuchsleiterin zugewiesen. Wieder wurde, wie in der vorausgegangenen Untersuchung, die Versuchsleitung von Mitstudierenden, also Personen des gleichen Status, übernommen. Jeder Versuchsperson wurde mitgeteilt, daß Blutdruck und Herzfrequenz automatisch aufgezeichnet werden sollten, einmal mit dem Versuchsleiter oder der Versuchsleiterin im Zimmer, einmal, wenn der Proband allein war. Außerdem wurden diese Freiwilligen informiert, daß man sie unter jeder dieser Versuchsbedingungen zu bestimmten Zeiten bitten würde, still zu bleiben, und sie dann auffordern würde, laut aus einem Buch vorzulesen.[8]

Wie in Tabelle 6.2 dargestellt, wurden Blutdruck und Herzfrequenz 45 Minuten lang in Abständen von einer Minute gemessen. Jede Versuchsperson wurde bei der Aufzeichnung 15 Minuten allein gelassen, dann kam der Versuchsleiter für die nächsten 20 Messungen dazu.

In der Lesephase wurden die Studenten gebeten, aus einem simplen und eingängigen Schultext vorzulesen, einmal, solange sie allein waren, und einmal, wenn der Versuchsleiter anwesend war. Während der Sprechphase bat der Versuchsleiter jede Studentin oder jeden Studenten, ein wenig über sich selbst zu erzählen. In der dreiminütigen Zuhör-Phase faßte der Versuchsleiter das Experiment kurz zusammen. Dann wurde jede Versuchsperson gefragt, ob sie das Experiment verstanden hätte oder was sie glaubte, worum es in diesem Experiment ginge. Schließlich wurde in dem Abschnitt „Gefühle mitteilen" jeder Proband aufgefordert, seine oder ihre Empfindungen über das Experiment im allgemeinen zu schildern. Darauf folgte eine Minute, in der der Puls getastet wurde, um die Auswirkungen einer Interaktion in Form einer Berührung ohne Worte auf das Kreislaufsystem abzuschätzen.

Wie Tabelle 6.3 zeigt, stiegen Blutdruck und Herzfrequenz jedesmal steil an, wenn die Studenten sprachen. Ob sie allein im Zimmer laut aus einem Buch vorlasen oder ob der Versuchsleiter anwesend war — die Effekte waren ähnlich. Wenn der Versuchsleiter in das Zimmer trat, während die Versuchsperson weiter schwieg, wenn er mit den Probanden sprach oder den Puls tastete, waren die Blutdruckwerte nicht wesentlich anders, als wenn der Student oder die Studentin schweigend allein im Raum saßen. Sobald ein Student sprach oder dem Versuchsleiter laut aus einem Buch vorlas, stellte sich jedoch ein plötzlicher und eindeutiger Anstieg in Blutdruck und Herzfrequenz ein. Überraschenderweise erhöhte das Sprechen über Gefühle den Blutdruck nicht mehr als das einfache, laute Vorlesen aus einem Buch: Alle verbalen Aktivitäten riefen also statistisch gleichwertige Anhebungen des

Tabelle 6.2

Zeitlicher Ablauf des Experiments

Versuchsperson allein
(Klopfen signalisiert die Änderung der Versuchsbedingungen)

Zeit (in Minuten)

1 2 3 4 5	6 7 8	9 10	11 12 13	14 15
Schweigen	Lesen	Schweigen	Lesen	Schweigen

Versuchsperson und Versuchsleiter anwesend

Zeit (in Minuten)

16 17	18 19 20	21 22	23 24 25	26 27 28	29 30	31 32	33	34 35
Schweigen	Lesen	Schweigen	Sprechen	Zuhören	Antworten auf Fragen	Gefühle mitteilen	Puls	Schweigen

Tabelle 6.3

Durchschnitte von Blutdruck und Herzfrequenz im Vergleich über die experimentellen Phasen bei 20 Versuchspersonen*

durchschnittliche Dauer der Untersuchung in Minuten	Base-linie	Erste Minute Lesen	Durch-schnitt Lesen mit Versuchsl.	erste Minute Lesen mit VI	erste Minute Sprechen	Durch-schnitt Sprechen	Durch-schnitt Antworten auf Fragen	Gefühle mitteilen	Puls messen
	(5)	*(6)*	*(18,19,20)*	*(18)*	*(23)*	*(23,24,25)*	*(29,30)*	*(31,32)*	*(33)*
Durchschnitt arterieller									
Mitteldruck	87†	94	92	94	91	93	94	93	88†
Systolischer Druck	116†	127	127	121	122	121	123	125	118†
Diastolischer Druck	68†	75	73	74	73	74	74	74	70†
Herzfrequenz	73†	80	78	79	80	78	78	75	68

* Alle Werte sind auf die nächste ganze Zahl gerundet.
† Außer diesen Zahlen sind alle statistisch signifikant.

Blutdruckes und der Herzfrequenz hervor, während alle Schweigephasen mit deutlich niedrigeren Blutdruckwerten einhergingen. Es gab keine Unterschiede in der Stärke der Kreislaufveränderungen, die auf das Geschlecht des Versuchsleiters oder der Versuchspersonen zurückzuführen waren.

In jeder dieser ersten drei Studien war das Sprechen eindeutig mit steilen Anstiegen des Blutdrucks und der Herzfrequenz verknüpft. Bei allen drei Experimenten bemühten wir uns sehr, die Belastung durch die Situation herabzusetzen und die Atmosphäre der Untersuchung so locker wie möglich zu halten. Außerdem waren, wie gesagt, alle Freiwilligen gesunde fortgeschrittene Studenten der Medizin und der Krankenpflege mit normalem Blutdruck, und die meisten von ihnen hatten angegeben, regelmäßig Sport zu treiben.

Die Tatsache, daß sich bei gesunden, jungen Studenten solch auffällige Blutdrucksteigerungen zeigten, wenn sie ganz ungezwungen sprachen, führte uns zwangsläufig zu der Frage, ob bei hypertensiven Patienten ähnliche Veränderungen auftreten würden. Diese Frage war für uns von besonderem Interesse; nicht nur wegen der möglichen Verbindung zwischen Sprechen und hohem Blutdruck, sondern auch, weil Ärzte sich dieser Beziehung nicht bewußt waren. Es war offensichtlich, daß viele Patienten aus Freundlichkeit oder Nervosität unmittelbar, bevor ihr Blutdruck gemessen wird, mit ihrem Arzt sprachen. Im Licht unserer Ergebnisse schien es, daß dieses Sprachverhalten den vom Arzt gemessenen Blutdruck stark beeinflußten, und zu äußerst irreführenden Informationen über den Blutdruck führen könnte, wenn dem Arzt dieser Einfluß nicht bekannt war. („Unmöglich!" rief kürzlich ein erfahrener Kardiologe in Anwesenheit von etlichen Kollegen aus, als ihm dieses Problem erläutert wurde: „Sie meinen, daß in den letzten dreißig Jahren, die ich auf den Blutdruck von Patienten gehorcht habe, so etwas Simples wie das Sprechen die Blutdruckwerte, die ich erhielt, verändert haben könnte? Das ist unmöglich! Ich hätte es bestimmt bemerkt.")

Neben dem allgemeinen Mangel an Bewußtsein über die Verknüpfung zwischen Sprechen und Blutdruck war eine andere Seite der Interaktion zwischen Arzt und Patient sogar noch beträchtlich besorgniserregender. Es gehört zur tiefverwurzelten medizinischen Volksweisheit, daß Gemütsbewegungen und Angst die Ursache dafür sein können, daß der Blutdruck eines Patienten höher ist als normal. Wenn man bei einem Patienten hohe Blutdruckwerte erhält, dann sollte man routinemäßig ein zweites Mal messen, nachdem man den Patienten fünf oder zehn Minuten lang beruhigt hat. Das wissen nahezu jeder Arzt und jede Krankenschwester. Kliniker, die sich nach dem herkömmlichen psychiatrischen Wissen richten, könnten sehr leicht annehmen, die beste Möglichkeit, einen Patienten zu beruhigen, wäre, ihn oder sie zu veranlassen, über irgendwelche bedrückenden Probleme zu reden. Dieses Verfahren, traditionell als „emotionale Katharsis" bekannt, wurde gemeinhin für eine sinnvolle Möglichkeit gehalten, Angst zu lindern. Unsere Beobachtungen machten jedoch deutlich, daß ein Arzt, der diese Strategie wählt und einen Patienten zum Sprechen bewegt, dann bei der zweiten Blutdruckmessung erheblich höhere Werte erhält als bei der ersten. Wenn der Arzt andererseits selbst sprach oder den Patienten fünf Minuten lang in Ruhe allein ließ und dann den Druck noch einmal maß, waren die zweiten Werte wahrscheinlich niedriger. So könnte die einfache strategische Entscheidung, ob ein emotional erregter Patient reden oder schweigen sollte, das Urteil eines Arztes über den Hochdruck dieses Patienten beeinflussen. Solche praktischen Schlußfolgerungen führten zu einer vierten Untersuchung.

Experiment 4. Um die Wirkung des Sprechens auf den Blutdruck in einer medizinischen Umgebung einzuschätzen, untersuchten wir 30 Erwachsene mit hohem und 15 mit normalem Blutdruck in einer Arztpraxis. Die Patienten wurden in der Reihenfolge ausgewählt, in der sie nacheinander zu ihren gewöhnlichen, routinemäßigen Arztbesuchen erschienen. Wie Tabelle 6.4 zeigt, unterschieden sich die Patienten, die sich zur Teilnahme an der Studie bereiterklärten, in Alter, Rasse und Geschlecht. Alle Hochdruckpatienten waren zu einer ärztlichen Routineuntersuchung im Krankenhaus gewe-

Tabelle 6.4

Arterielle Mitteldrücke für 30 hypertensive Versuchspersonen in Phasen des Schweigens und Sprechens

Ver-suchs-person	Alter	Ge-schlecht/ Rasse	Medi-ka-mente*	Minuten des Experiments					
				Schweigen**		Sprechen		Schweigen	
				3	4	1	2	5	6
1	56	M S	D,M,I	109	104	110	118	113	113
2	60	M W	keine	101	99	143	139	105	101
3	61	W W	D,T	109	110	154	137	107	113
4	32	W W	keine	107	106	122	117	122	109
5	59	W W	D	85	99	105	105	95	90
6	42	W W	I	123	112	133	160	118	109
7	43	W W	D	85	87	91	92	87	81
8	48	M W	D,I	123	125	179	132	125	117
9	54	M S	D,M,A	82	84	104	93	104	87
10	46	W W	keine	102	110	102	103	93	86
11	52	M S	D,M	130	119	180	197	116	118
12	35	M W	I	111	115	126	118	112	100
13	50	M W	D	102	90	115	104	101	100
14	63	M W	M	105	105	100	101	92	90
15	53	W W	B	100	102	117	120	107	97
16	62	W W	D	97	88	96	96	93	101
17	27	M W	D	85	80	89	89	87	82
18	77	M W	D,T,A	89	87	112	96	90	95
19	65	M W	M,T	88	83	88	90	85	85
20	76	W W	D	88	96	105	102	86	93
21	69	W W	D	102	93	107	112	88	95
22	66	M S	D,I	87	90	100	105	97	92
23	76	M W	D	104	105	109	110	106	112
24	65	W W	D	108	109	124	122	118	112
25	60	W S	D	102	98	98	111	96	84
26	65	M S	D,I	123	114	106	146	105	104
27	55	M W	L	116	109	122	116	117	111
28	56	M W	D	118	113	128	134	118	127
29	47	M S	keine	107	102	111	161	118	114
30	27	W W	keine MTAD	88	98	101	117	110	93
Mittelwerte	54.9		5 6 2 19	102.4	101.1	115.9	118.2	103.7	100.4

* Schlüssel für die Medikamentenart: D = Diuretikum; M = Minipress; T = Tranquilizer; A = Aldomet; B = Butazolidin; I = Indral, Lopressor; L = Lanoxin.

** Schweigen 3,4 sind die letzten beiden Schweigephasen bei der Blutdruck-messung vor der Sprechphase.

sen, und 25 von ihnen nahmen bereits verschiedene blutdrucksenkende Medikamente ein. Die Personen mit normalem Blutdruck waren entweder gekommen, um ihren Gesundheitszustand überprüfen zu lassen, oder hatten jemanden begleitet, der medizinischen Rat und Hilfe suchte. Keine der normotensiven Versuchspersonen nahm irgendwelche Medikamente, und niemandem von ihnen war jemals gesagt worden, er oder sie habe Probleme mit dem Blutdruck.[9] Während der Sprechphase des Experiments wurde jede Versuchsperson vom Versuchsleiter, einem fortgeschrittenen Studenten, gebeten: „Erzählen Sie mir etwas über Ihre Arbeit oder über Ihren Tagesablauf." Wie in den vorausgegangenen Experimenten wurde alles getan, um die Atmosphäre locker und entspannt zu halten.

Was wir bei den Krankenpflegeschülern und den Medizinstudenten erlebt hatten, trat auch hier ein: Herzfrequenz und Blutdruck stiegen in beiden Versuchsgruppen deutlich an, sobald die Patienten zu sprechen anfingen. Außerdem schien keines der blutdrucksenkenden Mittel, welche die Hochdruckpatienten einnahmen, den Anstieg des Blutdrucks wirkungsvoll zu unterdrücken. Noch aufschlußreicher war die Höhe der Anstiege bei den hypertensiven Patienten. Einige dieser Erhöhungen waren wirklich außergewöhnlich. Bei Versuchsperson 11 beispielsweise entsprach ein arterieller Mitteldruck von 180 einem Blutdruck von ungefähr 200 zu 148. Eine Minute, bevor dieser Patient sprach, lag sein arterieller Mitteldruck bei 119. Er stieg auf 180 und dann auf 197, während der Patient weitersprach, und sackte ab auf 116, als der Patient schwieg. Nachdem der Patient nach seinem Tagesablauf gefragt worden war, verursachten seine Antworten ein erschreckend steiles Hochschnellen seines Blutdrucks und einen ebenso rapiden Abfall, als er wieder schwieg. Noch erstaunlicher war die Tatsache, daß keiner dieser Patienten auch nur die leiseste Ahnung von diesen Druckveränderungen zu haben schien. Diese Leute wirkten nicht nur ruhig — die meisten lächelten und bekundeten Interesse an dem Computer, den wir einsetzten, um ihren Blutdruck zu ermitteln —, sondern sie

Tabelle 6.5

Blutdruck und Herzfrequenz von vier Versuchspersonen in
den einzelnen Phasen*

Meßgrößen	Gruppe	Schweigen	Sprechen	Schweigen
Arterieller	normotensive	88	97	90
Mitteldruck	hypertensive	109	122	105
Systolischer	normotensive	125	133	128
Blutdruck	hypertensive	151	165	152
Diastolischer	normotensive	71	81	71
Blutdruck	hypertensive	87	102	86
Herzfrequenz	normotensive	76	81	74
	hypertensive	81	86	78

* Jede Phase enthält zwei Messungen im Abstand von einer Minute; alle
Meßwerte sind auf die nächste ganze Zahl gerundet.

bemerkten auch allem Anschein nach die in ihrem Körper
auftretenden Gefäßveränderungen nicht.

16 der Patienten erhöhten während des Sprechens ihren
Blutdruck bis in Hochdruckbereiche hinein, obwohl bei den
meisten, wenn sie schwiegen, der Blutdruck leidlich gut durch
Medikamente kontrolliert war. Patient 2 beispielsweise hatte
beim Schweigen einen Ruheblutdruck von 157 zu 86, der innerhalb einer Minute steil auf 200 zu 120 anstieg, nachdem er
angefangen hatte, seine Arbeit zu beschreiben.

Doch von allen Ergebnissen, die sich aus dieser Studie ergaben, verblüffte uns am meisten der außerordentlich enge
Zusammenhang, der bei den hypertensiven Patienten zwischen der Höhe ihres Blutdruckanstiegs und dessen Ruheniveau zu beobachten war: Je höher der Ruheblutdruck des Patienten, desto stärker war der Anstieg, wenn er oder sie
sprach.

Die Erhöhungen des Blutdrucks beim Sprechen waren erstaunlich gleichmäßig und auffallend. Bei einigen Patienten
waren die Anstiege nach zwei Minuten entspannter Unter-

haltung genauso groß, wie Dr. Wolf und andere sie anhand dreißigminütiger Streßinterviews beschrieben hatten.[10] Doch der Unterschied zwischen diesen belastenden Interviews und unseren ungezwungenen Gesprächen erschien enorm groß. Wir hatten uns alle Mühe gegeben, die Unterhaltungen kurz, gefühlsneutral und streßfrei zu halten, und wir fragten uns, wie hoch der Blutdruck der Patienten wohl gestiegen wäre, wenn wir sie absichtlich Streß ausgesetzt oder mit ihnen emotional erregende Themen erörtert hätten.

In Anbetracht sowohl der medizinischen Bedeutung dieser Ergebnisse als auch ihrer Konsequenzen für die Diagnose und Behandlung des Bluthochdrucks wiederholten wir diese Untersuchung mit 20 zusätzlichen Hochdruckpatienten und weiteren 20 Personen ohne auffälligen Blutdruck.[11] Wieder traten, wie aus Tabelle 6.5 ersichtlich, die gleichen Ergebnisse auf. Blutdruck und Herzfrequenz stiegen bei allen 40 Versuchspersonen, als sie über ihr Alltagsleben sprachen, und sanken schnell ab, wenn die Probanden wieder schwiegen. Und wie in der vorangegangenen Studie stieg der Blutdruck hypertensiver Patienten stärker als der von normotensiven, obwohl viele der Hochdruckpatienten diverse blutdrucksenkende Medikamente einnahmen. Der mittlere Blutdruck der hypertensiven Patienten beim Sprechen lag mit 162 zu 102 durchaus in Bereichen, die als bedenklich angesehen werden.

Die Allgemeine Verbreitung der Reaktion

Einerseits beschäftigten wir uns speziell mit Problemen des Hochdrucks bei Erwachsenen und mit dem zwischenmenschlichen Zusammenhang, in dem die Messungen standen. Darüber hinaus tauchten Fragen auf, wie weit die Verknüpfung zwischen Blutdruck und Sprechen allgemein verbreitet war.* War die Verknüpfung charakteristisch für be-

---

* Gerade als unsere ersten Studien die allgemeine Verbreitung der Verbindung zwischen Sprechen und Blutdruck zu bestätigen begannen, tauchten allmählich in Apotheken, Drogerien und Einkaufszentren überall in den Vereinigten Staaten automatisierte Blutdruckmeßgeräte auf. Ebenso wie

stimmte Gruppen der Bevölkerung oder für die Umgebungsbedingungen, unter denen wir den Blutdruck gemessen hatten? Oder war diese Beziehung weit grundlegender, ein wesensmäßiger Bestandteil der Natur des Menschen?

Um dies entscheiden zu können, überprüften wir die Blutdruckreaktionen auf das Sprechen bei einem breiten Spektrum von Personen und in einer Vielzahl von Situationen. Was immer wir auch untersuchten, die Ergebnisse schienen die gleichen zu sein. Der Blutdruck stieg steil an, wenn die Menschen sich mitzuteilen begannen. Ob es neugeborene Säuglinge waren, die in ihren Kinderbettchen schrien; Vorschulkinder, die das ABC aufsagten; Grundschüler, die laut in ihren Lehrbüchern lasen; Studenten mit und ohne Zwi-

---

Ärzte über die Bedeutung bestimmter Blutdruckwerte informiert sind, waren an diesen Maschinen deutlich sichtbar Richtlinen angebracht, die den normalen Blutdruck anzeigten, Grenzwerte zur Gefährdung und Werte (gewöhnlich 155 zu 95 und darüber), die eine Person veranlassen sollten, sofort zum Arzt zu gehen. Die absolute Bestimmtheit dieser Richtwerte erschien jetzt möglicherweise irreführend, da sie durch eine Methode festgelegt worden waren, die das Sprechen während der Meßzeit ausschloß; und niemand gab den Leuten jetzt die Anweisung, still zu bleiben, solange der Blutdruck gemessen wurde. Man konnte ungehindert mit seinen Freunden oder dem Ehepartner reden, während der Computer automatisch den Blutdruck feststellte. Zudem zeigten die genauen Zahlen für die unterschiedlichen Blutdruckhöhen, wie verwurzelt der Glaube an die relative Stabilität des Blutdrucks war und für wie unwahrscheinlich man es hielt, daß er durch ganz normales Sprechen wesentlich beeinflußt werden könnte.

Während diese Computergeräte der Öffentlichkeit zugänglich gemacht wurden, ermöglichten ebenso bedeutende technische Durchbrüche den Ärzten, den Blutdruck der Patienten vierundzwanzig Stunden lang außerhalb der ärztlichen Praxis zu überwachen. Diese elektronischen Instrumente konnten den Blutdruck einer Person alle fünf bis zehn Minuten über einen ganzen Tag aufzeichnen.[11] Wenn sich herausstellte, daß der Blutdruck bei der Arbeit oder im Verlauf von Telefongesprächen höher war als beim Fernsehen, dann neigten Ärzte zu dem Schluß, daß bestimmte Aktivitäten als solche mehr Streß erzeugten als andere. Eine ebenso stichhaltige Interpretation bestand jedoch darin, daß die Menschen bei gewissen dieser Aktivitäten sprachen und bei anderen schwiegen.

Tabelle 6.6

Blutdruck und Herzfrequenz
eines sechsjährigen Kindergartenkindes vor, während und
nach zwei Minuten, in denen es das ABC aufsagt und zählt

		arterieller Mitteldruck	systolischer Blutdruck	diastolischer Blutdruck	Herzfrequenz
Ruhe	1	81	117	77	87
	2	91	123	77	90
	3	78	104	65	79
Sprechen	1	102	131	81	92
	2	109	133	92	100
Ruhe	1	89	118	76	85
	2	84	121	61	80

Man beachte den dramatischen Anstieg des diastolischen, systolischen und
arteriellen Mitteldrucks, während das Kind sprach.

schenexamen, die uns über ihren Tagesablauf berichteten,
oder Ärzte und Schwestern, die aus einem Buch vorlasen oder
von ihrer Arbeit erzählten; ob es ältere Menschen waren, die
über ihr Leben und ihre Einsamkeit sprachen, Patienten auf
Stationen für Koronarerkrankte oder in Laboratorien für
Herzkatherisierung, die uns ihre Ängste und Befürchtungen
mitteilten — bei fast jedem stieg der Blutdruck, wenn er oder
sie sprach. Es spielte keine Rolle, ob der Blutdruck zu Hause,
im Forschungslabor, im Krankenhaus, im Klassenzimmer
oder in einer Diagnoseeinrichtung gemessen wurde; ob man
laut mit sich selbst sprach, mit einem anderen oder vor einer
kleinen oder großen Gruppe — mit bemerkenswerter Beständigkeit erhöhte sich der Blutdruck einer Person, sobald sie anfing zu sprechen.[13]

Beispielsweise stieg in einer Studie mit 178 Versuchspersonen im Alter zwischen neun und 83 Jahren der arterielle
Mitteldruck in 98 Prozent der Fälle. Wie in den ersten Untersuchungen an hypertensiven Patienten fanden wir erneut eine

enge Beziehung zwischen dem Ruheniveau des Blutdrucks und der Höhe des Druckanstiegs: Je höher der Ruheblutdruck, desto eher stieg er stark an, wenn die Person sprach.[14]

Tabelle 6.7

Blutdruck und Herzfrequenz
eines sechsjährigen Jungen, während er im Kindergarten das ABC aufsagt und zählt

		arterieller Mitteldruck	systolischer Blutdruck	diastolischer Blutdruck	Herzfrequenz
Ruhe	1	84	115	55	72
	2	75	110	58	71
	3	78	107	55	68
Sprechen	1	82	108	70	91
	2	91	122	60	83
Ruhe	1	73	108	55	72
	2	69	104	50	75

Man beachte den schnellen Anstieg des systolischen Blutdrucks und die deutliche Erhöhung der Herzfrequenz während des Sprechens.

Während man unter bestimmten Umweltbedingungen wie auf den Stationen für Koronarerkrankte und in Herzkatheter-Laboratorien intuitiv vermuten könnte, daß Streß und Angst zu der Erhöhung des Drucks beitragen, schien dies für andere Bedingungen unwahrscheinlich. Beispielsweise überwachten meine Frau Eileen und ihre Kollegin Christine Peterson[15] den Blutdruck von 25 Kindergartenkindern (Durchschnittsalter sechs Jahre), welche die beiden Frauen fast zwei Jahre lang betreut hatten.* Bei vielen unserer Untersuchungen war der Versuchsleiter der Person, deren Blutdruck gemessen wurde, ziemlich fremd; in diesem Falle

---

* Wir danken der „Schule zum guten Hirten" in Ruxton in Maryland für ihre Hilfe bei der Durchführung dieser Studie.

waren jedoch die Kinder mit ihren Lehrerinnen vertraut. Und statt diese Kinder in ein hochkomplexes, emotionsgeladenes Gespräch zu verwickeln, wurden sie einfach gebeten, das Abc aufzusagen oder laut zu zählen — Aufgaben, die sie im Laufe des Jahres oft ausgeführt hatten. Die Kinder schienen sich zu freuen, daß sie an etwas teilnehmen durften, das wie ein neues Spiel aussah. Keines der Kinder hatte irgendwelche Schwierigkeiten, das Alphabet aufzusagen oder zu zählen; doch ohne Ausnahme zeigte sich bei allen ein Anstieg des Blutdrucks oder der Herzfrequenz, sobald sie sprachen. Die Kreislaufreaktionen von zwei sechsjährigen Jungen sind in den Tabellen 6.6 und 6.7 dargestellt. Abbildung 6.2 zeigt die durchschnittlichen Erhöhungen von Herzfrequenz und Blutdruck für alle 25 Kinder. Es geht zwar nicht aus der Abbildung hervor, aber Blutdruck und Herzfrequenz stiegen bei allen 25 Kindern, wenn sie anfingen zu sprechen.

Mit dem stetigen Anwachsen unserer Stichproben tauchten allmählich etliche Reaktionsmuster auf. Eines war der verblüffende Kontrast zwischen der äußeren Ruhe vieler Personen, die wir untersuchten, und der Stärke ihrer Kreislaufreaktionen beim Sprechen. Sogar wenn ihr Blutdruck bis in Hochdrucksbereiche anstieg und ihre Herzen begannen, sehr schnell zu pochen, wirkten viele dieser Menschen absolut ruhig, und typischerweise lächelten sie, während sie sprachen. Ein Nebenergebnis dieser klinischen Beobachtungen gab uns noch mehr zu denken. Es zeigte sich nämlich: Je größer die Kreislaufveränderungen waren, wenn jemand sprach, desto unwahrscheinlicher war es, daß er angab, sich irgendwelcher inneren Veränderungen bewußt zu sein. Als wir die Beziehung zwischen dem Ruheblutdruck und dem Druckanstieg beim Sprechen zur Gegenkontrolle ein weiteres Mal überprüften, bemerkten wir, daß der Kommunikationsstil vieler Hochdruckpatienten etwas wirklich Gestörtes an sich hatte. Dazu gehörte vor allem der Gegensatz zwischen ihrem liebenswürdigen äußeren Verhalten und dem Sturm, der innerlich in ihrem Kreislaufsystem tobte. Andere Menschen konnten diese Veränderungen bei Hochdruckleidenden nicht besser erken-

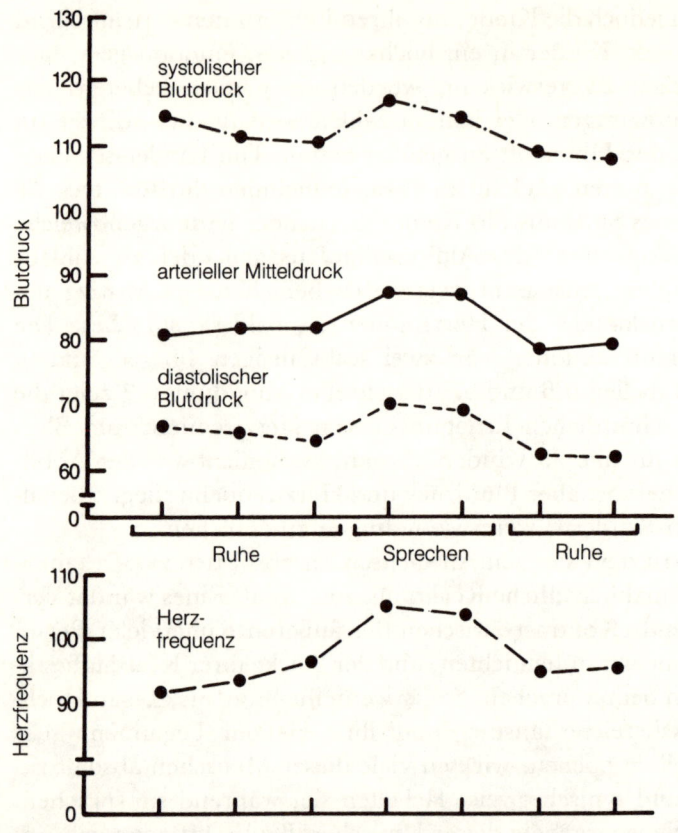

Abb. 6.2
Erhöhungen der Herzfrequenz und des Blutdrucks bei einer Gruppe von fünfundzwanzig Kindergartenkindern, während sie das ABC aufsagen.

nen oder spüren als diese selbst. Ohne die innere Botschaft ihres eigenen Kreislaufs zu hören, sprachen sie scheinbar arglos weiter, obwohl ihr Blutdruck sich gefährlich erhöhte.

Klinische Studien

Während wir unsere experimentelle Modellsituation auf immer mehr Menschen anwendeten, um Fragen zu beantworten, die unsere Daten aufgeworfen hatten, begannen wir gleichzeitig, das Computersystem als Teil unserer Behandlung einzusetzen, mit der wir hypertensiven Patienten helfen wollten, ihren Blutdruck zu senken. Abweichend von dem experimentellen Aufbau, bei dem acht oder zehn Minuten lang Blutdruck und Herzfrequenz an einem Freiwilligen gemessen wurden, dauerten die klinischen Sitzungen eine ganze Stunde, in der Blutdruck und Herzfrequenz minutenweise erhoben wurden. Diese einstündigen Sitzungen wurden wöchentlich über einen Zeitraum von üblicherweise einem halben Jahr oder länger abgehalten.

Die Ausdehnung unseres Experimentalmodells auf die Behandlungssituation erforderte eine Abwandlung in der Art und Weise, wie den Patienten die Informationen über ihren Blutdruck mitgeteilt wurden. Unabhängig davon, wer gerade sprach — der Therapeut oder der Patient —, wurden Blutdruck und Herzfrequenz gemessen und auf einem Videomonitor graphisch dargestellt. Der Inhalt der Gespräche war auf dem unteren Teil des Bildschirms verschlüsselt. Es gab vier Werte — systolischen und diastolischen Blutdruck, arteriellen Mitteldruck und die Herzschlagrate —, die minütlich über die Mattscheibe des Monitors flimmerten. Natürlich war es für die Patienten unmöglich, all die verschiedenen Werte einer ganzen Stunde im Kopf zu behalten, zumal wenn die Sitzungen sechs Monate lang wiederholt stattfanden. Ohne die Unterstützung durch Computergraphiken wäre es sehr schwierig für die Patienten gewesen, sich zu erinnern, welche Herzfrequenz oder welchen diastolischen Blutdruck sie vor zehn Minuten hatten, ganz zu schweigen von zehn Wochen früher. Auch hätten sie nicht so leicht begreifen können, mit welch enormer Dynamik sich ihr Blutdruck veränderte, wenn sie bestimmte Themen erörterten. Deshalb war es nötig, diese Informationen zu speichern und die Daten so wiederzugeben, daß es für jeden Patienten möglich wurde, das dynamische Geschehen in der inneren Welt seiner Gefäße in vollem Umfang zu erkennen. *

* Besonderen Dank schulden wir Dr. David Paskewitz von *Digital Psychophysiological Systems,* der die Hardware und Software entwickelte, die es

191

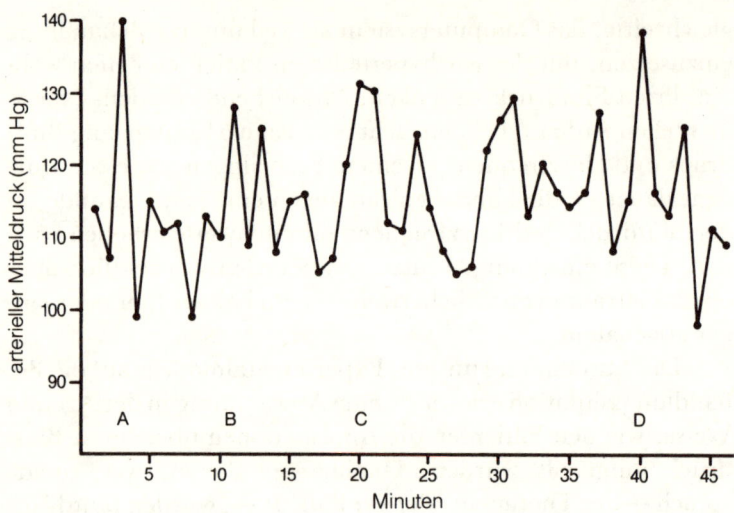

Abb. 6.3

Veränderungen des arteriellen Mitteldrucks eines männlichen Hochdruckpatienten von Minute zu Minute während einer typischen therapeutischen
Sitzung. Die Punkte A, B, C und D kennzeichnen bestimmte Abschnitte des
Gesprächs, die für besonders wichtig gehalten wurden. Man beachte die erheblichen Blutdruckschwankungen; sie lagen im Mittel nahe 50 %, obwohl
der Patient in einem bequemen Stuhl saß und wenig außergewöhnliche
Muskelbewegung zeigte.

Ähnlich den Verläufen, die wir im Experiment erlebt hatten, veränderte sich der Kreislauf der Patienten während des
Sprechens. Der Hauptunterschied zwischen Patienten und
Personen mit normalem Blutdruck war, daß sich Blutdruck
und Herzfrequenz der Patienten häufiger weit über die Maßen erhöhten. Am Ende einer einstündigen Sitzung sahen die
Computeraufzeichnungen von Blutdruck und Herzfrequenz
eines Patienten oft wie die Wellen eines sturmgepeitschten
Ozeans aus. Es war keineswegs ungewöhnlich, daß der Blutdruck während einer typischen Therapiestunde mehrfach um

uns ermöglichten, unsere Behandlung um diese neue Dimension der
Graphik zu ergänzen.

192

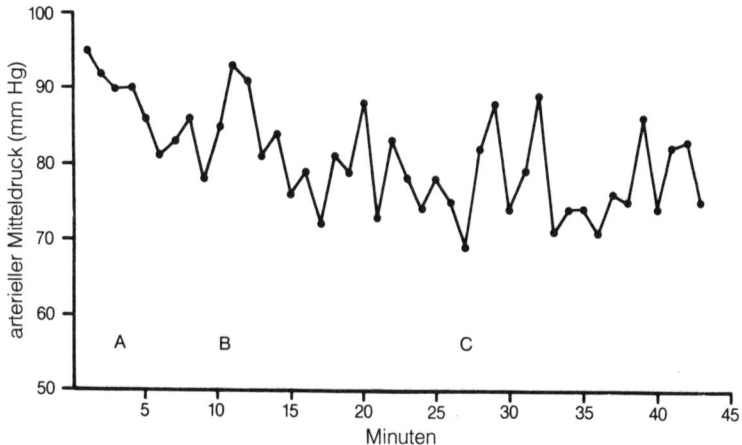

Abb. 6.4
Veränderungen des arteriellen Mitteldrucks von Minute zu Minute bei
einer Patientin mit Migräne während einer typischen therapeutischen Sitzung. Die Punkte A, B und C kennzeichnen Gesprächsthemen, die vom
Therapeuten für besonders wichtig gehalten wurden. Obwohl der Blutdruck
im Durchschnitt viel/weit niedriger ist als bei einem Hochdruckpatienten,
ist die Schwankungsbreite von Minute zu Minute dennoch erheblich.

mehr als 50 Prozent anschwoll und abfiel. Obwohl wenig körperliche Anstrengung oder heftige Bewegung mit den Gesprächen verbunden waren und die Unterhaltung oft heiter und
unbelastet erschien, offenbarte das Kreislaufsystem der Patienten eine andere Wirklichkeit.

Die Kurven in den Abbildungen 6.3 und 6.4 zeigen Blutdruckveränderungen, die kennzeichnend für Hunderte und
Aberhunderte von einstündigen Therapiesitzungen waren,
die wir mit den Patienten ansammelten. Abbildung 6.3 zeigt
einen charakteristischen Verlauf des arteriellen Mitteldrucks,
wie er bei einem Hochdruckpatienten während der Therapiestunde beobachtet wurde; Abbildung 6.4 stellt vergleichbare
Aufzeichnungen von einer Migränepatientin dar. Obwohl der
durchschnittliche Ruheblutdruck weit niedriger war, waren
doch die Kreislaufschwankungen dieser Patientin genauso
ausgeprägt wie bei dem Hochdruckpatienten.

Blutdruck und Herzfrequenz änderten sich bei diesen Patienten oft innerhalb einer Minute. Die Größe der Veränderung wurde außer durch die Tatsache, daß sie sprachen, auch von anderen Faktoren beeinflußt. Der emotionale Gehalt der Gespräche, das, worüber diese Patienten sprachen, und die Art, wie sie sprachen, erhöhten oder verstärkten die Kreislaufreaktionen. Außerdem war offensichtlich, daß die Sprechweise, die Atemmuster und der Gefühlsinhalt der Gespräche untereinander verknüpft waren.

Den Blutdruck in die Höhe reden: die TYP-A-Persönlichkeit

Unter den verschiedenen Mechanismen, die bei der Blutdruckreaktion auf Kommunikation eine Rolle zu spielen schienen, war die Sprechweise der hypertensiven Patienten am unmittelbarsten zu erkennen. Diese Menschen sprachen mit einer gewissen atemlosen Intensität und erhöhten oft die Sprechgeschwindigkeit, wenn sie versuchten, sich durchzusetzen, oder wenn sie über ein Thema diskutierten, das sie gefühlsmäßig stark berührte. Wenn sie den Tonfall ihrer Rede anhoben oder die Eindringlichkeit verstärkten, stieg ihr Blutdruck gewöhnlich weit über normal, und er sank langsamer auf das Ruheniveau, wenn sie wieder schwiegen.

Die Bedeutung von Sprechmustern wurde durch eine sorgfältig belegte Forschungsliteratur unterstrichen. Diese verknüpfte ein Bündel von Persönlichkeitszügen — die Typ A-Persönlichkeit genannt — mit der frühzeitigen Entwicklung einer koronaren Herzkrankheit. Mitte der fünfziger Jahre begannen zwei kalifornische Forscher, Dr. Meyer Friedman und Dr. Ray Rosenman, ihre Untersuchungen, aus denen eine breit angelegte Serie von Studien an Tausenden von Versuchspersonen hervorging. Das Ziel war die Erforschung verschiedener physiologischer und psychologischer Faktoren und Persönlichkeitsmerkmale, welche zur Entstehung einer koronaren Herzerkrankung beitragen konnten.[16] Was diese *Western Collaborative Group Study* zutage förderte, war überraschend. Die Forscher hatten erwartet, daß etliche wohlbekannte Faktoren wie Gewicht und falsche Ernährungsweise sowie physiologische Faktoren wie ein erhöhter Cholesterinspiegel am ehesten eine Voraussage darüber gestatteten, wer erkranken und sterben würde. Doch es stellte sich heraus, daß der beste Prognosemaßstab für eine Gefährdung die individuelle Persönlichkeit war. Friedman und Rosenman fanden heraus, daß eine bestimmte Gruppe von Persönlichkeitszügen, die sie mit „Typ A" bezeichneten, eng mit der Neigung des Organismus verknüpft ist, Arteriosklerose in den Herzkranzgefäßen zu entwickeln, sowie mit einem erhöhten Risiko für einen Herzinfarkt und einen plötzlichen Tod. Die Typ A-Persönlichkeit ist dadurch gekennzeichnet, daß sie auf aggressive, „arbeitssüchtige", rastlose vorwärtsdrängende und getrieben-ehrgeizige Art an das Leben herangeht. Doch das beherrschendste Persönlichkeitsmerkmal sind die Sprechweise und der Stil, in dem jemand sich anderen mitteilt. Typ A-Personen sprechen schneller und lauter, neigen dazu, andere zu unterbrechen und zu übertönen, und sie gestikulieren heftiger beim Sprechen.

Als Friedman und Rosenman die Typ A-Persönlichkeit erstmals ausfindig machten, bemerkten sie nicht, daß dieser Persönlichkeitszug mit Veränderungen des Blutdrucks oder mit Hypertension in Zusammenhang stand. Vielmehr verbanden sie diesen Persönlichkeitstyp speziell mit der Entwicklung einer Koronarsklerose. Vor dem Hintergrund unserer Beobachtungen sowohl von erheblichen Blutdruckerhöhungen beim Sprechen als auch einiger eigentümlicher Sprechgewohnheiten hypertensiver Patienten schien es sinnvoll, die Sprechmuster des Typs A erneut zu überprüfen. Wir nahmen an, daß Friedman und Rosenman vielleicht wegen der begrenzten Technik, die ihnen zur Verfügung gestanden hatte, nicht in der Lage gewesen waren, die Sprechweise des Typs A mit dem Blutdruck in Verbindung zu bringen. Als die beiden das Konzept des Typs A entwickelten, gingen sie nicht davon aus, daß Sprechgewohnheiten direkt mit dem Kreislaufsystem verknüpft sind oder daß der Kommunikationsstil von Typ A-Personen unmittelbar Herz-Kreislauferkrankungen verursacht. Vielmehr vermuteten sie, daß die Sprechweise nur eines von etlichen Persönlichkeitsmerkmalen ist, die zusammengenommen erst die Typ A-Persönlichkeit ausmachen, und daß bei diesen Menschen ihr ständiger emotionaler „Überdruck" zur Entwicklung der koronaren Herzkrankheit führt. Da Friedman und Rosenman die Typ A-Persönlichkeit spezifisch mit der verfrühten Entwicklung von Arteriosklerose verknüpften, aber keine besonders engen Zusammenhänge zu chronischen Blutdruckerhöhungen feststellten, kam uns eine andere theoretische Erklärungsmöglichkeit in den Sinn: Vielleicht verursachten die Sprechmuster der Typ A-Persönlichkeit außergewöhnlich starke, plötzliche Blutdruckerhöhungen, die zur Entstehung von kleinen Verletzungen der inneren Gefäßwände führen können und in der Folge zur Entwicklung atheromatöser Plaques (Bindegewebswucherungen an den Innenwänden der Arterien, in die Fette und später auch Kalk eingelagert werden; d. Übers.). Solche Verletzungen tragen nach Ansicht vieler Wissenschaftler erheblich zur Ausweitung der Arteriosklerose bei. Und hypertensive Patienten zeigen gelegentlich fürwahr beträchtliche, plötzliche Blutdruckerhöhungen, wenn sie über bestimmte Themen sprechen.

Die Möglichkeit, daß gewisse vorherrschende Charakteristika der Sprechweise von Typ A-Persönlichkeiten einen unmittelbaren Einfluß auf das Herz haben könnten, veranlaßte uns zur Untersuchung von Erwachsenen mit normalem Blutdruck. 15 Männer und 15 Frauen gewannen wir aus einem Wohnheim für medizinisches Klinikpersonal. Die Freiwilligen waren zwischen 21 und 33 Jahren alt. 20 der 30 joggten dreimal pro Woche mindestens acht Kilometer. Die Schwester, die die Versuchsleitung übernahm (Denise Kulick-Ciuffo), wohnte ebenfalls in dem Wohnheim und war den Versuchspersonen gut bekannt. Von den 30 Freiwilligen hatten 25 das College abgeschlossen und zwölf die medizinische Hochschule.[17] Demnach war die Stichprobe nicht nur außergewöhnlich gut ausgebildet, sondern auch in ungewöhnlich guter körperlicher Verfassung. Die Untersuchungsteilnehmer gehörten zu den gescheitesten und gesundesten jungen Erwachsenen, die wir finden konnten.

Jede Versuchsperson wurde gebeten, unter zwei Versuchsbedingungen ein Buch zu lesen: Einmal sollte sie mit ihrem persönlichen Tempo in einem Buch lesen, zum anderen sollte sie laut und so schnell wie möglich vorlesen. Ferner wurde sie gebeten, unter jeder der beiden Bedingungen auch noch laut beziehungsweise leise für sich zu lesen. Dann wurde nach dem Zufallsprinzip festgelegt, wer als erstes schnell und wer mit normaler Geschwindigkeit lesen sollte. (Das Lesen wurde gewählt, um gefühlsmäßige Unterschiede, die beim Sprechen mit der Versuchsleiterin entstehen könnten, möglichst gering zu halten.) Die Versuchspersonen wurden aufgefordert, die Verfassungsartikel der Vereinigten Staaten zu lesen, die als mehr oder weniger gefühlsneutral eingestuft worden waren. Das Lesen wurde mit einem Tonbandgerät aufgenommen, so daß die Zahl der gesprochenen Worte genau erfaßt werden konnte.

Wie die Abbildungen 6.5 und 6.6 zeigen, führte lautes Lesen zu merklichen, überzufälligen Anstiegen von Blutdruck und Herzfrequenz bei allen 30 Teilnehmern; der Blutdruck und auch die Herzfrequenz kehrten schnell auf die Ausgangswerte zurück, wenn die Teilnehmer wieder schwiegen. Im Gegensatz dazu wirkte sich lautloses Lesen kaum auf den Kreislauf aus. Was im Sinne der Theorie von der Typ A-Persönlichkeit noch bedeutsamer war: Schnelles Lesen führte zu deutlich größeren Blutdruckerhöhungen als das Lesen mit normalem Tempo. Ähnlich stand die Zahl der pro Minute gelesenen Worte in eindeutigem Zusammenhang mit der Höhe der Blutdruckanstiege.

Es ist wichtig zu betonen, daß alle Teilnehmer an dieser Untersuchung von ausgezeichneter körperlicher Gesundheit sowie sehr gebildet waren und daß ihr Ruhepuls und -blutdruck normal waren. Deshalb ist es nämlich um so erstaunlicher, daß eine so einfache Aufgabe wie lautes Lesen nennenswerte Erhöhungen ihres Blutdrucks verursachte. Da bereits bekannt war, daß der Anstieg um so stärker ausfällt, je höher

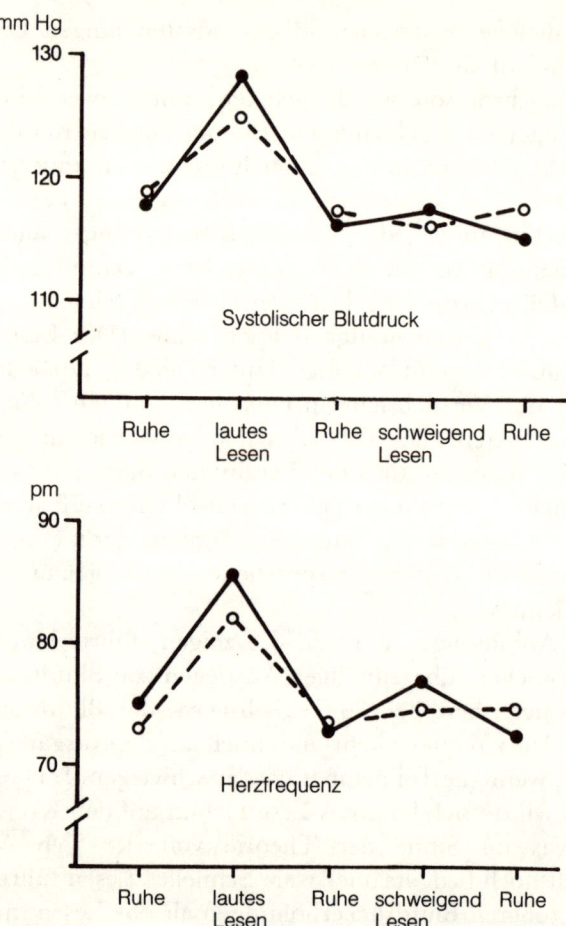

Abb. 6.5
Veränderungen von Blutdruck und Herzfrequenz bei Ruhe, lautem Lesen und stillem Lesen mit maximaler Geschwindigkeit (●) und mit persönlicher Geschwindigkeit (o). Man beachte, daß nur lautes Lesen einen Einfluß auf den Blutdruck hatte.

der Blutdruck im Ruhezustand ist, schien es einleuchtend, daß Hochdruckpatienten bei diesem Experiment unter sonst vergleichbaren Umständen wahrscheinlich weit größere Blutdruckerhöhungen aufgewiesen hätten.

198

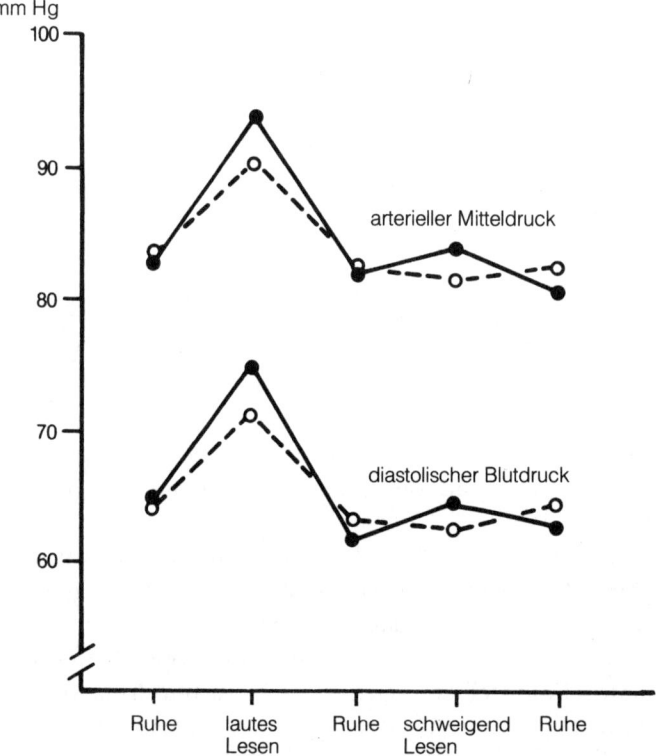

Abb. 6.6
Veränderungen des diastolischen Blutdrucks und des arteriellen Mitteldrucks bei Ruhe und bei lautem Lesen mit Maximalgeschwindigkeit (●) und
mit persönlicher Geschwindigkeit (o). Man beachte, daß sich nur das laute
Lesen auf den Blutdruck auswirkte.

Diese Daten stützten unseren anfänglichen klinischen
Eindruck, daß die Sprechgeschwindigkeit eines Patienten die
Höhe seiner Blutdruckanstiege während der Therapie erheblich beeinflussen kann. Für die Therapie hypertensiver Patienten legten die Daten außerdem nahe, daß sich Aufforde-
rungen, langsamer, mit weniger Nachdruck zu sprechen und
richtig zu atmen, unmittelbar auf Herzfrequenz und Blutdruck beim Sprechen auswirken können.

199

Diese Ergebnisse brachten uns dazu, eine Erklärungsmöglichkeit zu erwägen, die von den ursprünglichen Annahmen der Forscher wie Wolf und Alexander deutlich abweicht. Wir vermuteten, daß eben nicht die Gefühlsqualität einer bestimmten Unterhaltung den Blutdruck in hypertensive Bereiche treibt, sondern vielmehr die Art und Weise, in der eine Person spricht, wenn sie gefühlsmäßig Bedeutsames mitteilt. Möglicherweise könnte man Hochdruckpatienten dann beibringen, über Angelegenheiten zu sprechen, die bei ihnen starke Gefühle auslösen oder sie aufregen, ohne daß der Blutdruck gefährlich hoch steigt. Sie würden derartige Themen behutsam, weniger heftig und derweil richtig atmend erörtern müssen. In gewissem Sinne muß man beim „Ventilieren" von Gefühlen auch in geeigneter Weise „ventilieren": das heißt, man muß atmen und die einem selbst genehme Gangart finden.

Die Freiwilligen in dieser Untersuchung waren zwar nicht nach ihrer Persönlichkeit klassifiziert worden, die Ergebnisse wiesen jedoch darauf hin, daß zwei der Schlüsselmerkmale der Typ A-Persönlichkeit — schnelles und lautes Sprechen — eine direkte und unmittelbare Wirkung auf den Blutdruck und die Herzfrequenz hatten. Demnach schienen diese Charakteristika der Sprechweise nicht nur ein Teil der Typ A-Persönlichkeit zu sein, sondern, was viel wesentlicher ist, einen direkten physiologischen Einfluß auf das Kreislaufsystem einer Person mit einer Typ A-Persönlichkeit auszuüben. Die Studie legte ebenfalls nahe, daß koronar gefährdete Menschen vom Typ A ihr fehlangepaßtes Verhalten leichter verändern könnten, wenn sie mit Hilfe der Computertechnologie in der Lage wären, die unmittelbaren Folgen ihrer schnellen und lauten Sprechweise für den Kreislauf zu erkennen.

Es ist von entscheidender Wichtigkeit, Methoden zu entwickeln, mit denen man das Typ A-Verhalten ändern kann. Dies wurde sehr überzeugend durch in jüngster Zeit erschienene Forschungsberichte nachgewiesen. Sie zeigten, daß Veränderungen solcher Verhaltensmuster bei Personen, die bereits mindestens einen Myokardinfarkt erlitten hatten, das Risiko wiederkehrender Herzanfälle um bis zu 50 Prozent senken können.[18] Zu der offenkundigen Bedeutung dieser Ergebnisse bemerkte Dr. Paul Rosch, Präsident des Amerikanischen Streß-Instituts, kürzlich:

Die Versuche, die Häufigkeit wiederholter Herzanfälle zu senken, indem man die Standardrisikofaktoren wie hohen Blutdruck, Cholesterol und Zigarettenrauchen verminderte, haben sich im allgemeinen als erfolglos erwiesen. Ein hervorragendes Beispiel dafür bietet der siebenjährige Versuch zur Intervention bei verschiedenen Risikofaktoren, in dem mit Diuretika behandelte Hypertensive faktisch eine höhere Sterblichkeitsrate hatten als eine Kontrollgruppe. Andererseits erwiesen sich zwei andere Behandlungsstudien, die zur gleichen Zeit durchgeführt wurden, als so erfolgreich, daß sie frühzeitig gestoppt wurden, damit den Kontrollpersonen nicht der Vorteil der Behandlung vorenthalten wurde. Die eine Studie sollte das zur koronaren Herzkrankheit beitragende Typ A-Verhalten abbauen, die andere war eine Behandlung mit Propanolol. Die Schutzwirkung hängt in beiden Fällen höchstwahrscheinlich damit zusammen, daß die Auswirkungen der durch Streß ausgelösten Katecholaminausschüttung verringert werden, von denen man weiß, daß sie Herzschäden und plötzlichen Tod zur Folge haben können.[19]

ÄLTERE MENSCHEN

Die Tatsache, daß das Ändern bestimmter Sprechmuster der Typ A-Persönlichkeit Blutdruckerhöhungen beim Sprechen unmittelbar beeinflussen kann, veranlaßte uns, eine weitere Bevölkerungsgruppe zu überprüfen, die durch Herz-Kreislauf-Störungen gefährdet ist — die Älteren. Das allmähliche Voranschreiten der Arteriosklerose wird gemeinhin für einen Teil des Alterungsprozesses gehalten. Deshalb hat der Blutdruck mit dem Alter eine ansteigende Tendenz; und tatsächlich ist der Hochdruck bei Menschen über 65 Jahren viel weiter verbreitet als bei Jüngeren.[20] Wegen der engen Beziehung, die in unseren Untersuchungen zwischen dem Ruheblutdruck und den Blutdruckerhöhungen während des Sprechens zutage trat, nahmen wir an, daß verbale Mitteilungen die älteren Menschen vor besondere Probleme stellen; denn bei den Älteren beobachteten wir beachtliche Anstiege des

Blutdrucks, wenn sie sprachen. Wie bei den hypertensiven Patienten im allgemeinen, erhöhte sich auch bei älteren Menschen der Blutdruck beim Sprechen verhältnismäßig stärker als bei jüngeren Personen. Diese Erhöhungen waren manchmal so groß, daß wir uns fragten, ob ältere Leute es besonders schwierig finden könnten, sich zu unterhalten, oder ob sie in Gegenwart anderer beunruhigt und leicht erregbar werden, oder ob sie sogar anfällig für geistige Verwirrtheit sind, wenn sie sprechen. Konnten solch hohe Schwankungen des Blutdrucks den gesamten Organismus stark in Anspruch nehmen? Konnte man irgend etwas tun, um diese mit dem Alterungsprozeß anscheinend unabänderlich verknüpften Erscheinungen zu mildern? Sind die Menschen wirklich so „programmiert", daß sprachliche Kommunikation zunehmend schwieriger und für das Kreislaufsystem belastender wird, wenn man älter wird? Sind Kinder wegen der Elastizität ihres Kreislaufs besser in der Lage, „sich zu schlagen und zu vertragen"? Trägt der Mangel an Elastizität der Gefäße bei den alten Menschen zu ihrer Einsamkeit bei, so gefangen, wie manche im Streß der Interaktion mit anderen zu sein scheinen? Zwingt die Belastung durch Kommunikation einen alten Menschen dazu, sich in die soziale Isolation zurückzuziehen?

Während für die Beantwortung dieser Fragen die weitere Forschung abgewartet werden muß, steht eindeutig fest, daß ältere Menschen, insbesondere die mit Bluthochdruck, etliche Schritte unternehmen können, um die Blutdruckerhöhungen beim Sprechen zu regulieren. Wie die Typ A-Personen können auch sie ihre Sprechgeschwindigkeit verlangsamen und tief und regelmäßig atmen, wenn sie sprechen. Außerdem können sie die spezifischen Techniken einsetzen, die unseren Hochdruckpatienten gezeigt werden — ich werde diese Techniken im Anhang beschreiben.

AUSWIRKUNGEN DES SOZIALEN STATUS

Bestimmte Aspekte der Sprechweise beeinflußten zwar eindeutig die Blutdruckreaktion, doch Interviews mit Patienten legten zugleich nahe, daß sich auch die Befragungssituation selbst entscheidend auf das Ausmaß der Kreislaufveränderungen auswirkt. Als Patienten die Besuche bei dem Arzt beschrieben, zu dem sie normalerweise gingen, wurde zum erstenmal unsere Aufmerksamkeit auf Teilaspekte dieses Problems gelenkt. An Hunderte, ja Tausende von Blutdruckmessungen gewöhnt, begannen etliche der hypertensiven Patienten, die wir behandelten, ihr Erstaunen darüber auszudrücken, daß ihr Blutdruck erhöht war, wenn sie im Verlauf unserer Therapie zu einer medizinischen Routineuntersuchung gingen. Die Patienten selbst fingen an, über unentdeckte Ängste nachzugrübeln, die sie während solcher Arztbesuche gespürt haben mußten. Erfahrungen wie diese waren keineswegs eigentümlich für diese Patienten. Eine Reihe von Untersuchungen hat aufgedeckt, daß Blutdruckwerte, die in einer Arztpraxis gemessen wurden, fast immer höher sind als die zu Hause gemessenen.[21] Die Möglichkeit einer Fehldiagnose oder Fehlinterpretation der Blutdruckhöhe lag klar auf der Hand. Wenn der Ruheblutdruck eines Patienten in der Arztpraxis erhöht ist und dann proportional ansteigt, während sie oder er mit dem Arzt spricht, können die Fehlinterpretationen noch schwerwiegender sein. Ohne Messungen zu Hause (die in der Vergangenheit immer die Möglichkeit eines Irrtums in sich bargen, da der Patient lernen mußte, mit einem Stethoskop umzugehen und die Korotkow-Töne zu hören) hatte der Arzt herkömmlich keine Methode, um herauszubekommen, ob der Blutdruck des Patienten einfach aufgrund der Meßsituation „Praxis" erhöht war.

In der Literatur waren zwar zahlreiche Faktoren angeführt worden, die möglicherweise zu diesen Blutdruckerhöhungen beitrugen, beispielsweise Angst vor der Diagnose, die Belastung, lange warten zu müssen, bevor man den Arzt sprechen konnte, oder die Kosten des Arztbesuchs; für uns war allerdings eine andere Variable von besonderem Interesse: der Statusunterschied zwischen Arzt und Patient. Könnte der höhere Status des Arztes den Blutdruck des Patienten ansteigen lassen? Wenn eine Person mit jemandem spricht, dessen Status sie als überlegen wahrnimmt, neigt dann ihr Blutdruck

dazu, entsprechend anzusteigen? Hypertensive Patienten ließen oft Statusprobleme im Zusammenhang mit ihrer Arbeit
anklingen, Konflikte mit Personen in übergeordneter Stellung
und ein geringes Selbstwertgefühl; und es schien, als könnten
solche Hintergrundvariablen die Gesundheit des gesamten
Kreislaufsystems entscheidend beeinflussen.

Um die Bedeutung dieses Problems für die Reaktion des
Blutdrucks auf Kommunikation zu überprüfen, baten wir 40
Collegestudenten mit normalem Blutdruck, an einem Experiment teilzunehmen, und teilten sie nach dem Zufall auf zwei
Untersuchungsgruppen auf.[22] Wie in früheren Studien wurden sie aufgefordert, zu schweigen, dann mit einem Versuchsleiter zu sprechen, dann wieder zu schweigen und danach laut
aus einem Buch vorzulesen. Doch in diesem Experiment
spielte der Versuchsleiter eine Doppelrolle. Für 20 dieser Studenten kleidete er (Jack Long) sich in lässiger Manier (Blue
Jeans, Sporthemd und Tennisschuhe) und beschrieb sich
selbst als einen Studenten nach dem Zwischenexamen, der als
Forschungsassistent in unserem Laboratorium mitarbeitete.
Für die übrigen 20 Studenten zog er sich gepflegt an (weißes
Hemd und Krawatte), mit einem weißen Labormantel, der
ihn als einen Stationsarzt der inneren Medizin auswies. Auch
erzählte er dieser Studentengruppe, er sei ein Internist, der
ein Forschungsprojekt über Blutdruck durchführe. Außer diesem Wechsel der Identität war der Versuchsablauf identisch.

Der zweifache Status des Versuchsleiters ergab einen
markanten Unterschied. Wie in sämtlichen vorangegangenen
Untersuchungen stieg der Blutdruck aller 40 Studenten deutlich an, wenn sie sprachen. Abbildung 6.7 zeigt, daß sich aufgrund der Wahrnehmung der Studenten von ihrem Versuchsleiter sowohl das Ausmaß der Blutdruckerhöhungen als auch
die Druckwerte in Ruhe entscheidend änderten. Die Blutdrucksteigerungen fielen merklich höher aus, wenn die Studenten mit Dr. Jack Long, dem Internisten sprachen, als
wenn sie sich mit Jack Long, dem graduierten Mitstudenten,
unterhielten. Dabei ist hervorzuheben, daß nicht nur der
Blutdruck beim Sprechen erkennbar höher lag, sondern auch

der Ruheblutdruck, wenn die Studenten glaubten, sich in der Gegenwart einer Person mit höherem Status zu befinden.

Obwohl der Versuchsaufbau dieser Studie einfach und unkompliziert war, ließ sie weitreichende Schlußfolgerungen zu. Wenn etwas so Elementares wie „sozialer Status" eine deutliche Wirkung auf den Blutdruck gesunder Collegestudenten ausüben kann, wie beeinflussen dann im täglichen

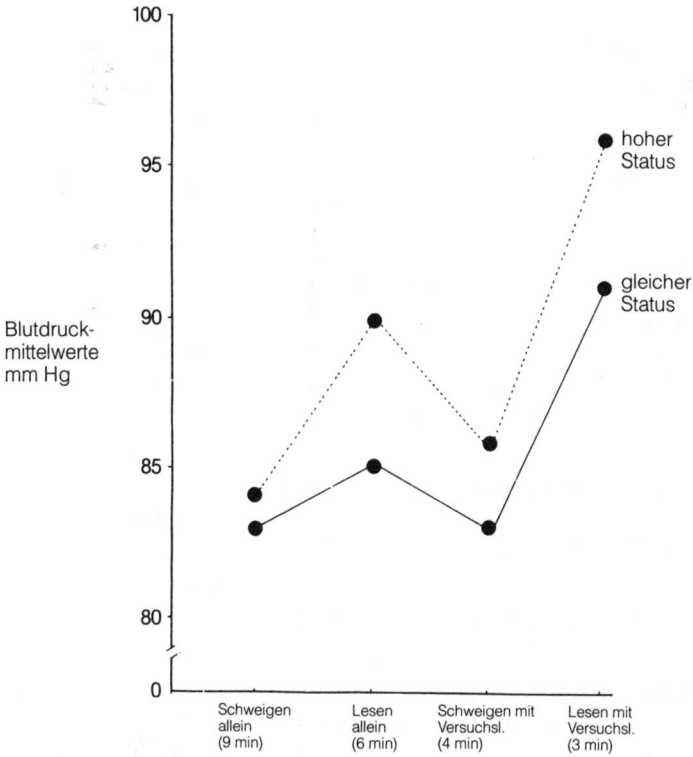

Abb. 6.7
Veränderungen des arteriellen Mitteldrucks während die Vp alleine liest und in Anwesenheit eines Versuchsleiters mit unterschiedlichem Status. Man beachte, daß der Versuchsleiter mit hohem Status Erhöhungen des arteriellen Mitteldrucks auslöste und signifikant größere Kreislaufveränderungen während des lauten Lesens.

Leben vergleichbare soziale, ökonomische und psychologische Statusunterschiede den Blutdruck der Menschen? Sind die eindeutig höheren Sterbeziffern infolge von Bluthochdruck bei den schwarzen Amerikanern und ökonomisch Benachteiligten — wenigstens zum Teil — auf ihren niedrigen Status in der Gesellschaft zurückzuführen? Werden sie häufig in Situationen gedrängt, in denen sie „in die Höhe reden" müssen, das heißt, gezwungen sind, sich einer Umgebung mitzuteilen, in der nahezu jeder andere einen höheren Status innehat?

Ähnliche Fragen können über Schulversager gestellt werden, unter denen man deutlich häufiger Bluthochdruck findet und eine höhere Sterblichkeitsrate aufgrund von Kreislauferkrankungen. In einer früheren Veröffentlichung stellten wir die Frage, ob diese erhöhte Sterblichkeit zugleich mit ihrer psychischen Identität und ihrem Selbstwertgefühl verknüpft ist.[23] Auch wenn alle anderen Faktoren wie die wirtschaftlichen Verhältnisse und der Lebensstandard aus diesen Gleichungen ausgeklammert werden — das heißt, sogar wenn die Schulversager im Leben erfolgreich waren —, scheinen sie dennoch besonders anfällig für Hochdruck zu sein.[24] Dr. H. A. Tyroler von der Universität Nord-Carolina überprüfte kürzlich anhand von Daten aus einer größeren Studie, die im Auftrag der Regierung erstellt worden war — das Programm zur Entdeckung und Verlaufsuntersuchung von Hypertension —, die Verteilung der Fünf-Jahres-Überlebensrate bei 2.094 männlichen Versuchspersonen zwischen dreißig und neunundsechzig Jahren.[25] Die Daten dieser Männer waren in den Jahren 1973 und 1974 in 14 über die Vereinigten Staaten verteilten Forschungszentren zusammengetragen worden. Sämtliche Versuchspersonen hatten am Anfang der Untersuchung eines gemeinsam: einen schwachen Hochdruck (mit diastolischen Druckwerten zwischen 90 und 105). Alle hatten etwa gleiche Blutdruckwerte. Während der nächsten fünf Jahre starben 182 dieser Männer. Für zwei Einflußgrößen wurden Unterschiede festgestellt: für Rasse und Ausbildung. Hielt man die übrigen Faktoren konstant, war die Sterblichkeitsziffer für Schwarze zweimal so groß wie für Weiße — 13 Prozent für Schwarze gegenüber sieben Prozent für Weiße. Der Bildungsgrad hatte sogar noch ausgeprägtere Auswirkungen. Die Wahrscheinlichkeit, zu sterben, war für die Weißen mit geringer Bildung um einiges größer als für die mit höherer Bildung. Für Schwarze waren die Unterschiede sogar noch bestürzender: Die Sterblichkeitsrate für die Schwarzen mit der geringsten Bildung lag siebenmal höher.

All diese Daten werfen die drängende Frage auf, ob es einen grundlegenden Zusammenhang zwischen den psychosozialen Aspekten der menschlichen Interaktion und der Gesundheit des Herz-Kreislaufsystems gibt.

Den Blutdruck herunterreden

Daß ein Haustier oder „des Menschen bester Freund" helfen kann, den Blutdruck zu senken, war ein Phänomen, das auf den ersten Blick eher ein Scherz zu sein schien als ein Problem, welches wissenschaftliche Nachforschung verdiente. Schließlich hatten hochkarätige Pharmaunternehmen Milliarden von Dollars für die Erforschung und Verbreitung verschiedener Medikamente zur Blutdrucksenkung ausgegeben, und es war kaum vorstellbar, daß ein einfacher Hund, der mit dem Schwanz wedelte, irgend etwas an sich haben könnte, das auch nur im entferntesten eine ähnliche Wirkung besitzt. Doch verschiedene Studien, die wir durchführten, zeigten, daß der Effekt eines Haustiers ernst genommen werden muß.

Das Interesse am Einfluß von Schoßtieren auf den menschlichen Blutdruck war an sich eine ironische Umkehrung meines ursprünglichen Themas. Vor zwei Jahrzehnten hatte ich meine Forschungsarbeiten mit Fragen über die starken Wirkungen begonnen, die das Streicheln durch einen Menschen auf das Kreislaufsystem eines Hundes ausüben kann. Jetzt hatte die Forschung den Kreis geschlossen; und statt die Effekte zu untersuchen, die Menschen auf Hunde haben können, begannen wir den Einfluß zu erforschen, den Schoßhunde auf die Kreislauf-Gesundheit von Menschen haben.

Die Neugierde gegenüber dieser Fragestellung entsprang aus einer überraschenden Entdeckung während unserer Forschung zur Koronarbehandlung. In einer Studie, die wir gemeinsam mit etlichen Kolleginnen und Kollegen — einschließlich Dr. Erika Friedman und Aaron Katcher an der Universität von Pennsylvania sowie Dr. Sue Ann Thomas an der Universität von Maryland — durchführten, versuchten wir festzustellen, welche relative Bedeutung soziale, psychische, wirtschaftliche und körperliche Faktoren für das Überleben eines Patienten haben, nachdem er aus der stationären Koronarbehandlung entlassen wurde. Statistische Daten, die nahelegten, daß menschliche Beziehungen und menschliche Einsamkeit eine wichtige Rolle für die Gesundheit des Kreislaufsystems spielen, hatten uns angeregt, diesem Problem nachzugehen. Obwohl die Statistiken darauf schließen ließen, daß verschiedene Aspekte des sozialen Lebens eines Patienten erheblich auf den Genesungsprozeß nach einer schweren Erkrankung einwirken können, war diese Frage nie systematisch untersucht worden.

Um dieses Problem zu erforschen, befragten wir auf der Koronar-Station in der Universitätsklinik von Maryland 96 Patienten — 29 Frauen und 67 Männer —, kurz bevor sie das Krankenhaus verlassen konnten. Nur Patienten, die einen Myokardinfarkt oder *Angina pectoris* gehabt hatten, wurden in die Studie aufgenommen. Die überprüften Daten umfaßten gängige physiologische Faktoren, die eine Voraussage darüber gestatteten, ob der Patient den Herzanfall länger als vier Monate überlebt; außerdem eine allgemeine körperliche Untersuchung der Gesundheit des Patienten insgesamt. Des weiteren wurde jedem Patienten eine umfassende Liste zur Erhebung sozialer und psychologischer Daten übergeben, die viele Fragen zum sozioökonomischen Status, zu sozialen Beziehungen, zur örtlichen Mobilität und zu den allgemeinen Lebensumständen enthielt. Unter den Hunderten von Fragen war auch eine über den Besitz von Tieren.

Alle Patienten wurden ein ganzes Jahr lang monatlich untersucht, um zu erfassen, welche Faktoren die Gesamtgesundheit und die Überlebensspanne beeinflußten. Innerhalb eines Jahres starben 14 der 96 Patienten. Keineswegs überraschend zeigte sich, daß die allgemeine körperliche Gesundheit und das Ausmaß der Herz- und Gefäßschäden bei Entlassung aus dem Krankenhaus die genaueste Voraussage darüber ermöglichten, welche Personen sterben würden. Diejenigen, welche die schwersten körperlichen Krisen durchgemacht und die stärkste Herzschädigung erlitten hatten, waren eindeutig in der höchsten Gefahr zu sterben. Eine gewaltige Überraschung jedoch war, daß unabhängig von der Voraussagekraft der bekannten physiologischen Überlebensindikatoren auch Haustiere einen — zudem überragenden — Prognosewert hatten.[26]

Von den untersuchten Gesamtstichproben berichteten 58 Prozent, daß sie ein Haustier in ihrer Wohnung hielten. Wie Tabelle 6.8 darstellt, ergab sich ein Zusammenhang zwischen dem Besitz eines Haustieres und der Einjahresüberlebenswahrscheinlichkeit. Von den 39 Patienten, die kein Haustier besaßen, starben 11 (oder 28 Prozent); dagegen starben nur drei (sechs Prozent) der 53 Haustierbesitzer — dieser Unterschied war sowohl klinisch als auch statistisch hochsignifikant. Obwohl dieses Ergebnis viele Schlußfolgerungen zuläßt, zwang es uns sicherlich dazu, darüber nachzudenken, was an einem Haustier einem Mensch so guttut, daß tatsächlich die

Tabelle 6.8

Auswirkungen des Tierbesitzes auf die Einjahresüberlebenswahrscheinlichkeit nach Entlassung von einer Station für Koronarerkrankte

Zustand des Patienten bei der Nachuntersuchung nach einem Jahr	Zahl der Patienten ohne Haustie	mit Haustier	insgesamt
lebend	28	50	78
tot/gestorben	11	3	14
insgesamt	39	53	92*

* Der Unterschied zu der ursprünglichen Gesamtzahl von 96 ist darauf zurückzuführen, daß vier Personen aus der Untersuchung ausschieden.

Überlebenserwartung beeinflußt wird. Ist ein Hund wirklich ein so guter Freund des Menschen?

Wir hatten eine Untersuchungsreihe mit Kindern und Erwachsenen über die Blutdruckerhöhungen beim lauten Lesen abgeschlossen und meinten, möglicherweise könne man den gleichen Versuchsaufbau einsetzen, um dieses Phänomen zu untersuchen. Ähnlich wie die Statusunterschiede ein Teil der Versuchsbedingungen gewesen waren, planten wir, die Wirkungen eines Hundes auf den Blutdruck von Kindern zu überprüfen, während sie laut in einem Buch lasen.

Zur Durchführung dieser Untersuchung trommelten meine drei Kinder — Joe, Jim und Kathleen — 36 Kinder im Alter zwischen neun und 16 Jahren aus der Nachbarschaft zusammen und baten sie, an einer Blutdruckstudie teilzunehmen. Das Experiment wurde im Erholungsraum meines Hauses durchgeführt. Jedes Kind wurde einzeln von einer Wissenschaftlerin (Erika Friedman) überwacht, und der Blutdruck jedes Kindes wurde beim Schweigen wie auch beim lauten Lesen gemessen. Diese beiden Bedingungen wurden mit einem gutmütigen Hund im Zimmer und ohne Hund geprüft. Wenn der Hund im Zimmer war, wurde er dicht beim Versuchsleiter gehalten. Die Kinder kannten das Tier nicht, sie sprachen auch weder mit ihm, noch berührten sie es während des Experiments. Drei verschiedene Hunde wurden eingesetzt, und alle gehörten verschiedenen Forschungskollegen.[27]

Wie in allen vorangegangenen Experimenten stiegen Blutdruck und Herzfrequenz der Kinder eindeutig an, während sie laut lasen, sowohl, wenn der Hund zugegen war, als auch, wenn sie mit der Versuchsleiterin allein waren. Doch sobald der Hund im Zimmer war, war der Blutdruck der Kinder beim Schweigen und auch beim Lesen deutlich niedriger (siehe Abbildung 6.8).

Es gab keine Unterschiede in den Kreislaufreaktionen der Kinder auf die drei Hunde, aber die Wirkung des Hundes war stärker, wenn er schon zu Beginn des Experiments hereingeführt wurde anstatt später. In gewissem Sinn schien der Hund den Entspannungsprozeß zu beschleunigen, der naturgemäß auftrat, nachdem sich die Kinder an die Untersuchungssituation gewöhnt hatten.

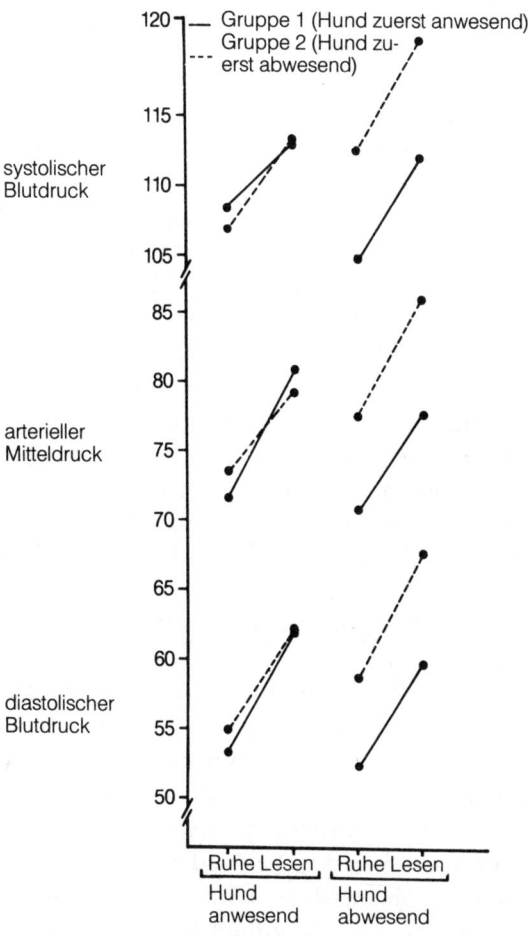

Abb. 6.8

Durchschnitt des arteriellen Mitteldrucks, des systolischen und diastolischen Blutdrucks während des Lesens bei An- und Abwesenheit eines Hundes. Man beachte die höheren Druckwerte beim Lesen, wenn der Hund nicht im Zimmer war.

Wie löste die Anwesenheit eines freundlichen Tieres solche Veränderungen im Blutdruck der Kinder aus? Und wie kamen diese Wirkungen zustande? Machte die Gegenwart eines Hundes das gesamte Experiment weniger bedrohlich? Oder lenkten die Tiere die Kinder ab, so daß die Aufgabe, zu lesen, emotional weniger belastend wurde?

Derartige Fragen veranlaßten Dr. Aaron Katcher und seinen Kollegen Dr. Alan Beck, das Wesen der Beziehung zwischen Mensch und Tier zu erforschen. Sie machten sich mit dem Wartezimmer der Tierklinik an der Universität von Pennsylvania eine für vergleichende Verhaltensforschung wie geschaffene Umgebung zunutze, und Dr. Katcher fing an, dort Leute und ihre Haustiere zu beobachten. Er bemerkte, daß die Menschen mit ihren Hunden in einer Weise umgingen, die ganz anders war als die lärmende, schroffe, mißtrauische, oberflächliche oder zurückhaltende Art, in der Menschen häufig miteinander sprechen. Dr. Katcher stellte fest, daß die Leute, wenn sie mit ihren Tieren redeten, dazu neigten, viel sanfter, leiser und langsamer zu sprechen. Sie schienen nicht nur anders zu kommunizieren, sondern sie tätschelten und streichelten ihre Tiere auch, während sie mit ihnen sprachen.

Durch diese Beobachtung angeregt, beschlossen wir zu ermitteln, ob die Blutdruckveränderungen gleich groß waren, wenn Menschen mit ihren Tieren und wenn sie miteinander sprachen. Im Gegensatz zu früheren Experimenten, in denen nur das Sprechen untersucht wurde, gestatteten wir den Versuchspersonen diesmal, ihre Tiere zu streicheln, während sie mit ihnen sprachen. Es wäre schwierig gewesen, etwas anderes zu verlangen, da Menschen anscheinend von Natur aus ihre Tiere berühren, wenn sie mit ihnen reden. Die Gesamtergebnisse waren eine Offenbarung. Während der Blutdruck erheblich anstieg, sobald diese Tierbesitzer mit einem Versuchsleiter sprachen, veränderte der Blutdruck sich nicht oder sank sogar ab, wenn sie mit ihren Tieren sprachen.

Wieder stellte sich die Frage nach dem Warum. Was ist das Besondere an der Art, wie ein Mensch mit einem Haustier

umgeht? Warum bringt der Umgang mit Haustieren so ganz
andere Wirkungen auf den Kreislauf hervor als jene, die man
beobachtet, wenn Menschen miteinander umgehen? Ist es der
niedrigere Status des Tieres? Lassen sich diese Menschen gewissermaßen herab zu einer Kreatur, die unter ihnen steht?
Lag es daran, daß Haustiere ihr Gegenüber nicht offenkundig
beurteilen und bewerten? Oder war die Wirkung auf die unterschiedliche Art zurückzuführen, in der Menschen mit ihren
tierischen Hausgenossen sprachen?

Die Orientierungsreaktion des Herzens

All diese Fragen lenkten schließlich den Brennpunkt unseres Interesses auf die gegensätzliche Art und Weise, in der
Menschen mit ihren Tieren und Hochdruckpatienten mit uns
in der Klinik sprachen. Oft schien es, als benutzten hypertensive Patienten ihre Worte wie eine Nebelwand oder als Waffe,
um uns abzuwehren, uns auf Distanz zu halten, während sie
sich darauf vorbereiteten, zu kämpfen oder wegzulaufen. Es
war eindeutig, daß wir in irgendeiner Hinsicht eine Bedrohung sein mußten, wenn der Blutdruck der Patienten so ungewöhnlich stark anstieg. Ebenso deutlich war die Art ihres Zuhörens eher defensiv als entspannt: Sie schienen unsere Botschaften zu entschlüsseln wie der Bediener eines Radargeräts,
der die plötzlichen Echozeichen aus der Richtung des feindli-
chen Territoriums deutet.

Wenn im Verlauf der Therapie der Computer darauf hinwies, daß unser Dialog allem Anschein nach zu etwas entar-
tete, das eher einem Kriegszustand als einer friedlichen Unterhaltung glich, versuchte ich, das Thema des Gesprächs zu
wechseln. Um einem Patienten zu helfen, die Defensive zu
verlassen, indem ich mich selbst als genauso verletzlich darstellte, erzählte ich bei solchen Gelegenheiten manchmal etwas
Persönliches, irgendein Ereignis aus meinem Leben, bei dem
ich mich ziemlich unwohl gefühlt oder das mich verlegen gemacht hatte. Oder ich las etwas vor, das für mich persönlich
von Bedeutung war, einen Abschnitt aus einem medizinischen
Text oder sogar aus Gedichten, von denen ich glaubte, daß sie

dem Patienten eine klarere Sicht seiner Schwierigkeiten vermitteln könnten. Im Gegensatz zu dem fortlaufenden Gespräch, das von gespannter Bereitschaft zu Flucht oder Kampf und wachsamem Horchen in einer Verteidigungshaltung beherrscht war, schienen die Patienten in solchen Augenblicken wirklich zuhören zu können. Für einen Moment konnten sie sich selbst vergessen und auf das achten, was ich sagte. Bei solchen Gelegenheiten sank ihr Blutdruck unterschiedslos auf die niedrigsten Werte der jeweiligen Sitzung. Manchmal fiel der Blutdruck weit unter das Niveau, das normalerweise in der Therapie beobachtet wurde, und hin und wieder wurden sogar so niedrige Werte erreicht, wie sie die Patienten seit Jahren nicht mehr erlebt hatten.

Das Absacken des Blutdrucks während dieser Phasen legte eine Verknüpfung von Aufmerksamkeitsmechanismen mit dem Kreislaufsystem nahe. Es sah so aus, als ob der Blutdruck entsprechend fallen würde, wenn hypertensive Personen sich selbst für einen Moment vergessen, ihre Verteidigungsposition beim Zuhören aufgeben und sich wirklich anderem um sich herum zuwenden könnten. Solche Augenblicke traten in der Klinik allzu selten auf; doch gerade diese Art von nach außen gerichteter Aufmerksamkeit schien die Mensch-Tier-Interaktionen in der Tierklinik zu bestimmen. Der Grund für den Blutdruckabfall, wenn diese Leute ihre Hunde streichelten, war allem Anschein nach eng damit verknüpft, daß die Menschen für kurze Zeit imstande waren, sich selbst zu vergessen, ihren üblichen Schutzpanzer abzulegen und ihre Aufmerksamkeit ganz ihren geliebten Tieren zu widmen.

Dr. Katcher entwickelte eine geniale Möglichkeit, diese Annahme zu überprüfen. Er bat 15 Hochdruckpatienten und 20 Personen mit normalem Blutdruck, an unserem Versuch teilzunehmen, bei dem sowohl laut als auch schweigend in einem Buch gelesen wurde. Wie in sämtlichen früheren Studien stieg der Blutdruck deutlich, wenn die Versuchspersonen laut lasen. Und ebenfalls wie in den vorangegangenen Untersuchungen stieg der Blutdruck der hypertensiven Patienten verhältnismäßig stärker an als der von den normotensiven.

Nachdem dieser Teil des Experiments abgeschlossen war, wurde jede Versuchsperson aufgefordert, zwanzig Minuten lang entspannt auf eine blanke Wand zu blicken, während der Computer weiter einmal pro Minute den Blutdruck aufzeichnete. Zum Schluß wurde jede Person gebeten, für weitere zwanzig Minuten einen Schwarm tropischer Fische zu beobachten, die in einem großen Aquarium herumschwammen. Der Blutdruck war am höchsten, wenn die Versuchspersonen sprachen, und am niedrigsten, wenn sie den Fischen im Aquarium zuschauten. Vor allem war der Blutdruck niedriger, wenn die Probanden aufmerksam die Fische betrachteten, als wenn sie ruhig in einem bequemen Sessel saßen und eine leere Wand anstarrten. Es machte einen Unterschied, ob man sich passiv entspannte oder in entspanntem Zustand aktiv auf seine äußere Umgebung achtete.

Die — auf den Blutdruck bezogenen — Verbindungen zwischen der Aufmerksamkeit für seine Umgebung und dem nicht-defensiven Zuhören waren in gewissem Sinn eine Wiederentdeckung und erneute Bestätigung einer umfangreichen wissenschaftlichen Literatur, die bereits früher ein Phänomen beschrieben hatte, das als „Orientierungsreflex des Herzens" bezeichnet wurde. Doch ähnlich, wie wir uns anfangs gegen die Einsicht gewehrt hatten, daß Blutdruck und Sprechen miteinander verknüpft sind, gaben erst die Beobachtungen am Fischbassin diesen früheren Studien einen neuen Sinn. Und wieder steckte tiefe Ironie in dieser Neuentdeckung; denn einer der ersten wissenschaftlichen Aufsätze, die ich je veröffentlichte, beschäftigte sich damit, wie die Herzfrequenz eines Hundes abnimmt, wenn er auf seine äußere Umgebung achtet.[9]

Um die Jahrhundertwende hatte Pawlow zum erstenmal bei Hunden etwas beobachtet, das er „Orientierungsreaktion" nannte. Seine Beschreibung der Orientierungsreaktion umfaßt ein Verhaltensmuster, das wahrscheinlich jeder Leser dieses Buches schon beobachtet hat: Wenn einem Hund ein leises Geräusch oder ein Ton dargeboten wird, oder wenn eine plötzliche Bewegung in seiner Umgebung stattfindet, wird der

Hund jede Tätigkeit unterbrechen und seine Aufmerksamkeit diesem Reiz zuwenden. Der Hund wird regungslos dastehen, seine Ohren spitzen und seinen Kopf hin- und herdrehen, um sich in die Richtung des Reizes zu orientierten. Wie Pawlow feststellte, ist dies ein grundlegender Reflex, ohne den ein Tier in einer ständig sich wandelnden Umwelt nicht fähig wäre, zu überleben und sich anzupassen. Der Reflex ermöglicht es den Tieren, Veränderungen in ihrer Umgebung zu unterscheiden und die ungewohnten Reize von solchen zu trennen, die eine Gefahr darstellen. Pawlow bemerkte, daß die Orientierungsreaktion eine bestimmte Gruppe von Verhaltensweisen umfaßt, die nur dann zu beobachten sind, wenn der Hund seine Aufmerksamkeit auf die Umgebung richtet. Der Reflex erlangte besondere Bedeutung, weil er leicht von anderem Verhalten, wie Kampf-, Flucht- oder Verteidigungsreaktionen zu unterscheiden war. Der gleiche Reiz — nehmen wir an, ein Ton — kann entweder eine Orientierungs- oder eine Verteidigungsreaktion bei einem Hund hervorrufen. Es kommt auf die Reizeigenschaften des Tones an: Wenn der Ton leise ist, wird sich der Hund auf ihn hin orientieren; wenn der Ton aber zu laut ist, wird sich der Hund zurückziehen und defensiv reagieren.

Später wurde die Bedeutung dieses Reflexes für das Kreislaufsystem sehr detailliert von dem russischen Wissenschaftler Professor E. N. Sokolow und auch von einer Gruppe amerikanischer Wissenschaftler untersucht.[30] Sie beobachteten, daß im Verlauf der Orientierungsreaktion, wenn Menschen und Tiere auf ihre Umgebung konzentriert sind, auch charakteristische Kreislaufveränderungen auftreten. Zu den auffälligsten Veränderungen gehörte, wie Sokolow feststellte, daß die Herzfrequenz steil abfällt. Außerdem treten beim Menschen spezifische Veränderungen der Durchblutung auf, die deutlich darauf hinweisen, daß man sich auf seine Umgebung hin orientiert. Wenn Menschen sich auf ihre Umgebung ausrichten oder sich intensiver auf sie konzentrieren, dann verringert sich die Herzfrequenz, während gleichzeitig die Durchblutung des Gehirns zunimmt und die der oberflächli-

216

chen Regionen der Finger zurückgeht. Noch bemerkenswerter war eine weitere Beobachtung Sokolows: Wenn Menschen sich gezielt auf etwas konzentrieren, sind die Gefäßveränderungen anders, als wenn Menschen durch Reize aus der Umwelt verängstigt sind oder sich gegen sie wehren. Sokolows Untersuchungen demonstrierten ausgezeichnet, daß man durch Überwachung von Durchblutung und Herzfrequenz klar unterscheiden kann, ob eine Person aufmerksam der Umgebung zugewandt ist oder ob sie sich gegen diese zu schützen versucht.

Sokolows Buch[31] erschien etwa zur gleichen Zeit, als ich meine Untersuchungen mit Hunden begann. Da wir seine Ergebnisse gern bestätigen wollten, untersuchten wir die Orientierungsreaktion des Herzens an 24 Hunden.[32] Wie Sokolow vorausgesagt hatte, verringerte sich die Herzfrequenz in der Tat beträchtlich, wenn die Hunde auf leise Töne lauschten. Typisch für die Orientierungsreaktionen des Herzens, die wir beobachteten, ist die elektrokardiographische Aufzeichnung in Abbildung 6.9. Aus ihr ist ersichtlich, daß sich die Herzfrequenz des Tieres deutlich verlangsamte, sobald der Ton eingeschaltet wurde.*

Ebenso faszinierend war die Art und Weise, wie die Orientierungsreaktion des Herzens verschwand oder gelöscht wurde, wenn der Hund sich erst einmal an den neuen Reiz gewöhnt hatte. Sofern der Ton wiederholt erklang, hörte der Hund schließlich auf, darauf zu achten, das heißt, der Hund stellte sein Orientierungsverhalten ein. Gleichzeitig mit dem Abklingen der Orientierung fiel die Herzfrequenz des Hundes nicht mehr ab, sobald der Ton eingeschaltet wurde. Gewissermaßen hatte sich der Neuigkeitswert des Tones abgenutzt. Dies ist ein grundlegender Bestandteil des Lernprozesses. Die Fähigkeit, sich an Neues zu gewöhnen, bedeutet, daß das Tier

---

* Eine detailliertere Erörterung dieses faszinierenden Themas ist hier leider nicht möglich; dem interessierten Leser möchte ich jedoch Sokolows Buch sehr empfehlen oder die Übersichtsarbeit von Frances K. Graham und R. K. Clifton.[33]

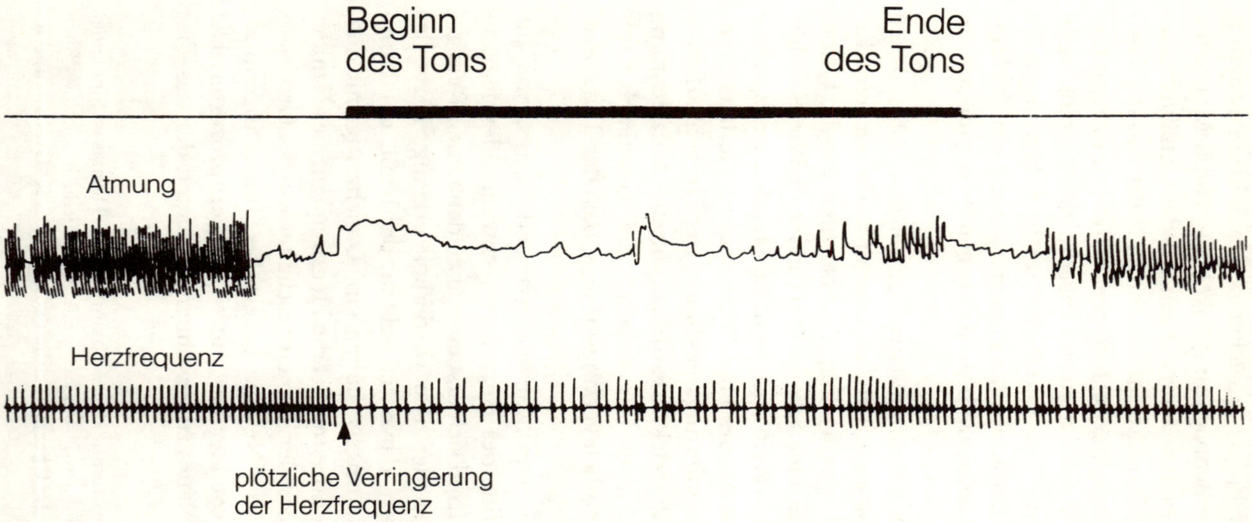

Beginn
des Tons

Ende
des Tons

Atmung

Herzfrequenz

plötzliche Verringerung
der Herzfrequenz

Abb. 6.9: Reaktion von Herzfrequenz und Atmung eines Hundes auf das Erklingen eines leisen Tons. Man beachte das deutliche Absinken der Herzfrequenz, als der Hund auf den Ton achtete.

lernen kann, auf den Ton als einen Teil seiner natürlichen Umgebung zu reagieren. Wenn Tiere auf jeden Reiz reagieren würden, als wäre er andauernd neu, wären sie nicht in der Lage, zu lernen oder sich an ihre Umwelt anzupassen.

Bei der Übertragung dieser Ereignisse auf das menschliche Gespräch begannen wir uns zu fragen, ob Hochdruckpatienten die Zeit, die sie mit Orientieren und Zuhören verbringen, auf ein Mindestmaß verringern und folglich nicht imstande sind, eine natürliche Möglichkeit zur Senkung von Blutdruck und Herzfrequenz zu nutzen. Wie ich bereits angedeutet habe, scheinen sich hypertensive Patienten häufig gegen eine Mitteilung zu verteidigen, anstatt sie genau anzuhören. Auf Worte, die sie veranlassen sollten, aufzumerken und sich mit ihnen auseinanderzusetzen, reagieren diese Patienten wie auf eine Drohung. Ferner fragten wir uns, ob diese Patienten auch deshalb nicht zuhören können, weil die Neuigkeit der ankommenden Botschaften verlorengegangen ist. Diese Möglichkeit erschien uns für die entscheidenden Beziehungen im Leben eines Patienten von zentraler Bedeutung zu sein. Wenn beispielsweise ein Hochdruckpatient nicht mehr auf das Neue in den sprachlichen Mitteilungen des Ehepartners reagieren kann; wenn er im Gespräch nicht mehr aufhorcht; wenn er seinem Partner und dem Neuartigen in seinen Beziehungen keine Aufmerksamkeit mehr schenken kann — hat er dann unbedacht eine natürliche Möglichkeit verloren, seinen Blutdruck zu senken? Wichtiger noch: Wenn die „eingehenden" Botschaften eher ein defensives Zuhören hervorrufen als ein waches Aufhorchen, wird dann jegliches Gespräch den Blutdruck ansteigen lassen?

Diese Beobachtungen und Fragen ermöglichten auch eine neue Betrachtungsweise der verschiedenen alternativen, nicht-medikamentösen Behandlungen, die zur Senkung des Blutdrucks eingesetzt werden. Ob es um transzendentale Meditation, um Entspannung oder Biofeedback ging, zu jeder Methode schien eine Veränderung von Aufmerksamkeitsmechanismen zu gehören. Über die Betonung des tiefen Atmens und der Entspannung verschiedener Muskelgruppen hinaus verlangte jede dieser Techniken auf die eine oder andere Weise, daß man seine Aufmerksamkeit auf ein Objekt oder einen Reiz außerhalb des eigenen Körpers lenkt.

Der Grundgedanke, der sich aus den Tierstudien zur Orientierungsreaktion ergab, unterstrich die zweite Komponente der dialogischen Gleichung. „Die menschliche Kommunikation umfaßt eindeutig zwei miteinander verflochtene Bestandteile — Reden und Zuhören"; und beide üben einen starken Einfluß auf die Regulierung des menschlichen Blutdrucks aus. Das menschliche Gespräch gleicht einer Wippe, deren Auf und Ab vom Gefäßsystem einfühlsam registriert wird. Gestörte Sprechmuster scheinen mit gleichermaßen gestörten Fähigkeiten des Zuhörens einherzugehen.

Als der Computer während der therapeutischen Sitzungen die Blutdruckreaktionen aufzeichnete, wurde erkennbar, daß der Kreislauf nach zwei Seiten auf zwischenmenschliche Kommunikation reagiert: Zusätzlich zu den Blutdruckerhöhungen, wenn eine Person spricht, gibt es ein *Absinken* des Blutdrucks, wenn jemand *zuhört*. Zunächst glaubten wir, der Blutdruck kehre mehr oder weniger reflexartig auf seinen Ursprungswert zurück, nachdem eine Person zu sprechen aufgehört hat; daher entging uns eine Zeitlang der Unterschied zwischen passiver Entspannung und aktivem Zuhören, beziehungsweise dem aufmerksamen Zuwenden zu einer Person. Doch allmählich begannen wir zu erkennen, daß der Blutdruck sinkt, manchmal sogar unter das Ruheniveau, wenn jemand einem anderen zuhört. Immer mehr stellten wir uns den Blutdruck als Teil einer kommunikativen Wippe vor.

In einem normalen Gespräch scheinen sich die Beteiligten oft genug abzuwechseln, so daß der Blutdruck einer Person sich gewöhnlich wieder auf den Ruhewert absenken kann. Doch das Gespräch mit Hochdruckleidenden ist allem Anschein nach nicht nur durch erhebliche Blutdruckerhöhungen beim Sprechen geprägt, sondern auch durch die ebenso deutliche Unfähigkeit zuzuhören, wenn man angesprochen wird.

Anstelle des Zuhörens waren unsere hypertensiven Patienten wohl damit beschäftigt, darüber nachzudenken, was sie als Nächstes sagen wollten, fast, als seien sie beständig in eine Auseinandersetzung oder in einen Kampf verwickelt und nicht in ein gemütliches Gespräch. Statt zuzuhören, schienen sie sich gegen das zu wehren, was andere zu sagen hatten. Ob auf den Therapeuten oder den Ehepartner reagiert wurde, das Muster war ähnlich. Infolgedessen sank der Blutdruck Hypertensiver nicht so schnell, nachdem sie aufgehört hatten zu sprechen, und manchmal fiel er nicht auf das Ruheniveau zurück, wie es normalerweise der Fall ist. Anscheinend gab es noch einen weiteren Teufelskreis, in dem hypertensive Patienten gefangen waren. Da die Blutdruckerhöhungen beim Sprechen eng mit der Höhe des Ruheniveaus verknüpft waren, konnte man sich leicht in einer negativen Feedbackschleife — einem sich hochschaukelnden Prozeß — verfangen, je länger man sich aktiv am Gespräch beteiligte. Jedesmal, wenn eine Person aufhörte zu sprechen, aber ihrem Blutdruck nicht gestattete, auf die Ruhewerte zurückzusinken, war der Druck unbeabsichtigt so eingestellt, daß er beim nächsten Sprechen um so höher steigen würde. Die Wirkmechanismen sowohl der hypertensiven Sprechweise als auch der Fähigkeiten zum Zuhören mußten abgeändert werden. Die Kreislauf-Wippe der Hypertensiven scheint nämlich keinem Rhythmus zu folgen, wenn diese sich mit anderen Menschen unterhalten.

So betrachtet, wurde sonnenklar, daß diejenigen Menschen, die sich sehr persönlich mit Patienten unterhalten, eine wesentliche Rolle für die Herz-Kreislauf-Gesundheit dieser Patienten spielen. Wenn Hochdruckleidende nicht nur beträchtlich ihren Blutdruck erhöhen, sobald sie sprechen, sondern auch Schwierigkeiten haben, anderen zuzuhören oder sich ihrer Umgebung aufmerksam zuzuwenden, dann wird diese Schwierigkeit wahrscheinlich jene Menschen nicht unbeeinflußt lassen, die versuchen, mit solchen Patienten in Kontakt zu treten. Indem wir die Metapher der Kreislauf-Wippe ausdehnten, wurde uns klar: Wenn sich ein Hochdruckkranker auf der einen Seite der Wippe befindet, dann muß auch jemand am anderen Ende sein. Daher war einleuchtend, daß die Gesprächspartner der Patienten mit in den therapeutischen Prozeß einbezogen werden müssen. Sie müssen die gleiche verborgene Welt des Dialogs der Gefäße entdecken, die der Computer uns enthüllt hatte. Der Blutdruck muß im Zusammenhang mit dem Alltagsleben einer Person behandelt werden.

Zwar begann das komplexe wechselseitige Bezogensein im menschlichen Gespräch uns glasklar vor Augen zu treten und fügte sich das Mosaik der Faktoren zusammen, die den menschlichen Blutdruck in Gesprächen beeinflussen; dafür drängten aber andere grundlegende Fragen auf eine Antwort. Ist es speziell das Sprechen, was auf den Blutdruck und die Herzfrequenz wirkt; oder gibt es, wie die Daten allmählich andeuteten, noch etwas ungleich Fundamentaleres, einen Prozeß, der mit der menschlichen Kommunikation als solcher verwoben ist?

Lautlose Kommunikation:
Die Welt der Taubstummen

Um den allgemeinen Unterschied zwischen Sprechen und Kommunikation, bezogen auf die von uns beobachteten Veränderungen in Blutdruck und Herzfrequenz, herauszuarbeiten, untersuchten wir eine Gruppe Gehörloser, während sie sich per Zeichensprache unterhielten.[34] Zur Durchführung dieser Studie gewannen wir Freiwillige, die 1983 an der Jahresversammlung der Taubstummen-Vereinigung von Maryland teilnahmen. 38 weiße Erwachsene (23 Männer und 15 Frauen) stellten sich zur Verfügung, um von Dr. Kenneth Malinow, Jay Foreman und Joseph Lynch ihren Blutdruck überwachen zu lassen, während sie schwiegen und wenn sie anschließend einem Dolmetscher Zeichen gaben. Wie in den meisten anderen Untersuchungen wurden sie aufgefordert, irgend etwas mitzuteilen, das für sie von Interesse war. Die Freiwilligen waren zwischen 23 und 74 Jahren alt, mit einem Durchschnittsalter von 42. Alle bedienten sich der Zeichensprache als hauptsächlicher Kommunikationsweise. Jeder

Freiwillige wurde von Dolmetschern mit gesundem Gehör befragt, die sehr geübt in der Zeichensprache waren.

Das Ergebnis entsprach allen früheren Erfahrungen: Die Stichprobe wies überzufällig deutliche Erhöhungen von Blutdruck und Herzfrequenz auf, wenn die Gehörlosen Zeichen gaben. Noch verblüffender aber war die Tatsache, daß sich auch in dieser Stichprobe die gleichen Trends wie in Gruppen von Sprechenden zeigten, was die Höhe der Druckanstiege betrifft (siehe Abbildung 6.10).

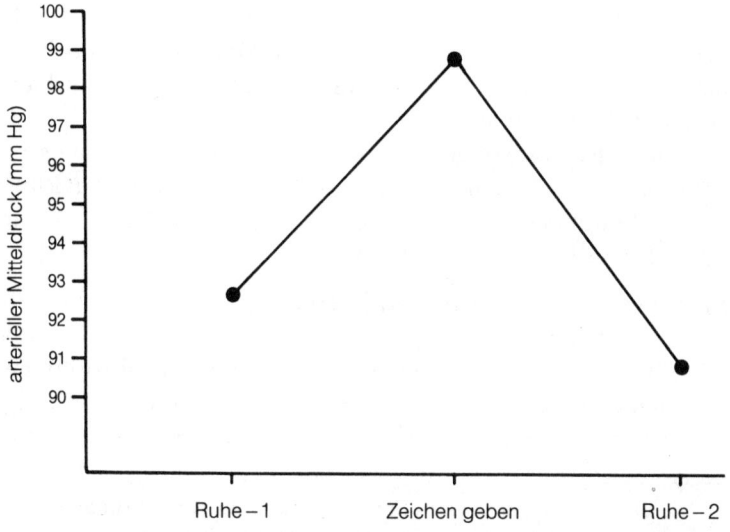

Abb. 6.10
Veränderungen des arteriellen Mitteldrucks in einer Gruppe von achtunddreißig erwachsenen, tauben Männern und Frauen, als sie sich in Zeichensprache unterhielten.

Als diese Gruppe unterteilt wurde in Personen mit niedrigem Ruheblutdruck, mit normalem Ruheblutdruck und solche, die als hypertensiv* eingeschätzt wurden, fanden wir ein getreues Abbild der Trends, die wir bei Sprechenden beobachtet hatten. Je höher der Ruheblutdruck, desto stärker neigte dieser zu Anstiegen, wenn die tauben Menschen Zeichen gaben. Als Untergruppe zusammengefaßt, hatten die Hypertensiven vor dem Zeichengeben einen mittleren diastolischen Blutdruck von 86, der zu einem Durchschnittswert von 103 anstieg, wenn sie in Zeichen sprachen. Wie bei den sprechenden Hochdruckkranken schien auch bei den tauben Hypertensiven keins der eingenommenen Medikamente die Blutdruckerhöhungen beim Zeichengeben wirksam zu unterdrücken. Beispielsweise hatte eine taube Versuchsperson, die das Medikament Aldomet einnahm (ein Medikament, das den Blutdruck kontrolliert, indem es die Aktivität des zentralen Nervensystems blockiert), in Ruhe einen arteriellen Mitteldruck von 94, der auf 169 stieg, als der Mann Zeichen gab — das entspricht einem Gesamtanstieg um 80 Prozent innerhalb von sechzig Sekunden Zeichensprache.

Diese Ergebnisse bestärkten die Auffassung, daß menschliche Kommunikation von Angesicht zu Angesicht zu Blutdruckerhöhungen führt — unabhängig davon, ob man spricht oder sich mit Zeichen verständigt.**

Sprechen, ohne zu kommunizieren:
Der schizophrene Dialog

Die Blutdruckerhöhungen, die wir bei den Taubstummen beobachtet hatten, führten zu einer erneuten Überprüfung unserer ursprünglichen Annahme, daß das Sprechen selbst

---

* Die Einschätzung der tauben Freiwilligen als hypertensiv wurde so definiert, daß sie entweder antihypertensive Medikamente einnahmen oder daß der diastolische Druckwert während der Ruhephase vor dem Zeichengeben höher als 90 lag.
** Diese Ergebnisse ließen uns auch erkennen, daß es nötig ist, eine nichtmedikamentöse Behandlungsmethode für den Bluthochdruck bei Gehörlosen zu entwickeln. Wie für die sprechende und hörende Bevölkerung gilt auch für die Gehörlosen eindeutig, daß sie Kommunikationsschwierigkeiten erleben können, welche die Gesundheit ihres Kreislaufsystems erheblich beeinflussen.

Kreislaufreaktionen hervorrufen kann. Wir grübelten, ob das laute Lesen, während man allein ist, dennoch menschliche Kommunikation enthalten könnte. Natürlich konnten die Studenten in unseren anfänglichen Untersuchungen (siehe Seiten 176-181) angenommen haben, daß wir einen bestimmten Zweck verfolgten, als wir sie baten, laut zu lesen, während sie allein waren. So konnten sie ihre eigene, unspezifische, isolierte Kommunikation geschaffen haben, die aus dem Versuchsaufbau der Studie nicht herauszuhalten war. Vielleicht war ihr Lesen dem Sprechen am Telefon ähnlich, wobei eine andere Person zwar nicht körperlich anwesend, Kommunikation aber eindeutig vorhanden und beabsichtigt ist. Forschungsdaten von Dr. Thomas Pickering und Dr. John Laragh an der Medizinischen Fakultät der Cornell-Universität hatten immerhin nachgewiesen: Bei Patienten, die sie 24 Stunden lang kontinuierlich überwacht hatten, erreichte der Blutdruck oft seine höchsten Werte, wenn der Patient am Telefon sprach.[35]

All diese Fragen brachten uns schließlich dazu, Situationen neu zu analysieren, in denen die Kommunikation selbst ein wirkliches Problem darstellt. Gibt es Situationen, in denen Menschen tatsächlich sprechen, ohne zu kommunizieren? Um diese Frage zu beantworten, fingen wir an, die Blutdruckreaktionen schizophrener Patienten zu erforschen. Schizophrene Patienten waren für uns von besonderem Interesse, weil ihre Krankheit durch sozialen Rückzug gekennzeichnet ist, durch Schwierigkeiten in der zwischenmenschlichen Kommunikation und durch Abweichungen in der Reaktionsfähigkeit ihres autonomen Nervensystems. Wir wollten wissen, wie das Kreislaufsystem Schizophrener reagieren würde, wenn sie mit uns sprachen. Uns waren keine Daten über den Kreislauf bekannt, die während therapeutischer Begegnungen mit solchen Patienten aufgezeichnet worden waren und die den Daten vergleichbar waren, die Wolf über Hochdruckpatienten gesammelt hatte. So hatten wir keine Vorstellung davon, wie sie auf unser Untersuchungsmodell reagieren könnten. Angesichts der weitreichenden Kommunikationsprobleme Schizophrener schien es durchaus möglich, daß ihr Blutdruck blitzartig in die Höhe schießen könnte, wenn sie versuchten, mit uns zu sprechen; ebensogut konnte aber auch herauskommen, daß er sich überhaupt nicht änderte. Wir hatten tatsächlich keine Möglichkeit, das abzuschätzen. Der Blutdruck könnte sogar von Minute zu Minute erhebliche Schwankungen zeigen, wenn Schizophrene sich auf Gespräche einließen.

Ein Medizinstudent im vierten Studienjahr (Dr. John Hsiao) setzte unser Versuchsmodell ein, um die Reaktionen von 37 Patienten zu prüfen, die als schizophren diagnostiziert worden waren. Diese Patienten, von denen seinerzeit keiner stationär behandelt wurde, nahmen an einer Forschungsstudie über die Therapie der Schizophrenie am Psychiatrischen Forschungszentrum Maryland teil.[36] Sie wurden von uns bei einem ihrer Routinebesuche in dieser hochspezialisierten Forschungseinrichtung untersucht.

Das Zentrum liegt einige Meilen südwestlich von Baltimore, ist eines der fortschrittlichsten seiner Art in den Vereinigten Staaten und widmet sich ausschließlich der Erforschung von Ursachen und Behandlung der Schizophrenie.*

Aus zweierlei Gründen wählten wir Patienten dieses Zentrums für die Teilnahme an unserem Versuch. Zum einen kamen sämtliche Patienten zur Zeit unseres Versuchs innerhalb der Gesellschaft zurecht, obwohl sie alle in der Vergangenheit wegen schizophrener Krisen in Krankenhäusern gewesen waren. Viele von ihnen hatten eine Arbeitsstelle und bei vieren waren die Medikamente abgesetzt worden, um festzustellen, ob sie sozial angepaßt leben konnten, ohne für den Rest ihres Lebens von Medikamenten abhängig zu sein. Zum anderen war die Art ihrer schizophrenen Erkrankung von einem hochspezialisierten Forschungsteam sorgfältig dokumentiert und klassifiziert worden, das direkt mit diesen Patienten arbei-

---

* Ich danke Dr. William Carpenter, dem Direktor dieser Einrichtung, für seine Unterstützung bei unseren Untersuchungen.

tete.* Im Gegensatz zu vielen anderen Schizophrenen war die soziale, psychiatrische, medizinische, familiäre und pharmakologische Krankengeschichte dieser Patienten genau bekannt.

Wie in früheren Untersuchungen wurden der Blutdruck und die Herzfrequenz dieser Patienten aufgezeichnet, wenn sie schwiegen, dann mit einem Versuchsleiter sprachen und dann wieder schwiegen. Die Teilnahme an dem Versuch war freiwillig, und die Patienten wurden vorher über die Art der Studie informiert. Während der Sprechphase wurde jeder Patient um eine Schilderung gebeten, was er oder sie während des Tages getan hatte.

Anders als bei sämtlichen anderen Gruppen, die wir vorher untersucht hatten, änderte sich der Blutdruck dieser Patienten beim Sprechen schlichtweg überhaupt nicht, und im Grunde gab es keine Kreislaufveränderungen. Das Sprachverhalten der Patienten wurde auf einer vierstufigen Skala eingeschätzt: gar kein, geringer, normaler, erhöhter Anteil am Gespräch. Bei 29 dieser ambulanten Patienten wurden die Redeanteile im Gespräch mit Dr. Hsiao als normal oder erhöht eingeschätzt, während acht eine verminderte Sprechaktivität zeigten. Der Blutdruck der letzteren Patienten neigte sogar dazu, beim Sprechen zu sinken. Unter den insgesamt 43 Patienten änderte sich bei 15 (41 Prozent) der arterielle Mitteldruck nicht, oder er sank während des Gesprächs mit Dr. Hsiao — dies war ein Reaktionsmuster, das sich auffällig von allen unterschied, die wir in unseren bisherigen Studien gesehen hatten.

Obwohl sich auch bei den vier Patienten, die gar keine Medikamente mehr nahmen, der Blutdruck beim Sprechen nicht erhöhte, könnten dennoch die neuroleptischen Medikamente (antispsychotische Präparate), die von den Patienten

---

* Schwierigkeiten bei der Diagnose und der Mangel an standardisierten Kriterien für die Klassifizierung des Geisteszustandes der Patienten machen die Interpretation von Forschungsdaten auf dem Gebiet der Schizophrenie hochproblematisch.

eingenommen wurden, zu dem Mangel an Blutdruckveränderungen beigetragen haben, den wir in der Gruppe als ganzer beobachteten. Diese Möglichkeit verdient sicher weitere Erforschung; allerdings hatte bei den hypertensiven Patienten keins der verabreichten Arzneimittel eine ähnliche Wirkung hervorgebracht. Zwar müssen diese Ergebnisse als vorläufig betrachtet werden (sie werden in einer ergänzenden Untersuchungsreihe weiterverfolgt); immerhin brachten sie uns aber dazu, einen völlig neuen Aspekt des Problems der Blutdruckregulation zu betrachten, nämlich jene Lebenssituationen, die durch geringe Kommunikation und wenig soziale Interaktion gekennzeichnet sind. (Ausführlicher wird diese Seite des Problems in Kapitel 7 erörtert.)

Die Suche nach Mechanismen*

Wir wußten auch, daß die Merkmale des psychischen, emotionalen und sozialen Kontexts, die bislang in diesem Kapitel beschrieben wurden, den Blutdruck eindeutig über körperliche Mechanismen beeinflussen mußten. Welche Mechanismen sind aber dann in erster Linie beteiligt?

Grundsätzlich gibt es, wie kürzlich Dr. Peter Sterling und Dr. Joe Eyer an der Universität von Pennsylvania zeigten, nur drei physiologische Wege, auf denen der Körper den Blutdruck erhöhen kann: „Der Körper kann (1) die Menge des Salzwassers im Gefäßsystem erhöhen (über die Tätigkeit der Niere); (2) das Volumen des Gefäßsystems vermindern (durch Zusammenziehen der Gefäße); (3) die Geschwindigkeit vergrößern, mit der die Flüssigkeit durch das System gepumpt wird (durch Vergrößerung der Herzleistung)."[37] Diese drei Mechanismen werden in der gängigen physiologischen Formel zusammengefaßt:

*Blutdruck = peripherer Widerstand x Herzminutenvolumen.***

---

* Wegen der Komplexität der physiologischen Faktoren, die den Blutdruck beeinflussen, und wegen der großen Zahl technischer Details auf diesem Gebiet werden hier nur die allgemeinsten Informationen gegeben.

** Wobei das Herzminutenvolumen = Schlagvolumen x Herzfrequenz.

Obwohl es diese Formel theoretisch relativ einfach machen sollte, die verschiedenen physiologischen Faktoren, die Hochdruck verursachen, zu identifizieren und zu gewichten, wurde tatsächlich nur in zehn Prozent aller Fälle die physiologische Ursache des Hochdrucks eindeutig festgestellt. Und obwohl die Hauptkomponenten der Gleichung isoliert wurden, sind die Forscher über die relative Wichtigkeit der einzelnen neurochemischen und physiologischen Faktoren, die diese Mechanismen steuern, sehr unterschiedlicher Meinung. Ähnlich scharfe Auseinandersetzungen drehen sich darum, wie solche Einflußgrößen wie Erblichkeit, Salzaufnahme, Fettleibigkeit oder Renin-Angiotensin (ein Regulationssystem des Salz-Wasserhaushalts; d. Übers.) mit dem Kreislauf in Wechselbeziehung stehen, um eine Blutdruckänderung zu bewirken. Neben diesem komplexen System von Faktoren muß eine andere Tatsache beachtet werden: daß nämlich die physiologischen Mechanismen, die eine kurzzeitige, vorübergehende Blutdruckerhöhung verursachen, nicht dieselben sein müssen, die langzeitige oder anhaltende Druckerhöhungen bewirken. Diese komplexen Wirkgrößen sind kürzlich von Dr. Arthur Guyton, einer führenden Kapazität auf dem Gebiet des Bluthochdrucks, sehr ausführlich zusammengetragen worden.[38]

Fettleibigkeit ist einer der vielen Faktoren, von denen man annimmt, daß sie zum Hochdruck beitragen. Vielleicht lassen sich anhand dieses Beispiels die Komplexität der Fragestellungen verdeutlichen sowie auch die Gründe für die noch immer reichlich vorhandenen und schwerwiegenden Meinungsverschiedenheiten. Fettleibigkeit erhöht eindeutig die Anforderungen an das Kreislaufsystem; denn das Herz muß mehr leisten und größere Kraft aufwenden, um das Blut durch das zusätzliche Körpergewebe zu pumpen. Gleichzeitig kann die Fettleibigkeit aber auch zu ernstlichen Verzerrungen des persönlichen Körperbildes und zu einer Auflösung des Identitäts- und Selbstwertgefühls führen. Die beeinträchtigte Selbstwahrnehmung kann wiederum den psychischen Streß verstärken, insbesondere im Umgang mit anderen Menschen. Und dieser Streß kann dann ebenfalls ein Ansteigen des Blutdrucks verursachen.

Wenn eine Person spricht und eine komplexe Variable wie Fettleibigkeit dabei mit in die Blutdruckgleichung eingerechnet wird, dann können die resultierenden Blutdruckerhöhungen auf jede beliebige der zahlreichen unterschiedlichen Ursachen zurückgeführt werden. Auf der einen Seite kann das Sprechen Atmung und Kreislauf zusätzlich beanspruchen, die durch das Übergewicht des oder der Betreffenden ohnehin überlastet sind. Andererseits kann das Sprechen den Streß verschlimmern, den eine fettleibige Person als Folge ihres negativen Selbstbildes sowieso schon spürt. So kann dieselbe Handlung — das Sprechen — aus sehr verschiedenen Gründen Blutdruckanstiege auslösen und eine Vielfalt physiologischer Mechanismen in Gang setzen, die auf das Herz wirken können.

Die Kenntnis dieser zahlreichen Faktoren, die theoretisch zu Bluthochdruck führen können, veranlaßte einen führenden Experten, Dr. Irvin Page von der Cleveland-Klinik, ein Modell vorzuschlagen, das er als „Mosaik-Theorie" des Hochdrucks bezeichnete. Dr. Page schreibt: „Bluthochdruck kann nach diesem Konzept [also der Mosaik-Theorie] auf verschiedene Weise entstehen und sich auch in vielfältiger Weise fortentwickeln. ... Die Theorie schließt nicht aus, daß der Hochdruck durch eine einzige Ursache ausgelöst werden kann. Aber die Erfahrung zeigt, daß das, was nur ein Faktor zu sein scheint, in der Regel viele Mechanismen umfaßt, die von erblicher Veranlagung bis zu emotionalem Streß reichen."[39]

Selbst mit diesem „Komplexitäts-Vorbehalt" im Hinterkopf bleibt es allerdings wichtig, die körperlichen Mechanismen im einzelnen zu verstehen, die an den Blutdruckerhöhungen beteiligt sind, wenn eine Person spricht.

ATMUNG, KOMMUNIKATION UND BLUTDRUCK

Hochdruckpatienten scheinen vor allem schneller und angespannter zu sprechen, wenn ein Thema sie emotional berührt. Außerdem hören sie anscheinend oft zu atmen auf, wenn sie sprechen, oder sie atmen unregelmäßig. Manche dieser Patienten reden weiter und weiter, bis ihnen buchstäblich die Luft ausgeht. Grammatikalisch ausgedrückt sprechen sie ohne Punkt und Komma — Kommas sind die Stellen in einem Satz, an denen man gewöhnlich innehält, um Luft zu holen. Die Sprechweise Hochdruckkranker ist von einer gewissen Atemlosigkeit gekennzeichnet, so daß solche Menschen selbst dann nicht richtig atmen, wenn sie leise und langsam sprechen. Im Gegensatz dazu sprechen Migränepatienten viel langsamer und entschieden sanfter. Anders als ein Hypertensiver wird ein Migränepatient beim Sprechen manchmal sogar zuviel Luft holen, etwa durch tiefe Seufzer, wenn eine Sache ihn besonders stark aus dem Gleichgewicht zu bringen scheint.

Als wir Ed behandelten, unterbrachen wir anfangs häufig das Gespräch und forderten ihn auf, tief zu atmen, um ein gefühlsbetontes Thema zu beenden. Zunächst sahen wir in dem tiefen Atmen eher eine naheliegende Möglichkeit der Entspannung und eine natürliche Art, das Sprechen zu unterbrechen, als einen Kunstgriff, mit dem man unmittelbar den Blutdruck senken konnte. Doch je länger wir mit Hochdruckpatienten zu tun hatten, desto stärker wurde unser Verdacht, daß die schlechten Atemgewohnheiten, besonders beim Sprechen, einen beträchtlichen Teil ihres Problems ausmachten. Forderte man die Patienten auf, nach einem geeigneten Atemrhythmus zu suchen, waren viele nicht dazu in der Lage. Ein verblüffter Patient bemerkte in diesem Zusammenhang: „Ich weiß nicht, wie ich gleichzeitig atmen und sprechen soll."

Eine umfassende Darstellung der Atemphysiologie würde langatmige Beschreibungen einer Reihe verwickelter Mechanismen erfordern. Von grundlegender Bedeutung ist jedoch schlicht, daß das Sprechen während der „exspiratorischen" oder Ausatmungsphase geschieht. (Ein schneller Selbstversuch zeigt, wie schwierig es ist, gleichzeitig zu sprechen und Luft zu holen.) Während der Exspirationsphase des Atemzyklus treten etliche, gut erforschte physiologische Reaktionen auf. Dazu gehören Anstiege des Drucks innerhalb der *Pleura* — einer zarten, mit Serum angefüllten Doppelhaut, die auf jeder Brusthälfte die Innenseite des Brustkorbes auskleidet

(Rippenfell), umgefaltet ist und auch die Oberfläche der Lunge auf der gleichen Seite überzieht (Lungenfell) — sowie Volumenverminderungen in den Lungenkapillaren, jenem Teil des Gefäßnetzes der Lunge, in dem der Gasaustausch stattfindet. Als Folge dieser Veränderungen erhöhen sich das Schlagvolumen des Herzens und auch das Herzminutenvolumen, also die Blutmenge, die das Herz mit jedem *Schlag*, beziehungsweise pro *Minute* in den Körper pumpt. Als Gesamteffekt all dieser Veränderungen im Verlauf des normalen Atemzyklus *steigt* während des letzten Abschnitts der Einatmung sowie der beginnenden Ausatmung der Blutdruck in den Arterien, und er sinkt dann im restlichen Teil des Atmungszyklus wieder ab. Demnach sind beim normalen Sprechen Erhöhungen des Schlagvolumens, des Herzminutenvolumens sowie des arteriellen Blutdrucks ein fester Bestandteil des natürlichen Atemzyklus.

Im Licht dieser physiologischen Tatsachen stellte sich die Frage, zu welchem Anteil die Blutdruckerhöhungen beim Sprechen durch normale Veränderungen im Verlauf des Atemzyklus zu erklären sind. Um dies zu erkunden, wurden fünfzehn gesunde Freiwillige gewonnen — zwei Männer und dreizehn Frauen (die meisten von ihnen standen in der zweiten Phase der Krankenpflegeausbildung). Sie waren damit einverstanden, an einer Untersuchung teilzunehmen, in der ihr intrapleuraler Druck gemessen werden sollte, während sie mit normaler und hoher Geschwindigkeit sprachen. Da stärkere Schwankungen des Drucks in der *Pleura* einen unmittelbaren Einfluß auf das Herzminutenvolumen haben können, wählten wir als Untersuchungsgröße die phasenweisen Veränderungen des intrapleuralen Drucks beim Sprechen. Im Gegensatz zu den meisten unserer anderen Studien erforderte dieses Experiment, daß jeder Teilnahmebereite gewisse Unannehmlichkeiten über sich ergehen ließ. Um den intrapleuralen Druck zu messen, wurde ein langer, dünner und mit einem Gleitmittel versehener Schlauch durch die Nasenhöhle eingeführt. Dieser Katheter, an dessen Ende ein kleiner Gummiballon befestigt war, wurde die Speiseröhre der Versuchsperson hinuntergeschoben, bis genau über das Zwerchfell. Nachdem der Schlauch in die richtige Stellung gebracht war, wurde der Ballon mit 15 Milliliter Luft gefüllt, bis er den Druck registrieren konnte, mit dem die Lungen gegen die Wände der Speiseröhre drückten. So konnte der intrapleurale Druck fortlaufend gemessen werden, wenn die Versuchsperson schwieg und wenn sie sprach.[40]

Nachdem der Ballon aufgeblasen war, zeichnete eine Krankenschwester, Marycarol Rossignol, fünf Minuten lang Blutdruck und intrapleuralen Druck auf, während die Versuchspersonen schweigend sitzenblieben. In den nächsten zehn Minuten wurden diese Meßgrößen parallel überwacht, während die Versuchsteilnehmer laut vorlasen, zunächst mit normaler, dann mit höherer Geschwindigkeit. Wie in allen vorhergehenden Studien stiegen Blutdruck und Herzfrequenz deutlich an, als diese Studenten laut zu lesen begannen. Das gleiche galt für den intrapleuralen Druck: Er erhöhte sich, wenn eine Person sprach, und stieg um so stärker, je mehr das Sprechtempo zunahm. Doch obwohl intrapleuraler und Blutdruck zueinander in Beziehung standen, erhöhten sich Blutdruck und Herzfrequenz in einem weit größeren Ausmaß, als nach den intrapleuralen Druckanstiegen allein zu erwarten gewesen wäre. Folglich erklärten Veränderungen des Lungenvolumens nur teilweise die Höhe der Blutdruckschwankungen, die wir beobachtet hatten.

DER PERIPHERE WIDERSTAND: MIT DEN HÄNDEN SPRECHEN

Da der periphere Widerstand eine der beiden Größen ist, die den Blutdruck am stärksten bestimmen (vergleiche Kapitel 2), wandten wir als nächstes dieser Komponente der Blutdruckgleichung unsere Aufmerksamkeit zu. Der Faktor „Widerstand" in dieser Gleichung bezieht sich hauptsächlich auf den Widerstand, den die kleinen Arteriolen — die haarfeinen Gefäße, in die eine Arterie sich an ihrem Ende aufspaltet — dem Blutfluß entgegensetzen. Die Größe des Widerstandes verändert sich in umgekehrtem Verhältnis zum Innendurchmesser der Arteriolen; das heißt, wenn die Arteriolen sich zusammenziehen, erhöht sich der Druck in den größeren Arterien vor ihnen; wenn sie sich erweitern, vermindert er sich.

Der Widerstand der Arteriolen wird entscheidend durch das autonome Nervensystem bestimmt, das seinerseits wiederum erheblich durch psychischen Streß beeinflußt wird. Die Frage ist: Verändert sich der periphere Widerstand, wenn eine Person spricht? Zur Beantwortung dieser Frage wurden zehn Versuchspersonen von einer Krankenschwester, Gail Holcomb, überwacht, während sie schwiegen und während sie in normaler sowie erhöhter Geschwindigkeit mit einem Versuchsleiter sprachen. Außer den üblichen Aufzeichnungen von Herzfrequenz und Blutdruck wurde bei jeder Person die periphere Durchblutung im Daumen* gemessen, und zwar mit Hilfe einer lichtaussendenden Diode, die man als „Photoplethysmographen" (abgeleitet von dem griechischen Wort *pletheim,* „Blutfülle") bezeichnet. Dieses Instrument richtet einen Lichtstrahl durch die Haut auf das Adernnetz, und die Intensität des Lichtes, das reflektiert wird, zeigt die Blutmenge an, die durch das betreffende Gebiet fließt.

Wieder stieg wie in früheren Untersuchungen der Blutdruck aller zehn Freiwilligen, wenn sie sprachen; und wieder war die Höhe des Anstiegs der Sprechgeschwindigkeit proportional. In Einklang mit diesen Blutdruckschwankungen traten plötzliche und statistisch weit überzufällige Änderungen der Durchblutung im Daumen auf, sobald eine Person zu sprechen begann; und der Widerstand war um so größer, je schneller die Versuchsperson sprach.[41]

Diese Studie bestätigte unsere Vermutung, daß der periphere Widerstand bei Blutdruckerhöhungen während des Sprechens eine bedeutende Rolle spielt.

---

* Der Widerstand der oberflächlichen Blutgefäße im Daumen beschreibt die Veränderungen des Widerstands der Arteriolen im ganzen Körper keineswegs vollständig; vielmehr spiegelt er Schwankungen in einem umschriebenen Gebiet.

DAS SPRECHEN UND DIE BIOCHEMIE DES KÖRPERGEWEBES*

Zu den Hauptfunktionen der Kapillardurchblutung gehörten die Sauerstoffversorgung des Gewebes und ebenso der Abtransport von Kohlendioxid. Aufgrund der peripheren Widerstandsänderungen erwarteten wir, daß beim Sprechen auch Schwankungen im Sauerstoffgehalt des Gewebes auftreten könnten.

Für die Messung benutzten wir ein Aufzeichnungsgerät mit der Bezeichnung Transkutaner PCO_2-Monitor (*transkutan* bedeutet „quer durch die Haut"). Damit stellten wir bei zwanzig Studenten, die sich dazu bereiterklärten, den Sauerstoffgehalt des Gewebes direkt unter der Hautoberfläche des Unterarms fest. Wir wählten den Unterarm, weil etliche Forscher nachgewiesen hatten, daß die Gefäße in dieser Region bemerkenswert stark auf psychischen Streß reagieren.[42] Diese Wissenschaftler hatten gezeigt, daß zwar die Durchblutung an den Oberflächen der Extremitäten, wie den Fingern, bei psychischem Streß sinkt, aber gleichzeitig die Durchblutung im Unterarmgebiet zunimmt. Wir erfaßten zusammen mit dem Blutdruck und der Herzfrequenz minütlich die Schwankungen des Sauerstoffgehalts im Gewebe gemäß unserem üblichen Versuchsaufbau. Wie in allen anderen Studien stiegen Herzfrequenz und Blutdruck erheblich an, wenn die Studenten mit einem Versuchsleiter sprachen. Der Sauerstoffgehalt im mikroskopisch feinen Gewebe des Unterarms stieg ebenso schnell und dramatisch an wie der Blutdruck. Die Sauerstoffzunahme im Gewebe legte nahe, daß die Durchblutung dieses Gewebes sich verstärkt hatte.** Diese Erhöhung hatten wir zwar vorausgesehen, doch die vorherige Untersuchung hatte eine verminderte Durchblutung des Daumens erbracht (also wäre eigentlich eher Verminderung des Sauerstoffgehalts zu

* Ich danke besonders Dr. Thomas Hobbins, dem Leiter des Lungenfunktionslabors der Universitätsklinik Maryland für seine Hilfe bei diesen Studien.

** Obwohl unwahrscheinlich, konnte auch ein plötzlicher Abfall des Sauerstoffverbrauchs im Gewebe für diese Änderung verantwortlich sein.

erwarten gewesen). Dieser scheinbare Widerspruch unterstreicht allerdings bloß, daß die Reaktionsweise der Gefäße in verschiedenen Gefäßabschnitten oder verschiedenen Körperteilen unterschiedlich ist, wenn Menschen sprechen.

Alle zwanzig Studenten zeigten die gleiche Reaktion. Es trat eine sofortige Veränderung der Blutgase im Gewebe des Unterarms auf, sobald sie sprachen.[43] Die Ergebnisse in bezug auf den Sauerstoffgehalt des Gewebes waren wegen ihrer Einheitlichkeit und des Ausmaßes der Veränderungen sogar noch erstaunlicher. Nicht ein einziger Student sprach, ohne daß der Gewebesauerstoff in der Unterarmregion merklich anstieg.

DIALOG, DER ZU HERZEN GEHT: DAS HERZKATHETERLABOR

Um die Mechanismen der Blutdruckreaktion auf Kommunikation weiter aufzuklären, bezogen wir auch das Herzkatheterlabor der Universitätsklinik Maryland in unsere Studien ein.*

Die technische Ausstattung eines Herzkatheterlabors erlaubt eine eingehende Überprüfung des Herzens und des Kreislaufsystems. Derartige technische Mittel sind unverzichtbar, um verschiedene Herz-Kreislauferkrankungen festzustellen, einschließlich solcher der Herzkranzgefäße. Die Technik der Herzkatheterisierung gestattet die gleichzeitige Bestimmung einer Anzahl kreislaufdynamischer Einflußgrößen und gab uns die Möglichkeit, die zweite Hauptkomponente der Blutdruckgleichung zu untersuchen — das Herzminutenvolumen.

Bei vierzehn Patienten, die in dieser Abteilung von Frances Wimbush überwacht wurden, wandten wir das beschriebene Schweigen-Sprechen-Schweigen-Modell an. Die meisten

---

* Ich bin dem Direktor des Herzkatheterlabors an der Universitätsklinik Maryland, Dr. Robert T. Singleton, sehr dankbar für seine großzügige und freundliche Unterstützung bei diesem Forschungsprojekt und ebenso den Krankenschwestern und Medizinstudenten, die beim Erheben dieser Daten halfen. Besonders bedanke ich mich bei Patricia Lehr und Nadine Semer für ihre Hilfe.

dieser Patienten zeigten beim Sprechen folgende Veränderungen:

1. Das Herzminutenvolumen stieg;
2. der Druck in der Hauptschlagader erhöhte sich;
3. die Herzfrequenz nahm zu.

Demnach deuteten unsere Beobachtungen im Herzkatheterlabor darauf hin, daß die Blutdruckveränderungen während des Sprechens durch das Zusammenwirken mehrerer Faktoren ausgelöst wurden, einschließlich der Erhöhung des Herzminutenvolumens und des peripheren Widerstandes.[44]

Um nachzuweisen, daß diese Veränderungen am Herzen nicht bloß durch den Streß verursacht wurden, den der Vorgang der Katheterisierung selbst hervorruft, überprüften wir am folgenden Tag noch einmal jeden Patienten in seinem Krankenzimmer. Dabei ergaben sich völlig entsprechende Anstiege der Herzfrequenz und des Blutdrucks wie im Katheterlabor. Nicht überraschend war freilich, daß der Blutdruck im Katheterlabor deutlich höher lag, was eben höchstwahrscheinlich auf den Streß zurückzuführen ist, den eine so komplizierte diagnostische Prozedur mit sich bringt.

Sicher sind unsere Untersuchungen der physiologischen Mechanismen, die den Blutdruckerhöhungen beim Sprechen zugrunde liegen, keineswegs vollständig. Viele weitere Studien werden erforderlich sein, um im einzelnen die Mechanismen ausfindig zu machen, auf denen das Zusammenwirken von Sprechen und Blutdruck basiert. Trotzdem erscheinen gewisse Schlußfolgerungen wissenschaftlich gesichert.

Während des Sprechens tritt eine stattliche Reihe physiologischer Veränderungen auf. Dazu gehören Veränderungen des intrapleuralen Drucks, der Herzfrequenz, des peripheren Widerstandes, des Blutdrucks, des Herzminutenvolumens und des Sauerstoffgehalts im Körpergewebe. Wir begannen unsere Studien, um unser Wissen über die Mechanismen des Wechselspiels zwischen Blutdruck und Kommunikation zu erweitern. Doch wir mußten entdecken, daß das menschliche Gespräch weit verzwickter und vielschichtiger ist, als wir uns je träumen ließen, und wir gewannen nicht nur Kenntnisse,

237

sondern ein ganz neues Bild vom menschlichen Körper. Der gesamte Körper, bis hinab zur mikroskopischen Ebene der Blutzirkulation und des Gasaustausches in einzelnen Geweben, ist am Dialog beteiligt. Da jede Zelle im menschlichen Körper über das Kreislaufsystem ernährt wird, wird jede einzelne dieser Zellen, zumindest der Möglichkeit nach, durch das menschliche Gespräch beeinflußt. Folglich wird, sobald wir sprechen, der ganze menschliche Körper aktiviert, mag dies auch für das bloße Auge und das lauschende Ohr kaum wahrnehmbar sein. Es ist, wie wenn man nachts in einem dunklen Haus das Licht einschaltet: Jedes Fenster erhellt sich.

7
DIE SOZIALE MEMBRAN

Sie [Pasteurs Kritiker] sagten, er [Pasteur] sei zu einseitig mit der augenscheinlichen Ursache der Krankheit beschäftigt: mit der Mikrobe selbst. Tatsächlich gab es hierüber zwischen Pasteur und seinem großen Zeitgenossen Claude Bernard viele Auseinandersetzungen; der erstere bestand auf der vorrangigen Bedeutung des Krankheitserregers, der letztere auf der des stabilen Gleichgewichts im Körper. Doch Pasteurs Arbeiten über Immunität, die mit Hilfe von Seren und Impfstoffen herbeigeführt wird, zeigen, daß er den Einfluß des Milieus durchaus erkannt hat. Jedenfalls ist es recht bezeichnend, daß Pasteur diesem Punkt ein solches Gewicht beigemessen hat, daß er auf seinem Totenbett dem ihn betreuenden Professor A. Renon sagte: „Bernard avait raison. Le germe n'est rien, c'est le terrain qui est tout." (Bernard hat recht gehabt. Die Mikrobe ist nichts, das Milieu ist alles.)
Hans Selye, *The Stress of Life*

Eine nützliche Angewohnheit

Als wir uns zum erstenmal begegneten, war Philip nicht krank, jedenfalls nicht im herkömmlichen Sinne; er war auch nicht mein Patient. Nein, er war einfach ein typischer Fall jener drei- oder vierhundert Menschen, deren Blutdruck ich während meiner zahlreichen öffentlichen Vorträge in den vergangenen sechs Jahren kontrolliert hatte. Ich hatte mir angewöhnt, nach Freiwilligen zu fragen, die ihren Blutdruck im Verlauf meines Referats messen ließen. So konnte ich den Zuhörern die Verknüpfung von Sprechen und Blutdruck demonstrieren, da sie diese sonst vielleicht von sich gewiesen oder die Forschungsergebnisse unserer Klinik nicht gebührend gewürdigt hätten.

Der äußere Rahmen für den Vortrag war eine öffentliche Veranstaltung an der Universität Melbourne, die von etwa 250 Studenten und interessierten Laien besucht wurde. Gegen Ende einer zehntägigen Vortragsreise 1979 in Australien stand ich eines Abends in einem jener modernen Chemie-Hörsäle, bei denen das Podium im unteren Teil des Raumes versinkt, während die Sitzreihen zum hinteren Teil des Saals höher aufsteigen. Wie üblich fragte ich, ob jemand so freundlich sei, sich freiwillig zur Verfügung zu stellen und Blutdruck und Herzfrequenz aufzeichnen zu lassen.

Ganz hinten im Saal hob ein junger Mann seine Hand. Dann kam er munter die Stufen zum Vorlesepult hinunter gehüpft. Er wirkte auf alle Welt wie ein Überbleibsel aus der Hippie-Generation der sechziger Jahre. Mit einem hellroten Sweatshirt, Blue Jeans, Tennisschuhen und mit einem etwas zerzausten Bart, der sein Gesicht verbarg, hob dieser junge Mann sich deutlich von der eher förmlich gekleideten Mehrheit des Publikums ab.

Erst als er am Podium angekommen war, fiel mir auf, daß es keinen Stuhl gab, auf den er sich hätte setzen können, und so fragte ich ihn, ob er sich auf den Labortisch setzen könne, der sich über die ganze Länge der Stirnseite des Saales erstreckte. Er war sofort einverstanden und fand schnell einen bequemen Platz zwischen einer Reihe von Gashähnen und Bunsenbrennern.

240

Ich machte mich daran, fünf Minuten lang Philips Blutdruck und seine Herzfrequenz mit dem Computer zu messen, wobei er schwieg. Nach jeder Messung notierte ich Blutdruck und Herzfrequenz auf einer großen Wandtafel, um den Zuhörern eine Vorstellung von der Veränderlichkeit seines Gefäßsystems zu vermitteln und um ihnen später die Veränderungen vor Augen führen zu können, wenn Philip sprach.

Während ich in meinem Vortrag fortfuhr, blieb Philip schweigend sitzen. Nach drei Messungen, bei denen sein Blutdruck den völlig normalen Wert 120 zu 60 hatte und seine Herzfrequenz bei 60 Schlägen pro Minute lag, bemerkte ich in der Mitte des Saales einige Frauen mittleren Alters, die einander herzlich anlachten. Ich nahm an, sie lachten entweder über meinen Akzent oder etwas, das ich gesagt hatte, und fragte sie, was so komisch sei.

„Ach, nichts", kicherte eine der Frauen, während ihre beiden Freundinnen nicht länger an sich halten konnten und laut herausplatzten.

„Nur zu, seien Sie doch nicht so schüchtern", ermunterte ich sie. „Was ist so lustig? Ist es mein Akzent?"

„Nein, es ist wirklich nichts — äh, wir möchten es nicht sagen."

Halbherzig baten sie um Verständnis, gleichzeitig lachten sie noch lauter.

„Nun, wenn Sie es nicht erzählen wollen, dann müssen Sie als nächste herunterkommen und Ihren Blutdruck messen lassen."

Die Drohung schien zu wirken, denn eine der Frauen rief aus: „Also gut, dann machen Sie mir bitte keine Vorwürfe, weil ich es erwähne — aber weiß der junge Mann, daß er zwei verschiedenfarbige Socken trägt?"

Ich warf einen Blick auf die Füße des jungen Mannes — und in der Tat, sie hatte recht! Er trug eine schwarze und eine rot-gelbe Socke. Bevor ich die Situation retten konnte, brach die ganze Zuhörerschaft in Lachen aus. Ich meinte ihm helfen zu sollen, doch er schien die Situation genauso spaßig zu finden wie alle anderen, obwohl 250 Menschen über ihn lachten!

Da ich keine direkte Möglichkeit sah, ihm beizustehen, nahm ich meine Lesung in der Hoffnung wieder auf, daß das Publikum seine Aufmerksamkeit nun erneut mir zuwenden würde. Der junge Mann lächelte weiter still vor sich hin, während das Lachen allmählich verebbte. Der Computer, der ganzen Szene neutral gegenüberstehend, fuhr fort, jede Minute den Blutdruck des jungen Mannes aufzuzeichnen. Zu meiner großen Überraschung protokollierte der Computer keine Reaktion des Blutdrucks oder der Herzfrequenz auf das Lachen. Eine Minute, nachdem alle ihn ausgelacht hatten, wurde Philips Blutdruck immer noch mit 118 zu 60 gemessen; und zwei Minuten später waren es auch nur 120 zu 61. Das Erlebnis, von all diesen Leuten ausgelacht zu werden, hatte praktisch keinerlei Auswirkungen auf seinen Blutdruck.

Wegen dieses unerwarteten Befundes ließ ich die Blutdruckmessungen noch ein paar Minuten weiterlaufen, bevor ich Philip bat, zum Publikum zu sprechen. Sein Blutdruck blieb bis dahin völlig normal. Dann fragte ich: „Würden Sie uns sagen, wer Sie sind; dann erzählen Sie uns bitte irgend etwas, über was Sie gern ein paar Minuten lang reden möchten." Es war eine Standardaufforderung, die ich schon Hunderte von Malen in ähnlichen Situationen vorgebracht hatte.

Mit einem weichen, aber stark englischen Akzent fing der junge Mann an, zu den Zuhörern zu sprechen: „Hallo — äh — mein Name ist Philip Attenborough." Für einen Augenblick verlor er sich in Gedanken, dann fuhr er fort: „Ich habe mich freiwillig für das Experiment zur Verfügung gestellt, weil ich dachte, es wäre eine wunderbare Gelegenheit, einmal mit einigen Australiern zu plaudern. Es war ein ziemlicher Kulturschock für mich, als ich mich hier in Melbourne wiederfand, nachdem ich gerade vier Wochen vorher aus Mittelengland ausgewandert war. Ich hatte mir schon gedacht, daß es eine schwierige Umstellung werden würde, von zu Hause wegzugehen und all das; aber, mein Gott — ich will es Ihnen ruhig sagen — es war absolut fürchterlich. Nicht, daß Ihr Land nicht schön wäre, wohlgemerkt, oder daß die Jobchancen hier nicht besser sind als in Manchester — aber ich kenne keine einzige verdammte Menschenseele in diesem Land, ich möchte fast sagen — ich glaube, ich sterbe vor Einsamkeit."

Etwa eine weitere Minute lang erzählte Philip dem Publikum von sich: daß er ein an der Universität ausgebildeter Chemotechniker sei, 28 Jahre alt, und daß er hoffe, sich in Australien eine angenehme Existenz aufbauen zu können. Er erwähnte auch, daß er sich freiwillig für das Experiment gemeldet habe, weil er hier zum erstenmal die Gelegenheit hätte, über seine Gefühle zu sprechen, seit er in seiner Wahlheimat angekommen war.

Während der ganzen Zeit, die er sprach, lächelte er freundlich und wirkte ungezwungen. Doch sein Blutdruck, der so unbewegt geblieben war, als das gesamte Publikum über seine nicht zueinander passenden Socken gelacht hatte, erzählte eine andere Geschichte. Der Blutdruck schwoll auf 205 zu 115 an, und das Herz hämmerte mit 130 Schlägen pro Minute.

Sowohl Philips Mitteilungen als auch die Kreislaufveränderungen hinter seiner ruhigen Fassade lösten auf der Gegenseite beim Publikum eine Welle von Herzlichkeit und Anteilnahme aus, wie ich sie vorher oder auch später selten erlebt habe. Jeder im Raum strahlte förmlich Wärme aus. Die australischen Zuhörer sprudelten eine Flut von Vorschlägen hervor, von denen sie glaubten, sie könnten Philip helfen, sich in seinem neuen Leben einzurichten; und als sie sprachen, fiel sein Blutdruck schnell wieder auf 115 zu 55 ab; seine Herzfrequenz sank auf 60 Schläge pro Minute.

Während die Australier Philip weiterhin Anregungen gaben, schweiften meine Gedanken kurz zu Charles Darwin ab, vielleicht, weil dieses weite und herrliche Land für die Ausarbeitung seiner Überlegungen wichtig gewesen war. Ich dachte über Darwins Theorie der Emotionen nach und seine Ansicht, es sei eine nützliche Angewohnheit, seine Gefühle auszudrücken.* Ich fragte mich, was wirklich so „nützlich" an der

---

* In Kapitel 9 werde ich ausführlich erörtern, welche Bedeutung Darwins Beiträge für den Gesamtrahmen haben, in dem Wissenschaftler heutzutage Emotionen erforschen.

Art war, in der Philip seine Gefühle ausgedrückt hatte. War sein Lächeln einfach ein Weg, die tiefen Empfindungen zu verdecken, die in seinen Blutgefäßen verborgen waren? Bereitete sein Körper sich darauf vor, zu kämpfen oder zu fliehen, und war sein Lächeln eine Methode, die furchtbare Bedrohung durch das Publikum abzuwehren? Und warum reagierte sein Gefäßsystem nur, wenn er sprach? Warum hatte sich sein Blutdruck nicht schon auf Kampf oder Flucht eingestellt, bevor er zu sprechen anfing? Waren seine Worte wirklich ein so starkes auslösendes Moment? Und wenn irgendein urwüchsiger Anteil seiner Natur weglaufen oder kämpfen wollte, warum gab dann ein anderer Teil offen seine Einsamkeit zu? Warum versuchte Philip symbolisch mit Worten gerade die Menschen zu umarmen, die auch seinen Blutdruck in die Höhe schießen ließen, wenn er mit ihnen sprach?

Als ich über diese Fragen nachdachte, kam mir plötzlich die entscheidende Bedeutung des sozialen Kontextes der Blutdruck-Demonstrationen zu Bewußtsein. Die enge Beziehung zwischen Philips sprachlichen Äußerungen und den Veränderungen seines Blutdrucks sowie seiner Herzfrequenz machte mir schlagartig und unmißverständlich klar, daß die Verknüpfungen von Sprechen und Gefäßreaktionen etwas Einzigartiges und Gewaltiges an sich hat. Obwohl ich in den vorhergehenden Jahren Zeuge von Hunderten vergleichbarer Blutdruckveränderungen gewesen war, wenn Menschen vor einem größeren Publikum gesprochen hatten, war der allgemeinere soziale Zusammenhang des Phänomens meiner Aufmerksamkeit entgangen. Zugegeben, ich hatte noch nie erlebt, daß die gesamte Zuhörerschaft jemanden auslachte; die einzigartige Wechselwirkung zwischen Sprechen und Kreislauf war jedoch unter so vielen Umständen aufgetreten, daß ich sie bei meinen Vorträgen einsetzte, um die Durchgängigkeit und Vorhersagbarkeit dieser Verbindung zu demonstrieren.

Jetzt fragte ich mich auf einmal, warum nicht allein der Streß, vor einer großen Zuhörerschaft zu sitzen, den Blutdruck ansteigen ließ. Philips Blutdruck war völlig normal, solange er schwieg; und obwohl 250 Leute auf Philip blickten, blieb der Blutdruck normal — sogar, als sie Philip auslachten. Ähnlich hatten Hunderte von anderen Freiwilligen einen vergleichsweise niedrigen Blutdruck und Herzschlag bewahrt, wenn sie schwiegen. Obwohl die Blutdruck- und Herzfrequenzerhöhungen beim Sprechen sehr auffällig waren, war uns die relative Kreislauf-Ruhe von Freiwilligen, die schweigend vor einer großen Gruppe saßen, zuvor nie bemerkenswert erschienen. Offenbar veränderte das Sprechen selbst die Beziehung einer Person zu ihrem sozialen Umfeld in ganz anderer Weise als das Schweigen in derselben Umgebung.

Als ich einige Tage später heimflog, dachte ich weiter über Philip nach, über seine Einsamkeit und den Kontakt zwischen ihm und dem ungeheuer mitfühlenden australischen Publikum. Erneut wiederholten sich die Fragen; und wieder drängte sich der soziale Kontext der menschlichen Kommunikation und des Herz-Kreislaufsystems in mein Bewußtsein. Waren sein Körper und sein verborgenes Leiden wirklich gänzlich abgetrennt von den Körpern und Gefühlen der Zuhörer? Zunächst erschien mir diese Frage verrückt. Natürlich sind Körper voneinander getrennt. Zwei Menschen haben getrennte Herzen, getrennte Kreisläufe, getrennte Gehirne und getrennte Gliedmaßen; also sind wir eindeutig voneinander getrennt. Die Nabelschnur, das ursprüngliche Band der Einheit, wird bei der Geburt durchschnitten, so daß jeder einzelne von uns abgetrennt und abgesondert zurückbleibt, bis der Tod uns schließlich ins große Ungewisse davonträgt.

Und gibt es nicht eine ausgefeilte, im späten zwanzigsten Jahrhundert stark erweiterte, physiologische Theorie, die uns hilft, diese Getrenntheit zu begründen? Haben nicht Cannons Begriff der Homöostase und Claude Bernards „inneres Milieu" erklärt, wie weitgehend unsere Körper voneinander getrennt sind? In keiner Theorie ist die Getrenntheit unserer Körper so vollständig wie bei Cannons Vorstellung vom homöostatischen Gleichgewicht. Diese Theorie beschreibt die „eingebaute" Art und Weise, in der jeder Körper sich von anderen getrennt halten muß, die Art, wie jeder Körper sich einstellt auf die geringsten Veränderungen in der Außenwelt jenseits der Grenzen seiner Haut. Wenn es zu warm ist, schwitzt der Körper ausgleichend; und wenn es zu kalt ist, kann der Körper ausgleichend zittern. Körper sind isolierte Gebilde, auf sich gestellt und ab der Geburt für immer getrennt. Das schien selbstverständlich.

Meine Beine begannen durch das lange, eingezwängte Sitzen im Flugzeug zu schmerzen, und ich grübelte über diese Tatsache nach. Gewiß waren meine Schmerzen „einzigartig"! Natürlich war mein Körper eine Einheit für sich! Mein Schmerz war etwas anderes als Philips Einsamkeit. Körper sind eben voneinander getrennt. Jeder Gedanke an das Gegenteil mußte der Verwirrung zuzuschreiben sein, die — wie immer — eintrat, als das Flugzeug nordwärts über den Äquator dröhnte und sich Tag in Nacht und Frühling in Herbst umwandelten.

Doch die Frage nagte unablässig an mir. Was wäre, wenn wir in Wirklichkeit viel weniger vereinzelt und getrennt wären, als man uns glauben machte? Was, wenn all unsere Körper Teil eines viel größeren Körpers sind — des Gemeinschaftskörpers der Menschheit? Ersetzt das menschliche Gespräch vielleicht wirklich die bei der Geburt verlorene Nabelschnur; ist es eine fest verankerte Rettungsleine, die uns nach der Geburt weiterhin vereint? Ernähren wir uns alle über einen einzigen, unsichtbaren, gemeinsamen Mutterleib, den wir nicht fühlen können, weil er uns umschlingt? Sämtliches wissenschaftliche Beweismaterial legt aber doch nahe, daß unsere Körper einzelne, gesonderte und homöostatisch regulierte Organismen sind, die mit der Geburt in ein endloses Universum gestoßen werden. Irgendwo nordnordwestlich der Weihnachtsinsel, auf elftausend Metern Höhe, in der kristallenen Dunkelheit der Tropen, während meine Beine immer noch schmerzten und meine Gedanken immer noch umherwanderten, sank mein Körper langsam in tiefen Schlaf.

Der Sprechende und seine Welt

Das Bild von Philip und die Fragen zur Beschaffenheit des zwischenmenschlichen Verwobenseins individueller physischer Körper tauchten etliche Jahre später in einer überraschenden Versinnbildlichung wieder auf. Es handelte sich um eine neue Art von Nabelschnur, einen haltgebenden und versorgenden Lebensstrang in Form von Sauerstoffschläuchen aus Polyäthylen, die frei schwingend in der Schwerelosigkeit des Weltraums schwebten und mit einem neuartigen Mutterleib verbunden waren, der von hitzebeständigem Metall umschlossen war.

Diese Bilder aus dem Weltall eröffneten mir einen neuen Weg, über die Kräfte nachzudenken, die den menschlichen Blutdruck beeinflussen. Nicht, daß der menschliche Blutdruck nicht den vielen physikalischen Kräften gehorchte, von denen wir bereits wissen, daß sie hier auf unserem Raumschiff Erde unser Gefäßsystem belasten; vielmehr wurde im weiteren Verlauf unserer klinischen und wissenschaftlichen Studien deutlich, daß ein entscheidender Aspekt unserer Lebenssphäre in den Gleichungen ausgelassen worden war. Das Fehlen dieser Dimension — des wechselseitigen Bezogenseins der Menschen aufeinander — hatte nachhaltig den Blick für die wirklichen „Gravitationskräfte" getrübt, welche die Gesundheit des menschlichen Kreislaufsystems bestimmen.

Irgend etwas an diesem Bild von ein paar Männern, die zusammengepfercht in der Beengtheit einer Metallkapsel schwerelos durch das unwirtliche All trieben, hatte in neuer Weise mein Bewußtsein dafür geschärft, wie sehr die menschliche Existenz auf Wechselbeziehungen gegründet ist. Ohne daß ein Mensch zum Menschen spricht, vereint im menschlichen Gespräch, wäre das endlose Universum, so betörend es in seiner Schönheit ist, ein bestürzend leerer und einsamer Ort. Ohne menschliche Augen und Ohren, ohne einen Mund, der die Schönheit und die Schrecken eines Universums beschreibt, das sich ins Unendliche erstreckt, wäre dort draußen nichts als lautlose Leere.

Die Bilder aus dem All führten mir vor Augen, daß die erdgebundene Physik des menschlichen Blutdrucks, die medizinische Gleichungen für die Kreislaufregulation hervorgebracht hatte, irgendwie das zwischenmenschliche Universum der menschlichen Existenz verfehlt hatte. Statt dessen hatten medizinische Wissenschaftler das Universum des einzelnen Menschen zu erforschen versucht und jeden Menschen getrennt vom anderen und von der übrigen Natur betrachtet. In dem Maß, wie unsere Daten immer deutlicher die Verknüpfung zwischen Blutdruckerhöhungen und Sprechen einerseits sowie andererseits die Blutdrucksenkungen beim Zuhören, beim Konzentrieren und Orientieren bestätigten, wurde auch die Bedeutung des zwischenmenschlichen Universums für die Kreislauf-Gesundheit immer klarer faßbar. Und ganz allmählich kristallisierte sich in mir eine neue Gleichung für das menschliche Kreislaufsystem heraus — eine Gleichung, die der Wichtigkeit des menschlichen Gesprächs als zentralem Faktor der Körper-Regulation Rechnung trug.

Im Laufe unseres Lebens äußern wir buchstäblich Millionen und Abermillionen von Worten; wir hören Millionen, vielleicht Milliarden von Mitteilungen anderer zu; wir verbringen jede Stunde unseres Daseins damit, die Lebenswelt außerhalb unserer eigenen Haut aufmerksam zu verfolgen oder uns gegen sie zu verteidigen. Sicher muß die Anhäufung dieser menschlichen Erfahrungen sich auf die Gesundheit unseres Kreislaufsystems auswirken, höchstwahrscheinlich sogar bestimmend. Und je länger ich darüber nachdachte, desto höher schien mir der Preis zu sein, den man in Form eines gesteigerten Blutdrucks zahlen muß, wenn man sich unnötigerweise gegen seine zwischenmenschliche Umwelt wehrt oder sich aus ihr zurückzieht, anstatt in diesem natürlichen Universum ein behagliches Leben zu führen. So betrachtet, wurde die Wechselbeziehung zwischen Philips Körper und anderen Menschen leichter verständlich. Ich begann zu erkennen, daß er eine Art gemeinsamer „sozialer Membran" mit ihnen teilen mußte, die seinen Körper bis ins Innerste berührte. Genau wie das Gebärmuttermilieu den einzelnen Fötus umschließt und wie der Hitzeschild die Astronautenkapsel umgab, so, schien mir, umgibt diese soziale Membran den einzelnen Menschen; sie trennt ihn von der übrigen menschlichen Gesellschaft und zugleich verbindet sie ihn mit ihr. Obwohl „soziale Membran" im Sinne des üblichen Begriffs von Membran zugegebenermaßen merkwürdig klingt, half diese Vorstellung mir und meinen Kollegen, zu erfassen, wie die Außenwelt einer Person mit der inneren Welt der Physiologie verzahnt ist, um einen Einfluß auf den Blutdruck ausüben zu können. Außerdem ließ dieses Konzept uns begreifen, warum der Kreislauf so stark auf das menschliche Sprechen reagiert. Mir schien, die soziale Membran lag an den äußeren Grenzen der Identität einer Person, in einem hypothetischen Gebiet, das diese Person von der restlichen natürlichen Umwelt abgrenzt. Als Membran ist sie freilich dadurch gekennzeichnet, daß sie weder ganz zu dem Individuum gehört noch zu der umgebenden Welt. Vielmehr ist diese Membran doppelseitig ein Filter, der jede Person unlösbar mit dem Rest der Lebenswelt verbindet und sie gleichzeitig von dieser getrennt hält. Diese Metapher der sozialen Membran ermöglichte uns, den menschlichen Kreislauf als ein System anzusehen, das sowohl durch innere, als auch durch äußere Kräfte nachhaltig beeinflußt wird.

In Kapitel 6 habe ich vorübergehende Blutdruckerhöhungen beim Sprechen beschrieben und zeitweilige Blutdrucksenkungen, wenn Menschen zuhörten oder sich auf ihre Umgebung konzentrierten. Diese Daten wurden aufgeführt, um die allgemeine These zu untermauern, daß zwei grundlegende Aspekte des Gesprächs — Sprechen und Zuhören — sich erheblich auf den Blutdruck auswirken. Außerdem hatte ich dargelegt, daß eine allgemeine Senkung des Ruheblutdrucks bei Hypertensiven erreicht werden könnte, indem man die Art und Weise änderte, in der sie mit ihrer sozialen und natürlichen Umwelt kommunizierten.

Ferner habe ich in Kapitel 6 angedeutet, daß Hochdruckkranke und Schizophrene zwei Extrempole auf einem Blutdruck-Kommunikations-Kontinuum verkörpern. Während hypertensive Patienten besonders übersteigerte Blutdruckerhöhungen beim Sprechen ausweisen, zeigte sich im Vergleich dazu bei den Schizophrenen eigentlich keine Veränderung. Die auffallend gegensätzlichen Daten bei diesen beiden Gruppen veranlaßten uns, über die Bedeutung der sozialen Membran des Menschen zu spekulieren. Menschen mit erhöhtem Blutdruck schienen sich ihrer sozialen Umgebung *zu* sehr bewußt zu sein, zu stark auf andere ausgerichtet, zu beunruhigt über die mögliche Bedrohung, die andere Menschen für ihr zerbrechliches Gefühl von Selbstwert und persönlicher Identität darstellten. Der Brennpunkt ihrer Aufmerksamkeit lag außerhalb, beherrscht von einer defensiven Haltung gegenüber den Mitmenschen; es gab kein entspanntes Sich-Einstellen auf die äußere Welt, sondern bloß ständig überhöhte Wachsamkeit. Die äußere Umgebung wurde als eine nie versiegende Quelle von Bedrohungen wahrgenommen. Folglich spiegelten die Blutdruckreaktionen der Hypertensiven im Gespräch eine chronisch übersteigerte Aufmerksamkeit wider sowie die laufende Bereitschaft, zu kämpfen oder aus einer Welt zu fliehen, die im wesentlichen feindlich und fremd erschien. In gewissem Sinn zwang das Sprechen Hochdruckkranke, sich an den Grenzen ihrer sozialen Membran mit einer gegnerischen Welt auseinanderzusetzen.

Gerade umgekehrt verhielt sich der Blutdruck von Schizophrenen im Gespräch. Die Aufmerksamkeit Schizophrener schien nach innen gerichtet zu sein, weg vom Gesprächspartner, als hätten sie keine klare Sicht des anderen mehr und könnten ihn deshalb auch nicht mehr als Bedrohung wahrnehmen. Neben einem äußerst bruchstückhaften Identitätsgefühl schien bei Schizophrenen gleichermaßen das Gespür für andere beeinträchtigt zu sein. Statt übermäßig wachsam zu sein, waren die Schizophrenen anscheinend in einen chronischen Zustand des Rückzugs und stark verminderter Wachsamkeit abgeglitten. Ihr Gespräch mit anderen wies alle Merkmale einer Pseudounterhaltung auf; ihm fehlte menschliche Wärme, und es vollzog sich weitab von der sozialen Membran sowie jeglicher Wahrnehmung einer Welt, die jenseits dieser Membran lag. Die Schizophrenen waren von den Außenrändern ihrer eigenen sozialen Membran weggezogen in eine Welt, in der übermäßige Wachsamkeit und Kampf oder Flucht nicht länger erforderlich waren.

Unter der Annahme, daß es eine solche soziale Membran gibt, fragten wir uns, ob der Ruheblutdruck seinerseits ebenfalls durch den insgesamt harmonischen Dialog einer Person mit ihrer Umwelt bestimmt ist. Wenn wir die verschiedenen strukturellen und körperlichen Umstände in Betracht ziehen, die den Blutdruck beeinflussen: Spiegelt dann der Ruheblutdruck die Harmonie zwischen einer Person und der Welt jenseits ihrer sozialen Membran wider? Gibt es ein Kontinuum, das von einer klaren Selbstbewußtheit und starken Spannungen an den Grenzen der sozialen Membran über ein natürliches und harmonisches Zusammenleben mit seiner Umgebung reicht bis hin zu einem vollständigen Zerbröckeln der persönlichen Identität — einem Zusammenbruch des Ichs, wenn man so will — und zum Rückzug von den Grenzen der persönlichen sozialen Membran? Verändert sich der Ruheblutdruck in dem Maß, wie die Position eine Person auf diesem Kontinuum sich verschiebt?

Nachdem wir die Frage in dieser Form gestellt hatten, konnten wir eine neue Dimension der Blutdruckreaktion auf Kommunikation untersuchen: Wir konzentrierten uns nicht mehr so sehr auf die vorübergehenden Blutdruckschwankungen beim Sprechen, sondern stärker auf die überdauernden Kommunikationsstile, die das Leben eines Menschen charakterisieren. In diesem Rahmen versuchten wir, die zwischenmenschlichen Einflußgrößen auf den Ruheblutdruck vor dem Hintergrund der Beziehung einer Person zu ihrer sozialen Membran zu werten.

Rückzug von der sozialen Membran

Wenn Bluthochdruck tatsächlich einen menschlichen Austausch mit einer zu großen Spannung entlang der sozialen Membran widerspiegelt, führt dann ein langfristiger sozialer Rückzug zu niedrigem Blutdruck? Was geschieht mit dem Blutdruck, wenn sich jemand aus allen menschlichen Kontakten zurückzieht? Was passiert, wenn eine Person emotional so zerbricht, daß sie das Reden gänzlich einstellt? Wenn eine gestörte Kommunikation den Blutdruck erhöht, wird dann das völlige Einstellen der Kommunikation den Blutdruck senken? Was passiert, wenn eine Person sich in die Welt schwerer Schizophrenie zurückzieht, wo man weit von den Grenzen der sozialen Membran entfernt ist und jedes Gefühl für seine persönliche Identität verliert — wo es kein „Ich" oder Ego gibt und deshalb kein Gespür für andere?

Nachdem wir einmal erkannt hatten, daß man den Ruheblutdruck sowie die Blutdruckveränderungen in Kommunikationssituationen auch als Ausdruck der Beziehung eines Menschen zu seiner sozialen Membran auffassen kann, wurde uns rasch klar: daß der Blutdruck Schizophrener beim Sprechen nicht steigt, könnte einen Vorgang widerspiegeln, der weit grundlegender ist und auch den allgemeinen Ruheblutdruck beeinflußt. Obwohl viele Untersuchungen über den Ruheblutdruck Schizophrener durchgeführt worden waren, hatte bisher niemand die Daten darauf überprüft, ob Zusammenhänge zwischen dem Ruheblutdruck Schizophrener und deren relativer Zurückgezogenheit von sozialen Berührungspunkten bestehen. Wenige Themen hatten sich über die Jahre hinweg als so komplex und umstritten erwiesen oder ein verwirrenderes Bild geboten als die Untersuchungen über den Blutdruck Schizophrener.

Kaum hatte Korotkow eine Methode entwickelt, den Blutdruck beim Menschen zu messen, da legten auch schon paradoxe und widersprüchliche Berichte nahe, daß der Blutdruck Schizophrener sowohl höher wie auch niedriger sei als in der Normalbevölkerung. Die Forscher stritten über die Kriterien, die den Diagnosen dieser Patienten zugrunde lagen, und diskutierten über den Mangel an Vergleichsdaten, welche die merkwürdigen Kreislaufbefunde erklären könnten.

Schon die Kategorien, die zur Klassifizierung der Schizophrenie eingesetzt wurden, trugen zur allgemeinen Verwirrung bei. Im Laufe der Jahrzehnte des zwanzigsten Jahrhunderts änderten sich die Fachausdrücke, mit denen verschiedene Formen dieser Erkrankung belegt wurden. Die Verknüpfungen zwischen Schizophrenie und Blutdruck wurden noch unklarer, als Mitte der fünfziger Jahre antipsychotische

Medikamente auftauchten und man damit begann, sie auf breiter Front einzusetzen. Diese Medikamente dämpften oder milderten viele der wunderlichen und extremen schizophrenen Verhaltensweisen, die einst in psychiatrischen Krankenhäusern alltäglich gewesen waren. Doch gerade weil die plötzliche Verfügbarkeit antipsychotischer Medikamente das Bild verzerrte, markiert sie einen entscheidenden Wendepunkt in der Entwicklung. Vor der Einführung dieser Arzneimittel wurde der Blutdruck Schizophrener nicht durch die ungewissen Wirkungen von Medikamenten durcheinandergebracht.

Außer durch die Folgen der Medikamente wurde die Angelegenheit noch verworrener durch die Tatsache, daß der gleiche Schizophrene in verschiedenen Phasen während seiner Krankenhausaufenthalte unterschiedlich eingeordnet werden kann. Beispielsweise kann sich ein Schizophrener in der einen Periode stationärer Unterbringung stark paranoid verhalten, vielleicht manisch, und später in einer anderen zurückgezogen und teilnahmslos sein. Diese Wandlungen im Verhalten können die klinischen Diagnosen ändern und Interpretationen des Blutdrucks trüben. Medikamente verschärfen dieses Problem zusätzlich dadurch, daß sie direkt auf den Blutdruck wirken, indem sie Veränderungen an verschiedenen Stellen des Zentralnervensystems herbeiführen.

Trotz dieser komplizierten Sachlage bot die hypothetische Verknüpfung von Sprechen und Blutdruck einen neuen Rahmen für die Nachüberprüfung von Daten aus früheren Studien. All diese Studien konnten erneut daraufhin durchgesehen werden, welcher Schweregrad der Erkrankung vorlag und ob die Patienten in engerem oder schlechterem sozialen und sprachlichen Kontakt zu ihrem mitmenschlichen Umfeld standen. Dieser Bezugsrahmen verhalf uns zu der wesentlichen Erkenntnis: Vor der Einführung antipsychotischer Medikamente fanden sich in nahezu jeder Untersuchung die niedrigsten Blutdruckwerte bei denjenigen schizophrenen Patienten, die am stärksten sozial zurückgezogen waren. Überraschend oft und übereinstimmend berichteten die Forscher, daß die Blutdruckwerte der stark zurückgezogenen Schizophrenen (die normalerweise als „kataton" oder „hebephren" diagnostiziert waren) die niedrigsten waren, die sie überhaupt an ihren Krankenhauspatienten beobachtet hatten. Außerdem waren die Werte deutlich niedriger als in der Normalbevölkerung. Katatone und Hebephrene zeichnen sich durch nahezu völligen sozialen Rückzug aus; sie sprechen kaum und werden allgemein als die am schwersten gestörten Schizophrenen angesehen.

Den ersten Hinweis auf einen möglichen Zusammenhang zwischen niedrigem Blutdruck und Schizophrenie gab Stephen Longworth in einem Bericht, der 1911 im *British Medical Journal* veröffentlicht wurde.[1] Die in dieser Arbeit verwendeten diagnostischen Kriterien sind zwar nur schwer einzuschätzen, doch gibt Longworth eine erstaunlich große Anzahl von Patienten mit niedrigem Blutdruck in der Distriktsanstalt Suffolk an. Gleichfalls auffällig war, daß es so gut wie keine Patienten mit Bluthochdruck gab.

Fast zur selben Zeit beschrieb Dr. Ray Gibson in London einen Zusammenhang, der in der Folgezeit als ein typisches Muster bei nahezu jeder Untersuchung auftauchen sollte, die den Blutdruck Schizophrener in Relation zum Grad ihrer sozialen Zurückgezogenheit stellte. Gibson entdeckte, daß „der Blutdruck allgemein niedrig war; am niedrigsten bei Fällen von Katatonie, ein wenig höher bei Hebephrenie und am höchsten bei Paranoiden mit geistigem Verfall/paranoiden Schizophrenen". Gibson erhob die folgenden systolischen Blutdruckwerte:

Katatone:	Männer 112	Frauen 100
Hebephrene:	Männer 118	Frauen 113
Paranoide:	Männer 120	Frauen 128[2]

Was diese Gruppen voneinander unterschied, waren das Maß an sozialem Kontakt mit der Umwelt und das Sprachverhalten. Zumeist standen paranoide Schizophrene in engerem Sprachkontakt mit anderen Personen ihrer Umgebung; Katatone dagegen hatten sich gewöhnlich vollständig aus der Realität und aus Kontakten mit anderen zurückgezogen.

1923 beschrieben Dr. Theophele Raphael und seine Kollegen an der Universität Ann Arbor in Michigan den Fall eines vierzehnjährigen Jungen, der in das psychiatrische Staatskrankenhaus aufgenommen worden war.[3] Bei der Aufnahme litt der Junge an der klassischen Form eines katatonen Stumpfsinns; er war stumm, völlig in sich gekehrt und nicht zur Zusammenarbeit bereit. Neun Monate später hatte sein Zustand sich sichtlich gebessert, und er hatte guten Kontakt zu seiner Umwelt. Bei der Erstuntersuchung fiel den Ärzten die sehr niedrige Pulsfrequenz auf (46 Schläge pro Minute) und ein Blutdruck, der im Mittel bei 90 bis 100 zu 65 bis 85 lag. Als der Junge nach neun Monaten gesprächiger geworden war, hatte er einen durchschnittlichen Blutdruck von 120 zu 70, und seine Pulsfrequenz war auf normale Werte gestiegen. Diese Wissenschaftler vermuteten eine Verbindung zwischen dem extremen schizophrenen Rückzug des Jungen und seinem niedrigen Blutdruck.

Ebenfalls im Jahre 1923 untersuchte Dr. W. S. Dawson am Psychiatrischen Maudsley-Hospital in London den Blutdruck von 50 Schizophrenen. Von diesen waren 27 als kataton eingestuft (einschließlich neun Patienten, die als „stumpfsinnig" beschrieben wurden); 15 wurden als einfache *Dementia praecox* (bereits im Jugendalter einsetzende Schizophrenie) diagnostiziert, sieben waren paranoid und zwei hebephren. Dawson betonte, daß die stumpfsinnigen Schizophrenen eine besonders interessante Gruppe bildeten, und stellte fest: „Mit Ausnahme eines Falles war der Blutdruck bei allen niedriger als normal."[4] Wieder ähnelten seine Resultate mit allgemein niedrigeren Blutdruckwerten den früheren Befunden von Gibson:

	Durchschnittlicher systolischer Blutdruck
Katatone	116
Hebephrene	117
einfache Dementia praecox	117
paranoide Schizophrene	120

Bei einer Nachfolgeuntersuchung im psychiatrischen Krankenhaus von Cheshire County in England nahm Dr. G. G. Parkin 1.338 Blutdruckmessungen an etlichen Patienten vor. Wie in den vorhergehenden Untersuchungen fand auch er wieder, daß diejenigen Patienten, die als kataton eingestuft waren, deutlich niedrigere Blutdruckwerte aufwiesen als paranoide Schizophrene.[5]

In der ersten wirklich umfassenden Studie über den Blutdruck Schizophrener überprüften 1931 Dr. H. Freeman, Dr. R. G. Hoskins und Dr. F. H. Sleeper den Blutdruck von 180 Patienten des Staatshospitals von Worcester in Massachusetts.[6] Dabei wiederholten sie bei den einzelnen Patienten ihre Messungen; außerdem ließen sie den Blutdruck des jeweiligen Patienten von drei verschiedenen Forschern feststellen. Um einen Vergleich zu haben, stellten diese Wissenschaftler ihre Ergebnisse den Blutdruckwerten von 323 Medizinstudenten der Universität Boston im ersten Studienjahr gegenüber. Obwohl die Studenten jünger waren (folglich würde man bei ihnen einen niedrigeren Blutdruck erwarten), lag ihr durchschnittlicher systolischer Blutdruck von 116 um 11 Millimeter Quecksilbersäule höher als der durchschnittliche systolische Blutdruck von 105 bei den Schizophrenen. Für den diastolischen Blutdruck waren die Unterschiede sogar noch größer. Der mittlere diastolische Blutdruck der Studenten betrug 71, gegenüber 55 bei den schizophrenen Patienten. Demnach lagen die diastolischen Druckwerte bei den Schizophrenen im Durchschnitt um 16 Millimeter niedriger. Außerdem machten Freeman, Hoskins und Sleeper eine noch verblüffendere Beobachtung, die später von anderen Wissenschaftlern bestätigt werden sollte: Der Blutdruck Schizophrener steigt mit dem Alter nicht so stark an wie bei der Normalbevölkerung. Es wurde kein einziger diastolischer Druckwert von über 85 Millimeter Quecksilbersäule beobachtet, obwohl die Patienten zwischen 16 und 60 Jahren alt waren. Wieder hatten, wie in anderen Studien, die als kataton eingestuften Patienten die niedrigsten Blutdruckniveaus, die als paranoid klassifizierten die höchsten. Keiner dieser Unterschiede konnte durch Körpergröße, Gewicht oder Alter der Versuchspersonen in dieser Stichprobe erklärt werden; Dr. Freeman nahm an, daß die vorwiegend sitzende Lebensweise der Patienten zu ihren niedrigen Blutdruckwerten beigetragen haben könnte.

1939 überprüfte Dr. Milton Miller den Blutdruck von 193 psychotischen Personen.[7] Die meisten dieser Patienten wurden als paranoid beschrieben (60) oder als depressiv (33); nur 23 waren schizophren; und kein Patient war als katatron oder hebephren eingestuft. Wiederum hatten diejenigen Patienten aus der Stichprobe bei weitem die niedrigsten Blutdruckwerte (110 zu 78), die als zurückgezogen oder schizophren eingeschätzt worden waren.

Im gleichen Jahr untersuchte Dr. Joseph Rheingold 129 Patienten, die seit fünf Jahren in der psychiatrischen Anstalt der Universität Illinois untergebracht waren.[8] Wieder die gleichen Ergebnisse. Im allgemeinen hatten schizophrene Patienten einen ungleich niedrigeren mittleren Blutdruck, als man ihn üblicherweise in der Bevölkerung findet. Und wieder wiesen, wie die folgende Tabelle zeigt, diejenigen Patienten die niedrigsten Blutdruckwerte auf, die am stärksten sozial zurückgezogen waren:

	Blutdruck
Katatone (N = 17)	107/72
Hebephrene (N = 52)	106/71
Dementia praecox (N = 18)	114/78
Paranoide (N = 30)	114/73
andere (N = 22)	109/74
Schizophrene insgesamt 66 Männer	115/76
73 Frauen	105/72

Eine norwegische Studie, 1950 von Ottar Lingjaerde und seinen Kollegen veröffentlicht, umfaßte die Ergebnisse von 3000 Blutdruckmesssungen an 423 schizophrenen Patienten im Alter von 20 bis 25 Jahren. Diese Forscher beschrieben, daß „unter den Schizophrenen, die jünger als 60 Jahre sind, weit mehr Hypotensive [niedriger Blutdruck] sind als unter Normalen. Bei 122 schizophrenen Frauen unter 40 Jahren wurde in 68 Prozent der Fälle ein systolischer Blutdruck von weniger als 100 mm Hg gefunden."[9]

In einer der ergiebigsten und erschöpfendsten Studien, die je über den Blutdruck durchgeführt wurden, untersuchten Dr. F. Mackenzie Shattock und seine Kollegen 550 weibliche Patienten; außerdem untersuchten sie eine Untergruppe der Patientinnen einmal, wenn sie zurückgezogen und nicht ansprechbar (kataton und hebephren) waren, und ein zweites Mal, wenn sie gut in Kontakt mit ihrer sozialen Umwelt standen. Einige der sozial zurückgezogenen Patientinnen hatten außerordentlich niedrige systolische Blutdruckwerte. Beispielsweise hatten 28 zurückgezogene Schizophrene einen mittleren systolischen Blutdruck von 93. Doch noch bedeutsamer waren die Blutdruckerhöhungen, wenn diese Patientinnen in „sozialen Kontakt" mit ihrer Umgebung traten. Shattock schreibt:

Zwölf weibliche Schizophrene mit einem anfänglich niedrigen, am Arm gemessenen Blutdruck, zeigten zu Beginn der Besserung einen Blutdruckanstieg, entweder spontan oder als Folge von Elektroschocktherapie.

In sechs Fällen betrug der durchschnittliche Blutdruck vor der spontanen Besserung für den systolischen Druck 89, für den diastolischen 73; nach der Spontanremission lag der systolische Druck bei 120 und der diastolische bei 85 mm Hg. ... In sechs weiteren Fällen war der systolische Blutdruck vor der Besserung 99,5 mm Hg, der diastolische 85,1. ... Nach der Besserung infolge von Elektroschocktherapie lag der systolische Blutdruck dieser Patientinnen bei 111,8, der diastolische bei 75,8.[10]

Shattock kam zu dem Schluß, daß „die niedrigsten Blutdruckwerte bei einer Untersuchung von 550 Patientinnen fast ausnahmslos bei den Widerstand leistenden, schwierigen Schizophrenen gefunden wurden." Doch gleichzeitig betonte Shattock: „Es gab keinen erkennbaren Grund, warum sich widersetzende Schizophrene einen niedrigeren Blutdruck haben sollten, denn ihre körperliche Verfassung schnitt bei einem Vergleich mit den Patientinnen der sozial angepaßten Gruppe nicht ungünstig ab."[11]

Spätere Studien über den Blutdruck Schizophrener kamen zu ähnlichen Schlußfolgerungen: Je stärker zurückgezogen, schweigsamer und isolierter die Patienten waren, desto niedriger lag ihr Ruheblutdruck.[12]

In einer Studie, die der Shattocks bemerkenswert ähnlich war, untersuchten Dr. Russell, R. Monroe und seine Kollegen an der medizinischen Hochschule von Tulan 24 Schizophrene sehr eingehend; 12 von ihnen hatten erhöhten, 12 einen niedrigen Blutdruck.[13] Diese Patienten wurden aus einer größeren Gruppe von 766 Anstaltsinsassen ausgewählt, welche die Wissenschaftler im Jahre 1961 untersucht hatten. Sie stellten fest, daß die Häufigkeit auffällig gesenkter Blutdruckwerte in dieser Stichprobe insgesamt *dreimal höher* war als in nicht-psychotischen Vergleichsgruppen. Bluthochdruck war jedoch annähernd so häufig wie in einer normalen Stichprobe. Diese Forscher hoben ferner hervor, daß die ungewöhnlich niedrigen Blutdruckwerte bei schizophrenen und nicht schizophrenen Patienten gleich häufig auftraten — diese Tatsache, meinten Monroe und seine Kollegen, lasse vermuten, daß die niedrigen Blutdruckwerte eher etwas mit einem unbekannten Aspekt der langzeitigen Krankenhausunterbringung zu tun hätten als mit der Schizophrenie selbst. Fünf Jahre später, im Jahre 1965, erzielten Dr. Durt Witton und Dr. Arnold R. Goldman in einer Untersuchung an 578 Patienten in einem neuropsychiatrischen Krankenhaus die gleichen Ergebnisse.[14] 109 ihrer Patienten (oder 19 Prozent der Gesamtgruppe) hatten einen zu niedrigen Blutdruck. Und wiederum war dieser Anteil dreimal so groß wie in der normalen Bevölkerung. Witton und Goldman berichteten weiter, daß sie nur 49 hypertensive Patienten fanden, und von diesen waren die Hälfte älter als 67 Jahre. Diese Bluthochdruck-Rate war weit geringer als in nicht-psychiatrischen Populationen.

Sämtliche der 24 von Monroe und seinen Kollegen eingehender untersuchten Schizophrenen schienen außer diesem allgemeinen Trend einem faszinierenden und einheitlichen Muster zu folgen. Die zwölf *Schizophrenen* mit Blut*hoch*druck wurden wie folgt beschrieben:

Nach unserer Begutachtung hatten wir den Eindruck, daß die hypertensiven Schizophrenen ein geschärftes Bewußtsein für die Nuancen in ihrer Umgebung hatten. Sie wirkten orientiert, nahmen an den Aktivitäten des Krankenhauses teil, waren empfindungsfähig für Veränderungen im Verhalten des Versuchsleiters und emotional ansprechbar. ... Häufig sprachen diese Patienten sehr schnell und beantworteten Fragen oft schon, bevor sie ganz gestellt waren. * ...

Im Gegensatz zu den Befunden bei den hypertensiven Patienten wirkten die hypotensiven Patienten lethargisch, bewußtseinsgetrübt, gefühlsflach, an ihrer Umgebung nicht interessiert, schlecht orientiert und wenig produktiv in ihren Aktivitäten. Auf den Untersucher gingen sie kaum ein. [15]

Die Beziehung dieser Patienten zu ihrer sozialen Membran und die Auswirkungen auf ihren Blutdruck erschienen eindeutig. Patienten in „zu engem" Kontakt zu ihrer Umgebung litten an erhöhtem, diejenigen, die in sich zurückgezogen waren und in schlechtem Kontakt zu ihrer sozialen Membran standen, allesamt an zu niedrigem Blutdruck. Sogar noch erhellender bestätigten Monroe und seine Kollegen die auffälligen Blutdruckverschiebungen, wenn ein Patient die Beziehung zu seiner sozialen Membran änderte. Wie schon früher von Shattock berichtet, beschrieben auch Monroe und seine Mitarbeiter, daß sich Hochdruck auf sonderbare Weise in zu niedrigen umkehre, wenn die gleichen Patienten erst in Berührung mit ihrer sozialen Membran standen und sich dann zurückzogen:

Von vier dieser Patienten standen uns ausreichend Daten zur Verfügung, um nachzuweisen, daß signifikante Blutdruckveränderungen mit diesen Verhaltensänderungen einhergingen. Wenn die Person kämpferisch und feindselig, gefällig und ordentlich sowie in „engem Kontakt" mit ihrer Umwelt war, dann war der Blutdruck deutlich erhöht. War

---

* Dieses Sprachverhalten erinnert sehr stark an das Typ A-Verhalten, das später von Friedemann und Rosenmann entdeckt wurde.

260

der Patient schweigsam, kataton oder ohne Kontakt zu seiner Umwelt, dann war sein Blutdruck im allgemeinen normal oder hypotensiv.[16]

Neuere Daten förderten eine andere fesselnde Dimension des durchgängigen Musters zutage, daß zurückgezogene Patienten einen niedrigen Blutdruck aufwiesen. Dr. G. Masterton, Dr. C. J. Main und ihre Kollegen vom Gartnard-Krankenhaus in Glasgow schilderten vor einiger Zeit (1981) im *British Heart Journal* die Ergebnisse ihrer rückblickenden Analyse der Blutdruckentwicklung von 116 weiblichen Psychiatriepatienten; 69 von ihnen waren als schizophren diagnostiziert. Die übrigen litten an einer Vielzahl anderer psychiatrischer Krankheiten. Sämtliche Patientinnen befanden sich seit mindestens einem Jahr in der Klinik, und die Gruppe insgesamt hatte durchschnittlich neunzehn Jahre ununterbrochenen Krankenhausaufenthaltes hinter sich. Im Verhältnis zur Gesamtgruppe waren die Schizophrenen meist in jüngerem Alter ins Krankenhaus eingewiesen worden und länger dort geblieben als der Durchschnitt. Im Mittel wurde der Blutdruck jeder Patientin über die Jahre hinweg siebenmal erhoben. Masterton und Main stellten fest, daß die Blutdruckwerte dieser Frauen bei der ersten Krankenhausaufnahme nahe den Normalwerten für Frauen ihres Alters lagen. Bemerkenswert war jedoch, daß ihr Blutdruck über die nächsten zwei Jahrzehnte nicht wie üblicherweise anstieg. So lag der systolische Blutdruck der Patientinnen nach 19 Jahren 28 Millimeter niedriger als normal, und ihr diastolischer Blutdruck war fast 13 Millimeter niedriger. Diese Tendenz war für schizophrene wie nicht-schizophrene Frauen ähnlich und konnte nicht durch Gewichtsverlust, Ernährungsweise oder Medikamente erklärt werden.[17] Das Ergebnis, daß mit der Länge des Krankenhausaufenthaltes auch der arterielle Blutdruck im Vergleich zu normalen Personen immer weiter fiel, bestätigte die Beobachtungen, von denen Freeman, Hoskins und Sleeper einige Jahrzehnte vorher berichtet hatten.[18]

Masterton und Main waren sich zwar der Ursache dieses überraschenden Effekts nicht sicher, vermuteten aber, daß die soziale Isolation der Patienten am wesentlichsten dafür war.

Die Autoren schrieben, daß „die Isolation selbst einen wichtigen Einfluß" auf die Senkung des Blutdrucks haben könnte, da die Ernährungsweise nicht für dieses Gesamtergebnis verantwortlich gemacht werden konnte.

Um diese Befunde weiter zu erhärten, überprüften Main und Masterton im Anschluß den Blutdruck von 110 weiblichen Anstaltskranken danach, auf welcher Art von Station sie lebten. Es wurden vier Stationen untersucht, auf denen den Patientinnen unterschiedlich viel Freiheit gelassen wurde. Im allgemeinen galt, daß der Sozialkontakt der Patientinnen untereinander umso größer war, je weniger einschränkend die Station war; umgekehrt boten die restriktivsten Stationen wenig soziale Berührungspunkte für die Patientinnen. Wie die folgende Tabelle zeigt, ergab sich eine beeindruckend enge Beziehung zwischen der relativen Einschränkung auf der Station und dem beobachteten durchschnittlichen Blutdruck der Patientinnen. Station A, welche die Patientinnen am stärksten einschränkte (mit den am schwersten gestörten Patientinnen), zeigte die niedrigsten Blutdruckwerte, während Station D (die am wenigsten einschränkende) die höchsten Blutdruckwerte aufwies.[19]

| | Zahl der Patientinnen | Blutdruck | |
		systolisch	*diastolisch*
Station A	26	117	76
Station B	21	123	75
Station C	46	138	86
Station D	23	143	87

Obwohl all diese Daten darauf hindeuteten, daß soziale Isolation (und fehlendes Sprechen) als der entscheidende Faktor auf den allgemeinen Ruheblutdruck wirkte, konnten zwei andere Einflußgrößen — nämlich die Schizophrenie selbst sowie die dauernde Unterbringung in einer Krankenanstalt — ebenfalls zu diesen Untersuchungsergebnissen beigetragen haben. 1979 lieferten B. W. Richards und Fatima Enver einen Hinweis dafür, daß der Blutdruck Schizophrener möglicherweise nicht nur vom langen Krankenhausaufenthalt herrührt, sondern eher von einem Mangel an Kommunikation. Sie hatten den Blutdruck von 486 Personen untersucht, die an Mongolismus litten.[20] Die Forscher hatten erwartet, der Blutdruck der Patienten werde beträchtlich höher sein als in der Normalbevölkerung. Richards und Enver hatten die Akten von zehn verschiedenen Institutionen durchgesehen und die Ergebnisse 807 Personen gegenübergestellt, die wegen anderer geistiger Defizite eine vergleichbar lange Zeit in Krankeneinrichtungen verbracht hatten. Zwar wiesen sowohl die 807 minderbegabten Kontrollpersonen als auch die mongoloiden Patienten eindeutig niedrigere systolische und diastolische Blutdruckwerte auf als die Normalbevölkerung, doch die Mongolismus-Patienten hatten einen extrem niedrigen Blutdruck. Die Blutdruckwerte der Mongoloiden lagen selbst im Alter von 70 Jahren durchschnittlich bei 123 zu 75. Die Autoren schlossen daraus, daß nicht die langen Krankenhausaufenthalte, sondern irgendein unbekannter Faktor zu diesen bemerkenswerten Untersuchungsergebnissen beitrug.

DIE WELT DER STRAFGEFANGENEN

In ähnlicher Weise hatten 1930 Dr. Walter Alvarez und Dr. L. L. Stanley die Blutdruckdaten von 6.000 Strafgefangenen und 400 Gefängniswärtern untersucht und festgestellt, daß die Aufseher erheblich höhere Blutdruckwerte hatten als die Insassen.[21] Noch eindrucksvoller war der Umstand, daß der Blutdruck der Strafgefangenen im Gegensatz zur Normalbevölkerung nicht dazu neigte, mit dem Alter anzusteigen. Der Blutdruck der Jungen wich nicht stark von dem der Alten ab. In anderen Bereichen konnten Ernährungsfaktoren wie Natriummangel als mögliche Erklärung für ein derartiges Phänomen herangezogen werden; doch bei den Gefängnisinsassen konnte kein solcher Faktor ausgemacht werden. Die Wissenschaftler nahmen an, dieser erstaunliche Befund könnte darauf zurückzuführen sein, daß die Gefangenen „von der Hetze, der Belastung und Anstrengung befreit waren, ihren Lebensunterhalt verdienen zu müssen."[22] Die Vereinzelung und der relative Mangel an Kommunikation, die allein durch die Struktur von Gefängnissen erzwungen werden, wurden nicht erwähnt. Eine spätere Studie, die 1975 von Dr. D. A. D'Atri und Dr. A. M. Ostfeld veröffentlicht wurde, deckte auf, daß das Zusammenpferchen von Menschen in Gefängnissen zu beträchtlich höheren Blutdruckwerten führte, als man sie bei Personen in weniger beengten Lebensumständen fand.[23] Gefangene, die in Einzelzellen gehalten wurden, hatten regelmäßig einen niedrigeren Blutdruck als diejenigen, die mit anderen Gefangenen zusammen untergebracht waren.

DIE WELT DER MÖNCHE

Die aus sieben Forschungsjahren zusammengetragenen Daten über den Blutdruck Schizophrener, über Strafgefangene und über Patienten mit Mongolismus schienen alle in eine Richtung zu weisen. Wenn man diese Daten im Zusammenhang mit unseren Entdeckungen zur Verknüpfung von Sprechen und Blutdruck sah, legten sie deutlich den Schluß nahe, daß soziale Isolation und Mangel an Kommunikation zu einem unterdurchschnittlichen Blutdruck beitrugen. Andererseits konnten wir die Möglichkeit nicht ausschließen, daß diese Blutdrucksenkungen durch eine verringerte Muskelaktivität und die allgemeine Teilnahmslosigkeit der Patienten verursacht war.

Doch es gab einen Weg, diese Frage zu beantworten. 1966 veröffentlichten Dr. J. Gordon Barrow und seine Kollegen aus Atlanta in Georgia die Ergebnisse einer Studie, in der sie verschiedene Serumkennwerte für die Kreislauf-Gesundheit bei 150 Mönchen bestimmt hatten. Die Mönche gehörten zu zwei katholischen Orden, den Benediktinern und Trappisten.[24] Die Forscher hatten diese Studien ursprünglich begonnen, um einigen Ernährungsfaktoren nachzugehen, von denen allgemein angenommen wurde, daß sie mit zur Entstehung von Arteriosklerose führten. Barrow und seine Ärztekollegen hatten die Idee gehabt, daß zwei religiöse Orden, die Trappisten und die Benediktiner, eine einzigartige Gelegenheit böten, die Auswirkungen verschiedener Ernährungsfaktoren zu untersuchen. Man vermutete, daß diese Faktoren

264

eine Erhöhung des Cholesterinspiegels verursachten und folglich auch zur Sklerose der Herzkranzgefäße beitrugen. Die Wissenschaftler waren an diesen beiden Orden vor allem deshalb interessiert, weil sie sich im Fettgehalt ihrer Nahrung unterschieden: Die Trappisten tranken weder Alkohol, noch aßen sie Fleisch, während die Ernährungsweise der Benediktiner der eines typischen Amerikaners sehr ähnlich war. Im Durchschnitt bezogen die Trappisten in dieser Studie 26 Prozent ihrer Kalorien aus Fett, die Benediktiner dagegen 45 Prozent. Die Untersuchungsfrage lautete nach Auskunft des Forscherteams aus Atlanta, welche Bedeutung das Fett in der üblichen Ernährung hatte und ob Fett zur Entwicklung von Arteriosklerose beitrug.

Die Studie weckte unsere ganz besondere Neugier, weil die Trappisten einer der wenigen religiösen Orden sind, die ein Gelöbnis ablegen, lebenslang zu schweigen. Sie verbringen ihr Leben in schweigender Besinnung und verbinden meditative Gebete mit körperlicher Arbeit. Nachdem ein Mann einmal in das Kloster eingetreten war (normalerweise mit etwa 21 Jahren), sprach er nie wieder ein Wort. Noch bedeutsamer war, daß die Trappisten ihr Leben der körperlichen Arbeit widmeten. Gewöhnlich arbeiteten sie auf den Feldern um das Kloster herum. So konnten diese Mönche uns möglicherweise Antworten auf unsere Fragen zu körperlicher Betätigung geben, die sich aus den Daten der Anstaltspatienten ergeben hatten. Ganz anders als bei den Patienten war aktive, harte Arbeit ein wesentlicher Teil des täglichen Lebens eines Trappistenmönches. Im Gegensatz dazu widmeten die Benediktiner, obwohl auch sie ein Leben im kontemplativen Gebet führten, ihr religiöses Leben dem Predigen und der Lehre vor anderen. Auch sprachen sie regelmäßig im Kloster miteinander.

In einer umfassenden Serie biochemischer Untersuchungen erhob das Ärzteteam entscheidende Kennwerte des Blutserums, die zur Arteriosklerose beitragen sollten. Viermal im Jahr entnahmen sie Blut bei 70 Benediktinern und 80 Trappisten, die alle in klösterlicher Gemeinschaft lebten. Unter anderem wurden folgende Serumwerte überprüft:

— Serumcholesterol insgesamt
— freies Cholesterol
— veresterte Fettsäuren
— Phospholipide
— Gesamtlipide
— Alpha- und Betacholesterol

Die Trappisten hatten, egal ob 20 oder 60 Jahre alt, für jeden dieser Werte deutlich niedrigere Serumspiegel als die Benediktiner; und die Werte der Trappisten lagen sogar beträchtlich unter vergleichbaren Werten für die Normalbevölkerung. Auf keiner Altersstufe war bei den Trappisten auch nur eine einzige Serumgröße höher gewesen als bei den Benediktinern.

Doch die Wissenschaftler entdeckten noch eine weitere rätselhafte Tatsache. Mit Unterschieden in der Ernährungsweise ließen sich, wie Barrow und seine Kollegen feststellten, die Untersuchungsergebnisse nicht erklären:

Die Daten deuteten zwar darauf hin, daß die Trappisten als Gesamtgruppe einen geringeren Prozentsatz an Fett zu sich nehmen und im Mittel ein niedrigeres Serumcholesterol haben als die Benediktiner; doch eine Analyse der Einzeldaten jeder Versuchsperson zeigt, daß das Serumcholesterol des einzelnen, nachdem es dem Alter entsprechend korrigiert worden war, nicht nur mit der individuellen Fettaufnahme in Verbindung gebracht werden kann. Das bedeutet, daß es andere Faktoren außer der Fettaufnahme und dem Alter geben muß, welche die Höhe des Serumcholesterols bestimmen. [25] *(Hervorhebungen von J. L.)*

Unglücklicherweise wurden die Blutdruckwerte in diesem Bericht nicht veröffentlicht. 24 Jahre später telefonierte ich mit einem der Wissenschaftler, um mich zu erkundigen, ob sie den Blutdruck dieser Mönche aufgezeichnet hatten. „Ja, das haben wir", war die prompte Antwort.

„Gab es zwischen den beiden Gruppen Unterschiede in der Höhe des Ruheblutdrucks?" fragte ich gespannt; denn ich hoffte, endlich doch noch eine Antwort auf die irritierende und ungelöste Frage zu finden, wie die niedrigen Blutdruckwerte zurückgezogener Schizophrener zu deuten sind.

„Daran erinnere ich mich aus dem Stegreif nicht mehr", antwortete der Forscher bedauernd. Dann fügte er merklich stolz hinzu: „Aber die Daten sind noch immer auf Computer-bändern gespeichert, und ich werde es gerne für sie nach-sehen."

Etliche Tage später rief ich wieder an. Diesmal war der Wissenschaftler deutlich weniger frohlockend — mürrisch wäre vielleicht eine zutreffendere Beschreibung. Er erklärte entschuldigend, daß die Blutdruckdaten unglücklicherweise zwei Monate vor meinem Anruf von den Bändern gelöscht worden seien.*

Diese Daten waren umso wichtiger, als die katholischen Orden in den letzten zwanzig Jahren radikale Änderungen durchgemacht hatten. Diese Studien können nie wiederholt werden, da Mönchsorden kein lebenslanges Schweigen mehr geloben. Und doch waren die Daten aussagekräftig. Alle Blut-serumwerte lagen bei den Trappisten niedriger. Es ist anzu-nehmen, daß sie auch weniger häufig Arteriosklerose ent-wickelten, und soweit sich einer der Wissenschaftler entsinnen konnte, war der Blutdruck der Trappisten ebenfalls niedriger.

Zudem gab es noch eine weitere Möglichkeit, die Auswir-kungen sozialer Isolation und fehlenden Sprachkontakts auf den allgemeinen Ruheblutdruck körperlich trainierter Men-schen abzuschätzen.

Menschliche Isolation — niedriger Blutdruck
Eine frische Meeresbrise wehte durch die offene Tür von John Kelleys verfinstertem Häuschen, das nur aus drei Zim-mern bestand. Für einen Augenblick wirbelte der Wind die

---

* Telefongespräche mit den beiden anderen Wissenschaftlern aus diesem Projekt brachten ähnlich enttäuschende Resultate. Einer der Forscher er-innerte sich, daß „vier oder fünf der Benediktinermönche so schwere Symptome von Bluthochdruck zeigten, daß ich sie in ein Krankenhaus einwies." An solche Vorkommnisse konnte er sich bei den Trappisten nicht erinnern. Soweit er sich entsinnen konnte, schien zwischen den Blutdruckwerten der beiden Gruppen der gleiche Unterschied wie bei den Serumkennwerten zu bestehen — doch er war sich nicht völlig sicher. Auch fügte er hinzu, daß die Daten noch in Karteikästen abgelegt seien, und er hoffe, sie in der Zukunft irgendwann einmal durchsehen zu können.

heiße Asche auf, die unten vor dem torfgeheizten Herd lag, und fegte dann leeseitig den grünbedeckten Berghang hinunter. Der Wind packte und schüttelte das purpurne Heidekraut und tanzte durch die fuchsienumrankten Hecken. Sie wölbten sich über die vom Alter unberührten Steinmauern, die den Feldweg säumten, der sich den Hang hinab zu den felsigen Klippen des Hafens von Culdaff wand.

Johns weißgetünchtes Farmhäuschen war von jener klösterlichen, melancholischen Stille eingehüllt, die für die Halbinsel Inishowen im Norden des irischen Donegal so charakteristisch ist. Verstreut im Tal unter Johns Farmhaus lagen ein Dutzend ähnlicher kleiner, weißer Steinhäuschen; aus jedem Schornstein wirbelte der dünne, weiße Rauchfaden des Torffeuers in den kühlen Meerwind und löste sich schnell auf. Vielleicht ist dies die schönste, einsamste und unberührteste Gegend von Irland. Diese entlegene Halbinsel empfängt nur wenige Reisende außer den Ausgewanderten, die über die Sommerferien nach Hause kommen. Johns Häuschen stand schon seit Hunderten von Jahren an derselben Stelle, und wenig hatte sich während dieser Zeit geändert.

Für John war es ein besonders schlechter Tag gewesen. Eines seiner preisgekrönten Rinder war plötzlich krank geworden, und der örtliche Tierarzt war sich nicht sicher, ob es überleben würde. Lange Jahre harter Arbeit hatten bislang das Geld für zahlreiche Tierarztrechnungen eingebracht, aber wenig mehr. Doch John beklagte sich nicht. Er sah aus wie ein alter, drahtiger Kobold; sein Unglück wollte er nicht mit mir teilen. Statt dessen bat er mich, ein paar frische irische Lieder auf seinem Akkordeon zu spielen. Die Belohnung, so versprach er mir lächelnd, würde ein starker, heißer Toddy* sein, von seiner Schwester serviert.

Die Winde des Ozeans hoben die brechenden Wogen und warfen sie gegen die Klippen unterhalb von Johns Farm, wo sie donnernd zerstieben. Auf einem Hügel zu Füßen des Hauses blökte, idyllisch und friedlich verträumt, eine Herde

---

* Irischer Whisky, mit kochendheißem Wasser und Zucker gemischt.

Schafe, und ihr Blöken machte das Fehlen menschlicher Stimmen in diesem Landstrich nur noch deutlicher. Ich konnte nicht erraten, woran John dachte oder was er fühlte, als er schweigend seinen heißen Toddy schlürfte; doch ich stellte mir vor, daß der Verlust seines Viehs verheerend sein mußte. John verbrachte seine Tage allein mit harter Arbeit auf den Feldern. Und an den langen Sommerabenden ging er vier Meilen die steile Straße entlang bis nach Culdaff, um dort in seinem Lieblingspub ein paar gemütliche Stunden zu genießen und irische Musik zu hören. Aber selbst dort verwandte er mehr Zeit aufs Zuhören als aufs Sprechen.

Eins lang klar auf der Hand: An einem typischen Tag auf dem Lande von Inishowen bringt die Durchschnittsbevölkerung weit weniger Zeit mit Sprechen zu und weit mehr Zeit mit Zuhören als die Menschen in Baltimore oder Berlin. Doch John und seine Nachbarn schienen nicht einsam zu sein. Ganz im Gegenteil. Sie schienen im Frieden mit ihrer Umgebung zu leben. Sie beobachteten das wechselnde Wetter und den Zustand ihrer Felder mit einer Einstellung schicksalsergebener Resignation, die für mich schwer zu fassen war. Vor langer Zeit hatten sie gelernt, nicht gegen das irische Wetter anzukämpfen, das sie im einen Moment mit seinem Glanz umfangen konnte, nur um dann ohne Vorwarnung umzuschlagen und sie mit seiner rohen Gewalt zu treffen. Wenn es eine Woche lang regnete, regnete es eben eine Woche. Und wenn die Sonne durch Nebel und Regen brach, dann hofften die Farmer, daß das Heu genug Zeit zum Trocknen haben würde, bevor es wieder regnete. Wenn nicht, dann sollte es eben so sein. Amen. Ihre stille Ergebenheit schien aus jahrhundertealter Weisheit entstanden, die sie lehrte, wie sie in Harmonie mit ihrer Umwelt leben könnten. Sie kämpften einfach nicht auf die Art und Weise, wie man mir das Kämpfen anerzogen hatte.

Obwohl über das Auftreten von Bluthochdruck auf der Halbinsel Inishowen wenig bekannt war, vermutete ich, daß er für John und seinesgleichen kein großes Problem darstellte. Diese Mutmaßung stützte sich auf Daten, die über die ganze

Welt verstreut in Dutzenden abgelegener Gebiete gesammelt worden waren. In der industrialisierten Welt steigt der Blutdruck normalerweise während der ersten zwei bis sechs Lebenswochen erheblich an. Nach dieser Anfangsphase bleibt er relativ stabil und nimmt während der nächsten paar Jahre nur sehr langsam zu. Der systolische Blutdruck ist bei zehnjährigen Jungen und Mädchen etwa gleich, steigt danach aber bei den Jungen steiler an. Im Alter zwischen 20 und 40 Jahren ist der systolische Blutdruck bei Männern charakteristischerweise höher als bei Frauen. Bei ungefähr 55 Jahren kehrt sich dieses Verhältnis jedoch um, und die Frauen haben meist höhere Blutdruckwerte als die Männer. Mit etwa 70 Jahren, während sich der systolische Druck bei beiden Geschlechtern weiter erhöht, beginnt der diastolische Druck zu fallen.[26] So nimmt in eigentlich jedem Industrieland der Welt über das gesamte Leben eines Menschen hinweg sein Blutdruck langsam, aber sicher zu. Dieses Muster ist an Hunderttausenden von Fällen beobachtet und in fast jeder Industrienation bestätigt worden.

Der Blutdruck bestimmter Gruppen weicht allerdings erheblich von diesen Normen ab und wächst mit dem Alter nicht. Diese weltweit verstreuten Ausnahmen haben eines gemeinsam: Sie leben urwüchsig und sozial isoliert. Ein Beispiel sind die Yanomamo-Indianer im Norden Brasiliens. Wissenschaftler haben ermittelt, daß diese Indianer im Alter zwischen zehn und 19 Jahren einen durchschnittlichen Blutdruck von 106 zu 66 haben. Doch nach diesem Alter ändern sich die Blutdruckwerte nicht, sondern bleiben das ganze Leben lang auf diesem Niveau.[27] Die Forscher haben die Theorie aufgestellt, diese bemerkenswert niedrigen Werte seien auf den Natriummangel in der indianischen Ernährung zurückzuführen. Vergleichbare Untersuchungsergebnisse, die anderswo beobachtet wurden, interpretierte man ähnlich. Der Blutdruck steigt bei folgenden Völkern und Stämmen mit dem Alter nicht an: bei den Eingeborenenstämmen in der Provinz Szechuan in Westchina[28], bei den im Hochland von Neu-Guinea lebenden Melanesiern[29], bei den Samburu-[30] und Zulu-Kriegern[31] im ländlichen Afrika, bei den Eingeborenen der

Solomon-Inseln[32], bei den Ureinwohnern Polynesiens im Südpazifik[33]. Sobald Forscher diese ungewöhnlich niedrigen Blutdruckwerte entdeckten, war die Schlußfolgerung stets die gleiche: Diese Resultate müssen auf den Salzmangel in der Nahrung zurückzuführen sein. Die soziale Isolation dieser Völkerschaften oder die Art ihres persönlichen Umgangs miteinander wurden im Grunde nicht beachtet oder erwähnt.

Auch gibt es Hinweise dafür, daß sich der Blutdruck der Mitglieder dieser urtümlichen Gesellschaften erhöht, wenn sie sich „modernisieren". Beispielsweise stuften 1979 Dr. Stephen T. McGarvey und Dr. Paul T. Baker Gemeinschaften im amerikanischen Samoa als entweder „traditionell", „modern" oder „dazwischenliegend" ein. Die Stellung der Untergruppen innerhalb ihrer Gemeinschaft erlaubte recht genaue Voraussagen für die Tendenz des mittleren Blutdrucks in der Gruppe. Die Gruppen, die als „modern" eingestuft waren, hatten mit großer Wahrscheinlichkeit die bei weitem höchsten Ruheblutdruckwerte.[34]

Da unter den Schwarzen in den USA der Bluthochdruck relativ weit verbreitet ist, wurde der Erforschung entsprechender Anteile Hypertensiver bei Schwarz*afrikanern* große Aufmerksamkeit gewidmet. Als G. C. Shattuck jedoch in den späten zwanziger Jahren zum erstenmal versuchte, diese Frage in Afrika zu untersuchen, traf er auf eine merkwürdige Schwierigkeit. In einer Monographie, die 1930 bei *Harvard University Press* erschien, schrieb er, daß in Ländern wie Liberia Bluthochdruck in nennenswertem Umfang schlicht nicht existierte.[35] Bluthochdruck schien unter den Schwarzen in den abgelegenen Ländern Afrikas kein solches Problem zu sein wie im ländlichen Süden der Vereinigten Staaten. Doch 1973 hatten die Zeiten sich geändert, wie Dr. Joseph Pobee, der Forschungsleiter für die Herz-Kreislauf-Studien der Weltgesundheitsorganisation in Westafrika, kürzlich hervorhob. Bei der Erhebung von Hypertensionsfällen in Westafrika beobachtete Pobee einen Trend, der in einer ganzen Reihe afrikanischer Staaten übereinstimmend festgestellt wurde. In ländlichen, traditionell isolierten Stammesgebieten Westafrikas liegt der Blutdruck durchweg niedriger als in städtisch geprägten Regionen wie Ghana. Die gleichen Stammesvölker zeigen allerdings deutlich höhere Raten von Bluthochdruck, wenn sie in eine städtische Umgebung umsiedeln.[36]

Auch in den Vereinigten Staaten lassen sich ähnliche Beispiele für niedrige Blutdruckwerte finden. Schon 1937 berichtete Dr. C. G. Salsbury von recht bemerkenswerten Befunden, die er bei den Navajo-Indianern erhob.[37] In den fünf Jahren zwischen 1931 und 1936 beobachtete er, daß von 4.826 Navajos, die im Missionskrankenhaus von Arizona aufgenommen wurden, nur vier einen zu hohen Blutdruck hatten — das war eine Quote, die verblüffend niedriger lag als bei den schwarzen und weißen Amerikanern (Sie erinnern sich vielleicht daran, daß man derzeit von 25 bis 40 Millionen erwachsenen Amerikanern mit Bluthochdruck ausgeht). Später bestätigten andere Forscher solch außerordentlich niedrige Auftretensraten für die Navajo-Indianer in Arizona und Neu-Mexiko. Beispielsweise protokollierten 1979 Dr. Frank DeStefano, Dr. John Coulehan und Dr. Denneth Wiant die Blutdruckwerte von 640 Navajo-Indianern des ausgedehnten Reservats im nordöstlichen Arizona, nordwestlich Neu-Mexiko und südlich Utah. Diese Indianer lebten in weit über die Region verstreuten, abgeschlossenen Lagern. Wie bei den isolierten „primitiven" Völkerschaften in anderen Teilen der Welt fand sich auch hier die höchst faszinierende Tatsache, daß der Blutdruck der Indianer niedrig lag und mit dem Alter nicht anstieg.[38] Die Untersucher zitierten die Arbeiten von Dr. M. Braxton[39] und Dr. M. Stevers[40], die ebenfalls bei amerikanischen Indianern aus Reservaten auf niedrigen Blutdruck gestoßen waren. Doch wie bei den eingeborenen Afrikanern stieg die Häufigkeit des Bluthochdrucks beträchtlich, wenn die gleichen Indianer aus ihren Reservaten in eine städtische Umgebung zogen.[41]

Zwar wurde das Phänomen des niedrigen Blutdrucks bei isolierten Völkerschaften in beachtlicher Einheitlichkeit festgestellt; bedauerlicherweise stürzten sich die Forscher aber fast immer auf ernährungsbedingte oder körperliche Faktoren um ihre Forschungsergebnisse zu erklären. Aspekte wie das ruhige Leben und die verhältnismäßig starke soziale Isolation dieser Völker wurden hingegen völlig vernachlässigt.

Schlußfolgerungen

Sämtliche Daten, die wir in diesem Kapitel kritisch betrachtet haben, deuten auf einen durchgängig wirksamen und bisher nicht bekannten Faktor, der einem weiten Spektrum von Blutdruckstudien gemeinsam ist. Dieser Faktor hängt mit der Zeitspanne zusammen, die eine Person schweigend und sozial isoliert verbringt. Obwohl selbstverständlich noch viel weitere Forschung nötig wäre, um die behauptete Verknüpfung zwischen einem niedrigen Blutdruck und sozialer Isolation abzusichern, so legen doch alle bisher verfügbaren Daten eine solche Verbindung nahe. Stellt man diese den Belegen für die Verknüpfung von Sprechen und Blutdruckerhöhungen gegenüber, scheinen die Quantität und die Qualität der Sprachkontakte mit anderen einen bedeutsamen Einfluß auf das Niveau des allgemeinen Ruheblutdrucks auszuüben.

Ich habe die theoretische Annahme einer sozialen Membran vorgeschlagen, um einen Bezugsrahmen und eine Verständnishilfe dafür zu liefern, warum das Herz-Kreislaufsystem besonders empfindlich auf das menschliche Gespräch reagiert. Ich vermute, daß der Akt des Sprechens selbst das Bewußtsein für die soziale Umgebung schärft und in bestimmten Fällen die Spannung entlang der Grenzen der sozialen Membran erhöhen kann. Der bloße Akt des Sprechens kann Kreislaufreaktionen auslösen, die stärker als jeder andere Versuch, einem Menschen nahezukommen, einer ausgeprägten Kampf-Flucht-Reaktion gleichen. So können Erhöhungen von Blutdruck und Herzfrequenz beim Sprechen mit dem gleichen Phänomen in Verbindung gebracht werden, das auch den allgemeinen Ruheblutdruck mitbestimmt — die soziale Membran.*

---

* Aus der Vorstellung einer sozialen Membran folgt — vorbehaltlich weiterer Forschungsanstrengungen —, daß Schizophrene im Verlauf einer Therapie beträchtliche Blutdruckerhöhungen erleben könnten, wenn sie

273

Was also sollte ein Hochdruckkranker in der heutigen Industriegesellschaft tun? Ganz offensichtlich kann man nicht im Ernst als Heilmittel für eine Herz-Kreislauferkrankung empfehlen, jemand solle ein kontemplativer Mönch werden, schizophren werden oder ins Gefängnis gehen. Ebensowenig kann sich die große Mehrheit der hypertensiven Menschen nun in einsame oder urtümliche Regionen zurückziehen, wo sie von ihren Mitmenschen abgeschnitten sind. Die Daten unterstreichen jedoch, wie wichtig es ist, jeden Tag eine Zeitlang in stillem Nachsinnen oder in Meditation zu verbringen, nach innen gekehrt und vom *Überdruck* an der eigenen sozialen Membran abgewendet.

In den letzten Jahren sind verschiedene Techniken entwickelt worden, die hypertensiven Menschen helfen sollen, sich zu entspannen und wenigstens vorübergehend ihren Blutdruck zu senken. Vor allem zwei Wissenschaftler, Dr. Herbert Benson von der medizinischen Fakultät der Harvard-Universität und Dr. Charles Stroebel am *Institute of Living* in Hartford, Connecticut, haben ausführlich und überzeugend die positiven Folgen für die Gesundheit beschrieben, wenn man sich täglich eine Frei-Zeit nimmt, um sich in ruhiger Entspannung oder Meditation zu üben. Ihre Untersuchungen ergaben, daß solche Bemühungen zu deutlichen Blutdrucksenkungen führen können.[42] Die Vorstellung der sozialen Membran hilft zu verstehen, warum eine solche Wendung nach innen

---

versuchen, mit anderen in Kontakt zu treten. Die Daten in diesem Kapitel zeigten zwar, daß Schizophrene beim Sprechen meist keine Blutdruckanstiege oder sogar Blutdruckabfälle aufwiesen, doch ich nehme an, dieses Phänomen trat nur wegen der aufgelösten Ich-Struktur der Schizophrenen und dem sich daraus ergebenden mangelhaften Gespür für andere auf. Möglicherweise beleben Versuche, die Schizophrenen neu zu integrieren und ihre soziale Membran zu festigen, auch die Auffassung wieder, daß die soziale Welt bedrohlich und feindlich ist. Bemühungen, mit einer solchen Welt umzugehen oder zu kommunizieren, könnten erhebliche autonome Kampf- und Fluchtreaktionen auslösen. In gewissem Sinne könnte der Schizophrene vor dem Dilemma stehen, daß sein Blutdruck um so höher steigt, je weiter die Schizophrenie sich abschwächt.

274

es einer Person erleichtern kann, ihren Blutdruck zu verringern. Obwohl eine derartige geistige Einkehr nicht die Spannungen löst, die von der sozialen Membran ausgehen, bildet sie doch eine wichtige Phase des Ausruhens und vorübergehender Entlastung für den Körper, der sonst durch eine chronische, unaufhörliche Spannung in Mitleidenschaft gezogen würde.

Wie wir in den nächsten beiden Kapiteln sehen werden, helfen Augenblicke stiller Besinnung und Meditation, die zentralen Probleme zu bewältigen, die dem Umgang mit der sozialen Membran innewohnen. Denn schließlich sind die beiden Phänomene eng miteinander verbunden: Die Harmonie an den Trennwänden der sozialen Membran hängt von der inneren Harmonie ab und umgekehrt.

8
DER VERBORGENE DIALOG

Der Mensch ist das einzige Tier, das errötet. Oder es nötig hat.
Mark Twain

Nachdem ich bisher Blutdruck und Herzfrequenz in ihrer Beziehung zur menschlichen Kommunikation betrachtet habe, möchte ich mich jetzt einem anderen Aspekt des Herz-Kreislaufsystems zuwenden — der Durchblutung und ihrer Verknüpfung mit der offen erkennbaren menschlichen Reaktion des Errötens sowie mit den weniger offensichtlichen, inneren Entsprechungen dazu. Diese Reaktionen führen uns zu einer dritten Dimension des Kreislaufsystems und seiner Verbindungen zum menschlichen Gespräch — einer Dimension, in der Herz und Kreislauf mehr sind als ein Studienobjekt und ein Organ für die Kommunikation, sondern auch ein Subjekt menschlicher Erfahrung, menschlicher Gefühle und unserer Sprache für diese Gefühle. Diese drei verschiedenen Dimensionen unseres Kreislaufsystems werden gerade durch das — ausschließlich dem Menschen eigene — Phänomen des Errötens sehr klar und treffend veranschaulicht.

Zwischen Erröten, Migränekopfschmerzen, Bluthochdruck und koronarer Herzerkrankung bestehen gewisse grundlegende Gemeinsamkeiten. Sie haben mit den Beziehungen zum menschlichen Gespräch zu tun, und daher möchte ich sie in diesem Kapitel herausarbeiten. Doch gleichzeitig muß ich grundlegende Unterschiede zwischen diesen Symptomen betonen — Unterschiede, die in der subjektiven Wahrnehmbarkeit der Gefäß-Botschaft liegen und in der sich daraus ergebenden Erkrankung. Wer beim Sprechen errötet, spürt diese Botschaft der Gefäße normalerweise, und auch andere Menschen nehmen sie wahr und reagieren darauf. Wenn im Gegensatz dazu bei einem Hypertensiven, der spricht, dessen Blutdruck steigt, ist dies — obwohl diese Reaktion als eine Form heimlichen inneren Errötens aufgefaßt werden kann — weder spür- noch sichtbar; und deshalb können weder die Person, deren Körper reagiert, noch andere Menschen darauf eingehen.

Die Gefäßreaktionen von Leuten, die zu Migränekopfschmerzen neigen, fallen zwischen diese beiden Extreme. Wie wir sehen werden, sind bei Migräneanfälligen einige Aspekte der Gefäßveränderungen während des Sprechens augenscheinlich und fühlbar, so daß man auf sie durchaus bewußt reagieren oder sie übergehen kann.

Um auf den Gedanken hinzuführen, daß das menschliche Herz und der Kreislauf als Kommunikationsorgane wie auch als Subjekte menschlicher Erfahrungen aufgefaßt werden können, werde ich meine eigenen Kämpfe mit dem Erröten beschreiben. Außerdem möchte ich einen kurzen Überblick darüber geben, wie diese Schwierigkeiten und ähnliche Probleme, die Patienten mit ihrem Kreislaufgeschehen hatten, ineinandergreifen.

Aspekte des Errötens

DAS ÄUSSERLICHE ERRÖTEN

Ich vermute, ich begann schon in sehr zartem Alter zum erstenmal etwas von der Komplexität, der Subtilität und — in gewisser Weise — sogar der Brutalität streßbedingter Gefäßreaktionen zu begreifen. Selbst als kleiner Junge errötete ich fast so leicht, wie der Wind über das offene Meer bläst. Es war nicht die alltägliche, stinknormale Abart des Errötens, wohlgemerkt; nicht jene sanfte Verschiebung der Tönung, die man oft bei Leuten sieht, kein leichtes, rötliches Verfärben um die Wangen und Augen, keine reizend frische Gesichtsfarbe. Ein derart gnädiges Los war mir nicht beschieden, als die Natur die Leitungen in meinem Körper legte. Ob es nun am keltischen Erbgut meiner Eltern, an meiner Hellhäutigkeit, an einer gewissen Schüchternheit oder an einem tiefverwurzelten Schamgefühl lag, ob es hyperaktive Blutgefäße in meinem Gesicht waren, ein unbewußtes Bedürfnis nach Aufmerksamkeit oder der Versuch, andere mit meinem feuerroten Gesicht anzugreifen — oder Gott weiß, wieviele andere Theorien es zur Erklärung gibt — es bleibt die schlichte Tatsache, daß ich bereits als kleiner Junge und Jugendlicher heftigst errötete; und sogar heute, als Professor mittleren Alters an einer medizinischen Fakultät, erstrahlt, wenn ich verlegen bin, mein Gesicht mit dem vollen Glanze eines Herbstmondes, der aufgeht, um gegen die Dunkelheit eines frostigen Abends anzukämpfen. Kein Kürbis in all seiner strahlenden, herbstlichen Pracht könnte es auch nur ansatzweise mit dem Glühen meines Gesichtes aufnehmen, wenn es beschlossen hat, mich zu verraten.

Schon früh im Leben mußte ich gezwungenermaßen den Versuch aufgeben, wie Gary Cooper zu sein, wenn er um zwölf Uhr mittags furchtlos eine staubige Straße hinabgeht, ohne einen Funken Gefühl zu zeigen, entschlossen, die Gerechtigkeit um jeden Preis triumphieren zu sehen. Genausowenig konnte ich mich als John Wayne ausgeben, der mit schmalen Lippen, umgeben von bedrohlichen Feinden, ohne Furcht bloßen Sterblichen befiehlt, keine Angst zu haben. Zur Hölle mit John Wayne und Gary Cooper! Ich konnte in der achten Klasse nicht einmal über den Flur gehen und mit einem dreizehnjährigen Mädchen sprechen, während von irgendwoher das Lied „Oh, mein Papa" erklang, ohne daß mein Gesicht aufleuchtete wie rote Feuerwerkskörper, die am Nachthimmel explodieren und in der Dunkelheit funkeln.

Meine glühende Birne gab meine Gefühle untrüglich preis. Sie war ein Verräter, ein körperliches Anhängsel, das sich stur weigerte, meine inneren Geheimnisse zu verbergen. Wenn ich peinlich berührt war, ging, zack, die rote Lampe an. Wenn ich wütend war, konnte nichts mich vor meinem Feind tarnen. Niemand mußte mich je fragen, was für eine Zensur ich in einer Klassenarbeit bekommen hatte: aschfahl stand für eine Fünf; hellrot für eine Eins und eine Drei — nun ja, das war die normale Farbe. Wenn ich Angst hatte, mußte ich schnellstens das Dunkel erreichen.

Wenn nur irgendwer eine Pille gegen das Erröten erfunden hätte, wie sie schon Pillen gegen zuviel Magensäure, gegen Migräne, Bluthochdruck, Darmentzündung, gegen Krämpfe, Rhythmusstörungen, gegen Schwangerschaften und Depressionen erfunden hatten! Sie schienen für alles ein Gegenmittel entwickelt zu haben, nur nicht gegen das Erröten. Diese merkwürdige wissenschaftliche Vernachlässigung meines Problems ließ mir keine andere Wahl: Ich mußte einfach lernen, mit meiner Klatschbase von Gesicht zu leben. Insgeheim sehnte ich mich nach dem Tag, an dem die Arteriosklerose meine Blutgefäße schwächen würde, an dem die Natur mir ihren eigenen Durchblutungsregler übergeben würde, um mir zu helfen, das Glühen meines Gesichts in Schranken zu halten. Doch weder konnten meine Phantasien über die Herrlichkeiten des Alters mich trösten, noch verschwand dadurch die Wirklichkeit meiner Jugend. Allmählich wurde ich mürbe. Ich mußte mich in mein Schicksal fügen und lernen, mich in der Unbehaglichkeit behaglich einzurichten.

Erst Jahre später, als ich bei Hochdruckkranken und Migränepatienten beobachtete, wie ihr Blutdruck, ihre Herzfrequenz, ihre Durchblutung und Handtemperatur, ja sogar der Sauerstoffgehalt ihres Gewebes anstiegen, ohne daß sie etwas davon bemerkten — erst da wurde mir langsam klar, welch einen wunderbaren Freund ich die ganze Zeit in den hyperreaktiven Gefäßen meines Gesichts gehabt hatte. Ich erkannte, daß all die Verlegenheit, unter der ich in meiner Kindheit, Jugend und im Erwachsenenalter gelitten hatte, einen Sinn gehabt hatte. Mein Gesicht war ein erbarmungsloser, aber höchst wirkungsvoller Lehrer gewesen. Es hatte mich gezwungen, gewisse Tatsachen über den menschlichen Körper und die menschlichen Gefühle intuitiv zu verstehen und zu akzeptieren. Die Hochdruck- und Migränepatienten schienen diese Gegebenheiten nicht zu begreifen, oder wenn sie sie erfaßt hatten, konnten sie sie sicher nur schwer akzeptieren. Diese Patienten dachten in einer Weise über ihren Körper und ihre Kreislauferkrankungen, die meiner Auffassung von meinem Körper und meinen Kreislaufreaktionen vollkommen entgegengesetzt war. Anscheinend sah sich jeder Patient als etwas oder jemand, das oder der sich von dem Körper unterschied, in dem er lebte. Die Patienten stellten sich wohl ihre Körper als eine Ansammlung mechanischer Teile vor, die mit ihnen persönlich nichts zu tun hatten. (Ich werde diese Frage weiter unten noch eingehender erörtern.)

WER ALLEIN IST, WIRD NICHT ROT

Ein bestimmter Aspekt des Errötens brachte mich dazu, die Blutdruckreaktionen beim Sprechen, die bisher in diesem

Buch beschrieben wurden, gänzlich neu zu betrachten. Es bedurfte buchstäblich Tausender von Beobachtungen, bis ich endlich aufhörte, wegen der Blutdruckanstiege, die Menschen beim Sprechen zeigten, völlig überrascht und manchmal sogar zutiefst entsetzt zu sein.

Mein Erschrecken galt nicht so sehr den Gefäßreaktionen als vielmehr dem auffälligen Kontrast zwischen diesen untergründigen Reaktionen und der Tatsache, daß die Patienten oberflächlich absolut ruhig wirkten und die Blutdruckerhöhungen nicht bemerkten. Wie konnten so wichtige Körperbotschaften vollständig im Verborgenen bleiben — nicht nur für meine Wahrnehmung, sondern auch für diejenigen, deren Körper so reagierte? Wenn der Computerbildschirm eine plötzliche Erhöhung des Blutdrucks anzeigte, waren die Patienten meist noch sehr viel erstaunter als ich.

Nachdem eine Studie nach der anderen erneut die Allgegenwart der Blutdruckreaktion auf das Sprechen bestätigte, fingen wir an, über diese verdeckten Gefäßreaktionen als eine Form des Errötens nachzudenken. Die Vorstellung, der menschliche Körper sei ein Kommunikationsorgan, das sich mit einer Beredsamkeit ausdrücken kann, die gesprochene Worte übertrifft, verschmolz allmählich mit der — an sich banalen — Einsicht, daß es zwei oder mehr Menschen erfordert, eine Unterhaltung zu führen. Wenn zwei Menschen mit Worten zueinander sprechen, sind gleichzeitig auch ihre Körper in einen erstaunlich komplexen Dialog verwickelt.

Diese bislang verborgenen Aspekte der körperlichen Kommunikation führten mich dahin, nach und nach eine andere Seite des Errötens zu erkennen, die ich zwar schon immer intuitiv vorausgesetzt, aber nie in vollem Umfang gewürdigt hatte: Es gehört zum Wesen des Errötens, daß es allgemein sichtbar ist. Ich kann mich nicht erinnern, jemals allein im Dunkeln rot geworden zu sein, einerlei, was für teuflische Phantasien mir durch den Kopf schossen. Soweit ich zurückdenken kann, trat mein Erröten nur in Gegenwart anderer Leute auf. Wie oft habe ich mir gewünscht, daß es genau andersherum gewesen wäre.

Das Erröten als zwischenmenschliche Erfahrung hatte mit dem Blutdruck ein zweites Merkmal gemeinsam, das immer klarer hervortrat, als wir die Gefäßreaktionen hypertensiver Patienten überwachten. Sowohl Erröten als auch Blutdruckerhöhungen beim Sprechen sind Mitteilungen. Die Bedeutung des Errötens hatte ungleich mehr mit seinen kommunikativen Aspekten zu tun, mit seiner reaktiven Natur und seinen Folgen, als damit, ob mein Gesicht in einer bezaubernden Rotschattierung aufleuchtete, wenn ich im Dunkeln gänzlich allein war. Im Gegensatz dazu sind die Probleme mit den Blutdruck- und Herzfrequenzänderungen beim Sprechen jedoch in erster Linie darauf zurückzuführen, daß diese Reaktionen verborgen bleiben.*

Ich war mit dem unangenehmen Bewußtsein aufgewachsen, daß die Gegenwart anderer Menschen, kombiniert mit irgendwelchen Kämpfen, die sich in meinem Inneren abspielten, mein Gesicht unausweichlich knallrot werden ließ. In Jahren unaufhörlicher Verlegenheit erkannte und verstand ich unmittelbar, welch beachtliche Macht wir Menschen über die Körper von anderen haben. Ich erfuhr am eigenen Leibe die

---

* Ich möchte noch einmal betonen, daß ich von vorübergehenden Phasen menschlichen Errötens spreche — der körperlichen Antwort, die am besten als „reaktives Erröten" umschrieben wird. Es gibt andere Probleme, die ein chronisches, ständiges und anhaltendes Erröten verursachen, das auch auftreten kann, wenn man allein ist. Es kann zu einer schweren und unangenehmen Hauterkrankung namens „Rosacea" führen, die durch rote Flecken, Pusteln und Schwellungen des Bindegewebes gekennzeichnet ist. Rosacea wird neuerdings mit exzessivem Alkoholkonsum und einer genetischen Veranlagung zum Alkoholismus in Verbindung gebracht und ebenso mit einer starken, aber unentdeckten Anfälligkeit für Diabetes. Rosacea kann möglicherweise sogar zu verschiedenen Arten von Krebs beitragen. Man hat auch schon angenommen, daß dieses chronische Erröten mit einer früheren Disposition für vorübergehendes Erröten bei emotionaler Erregung zusammenhängen könnte. Reaktives Erröten könnte darin anderen Kategorien psychosomatischer Erkrankungen entsprechen — ein körperlicher Zustand tritt, als kurzzeitige Antwort auf Erregung ein, führt aber unter Umständen zu ernsten, körperlichen Krankheiten.[1]

Unterschiede zwischen *Physiologie* (der Maschinerie des Körpers), *Psychophysiologie* (der Art, wie das Denken und Empfinden den Körper beeinflußt) sowie, was am wichtigsten ist, den Weisen, in denen andere Personen — also *transaktionale* psychophysiologische Kräfte — Einfluß auf den Körper nehmen. Und es war die transaktionale Erfahrung — das Erröten —, was mich zwang, mir die Verknüpfung zwischen meinem Körper und meinen Gefühlen ständig vor Augen zu halten. Denn es waren andere Menschen, die nicht nur sahen, wie mein Gesicht rot anlief, sondern mir auch sagten, was mein aufglühendes Gesicht bedeutete: „Bist du verlegen?" Die Frage konnte auf hundert verschiedene Arten gestellt werden, aber die Antwort war immer dieselbe: „Ja, ich habe Gefühle, die ich gern verleugnen würde, aber nicht verbergen kann."

Nachdem ich die Blutdruckreaktion auf das Sprechen an Tausenden von Fällen beobachtet hatte, verstand ich, daß alle psychosomatischen oder psychophysiologischen Reaktionen eine ähnliche, transaktionale Botschaft enthalten — und die Tatsache, daß diese inneren Reaktionen im Verborgenen ablaufen, ist ein Grund dafür, warum sie sich zu psychosomatischen Erkrankungen entwickeln können. Anders als beim Erröten kann niemand diese Antworten sehen, nicht einmal das Individuum, dessen Blutdruck ansteigt. Und da diese Reaktionen weder gesehen noch gespürt werden können, kann dem einzelnen auch kein Außenstehender sagen, was diese Reaktionen gefühlsmäßig bedeuten. Auf diese Weise verbergen solche Patienten tatsächlich ohne die geringste psychische Mühe ihre Gefühle nicht nur vor sich selbst, sondern auch vor anderen.

Ich begann zu vermuten, daß abweichend von einfachen, mechanischen Körperfunktionsstörungen nur wenige Menschen allein einen Bluthochdruck entwickeln, daß nur wenige in einem sozialen Vakuum Geschwüre „bekommen" und daß die meisten Migränekopfschmerzen durch zwischenmenschliche Probleme ausgelöst werden. Doch aus begreiflichen Gründen hält die überwiegende Mehrheit der Patienten, die unter den symptomatischen Schmerzen und körperlichen Schäden dieser Erkrankungen leiden, an einem entgegengesetzten Standpunkt fest. Sogar Patienten, wie ich sie in Kapitel 1 schilderte, die ansonsten über psychosomatische Krankheiten recht genau Bescheid wissen, haben große Schwierigkeiten, sich mit der transaktionalen Natur ihrer Probleme auseinanderzusetzen. Das Herz-Kreislaufsystem beispielsweise erscheint so abgeschnitten von der Außenwelt, so eingebunden in den eigenen einzelnen Körper, die eigenen emotionalen Konflikte, in die persönliche, einzigartige Entwicklungsgeschichte, daß es für einen Patienten nahezu unvorstellbar ist, in dieses Geschehen könnten andere Personen einbezogen sein und es sei möglicherweise eine verborgene, körperliche Art der Kommunikation — eine Form des Errötens, wenn man so will, die anderen und einem selbst das innere Mißbehagen nicht bewußt werden läßt.

Je länger ich den Patienten zuhörte, desto klarer sah ich, daß sie, obwohl sie ihr Gefäßsystem von ihrem persönlichen Identitätsgefühl abgespalten hatten, dennoch darauf bestanden, über ihre Kreislauferkrankung wie über einen Alleinbesitz zu verfügen. Jeder Patient war vollständig davon überzeugt, daß er oder sie das „Problem" hatte, sei es die Migräne im Kopf oder den Hochdruck in den Adern; und so fühlte jeder Patient sich allein dafür zuständig, die Symptome loszuwerden. Die Patienten konnten nur schwer den Gedanken fassen, daß diese Krankheiten mit Schwierigkeiten zusammenhingen, die sie in der Kommunikation mit anderen erlebten — und daß, wie bei meinem Erröten, einsiedlerische Lösungen die Probleme wahrscheinlich nicht beseitigen würden.

Außerdem wurde mir zunehmend deutlich, daß die Patienten eine anscheinend reflexhafte Neigung hatten zu lächeln, wenn ihr Kreislauf sich höchst dramatisch veränderte — eine Neigung, die ihre emotionale Isolation ernstlich verstärkte. Denn ihr Lächeln strafte die inneren Mitteilungen des Körpers Lügen (ich werde das später noch erörtern), wozu das Gesicht eines Errötenden niemals in der Lage wäre.

Diese Seiten der emotionalen Isolation von Patienten in unserer Klinik ließen mich schließlich die entscheidende

Wichtigkeit des Errötens erkennen und seine tiefere Bedeutung als miteinander geteilte menschliche Erfahrung. Das gemeinschaftliche Erleben umfaßt eine Reihe von Schritten, zu denen die folgenden Interaktionen gehören:

1. Erröten ist ein Signal der Gefäße und setzt ein, sobald einer Person die erste Röte ins Gesicht steigt.

2. Man kann wahrnehmen, ob man errötet oder nicht; doch da das Erröten in einem zwischenmenschlichen Kontext auftritt, werden andere das Signal der Gefäße erkennen.

3. Die Person, die Zeuge des Errötens ist, wird seine Bedeutung schnell interpretieren und normalerweise den Schluß ziehen, daß es ein gefühlsmäßiges Mißbehagen anzeigt, höchstwahrscheinlich Verlegenheit.

4. Während andere die Bedeutung des Errötens entschlüsseln, wird in der Regel auch die errötende Person anfangen, ihr Unbehagen zu spüren.

5. Sobald die anderen bemerken, daß der Errötende sich unbehaglich fühlt, werden sie beginnen, nach dem Ursprung des Unbehagens zu suchen, und gewöhnlich annehmen, daß sie die Ursache für die Verlegenheit sind oder daß das stattfindende Gespräch irgendwie Angst ausgelöst hat.

6. Während man nach der Ursache des Errötens sucht, wird sich der Errötende seiner Angst zunehmend bewußt und erkennt, daß jetzt seine Verlegenheit, Scham oder Angst für alle offenkundig ist. Nachdem der Errötende einmal sein Mißbehagen bemerkt hat, wird er versuchen, der unbequemen Situation zu entkommen.

7. Nachdem die Personen, die das Problem wahrnehmen, den Schluß gezogen haben, daß sie das Erröten hervorgerufen haben könnten, nehmen sie im allgemeinen automatisch die Rolle des Therapeuten ein, indem sie versuchen, die andere Person vom Erröten abzubringen. Auf diese Weise verringern sie die Verlegenheit und das emotionale Leiden. Gewöhnlich wird diese therapeutische Rolle aus zwei Gründen eingenommen: erstens sind die meisten Menschen nicht sadistisch; sie sehen andere nicht gern leiden und stehen insbesondere nicht gern vor der Tatsache, die Ursache für das Leiden eines ande-

ren zu sein; zweitens werden das Mißbehagen oder die Verlegenheit einer Person schnell auch auf andere übergreifen.

8. Wenn die therapeutischen Kunstgriffe, die das Erröten beseitigen sollen, fehlschlagen und die betreffende Person sich weiterhin offensichtlich unbehaglich fühlt, wird schließlich jeder Beteiligte die Begegnung abbrechen und zukünftige Kontakte meiden.

Obwohl es zahlreiche Varianten dieses Ablaufes gibt, ist Erröten im allgemeinen ein zwischenmenschliches Gefäß-Signal, das alle laufenden Unterhaltungen zu unterbrechen pflegt und als eine wichtige körperliche Botschaft eine Antwort fordert. Und was noch ausschlaggebender ist: Es wird schnell von allen Beteiligten als etwas im wesentlichen Zwischenmenschliches erkannt, als eine Reaktion, in die alle Anwesenden verwickelt sind.

Im Gegensatz dazu ermutigt der Hochdruck- oder Migränepatient die anderen, mit dem Gespräch fortzufahren; denn er lächelt, während gleichzeitig sein Blutdruck steigt oder die periphere Durchblutung blockiert wird. Das Lächeln fördert — während der Blutdruck höher steigt und das Herz noch schneller schlägt — gerade jenen Prozeß, der wegen seiner zerstörerischen Kraft unterbrochen werden sollte.

Da das Erröten die soziale Membran mit einbezieht, bringt es andere Menschen mit unserer inneren Not in Berührung. Und es bringt uns dazu, uns selbst zu sehen, unsere Verlegenheit mit den Augen einer anderen Person zu betrachten und zu empfinden. Es zwingt uns, das zu denken und zu spüren, was andere über uns denken und empfinden, und baut so unser Gefühl für uns selbst in Beziehung zu anderen auf. Manche Kreislaufreaktionen sind jedoch nicht so eindeutig. Beispielsweise ist die Einschränkung der Durchblutung — das genaue Gegenteil von Erröten — eine Reaktion, die den Betroffenen nicht vergleichbare Einsichten ermöglicht wie das Erröten. Das Ausbleiben von zwischenmenschlichem Erkenntnisgewinn führt umgekehrt leicht zu einem Zusammenbruch der Kommunikation und zu solchen Erkrankungen wie Migränekopfschmerzen.

Die Sprache der Migräne

Migräne ist eine weitverbreitete Krankheit, die durch starke, pochende Kopfschmerzen gekennzeichnet ist. Nach den derzeitigen wissenschaftlichen Vorstellungen ist als unmittelbare Ursache der Schmerzen eine Dehnung von Nervenfasern anzusehen, die als Folge der Erweiterung von Arterien innerhalb des Schädels eintritt. Patienten, die an Migränekopfschmerzen leiden, weisen, wie wir sehen werden, etliche Besonderheiten auf, die sie mit Hochdruckkranken gemeinsam haben; dazu gehören ein ungewöhnlich reaktionsempfindliches Kreislaufsystem und ein Mangel an Bewußtsein für die dramatischen Veränderungen, die der Erkrankung zugrunde liegen. Doch anders als Hypertensiven steht Migränepatienten häufig ein physiologisches Warnsignal zur Verfügung, das wahrnehmbar ist, wenn man auf seinen Körper achtet.

Wie ich bereits erwähnt habe, können sowohl die Unregelmäßigkeiten des Kreislaufs von Hochdruckpatienten wie auch die krankhafte Reaktionsfähigkeit der Gefäße von Migränepatienten als ein heimliches oder inneres Erröten angesehen werden. Das heißt: Genau wie normales Erröten eine — durch sozialen Kontakt ausgelöste — Durchblutungsänderung in einem bestimmten Gefäßgebiet anzeigt, so werden auch die Kreislaufveränderungen bei Migräne- und Hochdruckpatienten durch menschliche Begegnung hervorgerufen.

In dieser Hinsicht war Patty ein hervorragendes Beispiel für einen typischen Migränepatienten. Oberflächlich betrachtet, schienen die Sorgen und Krankheiten, die sie und Ed in die Universitätsklinik von Maryland führten, so unterschiedlich wie Tag und Nacht. Obwohl Ed sich darüber im klaren war, daß seine Blutdruckerhöhungen sein Leben gefährdeten, war er eigentlich gekommen, weil er Hilfe für ein Problem suchte, das er nicht spüren konnte. Patty dagegen kam, weil schreckliche Migränekopfschmerzen sie förmlich lähmten und es ihr beinahe unmöglich machten, ihren Beruf als Krankenschwester vernünftig auszuüben. Manchmal sah sie im Verlauf ihrer Kopfschmerzattacken verschwommen und hatte deshalb Mühe, die Tropf-Dosierungen der schwerkranken Patienten unter ihrer Obhut exakt zu erkennen.

Attraktiv und reizend, war Patty mit ihren 43 Jahren der Typ Frau, die sich auf den ersten Blick keinerlei Sorgen zu machen brauchte. Intelligent, überschäumend, witzig und fröhlich, wie sie war, wäre sie die ideale Gesprächspartnerin für eine Fernsehtalkshow gewesen. Man konnte sich kaum vorstellen, daß jemand mit ihrer geselligen Art durch Phasen starker Kopfschmerzen fast zugrunde gerichtet wurde. Auch sah sie nicht so aus, als habe sie in ihrem Leben eine emotionale Kränkung nach der anderen erlitten. Allerdings war Pattys Kindheit durch eine fordernde, herrische und strafende Mutter bestimmt gewesen und einen Vater, der, wie Patty es ausdrückte, „von meiner Mutter total zur Schnecke gemacht wurde".

Obwohl sich ihre klinischen Symptome und ihre Lebensgeschichte erheblich von Eds unterschieden, hatten sie viel gemeinsam. Beide drückten sich sehr klar aus und waren äußerst empfindsam. Auch besaßen beide einen Kreislauf, der sich in auffälliger Weise ändern konnte, ohne daß sie das geringste davon bemerkten. Und beide schienen völlig von ihrem eigenen Körper abgeschnitten zu sein. Wer sie ansah, wäre niemals auf die Idee gekommen, daß ihre Herzfrequenz und Durchblutung sowie ihr Blutdruck ruckartig außer Kontrolle geraten könnten, während sie sich an einer anscheinend recht friedlichen Unterhaltung beteiligten.

Wie es bei vielen Migränepatienten der Fall ist, war auch der Umgang mit Patty schwierig, und das Ausmaß ihres Leidens ließ sich nur schlecht genau einschätzen. Vielleicht war es die Trostlosigkeit des kalten, grauen und regnerischen Novembernachmittags bei unserer vierten Begegnung, die meinen Blick für den Kontrast zwischen Pattys fröhlichem Auftreten und ihrem inneren Leid schärfte. Kurz vor der Sitzung hatte ich aus meinem Fenster im zwölften Stock auf das Mosaik von Industriekomplexen und Reihenhäusern aus Backstein gestarrt, das für den Südwesten Baltimores charakteristisch ist.

„Ich dachte, ich sollte diese Ausstaffierung tragen, um gegen das Wetter anzukämpfen", bemerkte Patty, als sie meinen Praxisraum betrat. „Es hat keinen Sinn, sich an einem Tag wie diesem von der Natur in die Knie zwingen zu lassen." Als Antwort auf meinen Kommentar, ihr roter Schottenrock und der dazu passende Pullover wögen das düstere Wetter draußen bei weitem auf, lächelte sie breit. Während ich einen Temperaturfühler an ihrem Finger befestigte und die Blutdruckmanschette um ihren Arm wickelte, fügte sie hinzu: „Wenn ich so ein Büro wie Sie hätte, würde ich die Vorhänge an Regentagen zuziehen und an sonnigen wieder öffnen. Es ist schon schlimm genug, daß man sich durch diesen Schlamassel schleppen muß, um hierher zu kommen, aber es hat keinen Sinn, sich ihn auch noch anzusehen. Wenn man nicht hinsieht, muß man auch nicht wissen, daß es draußen regnet und dreckig ist."

Während ich zustimmend in mich hineinlachte, fragte ich mich, ob Patty mit dieser Äußerung eine psychische Strategie berührt hatte, die auf ihre Migräne zutraf. Hatte sie sich dafür entschieden, den Blick auf all den seelischen Schmerz in ihrem Leben zu vermeiden, und hoffte sie wider besseres Wissen, daß all dies vorbeigehen würde? Doch ich widerstand der Versuchung, diese Frage zu stellen, weil ich eine solche Interpretation für verfrüht hielt.

In den ersten 15 Minuten der Sitzung beschrieb Patty fröhlich verschiedene Schwierigkeiten, die sie in der vergangenen Woche mit Patienten und Ärzten erlebt hatte. Obwohl sie in heiterer Stimmung zu sein schien, schwankte ihr Kreislauf erheblich. Ohne zu ahnen, daß ihr Herz mit einer Frequenz zwischen 110 und 130 Schlägen pro Minute raste, war sie selbst gegenüber ihren Kopfschmerzen zu Scherzen aufgelegt: „Die Migräne war diese Woche nicht ganz so schlimm, also muß es wohl aufwärts gehen. Vielleicht entwickelt sich Ihre Klinik noch zu einem Pilgerzentrum für Wunderheilungen. Sogar die Infusionseinstellungen konnte ich die ganze Woche über erkennen. Die einzig wirklich schlimmen Kopfschmerzen erwischten mich am Samstag, aber das war mein freier

Tag." Sie lächelte, während sie ihre Kopfschmerzen beschrieb, fast, als spräche sie über die Schmerzen einer anderen Person.

„Wie fühlen Sie sich jetzt?" fragte ich, weil ich Pattys Aufmerksamkeit auf die Tatsache lenken wollte, daß ihre Herzfrequenz im Mittel bei 112 Schlägen pro Minute lag und ihr Blutdruck unterdessen auf niedrige 95 zu 60 gefallen war.

„Ich denke, es geht mir gut", antwortete sie mit weicher Stimme. „Ich glaube fest, daß sich schließlich alles noch zum Guten wenden wird. Sie müssen nur einen Mann für mich finden. Den brauche ich im Moment wirklich."

Patty spielte darauf an, daß ihr Mann sie vor einem Jahr verlassen hatte. Er hatte wieder geheiratet, diesmal eine geschiedene Frau mit drei Kindern; infolgedessen zahlte er keinen Unterhalt an Patty mehr und kümmerte sich auch nicht um ihren gemeinsamen sechsjährigen Sohn. Patty war im Stich gelassen worden und mußte, wie sie in einer früheren Sitzung gesagt hatte, „die Sachen allein regeln". Neben ihren finanziellen Sorgen beunruhigte Patty sehr, daß ihr Sohn ohne eine männliche Bezugsperson aufwuchs, mit der er sich identifizieren konnte.

Wie oft bei Migränepatienten, überging sie meine Frage nach ihren Gefühlen; deshalb wiederholte ich diese, um ihr Nachdruck zu verleihen. „Aber wie fühlen Sie sich jetzt im Moment? Ich meine, was glauben Sie, bedeutet es, wenn Ihr Herz mit 110 bis 130 Schlägen pro Minute rast? So schnell schlüge es nicht einmal, wenn Sie einen Dauerlauf machten." Und gedankenvoll setzte ich nach: „Ich finde es schwierig, im Laufen ein Gespräch in Gang zu halten. Wenn Sie mit mir reden wollen, dann muß ich entweder mit Ihnen Schritt halten oder Sie müssen Ihre Geschwindigkeit herabsetzen."

Sie blickte einen Augenblick auf den Computer, sah mich dann mit einem verschmitzten Lächeln an und entgegnete: „Wie ich sagte — finden Sie einen Mann für uns. Das müßte die Herzfrequenz herunterbringen, und dann können Sie vielleicht mein Tempo halten. Haben Sie in letzter Zeit mal wieder probiert, mit jemandem anzubandeln? Wissen Sie, wie es ist, auszugehen, einen Typen in einer Bar zu treffen und gemustert zu werden wie ein Stück Fleisch im Großmarkt? Glauben Sie mir, da draußen gibt es nicht viele Männer, die der Rede wert sind.«

Wieder war Sie der Frage nach ihren Gefühlen ausgewichen. Eindeutig beruhte ein Teil von Pattys Schwierigkeiten darauf, daß sie nicht in der Lage war, ihre eigenen Gefühle aufzuspüren und zu unterscheiden. Sie hatte einfach keine Ahnung, wann ihr Herz jagte und wann es normal schlug. Sie hatte weder eine Vorstellung davon, wann ihr Blutdruck stieg oder fiel, noch empfand sie, wann ihre Hände eisig kalt und wann sie warm waren. Da sie von wesentlichen körperlichen Bezugsgrößen emotionaler Erregung abgetrennt war, konnte Patty die Gefühlsschwankungen nicht entdecken, die mit diesen physiologischen Wandlungen einhergingen.

Deshalb war es zu Beginn der Therapie erforderlich, daß sie den erheblichen Veränderungen in ihrem Körper Aufmerksamkeit schenkte. Erst dann konnte sie den nächsten Schritt in Angriff nehmen, in dem ihr die gefühlsmäßige Bedeutung verschiedener körperlicher Reaktionen nahegebracht werden sollte. Pattys Unfähigkeit, diese Veränderungen zu erspüren, zeigte, wie nachhaltig sie den Kontakt zu ihrem eigenen Körper verloren hatte. Patty bezog sich, was kennzeichnend für Patienten mit solchen körperlichen Erkrankungen ist, auf *ihre* Kopfschmerzen als »die« Kopfschmerzen und sprach lieber von »dieser« Herzfrequenz als »meiner« Herzfrequenz. Sie benutzte keine besitzanzeigenden Fürwörter, um ihre Symptome oder die von der Migräne in Mitleidenschaft gezogenen Teile ihres Körpers zu beschreiben, fast, als gehörten diese Probleme zu jemand anderem. Wie bei Ed, so bestand auch hier unsere schwierigste Aufgabe darin, Patty dahin zu bringen, daß sie ihrem Körper Aufmerksamkeit widmete und ihn als den ihren anerkannte.

Immerhin schaffte Patty es, über verschiedene Sorgen in ihrem Leben zu reden. Sie sprach über ihre Ängste wegen ihres Sohnes und über die Schwierigkeit, ihre diversen Rollen als Mutter, Krankenschwester, Haushälterin und alleinige

Ernährerin im Gleichgewicht zu halten. Sie schilderte ferner, daß sie keine Zeit für ihr Privatleben habe, und ließ etliche Male anklingen, daß es für sie eine heikle Sache sei, neue Beziehungen anzuküpfen: „Dieser alte Körper wird auch nicht jünger."

In den ersten vier Sitzungen stieg Pattys Handtemperatur nie über die Zimmertemperatur von 22 °C, das sind ungefähr zehn Grad weniger als normal. Auch konnte der Photopletysmograph keine Durchblutung an der Oberfläche ihrer Finger nachweisen. Über die Unfähigkeit, ihre Gefühle zu erörtern und ihren Körper zu spüren, hinaus bestand dieser bemerkenswerte Gegensatz zwischen ihrem äußerlich fröhlichen Verhalten und der körperlichen Unruhe im Innern.

Um Patty förmlich mit der Nase auf ihren Körper und auf die widersprüchlichen Körperbotschaften zu stoßen, die sie abgab, beschloß ich, ihr einen bildhaften Vergleich über ihr paradoxes Lächeln mitzuteilen, der mir etliche Wochen zuvor in den Sinn gekommen war: „Wissen Sie, Patty, ich habe die letzten paar Wochen über eine bestimmte Vorstellung nachgedacht. Wenn ich Sie heute betrachte, so frage ich mich, ob Sie glauben, daß die Mona Lisa unter Migräne litt?"

Patty lachte laut über die Frage, während ich fortfuhr: „Glauben Sie, daß da Vinci tatsächlich so raffiniert war? Ich meine, wenn Sie einmal an das Bild denken: Da lächelt die Mona Lisa ihr wunderbares Lächeln, und jeder ist davon hingerissen. Jedermann starrt auf das Lächeln der Mona Lisa und ist hypnotisiert von ihrem mystischen Blick, genauso, wie ich mir sicher bin, daß jeder nur auf Ihr Lächeln achtet und denkt, Sie wären ganz obenauf."

„Glauben Sie, ich gäbe ein gutes Modell ab?" antwortete Patty, die großes Vergnügen an diesem Vergleich zu finden schien. „Das wäre vielleicht eine nette Art, mein Einkommen aufzubessern. Obwohl ich natürlich nicht so stämmig oder so gut dabei bin; und ich habe nicht diese großen, dunklen, italienischen Augen — doch wer weiß?"

„Aber es sind nicht die dunklen Augen der Mona Lisa oder ihr Lächeln, die mich interessieren", konterte ich, als

Patty sich in ihrem Stuhl zurücklehnte. „Sondern ihre Hände! Warum sonst sollte da Vinci Mona Lisas Hände malen? Wenn man das Bild betrachtet, dann sitzt sie da, lächelt ihr breites vornehmes Lächeln, während sie still und bescheiden im Schoß ihre Hände faltet. Nur achtet niemand darauf. Niemand sieht die Hände der Mona Lisa an. Jeder ist ausschließlich mit ihrem Lächeln beschäftigt. Ich bin sicher, das alles war ein raffinierter Trick. Ich bin überzeugt, daß die Mona Lisa Migränekopfschmerzen hatte. Ich wette, daß ihre Hände die ganze Zeit, die da Vinci an dem Portrait malte, eiskalt waren, genau wie Ihre."

Patty kicherte erneut, während ich noch einen Schritt weiterging. Seit einigen Wochen hatte ich versucht, sie dazu zu bringen, mehr auf ihre Hände zu achten. Insbesondere wollte ich, daß sie registrierte, wann die Hände warm und wann sie kalt waren, so daß sie lernen könnte, Veränderungen ihrer Handtemperatur mit verschiedenen Ereignissen in ihrem Alltag in Zusammenhang zu bringen. Ich hoffte, daß sie auf diese Weise langsam ein Gefühl dafür entwickeln werde, wann sie ängstlich oder ärgerlich war und wann entspannt und ungezwungen. Etliche Jahre zuvor hatte eine Forschergruppe an der Menninger-Klinik in Topeka, Kansas, nachgewiesen, daß Migränepatienten das Auftreten ihrer Kopfschmerzen verhindern konnten, wenn man ihnen beibrachte, ihre Hände mit Hilfe von Biofeedback und Entspannung zu erwärmen. Kalte Hände schienen eines der körperlichen Merkmale zu sein, die migräneanfällige Menschen auszeichnen. Das Phänomen beruht anscheinend ebenso auf einer gedrosselten Durchblutung der Handoberfläche wie auf einer allgemeinen Überempfindlichkeit dieser Gefäßregionen für psychischen Streß.

Ich fuhr in meinem Vergleich fort und fragte: „Glauben Sie, das Herz der Mona Lisa hämmerte mit 110 Schlägen pro Minute und gleichzeitig schleppte sich ihr Blutdruck bei 100 systolischen Millimetern dahin, während da Vinci ihr Lächeln malte? Freunde von mir haben vor ein paar Wochen den Louvre besucht. Als sie wieder zu Hause waren, rief ich sie an, um sie nach dem Farbton von Mona Lisas Händen zu fragen. Ich dachte, vielleicht wären sie bläulich-weiß wie Ihre Hände. Natürlich lachten sie und teilten mir höflich mit, das Gemälde sei ziemlich verblaßt, und es hätten im Louvre etwa fünfzig Leute vor ihnen gestanden. Dann fragen sie mich in einer Weise, die meinen Verdacht bestätigte: Wer sieht sich denn überhaupt schon die Hände der Mona Lisa an? Ich deutete an, daß ihnen vielleicht die ganze Pointe des Gemäldes entgangen sein könnte. Ich erzählte ihnen, daß ich annahm, da Vinci müsse in seinem Grab vor sich hin kichern. Er wußte alles über Mona Lisa, und ich wette zehn zu eins, daß sein Gemälde ein Trick war. Ich wette, oben in den Dachsparren des Louvre, irgendwo über ihrem Porträt kann man immer noch seinen Geist flüstern hören: ,Sehen Sie ihre Hände an! Sehen Sie ihre Hände an!'"

Patty hob ihre Hände, betrachtete sie einen Augenblick, preßte sie gegen ihr Gesicht und setzte sich dann wie ein dralles Funkenmariechen schelmisch auf sie, um sie zu wärmen.

Nachdem wir noch eine Weile weiter herumgefrotzelt hatten, lenkte ich Pattys Aufmerksamkeit auf die Tatsache, daß ihre Herzfrequenz auf 92 Schläge pro Minute gefallen, während ihr Blutdruck auf die normale Höhe von 115 zu 75 gestiegen war. Seit sie zu unserer Klinik gekommen war, war ihre Herzfrequenz erstmals auf unter 100 Schläge pro Minute gesunken.

Patty schien ehrlich verwirrt und stichelte: „Vielleicht raste Mona Lisas Herz auch nicht die ganze Zeit?"

„Vielleicht rast Ihr Herz auch nicht die ganze Zeit?" hielt ich ihr entgegen, weil ich das Gefühl hatte, sie sei bereit, ihrem Körper ab jetzt mehr Aufmerksamkeit zu widmen. „Wir könnten das natürlich ganz genau herausfinden, wenn Sie Ihren Puls jeden Tag sechs- bis siebenmal zusammen mit Ihrem Blutdruck messen würden und dann die Werte aufschrieben; dann könnten wir beide ein Protokoll haben."

Patty erklärte sich einverstanden und fügte hinzu, sie wisse, daß sie besser darauf achten sollte, was innerhalb ihres Körpers vor sich ginge.

Daraufhin fragte ich sie, wie ich denn ihrer Meinung nach ihre Botschaften entschlüsseln sollte, vor allem, wenn sie so widersprüchlich wirkten. „Wem soll ich zuhören, wenn Sie sprechen, Patty? Der Frau mit dem hübschen Lächeln und der glücklich klingenden Stimme oder der Frau, deren Herz manchmal mit über 125 Schlägen pro Minute jagt und deren Hände eisig kalt sind? Wie um alles in der Welt konnten Leute wie Ihr ehemaliger Mann ein sinnvolles Gespräch mit Ihnen führen, wenn Ihr Körper innerlich derart in Aufruhr war und Sie zugleich an der Oberfläche so glücklich und ruhig erschienen?'"

„Das ist eine gute Frage", antwortete sie schnell, wobei sie wiederum verblüfft auf die Computeraufzeichnungen ihrer Herzfrequenz und Handtemperatur starrte. Dann fragte ich sie, was sie denke, wie ich den merkwürdigen Gegensatz zwischen der Wärme ihres Lächelns und der Kälte ihrer Hände interpretieren sollte, und sie entgegnete: „Kalte Hände, warmes Herz."

Darauf hörte Patty auf zu lächeln und verfiel in Schweigen. Eine ganze Weile beobachtete sie still, wie die Datenbildschirme unzweideutig die Realität des Chaos im Innern ihres Körpers signalisierten. Schließlich bemerkte sie mit einem schmerzlichen, halb gezwungenen Lächeln: „Ich glaube, ich lasse meine Eingeweide das Weinen für mich erledigen." Dann fügte sie nach einem tiefen Seufzer sanft hinzu: „Aber bedenken Sie: ‚Wenn du lächelst, lächelt die ganze Welt mit dir'."

Ich nickte verständnisvoll und vereinbarte mit Patty einen weiteren Termin in der folgenden Woche.

Nach der Sitzung versank ich erneut in Gedanken und starrte in den grauen Dunst und Regen. Erst allmählich wurde mir bewußt, daß ich dabei eine Melodie summte, ein Echo des Schlagers, auf den Patty sich mit ihrer letzten Bemerkung bezogen hatte. Plötzlich ging mir auf, daß Pattys Haltung, ihr Leiden zu verstecken, in der Musik und Dichtung verankert war, die unser Land durchzieht. Sie schien ein allseitiges Bedürfnis wiederzugeben, etwas zutiefst Menschliches, dessen

Vortrefflichkeit wir einander ständig versichern müssen. Anscheinend ist dies die moderne Art, uns selbst davon zu überzeugen, daß es da draußen keinen Dschungel gibt, keine unentrinnbaren Schmerzen, kein unvermeidliches Leiden, keine lebensbedrohenden Monster und keine alles verschlingende Dunkelheit. „Weine innen, lächle außen", und wenn dir das Herz auch bricht* — dies sind die ungeschriebenen Gesetze, nach denen man uns zu leben lehrte, und es waren die Gesetze, die Pattys Verhalten bestimmten. Solche Regeln sind natürlich nicht nur schlecht. Das wäre ein düsteres Dasein, wenn jeder von uns jedesmal völlig verzweifelt aussähe, wenn in unserem Leben etwas schiefgeht. Sicher liegt auch ein Wert darin, sich auf die positiven Seiten des Lebens zu konzentrieren und als eine Kraft zu wirken, die anderen Menschen Freude bringt. Es ist durchaus eine gesellschaftliche Tugend, tapfer zu sein und sich gegenseitig zu stützen, besonders, wenn Trauer und Schmerz uns zu überwältigen drohen oder wenn wir von Angst erfüllt sind. Und Lächeln ist eine Möglichkeit, auf Angst zu reagieren. Es ist ein natürlicher Weg, Spannungen zu mildern, und führt nicht als solches zu Migräne, Bluthochdruck oder anderen psychosomatischen Beschwerden. Diese Seite des Lächelns ist gesunden Menschen und psychosomatischen Patienten gemeinsam.

Doch was für die Kranken schließlich zum Problem wird und zu ihren körperlichen Symptomen beiträgt, das mag auf den ersten Blick absurd erscheinen, unglaublich; und denen, die nicht unter solchen Beschwerden leiden, wird es gegenüber unseren jetzigen Auffassungen von psychischem Streß und streßbedingten Krankheiten völlig fremd vorkommen. Der psychosomatische Patient lächelt tatsächlich, obwohl sein Herz bricht; nur, daß er nicht erkennt oder spürt, daß es

---

* Es wäre nachlässig von mir, wenn ich nicht für diejenigen Leser, die Fans von Nat King Cole sind, darauf hinweisen würde, daß er ein sehr schönes Lied mit dem Titel „Mona Lisa" aufgenommen hat, in dem er direkt fragt, ob das mystische Lächeln der Mona Lisa in Wirklichkeit nur ein gebrochenes Herz verdeckte. Gewisse Aspekte der Hauptthese dieses Buches haben scheinbar seit langem in der Luft gelegen.

bricht — der Patient fühlt nur das Lächeln. Solche Patienten meinen — und glauben wirklich daran —, daß sie glücklich seien; sie können nicht empfinden, wie ihre Herzen außer Kontrolle geraten, daß ihre Hände ungefähr zehn Grad kälter sind als üblich oder daß ihr Blutdruck hochschießt bis in Bereiche der Lebensgefahr. Sie wissen nicht, wie es ihnen geht, weil niemand anders ihren Körper reagieren sieht. Niemand klärt sie über ihr inneres Erröten auf, und selbst können sie dieses Erröten nicht entdecken. Folglich kann niemand sie über ihre Gefühle unterrichten, weil ihre körperliche Kommunikation hinter einem Lächeln verborgen bleibt.

In der folgenden Erörterung dieser Anomalie und der Vielzahl von Problemen, die sich daraus ergeben, werde ich zunächst die technischen Aspekte des Migränekopfschmerzes beschreiben, der ja nur eines aus einem Dutzend klinischer Störungsbilder ist, bei denen das Zusammenspiel von körperlichen Veränderungen und psychischer Erregung unentdeckt bleibt. Ich beabsichtige keineswegs, eine erschöpfende physiologische Abhandlung der Migräne zu liefern oder das letzte Wort über Kopfschmerzen zu sprechen; vielmehr möchte ich klären helfen, warum psychosomatische Patienten im allgemeinen sowie Migräne- und Hochdruckpatienten im besonderen ihre eigenen Gefühle nicht richtig erkennen und benennen können und ihnen deshalb nur ein stummes Lächeln übrigbleibt.

WIRKMECHANISMEN DER MIGRÄNE

Migräne ist eine von mehreren Hauptklassen des Kopfschmerzes. Andere Formen von Kopfschmerzen, einschließlich der neuromuskulären Kopfschmerzen und Kiefergelenkschmerzen, treten häufiger auf. Im Gegensatz zu anderen Arten des Kopfschmerzes bezieht die Migräne das Kreislaufsystem mit ein. Der Ausdruck „Migräne" — abgeleitet von einem griechischen Begriff zur Bezeichnung eines einseitigen Kopfschmerzes *(hemi-kranion* = „Halb-Schädel") — ist etwas irreführend, da dieser Kopfschmerz lediglich in 50 Prozent der Fälle nur auf einer Seite des Kopfes auftritt (unilateraler Kopfschmerz). Der Schmerz breitet sich oft über das gesamte Schädelgebiet aus; ein neuromuskulärer Kopfschmerz kann begleitend oder vermengt damit auftreten. Die Migräne ist ein Gefäßkopfschmerz von unterschiedlicher Intensität und Dauer und kann mit Übelkeit, Erbrechen und Sehstörungen (Flimmern vor den Augen) einhergehen. Außerdem bringt der Kopfschmerz, was nicht überrascht, starke Stimmungsschwankungen mit sich. Vor und während des Anfalls reagiert man hochempfindlich auf Licht (Photophobie = Lichtscheu) und erlebt Dunkelheit als angenehm. Häufig kann man einen drohenden Anfall schon Stunden oder Tage vorher herannahen spüren, und wahrscheinlich trägt die Angst davor zu einer Verstärkung der Beschwerden bei. Manche Menschen fürchten die Migräne so sehr, daß sie vor dem Einsetzen des Anfalls ihre Körper in Erwartung der Schmerzen ähnlich stark verspannen wie Patienten im Behandlungsstuhl eines Zahnarztes.

Die beiden verbreitetsten Formen der Migräne werden als „klassische" und „einfache" Migräne bezeichnet. Fachwissenschaftler haben diese Kopfschmerzarten gegeneinander abgegrenzt. Danach ist die klassische Migräne ein „Gefäßkopfschmerz mit genau definierten, vorübergehenden visuellen sowie sensorischen oder motorischen Prodromen oder mit beiden".[3] (*Prodrome*, was soviel wie „Vorläufer" bedeutet, nennt man im medizinischen Sprachgebrauch die Symptome oder Warnsignale, die einem Migränepatienten den Hinweis geben, daß ein Anfall folgen kann.)

Die klassische Form der Migräne verläuft in zwei Phasen: einer Phase vor den Kopfschmerzen mit den Vorbotenerscheinungen oder einem unbestimmten Gefühl, daß die Beschwerden kurz bevorstehen; und der Kopfschmerzphase selbst. Bei der klassischen Migräne ist die Vorlaufphase der „Aura" kurz, normalerweise dauert sie nicht länger als dreißig Minuten. Gleichzeitig treten Veränderungen der Stimmung und Spannkraft auf, einschließlich Hochgefühl, Depression, Antriebsschwäche, Reizbarkeit und Aggressivität. Der Aura kann sich — muß sich aber nicht — der eigentliche Kopfschmerz anschließen. Ungefähr zehn bis zwanzig Prozent der Migränepatienten leiden unter diesem Typ von Kopfschmerzen.

Die einfache oder auch „gewöhnliche" Migräne kommt, wie der Ausdruck nahelegt, wesentlich häufiger vor. Sie ist durch eine weniger deutlich abgegrenzte und verlängerte Phase der Aura gekennzeichnet, die gelegentlich über Stunden andauert und oft nicht einmal von den Patienten selbst erkannt wird. Die Kopfschmerzphase verläuft ähnlich wie bei der klassischen Migräne, nur daß der Schmerz im allgemeinen länger anhält und mit einiger Wahrscheinlichkeit häufiger wiederkehrt.

Der eigentliche Migräneanfall zeichnet sich durch einen klopfenden, pulsierenden Schmerz, Sehstörungen, Übelkeit, Erbrechen und Durchfall aus. Der klopfende Schmerz wird durch das Anschwellen und die Erweiterung der Blutgefäße unter und auf der Gehirnoberfläche verursacht. Man nimmt an, daß das Anschwellen oder die Erweiterung durch neurochemische Wirkstoffe im Blutstrom ausgelöst wird; und die Medikamente, die üblicherweise zur Linderung der Schmerzen verschrieben werden, verringern die Erweiterung dieser Gefäße — es handelt sich um eine Klasse von Arzneimitteln, die als „Vasokonstriktoren" bekannt sind. (Ergotamintartrat wird von dieser Medikamentenklasse wohl am meisten eingesetzt.)

Früher glaubte man, daß etwa fünf bis zehn Prozent der Bevölkerung an Migräne leiden, doch neuere medizinische Forschungsarbeiten deuten darauf hin, daß die Migräne noch weiter verbreitet sein könnte. Die Studien haben erbracht, daß bis zu 20 oder gar 25 Prozent der Frauen irgendwann in ihrem Leben Migräne haben und daß zwischen fünf und zehn Prozent der Männer gelegentlich unter ihr leiden.[4] Während die relative Häufigkeit in der Gesamtbevölkerung noch umstritten ist, besteht weitgehende Übereinstimmung darin, daß Frauen gegenüber Männern im Verhältnis von mindestens zwei zu eins betroffen sind. In einem kürzlich veröffentlichten Bericht war festgestellt worden, daß Frauen 78 Prozent der untersuchten 750 Migränepatienten ausmachten; dies ist ein

Anteil, der in Einklang mit der Geschlechterverteilung dieses Krankheitsbildes in unserer Klinik zu stehen scheint.[5] Der Unterschied zwischen den Geschlechtern ist, wie wir später sehen werden, keine statistische Paßtäuscherei; vielmehr spiegelt er die zugrundeliegenden psychophysiologischen und psychodynamischen Ursachen der Erkrankung wider.

Die Krankengeschichten von Frauen, die an Migräne leiden, zeigen gewisse einheitliche Züge. Gewöhnlich, doch keineswegs immer, beginnen die Schwierigkeiten mit der Pubertät und verschwinden mit der Menopause. Da bei einigen Frauen das Einsetzen der Kopfschmerzen streng an den Menstruationszyklus gekoppelt ist, vermuten manche Wissenschaftler einen Zusammenhang zwischen dem Spiegel weiblicher Hormone im Blut und der Anfälligkeit für Migräne.*

Obwohl die Diagnosekriterien für Migräne das Bild etwas durcheinandergebracht haben, stützen doch die verfügbaren Daten die Feststellung, daß Migränepatientinnen sehr häufig familiär einschlägig vorbelastet sind. Die Prädisposition für die Erkrankung wird normalerweise von der Mutter an die

---

* Östrogen und Progesteron wirken auf die Blutgefäße in der Schleimhaut der Gebärmutter. Während der Phase vor der Menstruation verlängern sich die Gefäße der Gebärmutterschleimhaut und werden dickwandig. Wenn der Progesteronspiegel plötzlich abfällt, treten Blutungen aus der Gebärmutter auf. Dieser wiederkehrende Vorgang kann anscheinend bei anfälligen Frauen Migräneattacken auslösen. Außerdem können vor der Monatsblutung auch Veränderungen des Blutvolumens durch Zurückhalten von Natrium und Wasser zur allgemeinen Erweiterung der Arterien beitragen. Doch auch hier sind die Verknüpfungen von körperlich-biochemischen Schwankungen und psychodynamischen Faktoren zu berücksichtigen. Der Beginn der Menstruation ruft eine Vielzahl möglicher psychischer Probleme wach, die sich um Fragen der Weiblichkeit, den Wunsch nach einer Schwangerschaft und so weiter drehen. Diese können ebenfalls den psychophysiologischen Streß fördern, den eine Frau während der prämenstruellen Phase durchmachen kann. Ist beispielsweise eine Frau in einer Familie aufgewachsen, die sich einen Jungen anstelle des Mädchens gewünscht hatte, wird die Menstruationsblutung zu einer „schrecklichen" Erinnerung daran, daß sie das „falsche" Geschlecht hat, und kann zu unbewußtem Groll und Ärger sowie zu Depressionen führen.

301

Tochter weitergegeben, doch manchmal auch vom Vater an die Tochter. Die Angaben über erkennbare familiäre Vorbelastungen schwanken in verschiedenen Studien zwischen 10 und über 25 Prozent aller untersuchten Fälle.

Drei mögliche Mechanismen werden zur Erklärung für die Migräne herangezogen. Der erste ist eine durch Vererbung übertragene Prädisposition. Erwähnenswert unter den physiologisch prädisponierenden Faktoren ist vor allem die ausgeprägte Labilität und Veränderbarkeit des Gefäßsystems von Migräneanfälligen. Einige Wissenschaftler haben die Hypothese aufgestellt, daß solche Menschen unter einer instabilen Regulierung des autonomen Nervensystems leiden. Wie Patty weisen diese Menschen bemerkenswerte Schwankungen in der Blutmenge auf, die durch die oberflächlichen Hautzonen der Hände und Füße fließt. Zuweilen ist die Oberflächendurchblutung in diesen Gebieten vollständig blockiert; darauf folgen Phasen, in denen die durch die gleiche Region strömende Blutmenge größer ist als normal. Da die oberflächliche Hauttemperatur dieses Phänomen widerspiegelt, können die Hände von Migränepatienten erhebliche Temperaturschwankungen aufweisen — in einem Augenblick sind die Hände eiskalt, und Minuten später sind die Handflächen klatschnaß vor Schweiß. Ferner legen Daten aus unserer Klinik nahe, daß viele Migränepatienten einen niedrigeren Blutdruck und eine ungewöhnlich hohe Herzfrequenz haben, insbesondere wenn sie emotional erregt sind.[6] Vor der Entwicklung der Computermeßsysteme ließ der Blutdruck von Migränepatienten sich nicht fortlaufend kontrollieren, und daher gab es wenig Grund zu der Annahme, daß niedriger Blutdruck ursächlich an der Krankheit beteiligt sein könnte. Im Gegenteil war man gemeinhin überzeugt, daß niedriger Blutdruck kein Faktor war, um den man sich kümmern müsse. Doch bei Migränepatienten treten, wie ich im nächsten Kapitel darstellen werde, gelegentlich jähe Senkungen des Blutdrucks auf, wenn sie über Themen sprechen, die sie aus ihrem seelischen Gleichgewicht bringen.

Eine andere Erklärungsmöglichkeit für die familiäre Häufung der Migräne lautet folgendermaßen: Die psychischen und psychophysiologischen Abwehrstrategien, deren die Mutter sich bedient, sind genau die gleichen, die sie später ihren Kindern beibringt; das heißt, Mutter und Tochter kommunizieren über verborgene körperliche Reaktionen miteinander, ohne daß beide sich dessen bewußt wären. Im wesentlichen lehrt die Mutter, indem sie die Durchblutung ihrer Hände blockiert, statt sich aufgeregt zu fühlen, ihre Tochter, wie man psychischen Streß im Wortsinn „hand"habt. Setzt man eine biologische Prädisposition voraus, auf Streß mit der Blockierung der Handdurchblutung zu reagieren, dann würde dieses Reaktionsmuster natürlicherweise eine Möglichkeit werden, emotionale Probleme zu bewältigen. Eine Frau würde, wenn sie mit belastenden Lebenssituationen konfrontiert ist, die gleichen Abwehrstrategien wie ihre Eltern einsetzen — nämlich solche, die verborgene Gefäßreaktionen einbeziehen.

Es gibt eine dritte Erklärungsmöglichkeit, die sich höchstwahrscheinlich als die ergiebigste erweisen wird. Diese Erklärung hat sich für ein breites Spektrum psychosomatischer Erkrankungen bewährt, sei es Hochdruck, Migräne, Colitis oder anderes: Sie besagt, daß bestimmte Organsysteme eine genetisch bedingte Neigung haben, auf Streß zu reagieren. Tatsächlich scheint die Anfälligkeit für viele Krankheiten mit einer familiären Vorbelastung verbunden zu sein. Wenn also ein Vater oder eine Mutter an Migräne leidet, ist die Wahrscheinlichkeit groß, daß ihre Kinder ebenfalls Migräne haben werden. Das gleiche gilt für Bluthochdruck. Aber *was* ist jeweils ererbt? Jemand, der besonders in Streßsituationen erhebliche Veränderungen in seinem Körper nicht wahrnehmen kann, kann auch seine eigenen Gefühle nicht spüren. Wenn also Väter oder Mütter ihre eigenen Gefühle nicht empfinden können, wie können sie dann ihre Kinder etwas über Gefühle lehren oder die Gefühle der Kinder begreifen? Da die Kinder das gleiche reaktionsempfindliche Gefäßsystem geerbt haben, werden die Eltern nicht nur unfähig sein, ihre eigenen Gefühle wahrzunehmen, sondern auch nicht in der Lage sein, irgendwelche Anzeichen psychischer Belastung bei ihren Söhnen und Töchtern zu erkennen. Denn wie ihre Eltern werden die Kinder innerhalb ihres Körpers reagieren, ohne daß irgendwelche Hinweise auf ihren inneren Streß äußerlich sichtbar wären. So könnte viererlei zu einem psychogenetischen „Paket" geschnürt werden:

1. Die genetische Veranlagung, mit bestimmten Organsystemen auf Streß zu reagieren;
2. die Unfähigkeit, zu spüren, wie diese Körpersysteme auf psychischen Streß reagieren;
3. die sich daraus ergebende Unfähigkeit, diese Veränderungen mit unterschiedlichen Gefühlszuständen in Verbindung zu bringen; und
4. der höchst bedeutsame Umstand, daß diese Reaktionen von den entscheidenden Bezugspersonen nicht wahrgenommen oder erspürt werden können, so daß es zu schwerwiegenden gefühlsmäßigen Mißverständnissen kommen kann.

Diese Theorie, die ein Bestandteil der zentralen Aussagen dieses Buches ist, geht davon aus, daß ein erblich übertragenes Persönlichkeitsmerkmal direkte psychische und zwischenmenschliche Auswirkungen auf die Kommunikation von Gefühlen hat.

In der Literatur herrscht beachtliche Einhelligkeit im Urteil über die Gemütsverfassung und Persönlichkeit von Migränepatienten. Seit den klassischen Berichten von Dr. Harold Wolff (der selbst sein Leben lang an Migräne litt)[7], haben etliche Studien überzeugend nachgewiesen, daß Migränekopfschmerzen durch psychischen Streß stark gefördert werden.[8] Als fast durchgängig mit der Migräne verbundene Gefühle sind unterdrückter Ärger oder unterdrückte Wut angeführt worden. Ferner wurden folgende Begriffe häufig zur Beschreibung der Persönlichkeit von migräneanfälligen Menschen verwendet: sorgfältig, perfektionistisch, gewissenhaft, intelligent, ordentlich, unflexibel, rigide, empfindlich, von Schuldgefühlen verfolgt und zwanghaft.

Die wohl merkwürdigste Seite der Migräne — sowohl aus physiologischer wie aus psychologischer Sicht — ist das Phänomen der „Entspannungskopfschmerzen": das heißt, unter Umständen erlebt jemand einen Migräneanfall nicht während einer Phase akuten Stresses oder angespannter Arbeit, sondern vielmehr, wenn der oder die Betreffende sich entspannt und endlich „fallen läßt". Wochenenden, Ferien oder sogar das morgendliche Aufwachen markieren oft den Beginn einer Migräneattacke. Viele Patienten führen solche Vorkommnisse als Beweis dafür an, daß psychische oder psychophysiologische Deutungen nicht als Erklärung ihrer Anfälligkeit herangezogen werden könnten. Sie berichten, daß sie morgens gleich mit heftigen Kopfschmerzen aufwachten. Patty warf dieses Problem auf, als sie zum ersten Mal in unsere Klinik kam: „Wenn psychische Faktoren zu den Beschwerden beitragen, dann erklären Sie mir doch bitte einmal, was um alles in der Welt belastend daran sein soll, daß man in der Nacht gut geschlafen hat."

Dieser Widerspruch hat eine interessante Auflösung, die wir etliche Jahre lang erforscht haben. In Zeiten von akutem oder anhaltendem Streß schränken Migränepatienten die Durchblutung im peripheren Kreislauf stark ein, haben aber in dieser Zeit keine Kopfschmerzen. Statt dessen besteht das einzig nachweisbare Symptom darin, daß ihre Hände und Füße, besonders aber die Hände, im Verhältnis zur Temperatur anderer Körperpartien ziemlich kalt sind. Diese Gefäßverengung in Händen und Füßen kann Stunden andauern — oder sogar Tage —, je nach Heftigkeit und Intensität des Stresses. Doch wenn sich diese Menschen schließlich entspannen (beispielsweise, wenn sie schlafen gehen, das Wochenende locker verbringen oder in Ferien fahren), schlägt die Gefäßverengung in ihren Händen und Füßen um; das Blut beginnt um so heftiger in diese Gebiete zurückzuströmen, weil sie so lange abgeschnürt waren. Die starke Gefäßverengung verkehrt sich zu einer übermäßigen Gefäßerweiterung — und diese wiederum scheint mit einem plötzlichen und überzogenen Anschwellen der Schädelpartien sowie dem Auftreten von Kopfschmerzen einherzugehen. Viele Migränepatienten sind sich über diese Zusammenhänge im unklaren, denn ihre Hände sind während der Anfälle warm (die Gefäße sind erweitert). Fälschlicherweise ziehen sie den Schluß, daß kalte

305

Hände nicht mit Kopfschmerzen verbunden sind, weil ihre Hände nicht kalt sind, sobald der Kopf weh tut. Außerdem reagieren sie auf das plötzliche Auftauchen ihrer Kopfschmerzen mit einer intensiven Überprüfung ihrer Umgebung, um herauszufinden, was in ihr die Kopfschmerzen verursacht haben könnte. Hinsichtlich dieser Schmerzen sind Migränepatienten „verkehrt verdrahtet", weil sie irrtümlich folgern, daß Phasen der Ruhe und Entspannung belastend sind und deshalb vermieden werden sollten. Die wirklichen Belastungsphasen übersehen sie vollständig, ziehen sie sogar vor und suchen sie auf, weil sie nicht an Kopfschmerzen leiden, wenn sie unter Streß stehen.

Wie gesagt, ist die übliche medikamentöse Behandlung für Migräne ein Vasokonstriktor (Ergotamine), der das Anschwellen der Schädelarterien verringert. Unglücklicherweise wirken gefäßverengende Mittel auch auf den peripheren Kreislauf, was dann zu einem Teufelskreis mit einem wiederkehrenden Kopfschmerz führt. So verursachen genau die Medikamente, die ein Patient zur Linderung seiner Kopfschmerzen einnimmt, in den Händen und Füßen die Gefäßverengungen, von denen die Beschwerden zunächst heraufbeschworen worden waren. In gewissem Sinn ähnelt die Situation dem Dilemma, mit dem ein Mensch konfrontiert ist, der zur „Erhöhung" seiner Stimmung Alkohol trinkt, um der Depression zu entfliehen, nur um am nächsten Morgen dem durch die Alkoholnachwirkungen verursachten „Tief" gegenüberzustehen. Auch dies wird schnell zu einem Teufelskreis.

Alles in allem scheinen Migränekopfschmerzen die Folgen einer starken und anhaltenden Gefäßverengung im peripheren Kreislauf zu sein, welche später im Gegenzug eine Gefäßerweiterung verursacht und ein erhebliches Anschwellen der Blutgefäße auf und unter der Schädeldecke. * Die Gefäßverkrampfungen können als Gegenreaktion auftreten, wenn das Individuum sich nach einer längeren Streßperiode zu entspannen beginnt.

---

* Zahlreiche andere Theorien nehmen an, daß verschiedene neurochemische Wirkstoffe die Spasmen der Blutgefäße verursachen. Diese Theorien umfassen komplexe Mechanismen, die über den Rahmen dieses Buches

Widersprüchliche Mitteilungen: Körper, Gefühle, Sprache
DER ABGESPALTENE KÖRPER

Am Anfang dieses Kapitels habe ich angedeutet, daß sowohl Migränekopfschmerzen wie auch Bluthochdruck als eine Form inneren Errötens betrachtet werden können; außerdem habe ich dargestellt, daß andere einer Person nicht helfen können, die *gefühlsmäßige Bedeutung* ihrer körperlichen Reaktionen zu erkennen, da diese Veränderungen der Gefäße für Außenstehende nicht wahrnehmbar sind. Da zudem weder die Person, deren Blutdruck steigt, noch die Person, mit der sie spricht, diese Veränderungen erfassen kann, sind beide zwangsläufig von wesentlichen Aspekten ihres emotionalen Dialogs abgeschnitten und ebenso von ihrem körperlichen Dialog.

Zwar stößt nicht jeder, der unter Streß die Durchblutung der Hände blockiert oder die Herzfrequenz erhöht, während der Blutdruck steigt oder fällt, unausweichlich auf die schwerwiegenden Probleme, die mit der Migräne verknüpft sind; das ändert aber nichts daran, daß die Entwicklung von Migränekopfschmerzen mit diesen Reaktionsmustern zusammenhängt. Wie ich erwähnt habe, wird das physiologische Potential für die Erkrankung wahrscheinlich vererbt, während die emotionalen Begleitphänomene in der frühen Kindheit und Jugend erworben, verstärkt und ausgeweitet werden. Das Problem unterscheidet sich grundsätzlich nicht von der Frage, ob man mit einer Anlage zum Erröten geboren wird oder ob man früh im Leben lernt, derartig zu reagieren. Am Ende ist

---

hinausgehen. Grundsätzlich unterliegen die glatten Muskeln der Gefäße einer doppelten Steuerung durch autonom regulierte Nerven einerseits und durch im Blutstrom zirkulierende Wirkstoffe, insbesondere die Katecholamine, andererseits. Für den Leser sollte es ausreichen zu wissen, daß das Kreislaufsystem selbst auf psychischen Streß reagiert und daß seine Reaktionsfähigkeit durch das zentrale Nervensystem und durch neurochemische Verschlußmechanismen der Arterien beeinflußt und reguliert wird. Des weiteren sind Migränekopfschmerzen mit vielen verschiedenen Nahrungsmitteln und Getränken in Zusammenhang gebracht worden, doch die entsprechenden Daten würden den Rahmen dieses Kapitels sprengen.

das wirklich unerheblich. Denn wie ein Errötender sich mit der erhöhten Reaktionsbereitschaft der Blutgefäße in seinem Gesicht auseinandersetzen und über die damit zusammenhängenden Gefühle aufgeklärt werden muß, so muß auch ein zu Migräne oder hohem Blutdruck neigender Mensch die gleiche Art Selbsterkenntnis entwickeln.

So wie sich bei einem Errötenden, wenn er verlegen wird, rasch die Blutgefäße in seinem Gesicht erweitern, wird nämlich auch der Migräneanfällige sehr bald den Blutfluß in seinen Händen und Füßen abblocken, wenn er erregt oder aus der Fassung gebracht ist. Doch diese Reaktion an sich führt nicht zu Migränekopfschmerzen. Meist besteht die Hauptschwierigkeit nicht darin, daß man auf Streß reagiert, indem man den Blutfluß in den Händen unterdrückt. Ginge diese Reaktion schnell vorüber, dann bildete sie kein größeres Problem als das Erröten in unangenehmen Situationen. Ernstlichere Krankheitserscheinungen tauchen erst auf, wenn die Reaktion über Stunden oder sogar Tage anhält. Weit wichtiger aber ist noch, daß schwerwiegende Probleme auch nur dann auftreten, wenn man sich der kurzfristigen Reaktionen seines Körpers nicht bewußt ist sowie der emotionalen Belastung, die diese Veränderungen hervorgerufen hat. Der entscheidende Unterschied zwischen dem Erröten und diesen verborgenen Körperreaktionen entspringt eben genau der Tatsache, daß Erröten leicht sichtbar ist und andere fast immer darauf aufmerksam werden. Im Falle des Hochdrucks oder der Migräne werden vergleichbare oder sogar weit heftigere Gefäßreaktionen weder wahrgenommen noch gespürt, und deshalb reagiert niemand darauf. Die Leute sprechen weiter über das, was sie gerade interessiert, und werden sich der Beeinträchtigung ihres Gegenübers überhaupt nicht bewußt.*

---

* Wie wir in den folgenden Kapiteln sehen werden, verschärft sich dieses Problem besonders in der Psychotherapie, wenn hypertensive Patienten gebeten werden, ausführlich über ihre Probleme zu sprechen, obwohl ihr Blutdruck höher und höher steigt, je länger sie weiterreden. In einem tieferen Sinne ist der Versuch, über seine psychischen Probleme zu sprechen, ein Teil eben jenes Mechanismus, der das Problem verursacht.

In gewissem Sinne sind Vasokonstriktion und Vasodilatation spiegelbildliche Reaktionen. Da die Gefäßerweiterungen im Gesicht zu Erröten führen, können wir uns die Gefäßverengungen in den Händen als ein umgekehrtes Erröten vorstellen: Die Hand des Migränepatienten wird weiß, je nach Umgebungstemperatur manchmal sogar leicht bläulich. Wie die Blutgefäße im Gesicht des Errötenden können auch die Oberflächengefäße in den Händen eines migräneanfälligen Menschen im einen Augenblick normal funktionieren und sich im nächsten plötzlich zusammenziehen, wodurch sich die übliche Färbung der Hand binnen Sekunden in ein blasses Weiß verwandelt. Innerhalb von wenigen Minuten kann die Oberflächentemperatur der Finger um zehn Grad oder mehr fallen.

Es ist durchaus nicht ungewöhnlich, daß ein Migränepatient im Verlauf eines Gesprächs eine Handtemperatur von 33 oder 34 Grad Celsius erreicht. Auf einmal berührt man ein Thema, das zu Gefäßverengungen in den Händen führt, und die Handtemperatur wird in weniger als zwei bis vier Minuten auf 22 Grad (die Zimmertemperatur) absacken. Umgekehrt ist es keineswegs selten, daß man über etliche Sitzungen hinweg stundenlang mit solchen Patienten spricht, und ihre Hände sind eiskalt.* Plötzlich gerät man an ein Thema, das abrupt eine Gefäßerweiterung auslöst. Und innerhalb von Minuten wird sich die Handtemperatur um zehn bis zwölf Grad erhöhen. Manchmal strömt so viel Blut in die Hände zurück, daß die Handflächen anfangen zu schwitzen und manchmal sogar die Hände anschwellen.

Die Gefäßreaktionen an den Händen und Füßen von Migränepatienten sind weit beeindruckender als die erheblichen Veränderungen, die man beobachten kann, wenn einem Errötenden das Blut ins Gesicht steigt. Doch die Reaktion der Migränepatienten weist eine Besonderheit auf, die erstaunlich ist, jeder Intuition widerspricht und anfangs unglaublich

---

* Während die Hände kalt sein können, schwitzen viele dieser Patienten merkwürdigerweise gleichzeitig an den Unterarmrücken — dies läßt vermuten, daß das Blut sich in verschiedenen Teilen ihrer Körper in äußerst unterschiedlicher Menge ansammelt.

wirkt. Sie tritt mit solcher Regelmäßigkeit auf, daß sie als ein komplizierter Bestandteil des Krankheitsprozesses selbst angesehen werden muß. Da die Gefäßverengung und die damit verbundene Kälte der Hände zu den häufigsten Begleiterscheinungen von Migränekopfschmerzen gehören, sollte man annehmen, daß die betroffenen Menschen darüber im Bilde sind. Doch im allgemeinen ist das Gegenteil der Fall. „Sind Ihre Hände normalerweise kalt?" „Nein, normalerweise nicht." Wenn Patienten beim ersten Besuch in unserer Klinik eine solche Antwort geben, löste sie bei mir gewöhnlich die Frage aus, ob ihre Kopfschmerzen falsch diagnostiziert worden waren. Vielleicht hatten sie gar keine gefäßbedingten Kopfschmerzen. Möglicherweise hatten sie Spannungskopfschmerzen, Beschwerden durch das Kiefergelenk oder irgendwelche anderen Gesundheitsstörungen, die Kopfschmerzen verursachten.

Ich versuchte mich zu vergewissern, indem ich ihre Hände anfaßte, und war überrascht, wie kalt sie waren. Oft reagierten die Patienten mit einem verständigen Lächeln auf mein Erstaunen und bemerkten dazu: „Ihre Hände sind so warm! Ich hatte keine Ahnung, daß meine Hände so viel kälter sind als Ihre!" Noch häufiger aber reagieren Patienten auf die Frage: „Haben Sie kalte Hände?" damit, daß sie ihre Hand an die Wange führen, um es herauszufinden.

Menschen, die nicht von einer derartigen Erkrankung betroffen sind, finden es oft erschreckend, daß jemand nicht von selbst spüren kann, wann seine Hände kalt sind und wann warm. Doch viele, die unter Migräne leiden, können das einfach nicht. Bestimmte Gliedmaßen und Organsysteme scheinen vollständig von ihrem Bewußtsein abgekoppelt zu sein. Sie fühlen nicht, daß ihre Hände eiskalt sind und ihr Herz rast. Anscheinend haben sie solche körperlichen Verfassungen so viele Jahre lang ertragen, daß sie die Veränderungen jetzt nicht einmal mehr zur Kenntnis nehmen.

ABGEHOBENE SPRACHE

Das Problem hatte eine weitere Dimension, die, obwohl es hier um Feinheiten geht, sogar noch mehr erstaunte: Die

Art nämlich, wie unsere Patienten sich von ihren Körpern abgekoppelt hatten, schlug buchstäblich bis in die Sprache durch, die sie zur Beschreibung ihrer eigenen Körper verwendeten. Unabhängig davon, ob es sich um Migränekopfschmerzen, Darmkrämpfe oder Bluthochdruck handelte, die Patienten unserer Klinik schienen über ihren Körper einhellig wie über eine Ansammlung von Einzelteilen zu denken und zu sprechen, die von ihnen selbst als Person völlig losgelöst war. Sie schilderten ihre Krankheit im Passiv und normalerweise in der Vergangenheit:

„Gestern bekam ich schlimme Kopfschmerzen. Es war wirklich schlimm."

„Der Kopf bringt mich um. Die Hände sind kalt."

„Letzte Woche ging der Blutdruck wirklich sehr in die Höhe. Es war so hoch! Ich hoffe, ich kriege keinen Schlaganfall oder Herzinfarkt."

Es! Es! Es! Egal, woran sie leiden, die Patienten beschreiben ihre Beschwerden nicht nur durchgängig in der Passivform, sondern sprechen auch von jedem körperlichen Problem als einem Objekt, einem *Es* — als einem mechanischen Teil irgendeiner Maschine, die verrückt spielt. *Es* — ihre Kopfschmerzen, Colitis, Hypertonie, Geschwüre: *Es war schlimm.*

Es war verblüffend, wie sehr sich die Denkweise der Patienten über ihren Hochdruck, ihre Migräne und ihren krampfenden Dickdarm von der Art unterschied, in der ich seit meiner Jugend — zwangsläufig — über mein errötendes Gesicht dachte. Ich war schlicht außerstande, auf mein Gesicht zu zeigen und zu sagen: „Gestern ist es ganz schlimm rot geworden" oder „Es hat mich verlegen gemacht"*; ich wußte,

---

* Die vage sprachliche Bezugnahme auf Krankheitserscheinungen beeinflußt nicht nur, wie wir uns die Entstehung dieser Symptome denken, sondern sie bestimmt auch, wie wir sie zu lindern versuchen. Indem Patienten die Symptome mit „Es" bezeichnen, haben sie — und tatsächlich auch ein erheblicher Anteil der medizinischen Öffentlichkeit — sich von dem Gedanken befreit, daß sie selbst irgendwie in die Erzeugung ihrer eigenen Probleme verwickelt sein könnten. „Es" ist etwas ganz anderes als „Ich", und so ist es nur folgerichtig, daß sie irgendein „Ding" — am lieb-

daß mein Gesicht zu mir gehört, und konnte nur eingestehen, was ohnehin offensichtlich war: „*Ich* bin gestern knallrot geworden, und *ich* war verlegen!" Erst, nachdem ich die Fassungslosigkeit mancher Patienten erlebt hatte, sobald ich zart versuchte, ihre Sprache zu korrigieren, und beispielsweise vorschlug: „Sie meinen, Sie haben sich gestern Kopfschmerzen bereitet?" oder: „Sie meinen, Sie haben Ihren eigenen Blutdruck hochgetrieben?" — oder nachdem ich gesehen hatte, wie die verwirrten Blicke vieler Patienten sich in Lächeln verwandelten, und ich die spöttische Erwiderung hörte: „Sind Sie verrückt? Glauben Sie, ich mag Migräne? Sie haben sie wohl nicht mehr alle?" — erst da war ich in der Lage zu begreifen, wie sehr Menschen in ihrer eigenen Sprache gefangen sein können.

Immerhin ist diese Sprachschwierigkeit nicht auf die Legionen verstörter Seelen beschränkt, die an der Pein heutiger streßbedingter Krankheiten leiden. Die Massenmedien und der Ärztestand selbst vergrößern die Schwierigkeiten. Wir sind Werbeaktionen ausgesetzt, die nachdrücklich warnen: „Wenn Sie Hochdruck haben, gehen Sie zu Ihrem Arzt." Die Anzeige sagt nicht: „Wenn Ihr Blutdruck zu hoch ist …", sondern vielmehr „Wenn Sie das *haben*" — als sei zu hoher Blutdruck durch irgendeinen mysteriösen ansteckenden Bazillus verursacht, der von außen eindringt. Könnte man den leidvoll Errötenden dieser Welt in ähnlichem Stil ans Herz legen: „Wenn Sie einen Errötungsanfall haben, gehen Sie zu Ihrem Arzt"?

Man kann aus einem Dutzend medizinischer Lehrbücher über Bluthochdruck oder Migränekopfschmerzen ein beliebi-

---

sten eine Pille — ausfindig machen, das „es" zu behandeln helfen soll, selbst, wenn „es" sie umbringt. Schnell verstrickt man sich — und seine Ärzte — in ein verzweifeltes Pokerspiel, bei dem man ständig mit Gegenmitteln den Einsatz auf den eigenen Körper in die Höhe treibt, in der Hoffnung, daß die Natur den Bluff nicht aufdeckt. Und wenn die Gegenmittel nicht funktionieren, wenn der Ausgang des Spiels zweifelhaft erscheint, dann spielt man seinen letzten Trumpf und rennt zum Chirurgen, um „es" herausschneiden zu lassen.

ges herausgreifen, um nachzuweisen, daß diese Art, den eigenen Körper zu beschreiben, allgemein verbreitet ist. Typisch dafür ist ein Abschnitt, der einem englischen Lehrbuch mit dem Titel *Migraines: The Facts* (Migränekopfschmerzen — die Tatsachen) entnommen ist. In diesem Buch benutzen Dr. F. Clifford Rose und Dr. M. Gawel vom *Charing Cross Hospital* Schilderungen von Patienten, um die klinischen Merkmale von Migränekopfschmerzen zu veranschaulichen.[9] In diesen wörtlich wiedergegebenen Beschreibungen ist leicht zu erkennen, daß der Gebrauch der Vergangenheitsform und des Passiv vorherrschen und daß die Patienten bestimmte Teile ihres Körpers in seltsamer Weise von sich trennen. Die Autoren äußern sich nicht zu der Sprache der Patienten, mit Ausnahme der Bemerkung, sie glaubten, dies seien „klassische Beschreibungen" von Migränekopfschmerzen. In dem Buch geht es um die physiologischen Grundlagen der Migräne, und die Autoren stellen keinen Zusammenhang zwischen dieser Störung und der Sprache der Patienten her. Ich habe mir die Freiheit genommen, bestimmte Textstellen hervorzuheben, um die von mir geschilderten sprachlichen Probleme herauszustellen:

Ich wache morgens auf und bin glücklich. Der Himmel wirkt blauer — alle Farben erscheinen intensiver. Ich weiß dies bedeutet, daß ich *später am Tage oder vielleicht am folgenden Tag* einen Migräneanfall bekommen werde. Der Schmerz rückt allmählich *über eine Schläfe vor, im allgemeinen die rechte, und* breitet sich *ganz über* diese *Seite* des Kopfes *aus. Gleichzeitig, manchmal aber auch,* bevor der Kopfschmerz anfängt, *verschwimmt ein Teil meines Sehens, helle Sterne können auftauchen und sich durch das Gesichtsfeld bewegen.* Der Kopfschmerz wird schlimmer *und beginnt zu klopfen; ich fange an, mich krank zu fühlen. Wenn ich mich übergebe,* scheint das die Kopfschmerzen zu verringern. *Wenn ich* die Kopfschmerzen *habe, tut Licht meinen Augen so weh, daß ich ins Bett gehen muß, nachdem ich die Vorhänge zugezogen habe.* Der ganze Anfall *dauert ungefähr acht Stunden, und danach bin ich müde und völlig mitgenommen.*[10]

Beachten Sie die Sprache. Die Patientin spricht von ihren Kopfschmerzen ständig als „dem Kopfschmerz", während sie sich paradoxerweise auf ihre Augen mit „meine Augen" und „mein Sehen" bezieht. Sie hat ihren Körper tatsächlich aufgespalten und erkennt einige Teile als zu ihr gehörig und andere nur als Objekte an. Fast jeder Patient, den wir in unserer Klinik sehen, gebraucht eine ähnliche Sprache, um seine psychosomatischen Probleme zu schildern.

So näherte sich Patty — nach einer besonders anstrengenden Woche — dem Ende ihres achtmonatigen Therapieabenteuers. In den vergangenen acht Wochen war sie frei von Migränekopfschmerzen gewesen, zum Teil deshalb, weil sie angefangen hatte, ihre Gefühle zu entdecken und mit ihnen in einer Weise umzugehen, die sie nicht länger zu pochenden Kopfschmerzen verurteilte. Unsere Therapie hatte ihr Leben keineswegs in ein Märchen verwandelt, in dem sie den Prinzen heiratete und fortan glücklich und zufrieden lebte. Nicht im geringsten. Acht Monate nach unserer ersten Begegnung mühte sie sich noch immer damit ab, ihrem Sohn Geborgenheit zu vermitteln und mußte selbst weiterhin allein mit einer Reihe von höchst realen Belastungen in ihrem Leben fertigwerden. Sie hatte Kontakte zu Männern angeknüpft, aber keine dauerhafte Beziehung aufbauen können. Zwar hatte sie den starken Wunsch, wieder zu heiraten; gleichzeitig aber war sie entschlossen, die Fehler zu vermeiden, die zu ihrer schmerzlichen Scheidung geführt hatten.

In jener speziellen Sitzung, in der wir über die Beendigung der Therapie sprachen, lag Pettys Herzfrequenz im Durchschnitt bei 75, und ihr Blutdruck schwankte um 120 zu 70. Ihre Handtemperatur blieb die ganze Stunde lang auf 33_C.

„Ich habe nichts richtig in den Griff bekommen", bemerkte Patty humorvoll, als sie die Bilanz der Woche zog, in der ihr Kellergeschoß bei einem heftigen Sturm überflutet worden und ihr Kind an Grippe erkrankt war. Die Hände nach vorn ausgestreckt, wiederholte Patty mit Nachdruck ihren Satz: „Nein! Diese Hände haben in letzter Zeit nichts richtig in den Griff bekommen."

Ihre Feststellung war eine gedrängte Zusammenfassung von acht Monaten Therapie. Einer von Pattys Lieblingsausdrücken war, daß sie verschiedene Situationen „handhabe": „Ich kann das in *die Hand nehmen*" oder „Ich habe die Person richtig *behandelt*". Es war bemerkenswert, wie oft sie in den acht Monaten davon sprach, „Dinge" zu „handhaben"; dabei war gerade die Art, wie sie den Blutfluß in ihren Händen blockierte, eines der diagnostischen Leitsymptome. Nachdem ihr einer der auslösenden Mechanismen ihrer Migräne klar geworden war, und auch die Notwendigkeit, auf die Veränderungen ihrer Handtemperatur zu achten, war Patty jetzt froh, mir berichten zu können, daß sie „die Dinge nicht mehr fest in die Hand nahm", daß sie ihren Händen nicht mehr erlaubte, eiskalt zu bleiben, wenn sie aufgeregt war. Statt dessen nutzte Patty ihre Hände als Hilfe, um sich ihrer eigenen Gefühle bewußt zu werden.

Die Art, wie Patty das Verb „handhaben" benutzte, war keineswegs für sie allein typisch. Fast alle psychosomatischen Patienten bedienen sich — mehr oder weniger unbewußt — bildhafter Redewendungen aus der Umgangssprache, die im auffälligen Bezug zu ihren Symptomen stehen; etwa, wenn sie davon sprechen, daß ihnen etwas „auf den Magen schlägt", „an die Nieren" oder „unter die Haut geht" — als ob sie intuitiv erspürten, welcher Mechanismus hinter der Erkrankung steht.

In ähnlicher Weise sprechen fast alle hypertensiven Patienten von „Druck": der „Arbeitsdruck", der „Termindruck", das „druckvolle Tennisspiel", der „Druck", der vom Ehepartner ausgeht. Über alles sprachen diese Patienten in Kategorien von Druck, außer über ihr eigentliches Problem — den Blutdruck. Wenn eine Migränepatientin einen Hochdruckkranken heiratet, wird die Sprache unter Umständen sogar noch künstlicher. Die Frau spricht dann möglicherweise davon „den Druck ihres Mannes in den Griff zu bekommen"!

Abgesehen davon, daß diese Patienten eine abgehobene Sprache und bildhafte Anspielungen ohne Bezug zur eigenen Person benutzen, um ihre Probleme zu schildern, haben sie erhebliche Schwierigkeiten, ihre Gefühle zu beschreiben. Wenn man sie nach ihren Gefühlen fragt, antworten sie typischerweise sehr rational und stellen eher ihre Gedanken als ihre Gefühle dar. Ich glaube, dieser merkwürdige Sprachgebrauch bar jeder gefühlsbetonten Ausdrücke hat seinen Ursprung darin, daß die Körperreaktionen dieser Patienten bei der Kommunikation mit anderen verborgen bleiben. Die Patienten leben buchstäblich in Körpern, die sie daran hindern, etwas über ihre eigenen Gefühle zu erfahren.

KEINE SPRACHE FÜR GEFÜHLE: ALEXITHYMIE

Obwohl Teilaspekte dieses Problems seit fast vierzig Jahren bekannt waren, ist es erst in den letzten zehn Jahren stärker in den Blickpunkt gerückt und wird heute als „Alexithymie" bezeichnet. Der Ausdruck bedeutet wörtlich: „ohne Worte [a lex] für Gefühle [thymia]" und wird als Bezeichnung für eine ganze Klasse von Menschen verwendet, die zu psychosomatischen Erkrankungen neigen und denen es unmöglich ist, ihre eigenen Gefühle zu benennen. Wie Patty und Ed lächeln diese Patienten häufig und sagen, es gehe ihnen gut, obwohl gleichzeitig ihr Blutdruck, ihre Herzfrequenz und ihre Durchblutung unkontrollierbar in Wallung geraten. Und sie glauben tatsächlich, daß es ihnen gut geht.

1972 führte Dr. Peter Sifneos, ein Psychiater der Harvard-Universität, den Begriff der Alexithymie ein, um damit ein Problem zu umschreiben, das zahlreiche Patienten, die an verschiedenen streßbedingten Erkrankungen litten, miteinander teilten. Dr. Sifneos beobachtete, daß diese Patienten oft große Schwierigkeiten hatten zu beschreiben, wie sie sich fühlten. Seinerzeit versuchte Dr. Sifneos herauszufinden, warum einsichtsorientierte Therapieverfahren, die zur Behandlung anderer emotionaler Probleme erfolgreich eingesetzt worden waren, bei so vielen psychosomatischen Patienten nichts nutzten. Wie andere Forscher ging auch Dr. Sifneos davon aus, daß psychosomatische Erkrankungen durch ungelöste emotionale Konflikte verursacht werden, die sich dem Bewußtsein des Patienten entziehen.[11] Deshalb schien die Annahme nur vernünftig, daß Psychotherapie einen gangbaren Weg bieten könnte, um den Patienten zu helfen, sich dieser unbewußten

Konflikte bewußt zu werden. Doch in Wirklichkeit war genau das Gegenteil der Fall. Die Versuche, diesen Patienten durch Psychotherapie Einsicht in ihre unbewußten Konflikte zu verschaffen, waren nicht nur erfolglos, sondern manchmal sogar schädlich. Anstatt den Patienten zur Besserung ihrer Gesundheit zu verhelfen, weckten die Anstrengungen, ihnen Einsicht zu vermitteln, so starke Gefühle, daß der Gesundheitszustand der Patienten sich verschlimmerte.

Wie bereits erwähnt, hatten psychoanalytische Theoretiker wie Franz Alexander Jahrzehnte, bevor Dr. Sifneos sein Alexithymie-Konzept einführte, die Behauptung aufgestellt, daß unbewußte psychische Konflikte die Ursache für eine Vielzahl körperlicher Leiden seien. Diese Sichtweise, die durch zahlreiche klinische Beobachtungen bestätigt wurde, ließ einige Psychiater und Internisten annehmen, psychosomatische Erkrankungen müßten einer Behandlung mit Psychotherapie, die auf Einsicht zielt, zugänglich sein.

Während der allgemeine theoretische Rahmen der Psychotherapie wohl bekannt sein dürfte, sollte ich vielleicht in Erinnerung rufen, daß Sigmund Freud ursprünglich ein Therapiesystem ausgearbeitet hatte, in dem die Patienten sich über ihre Probleme erschöpfend aussprechen konnten und allmählich Einsichten über die Verknüpfung zwischen ihren Schwierigkeiten als Erwachsene sowie früheren emotionalen Konflikten in ihrer Kindheit gewinnen sollten. Die freie Assoziation, eine Methode, bei der man alles beschreibt, was einem gerade in den Sinn kommt, war die bevorzugte Therapietechnik Freuds. Er glaubte, auf diesem Wege erhielten Patienten Einblicke in die Natur ihrer unbewußten Konflikte.

Doch aus Gründen, die damals noch unklar blieben, zeigten Alexanders Bemühungen, eine Psychotherapie auf analytischer Basis zur Behandlung von Krankheiten wie Bluthochdruck einzusetzen, nur begrenzte Erfolge. Gleichermaßen scheiterten Studien, die ähnliche psychoanalytische Therapiemethoden bei anderen Erkrankungen wie Colitis ulcerosa[12] und Magengeschwüren[13] verwandten. Psychotherapie schien einfach für Patienten, die an psychosomatischen Erkrankungen litten, nicht nützlich zu sein. Paradoxerweise erwiesen sich Therapien, die eher auf einer unterstützenden Herangehensweise und weniger auf Vermittlung von Einsichten beruhten, als anscheinend hilfreicher.

Bereits 1948 stellte Dr. J. Ruesch die Frage, warum psychosomatische Patienten keinen Nutzen aus Psychotherapien ziehen konnten, die auf Einsicht ausgerichtet waren. Ruesch kam zu dem Ergebnis, daß viele dieser Patienten eine „infantile Persönlichkeit" hätten. Er behauptete, diese trage dazu bei, daß die übliche Reifung blockiert werde und ebenso die normale Art, durch Einsatz sprachlicher Mittel mit Emotionen umzugehen.[14] Daraus leitete Ruesch ab, daß jede Therapie, die sich auf verbale Kommunikation stütze, um eine Einsicht zu erreichen, das emotionale Fassungsvermögen dieser Patienten übersteige. Da psychosomatischen Patienten die gewöhnliche Fähigkeit fehlt, sich emotionaler Spannungen über Worte, Gesten oder Symbole (einschließlich Träumen) zu entledigen, zog Ruesch den Schluß, daß sie „auf ihren Spannungen hängenbleiben" und ihr Körper als einzige Möglichkeit übrigbleibe, Gefühle auszudrücken.

Ähnlich bestätigten Dr. Friedman und Dr. Sweet im Jahre 1952 die eigentümlichen Schwierigkeiten, denen psychosomatische Patienten gegenüberstehen, wenn sie ihre Gefühle beschreiben sollen.[15] Diese Ärzte prägten den Ausdruck „emotionale Analphabeten"; damit wollten sie verdeutlichen, welch große Mühe psychosomatische Patienten haben, ihre Gefühle in Worte zu fassen. Die Forscher schrieben, daß ihre Patienten aufrichtig erstaunt waren, wenn man ihnen zu verstehen gab, daß emotionale Probleme die Ursache ihrer körperlichen Leiden sein könnten. Wie Ruesch stellten auch Friedman und Sweet die Theorie auf, daß psychosomatische Patienten ihre Gefühlskonflikte so erfolgreich und vollständig in ihren Körpern begraben, daß sie zu einer Einsicht nicht mehr fähig sind. Dr. Harley Shands bekräftigte diese Überlegungen mit seiner Feststellung, daß psychosomatische Patienten „ungeeignet für Psychotherapie" seien. Nicht nur, so Shands, daß solche Patienten aus Einsichten offenbar keinen

Gewinn zögen: Sie schienen nicht einmal die Realität ihrer eigenen emotionalen Erfahrungen anzuerkennen.[16]

Im Jahre 1963 veröffentlichten zwei französische Psychiater, Dr. P. Marty und Dr. M. de M'Uzan einen Artikel mit dem Titel „*La pensée opératoire*". Darin benutzten sie den Begriff „*pensée opératoire*", um zwei besondere Kennzeichen der psychosomatisch Krankheitsanfälligen zu umschreiben. Wie andere Forscher schilderten auch diese französischen Psychiater eine erschreckende Armut an „Gefühlsbegriffen" bei diesen Patienten sowie einen Mangel an Gefühlsphantasien.

Marty und M'Uzan charakterisierten mit dem Ausdruck „operationales Denken" „*pensée opératoire*" die Art, in der psychosomatische Patienten auf Fragen über ihre Gefühle reagierten. Statt ihre Empfindungen an Veränderungen in ihren Körpern festzumachen, konzentrierten sich psychosomatische Patienten auf die nebensächlichen Details äußerer Ereignisse — das heißt, auf Vorgänge in der Umwelt. Marty und M'Uzan bemerkten, daß diese Patienten, wenn man sie nach ihren Gefühlen fragte, nicht beschrieben, was sie innerlich empfanden, sondern peinlich genau schilderten, „was sie oder andere taten", einschließlich absolut unwichtiger Einzelheiten ihrer klinischen Beschwerden. Im Gegensatz zum Durchschnittsmenschen, der bereitwillig körperliche Begleiterscheinungen von Gefühlen wie Ärger oder Traurigkeit beschreibt, antworten psychosomatische Patienten auf die gleiche Frage völlig anders. Normalerweise kann ein Mensch Fragen wie „Woran erkannten Sie, daß Sie ärgerlich waren?" leicht beantworten, indem er feststellt: „Weil ich fühlte, wie sich mein Magen umdrehte" oder „... mein Blutdruck hochschoß" oder „... meine Muskeln sich verspannten". Doch wenn man psychosomatischen Patienten ähnliche Fragen stellte, beschrieben sie eher „Ereignisse" draußen in der Welt als das, was in ihnen vorging. Marty und M'Uzan stellten außerdem fest, daß ihre Patienten einen auffälligen Mangel an Phantasien und Träumen aufwiesen. Ihr Denken wurde von konkreten, auf die Gegenwart bezogenen Einzelheiten beherrscht und war völlig frei von unbewußten Phantasien.[17]

Bei vielen Patienten ist mit der Schwierigkeit, Gefühle zu beschrei-
ben oder Emotionen im Körper zu lokalisieren, die Unfähigkeit *ver-*
bunden, zwischen den verschiedenen Arten gängiger Affekte zu
unterscheiden. *Beispielsweise antwortete ein Patient, als er gefragt*
wurde, wie es sich anfühlte, Angst zu haben: „Wie es sich anfühlt,
Angst zu haben? (Pause) Ich kann mir darunter nichts vorstellen. "
Arzt: *„Fühlen Sie es in Ihrem Körper?"*
Patient: *„Ich glaube, es ist hauptsächlich in den Gedanken. "*
Arzt: *„In den Gedanken?"*
Patient: *„Es ist in der Hauptsache im Kopf. Die Dinge gehen einem*
durch den Kopf. "
Arzt: *„Es betrifft Ihren Körper nicht?"*
Patient: *„Ich . . . Ich kann es nicht sicher sagen. Es könnte ihn betref-*
fen. Es könnte. Im Magen vielleicht. "
Arzt: *„Im Magen? Und was würden Sie dort spüren?"*
Patient: *„So einen Knoten im Magen. "*
Arzt: *„Wie unterscheidet sich das davon, verrückt zu sein?*
Patient: *„Wie es sich vom Verrücktsein unterscheidet? Da muß ich*
wieder . . . für mich, also für mich gehören all diese Dinge irgendwie
zusammen. Verstehen Sie, alles in einen Topf. "
Arzt: *„Sie fühlen sich gleich an?"*
Patient: *„Ja. Angst haben, angespannt sein, ärgerlich sein. Für mich*
ist es vom Kopf bis in den Magen . . . (lange Pause), ich kann wirklich
nicht . . . ich würde gerne sagen, was Sie hören wollen. "
Arzt: *„Ich möchte hören, was Sie fühlen, das ist alles. "*
Patient: *„Ja, nun . . . ich kann es eigentlich nicht sagen. "*[19]*

Sifneos zog daraus den Schluß, daß Patienten mit Alexithymie sich erheblich von typischen Neurotikern unterscheiden und daß sie deshalb auch anders behandelt werden müssen. Er stellte fest, daß psychotherapeutische Ansätze, die bei
diesen Patienten Angst hervorrufen (weil Gefühle aufgewühlt
werden, wenn die psychische Abwehr systematisch auf die
Probe gestellt wird), sich als eher destruktiv erwiesen hätten.

---

* Beachten Sie auch hier wieder die losgelöste Sprache: Der Patient spricht
über *den* Magen und *den* Kopf, anstatt über *meinen* Magen und *meinen*
Kopf.

Methoden, die erfordern, daß man sich seiner Gefühle bewußt ist, würden die Frustration erhöhen und die seelische Anspannung eher vergrößern als vermindern. Um die Gefahren solcher Therapieformen auszuschalten, empfahl Sifneos eine unterstützende und erziehende Behandlung anstelle einer Psychotherapie, die auf Einsicht gerichtet ist.[20]

Ein weiteres Problem, dem Menschen mit Alexithymie gegenüberstehen, ist ihr irreführender Sprachgebrauch. Dieser verursacht Kommunikationsprobleme, denn die meisten Menschen benutzen die Sprache zumindest teilweise nachvollziehbar. Doch im Austausch mit einem Alexithymiker herrscht eher eine Pseudo-Verständigung als ein wirkliches Verstehen; weder begreifen die emotional „Farbenblinden" ihre Blindheit, noch können andere das Problem ausfindig machen.

So nehmen Menschen mit normaler Farbsicht ihre Farbwahrnehmung als selbstverständlich hin, während die Farbenblinden keine Vorstellung haben, was ihnen entgeht. Farbblindheit bleibt oft unentdeckt, weil man nichts vermissen kann, was man nie erfahren hat. Die Verwirrung um dieses Problem wird zusätzlich dadurch gesteigert, daß die farbenblinde Person weiß, daß es solche Worte wie *rot, gelb* und *grün* gibt. Und sie ist durchaus in der Lage, diese Farbbezeichnungen in ihren Sätzen zu benutzen, ohne die Farben jemals wahrgenommen oder erfahren zu haben. Ebenso kennt jeder Worte wie *Liebe, Haß, Eifersucht, Begeisterung* und *Neid,* und jeder kann diese Worte verwenden, wenn er mit anderen spricht. Doch es ist ein erheblicher Unterschied, ob man *Ausdrücke für Gefühle,* die man nie erlebt hat, *verstandesmäßig gebraucht* oder ob man sich der gleichen Worte bedient, wenn man die mit diesen Begriffen bezeichneten Gefühle wirklich erfahren — das heißt, empfunden — hat. Psychosomatische Patienten können wortreich in operationalen und tatsachenstrotzenden Beschreibungen von menschlichen Gefühlen daherreden, obwohl sie keine Ahnung davon haben, wie diese Emotionen sich anfühlen. Wie jemand, der nicht ahnt, daß er farbenblind ist, erkennt der alexithyme Mensch nicht, daß er seine Gefühle nicht aufspüren oder richtig identifizieren kann. Deshalb versteht er die von anderen Menschen gebrauchte Terminologie der Gefühle einfach nicht.

Die Schwierigkeit verschärft sich um so mehr, je stärker die Gefühle werden. Heftige Gefühlsregungen schaffen für alexithyme Menschen besonders schwerwiegende Probleme. Sie sind ohnehin nicht in der Lage, ihre Gefühle zu beschreiben, verlieren aber in einer solchen Situation auch die Fähigkeit, zwischen den körperlichen Entsprechungen verschiedener Gefühle zu unterscheiden. Ein plötzlicher Blutdruckanstieg könnte ebensogut entflammter Haß wie eine Woge der Liebe sein. Alexithyme Patienten haben im Grunde keine Möglichkeit, den Unterschied festzustellen. Sie können nicht schildern, wie es sich „anfühlt", traurig, ärgerlich oder verliebt zu sein — außer in rationalen Wendungen.*

Einen anderen wichtigen Aspekt der Alexithymie hat Dr. Henry Krystal, Psychiatrieprofessor an der Staatsuniversität von Michigan, herausgearbeitet. In einer Veröffentlichung über Alexithymie und Psychotherapie merkte Krystal an:

Neben der Unfähigkeit der Patienten, ihre Gefühle in Worte zu fassen und ihre Empfindungen in bezug auf affektive Reaktionen zu schildern, gibt es noch ein allgemeineres Problem. Diese Patienten, die in ihrem Beruf oft sehr erfolgreich arbeiten, sind „überangepaßt an die Wirklichkeit". Gelangt man über den oberflächlichen Eindruck des hervorragenden Funktionierens hinaus, entdeckt man eine Sterilität und Monotonie der Gedanken und eine schwerwiegende Verarmung ihres Vorstellungsvermögens. Es stellte sich heraus, daß die Gedanken der Patienten

---

* Alexithymie trägt zu etlichen anderen Störungen bei; eine davon ist die Neigung zu Alkoholabhängigkeit. Als Jugendliche können Alexithymiker ihre psychische Belastung nicht verspüren und sind daher besonders anfällig für die betäubenden und beruhigenden Wirkungen verschiedener chemischer Stoffe. Da Alexithymiker ihre psychischen Probleme nicht empfinden können, sind sie nicht einmal in der Lage, ihr eigenes Leiden zu erkennen. Einsichtsorientierte Behandlungsmethoden sind einfach deswegen zum Scheitern verurteilt, weil diese Patienten Gefangene ihrer Körper sind, die völlig außer Kontrolle geraten können, ohne daß die Patienten oder ihre Therapeuten es bemerken.

sich aus trivialen Einzelheiten des Alltagslebens zusammensetzen; und die Patienten selbst scheinen über ihr gedankliches Verhaftetsein mit weltlichen Dingen nicht hinauszukommen. . . . Diese Patienten weisen eine merkliche Beeinträchtigung ihrer kreativen Fähigkeiten auf, insbesondere hinsichtlich ihrer Phantasien von Triebbefriedigung. . . . Die Aufmerksamkeit solcher Patienten für sich selbst, einschließlich ihres Körpers und ihrer Gesundheit, ist genauso schwach. Oft vernachlässigen sie ihr eigenes Wohlbefinden sträflich, und ihre Fürsorge für die eigene Person ist vermindert. McDougall äußert sich über das steinerne Abgestorbensein, das die Einstellung dieser Patienten zu sich selbst und zur Welt im allgemeinen kennzeichnet. Er hält es für eine Form der Erstarrung, die den Schmerz abblocken soll, indem man eine „einsame Insel" wird. Ein Ausweg besteht darin, gefühllos wie ein Felsen zu werden. So balancieren viele psychosomatische Patienten auf ihrem festgespannten Drahtseil weiter und ignorieren alle Körpersignale und Anzeichen seelischer Belastung.[21]

Krystal meinte, daß auch psychosomatische Patienten aus einer einsichtsorientieren Psychotherapie Nutzen ziehen könnten, wenn der Therapeut zu Anfang der Behandlung in gewisser Hinsicht anders als üblich vorgeht. 1979 skizzierte Krystal einige Schritte, die seiner Meinung nach unternommen sein müßten, bevor der Therapeut die eigentliche Psychotherapie aufnehmen könne. Er schlug vor, daß Deutungen und die Provokation stärkerer Gefühle vermieden werden sollten, bis der Patient gewisse grundlegende Lektionen über seinen Körper gelernt habe. Obwohl Krystal die Computertechnologie fehlte, die es uns in der Klinik gestattete, die dramatischen Kreislaufveränderungen zu beobachten, wenn die Patienten sprachen, und obwohl wir Krystals Empfehlungen nicht kannten, überschnitten sich die Anfangsschritte seiner und unserer Behandlung recht weitgehend. Krystal hob hervor, daß man die alexithymen Patienten anfänglich über die Verknüpfung zwischen Gefühlen und verschiedenen körperlichen Zuständen aufklären müsse, wie wir es bei Ed und Patty taten. Zuallererst, so betonte Krystal, müsse der Therapeut den Patienten helfen, Beobachter ihrer inneren Verhältnisse zu werden. Der psychosomatische Patient müsse zunächst einmal seine Gemütszustände als Signale erkennen, und erst dann, nicht eher, könne man ihm beibringen, diese Gefühle gegenüber dem Therapeuten zu äußern.

Genaue Statistiken zu diesem Punkt sind nur schwer aufzutreiben, doch verdient Krystals Beobachtung, daß alexithyme Patienten oft „überangepaßt an die Realität" sind, in jedem Fall, weiterverfolgt zu werden. Wie aus den meisten Fallstudien in diesem Buch ersichtlich ist, erringen viele Patienten, die anfällig für psychosomatische Erkrankungen sind, beachtliche berufliche Erfolge, vor allem in Berufen, deren Erfolgskriterien streng „objektiv" sind. Berufe, die nur verlangen, daß eine Person in objektiven Tests gut abschneidet, ohne ihre eigenen Gefühle zu verstehen, bieten alexithymen Menschen günstige Voraussetzungen für einen Erfolg. Wird ein Alexithymiker mit zahllosen äußeren Regeln und Vorschriften konfrontiert, die ein technisch-vernunftsbestimmtes Denken erfordern, dann leistet er außerordentlich viel. So arbeitet eine erhebliche Anzahl von Menschen, die unterschiedlich stark an Alexithymie leiden, in so verschiedenen Sparten wie Medizin, Krankenbetreuung, Ingenieurwesen, Naturwissenschaften, Psychologie, Pädagogik und Recht — in keinem der genannten Berufsfelder ist das Verstehen von menschlichen Gefühlen letztlich ausschlaggebend für den Erfolg.*

Tests und andere „objektivierte" Eignungskriterien für Ausbildungs- und Arbeitsplätze haben die Einstellung gefördert, daß es für den Erfolg im Leben keine Rolle spielt, seine eigenen menschlichen Gefühle empfinden zu können. Menschen, die ihre eigenen Empfindungen nicht spüren und sich auf operationale Denkmethoden verlassen, können trotzdem hervorragend abschneiden, wenn es darum geht, eine Masse objektiver Tatsachen zu verstehen und zu behalten. So wird

---

* Ich habe wirklich den Verdacht, daß Alexithymie die Fähigkeit einer Person verbessert, jahrelang akademischem Streß standzuhalten und ihn durchzustehen: Da es für den Alexithymiker schwierig ist, den emotionalen Preis für seinen akademischen „Erfolg" zu empfinden oder zu messen, ist er in der Lage, ein Maß an Streß zu ertragen, das einen nicht alexithymen Menschen zum Aufgeben veranlassen würde.

eine Neigung oder Veranlagung, ausschließlich nach einer operationalen Denkweise vorzugehen, durch objektive Prüfungen verstärkt, die fast nur auf formal logischen Konstruktionen beruhen.

Während viele Angehörige anspruchsvoller Berufe hochsensibel für feine emotionale Wechselbeziehungen sind, scheint es auch zahlreiche andere zu geben, die an Alexithymie leiden. Da letzten Endes aber zahlreiche Berufe erfordern, daß man sich auf emotionale Beziehungen mit anderen einläßt, können alexithyme Menschen wie Ed und Patty Situationen ausgeliefert sein, die ihren körperlichen Streß potenzieren. Wie wir im abschließenden Kapitel sehen werden, wird nicht einmal von Berufsgruppen wie Psychiatern und Psychologen — obwohl sie sich scheinbar dem Erkennen und Verstehen menschlicher Gefühle widmen — verlangt, daß sie ihre Gefühle empfinden müssen, sondern lediglich, daß sie menschliche Gefühle rational nachvollziehen können. Das Endergebnis dieser Ausrichtung kann für die Beteiligten höchst unerquicklich sein. Wie ich im zehnten Kapitel darlegen werde, war Sigmund Freud, der Begründer der Psychoanalyse, wahrscheinlich ein erstklassiges Beispiel für einen Menschen, der an akuter Alexithymie litt. Obwohl er sich intellektuell brilliant über Emotionen äußern konnte, dürfte Freud selbst große Schwierigkeiten gehabt haben, seine eigenen Gefühle und infolgedessen auch die Gefühle seiner Patienten tatsächlich zu empfinden.

Ob diese Patienten nun in einem derartigen Beruf arbeiten oder einer eher praktischen Beschäftigung nachgehen, sie sind in erschreckender Weise um so mehr von anderen Menschen, aber auch von ihren eigenen Körpern abgeschnitten, je stärker die Alexithymie ausgeprägt ist.[*]

„Wie fühlen Sie sich heute?" Diese Frage stelle ich gewöhnlich in jeder Sitzung, wenn der Patient an die Geräte an-

---

[*] Alexithyme Patienten haben die Neigung, gleichartige Partner zu heiraten; und es ist nicht ungewöhnlich, daß sowohl die Ehefrau als auch der Ehemann erhebliche psychophysiologische Beschwerden haben.

geschlossen wird, die seinen Blutdruck, seine Durchblutung, seine Herzfrequenz und Fingertemperatur messen. In frühen Phasen der Therapie ist die Reaktion absehbar. Der Patient wechselt schnell das Thema, flieht aus dem Herrschaftsbereich des Gefühls zurück in die Sicherheit der kognitiven Sphären, in die ungefährliche Welt der Gedanken und der Vernunft, indem der antwortet: „Ich denke, mir geht es gut." Im gleichen Augenblick steigen Herzfrequenz oder Blutdruck oft um 25 bis 50 Prozent an. Solche Patienten beantworten Fragen nach ihren Gefühlen in einer rationalen Art und Weise, die einen Preis auf der körperlichen Ebene fordert. Als Patty einmal Fragen über ihr Empfinden derart unverbindlich beantwortete, schnauzte ich sie ziemlich aufgebracht an: „Ich weiß, *wie* Sie *denken* und *was* Sie *denken* und *warum* Sie *denken* und *wann* Sie *denken* und *wo* Sie *denken,* aber ich habe Sie gefragt, *wie Sie sich fühlen — nicht, wie Sie denken."*

Sie lächelte über meinen Gefühlsausbruch und entgegnete dann erneut: „Was meinen Sie damit — wie ich mich fühle? Ich habe Ihnen doch gerade gesagt, daß es mir gut geht."

„Ich meine, ob Sie verärgert sind oder traurig oder fröhlich oder wütend oder verliebt."

Wieder lächelte sie und seufzte: „Ich denke, mir geht es gut."

Solange man nicht für die Gefühlsblindheit psychosomatischer Patienten sensibilisiert und auf sie eingestellt ist, würde man kaum bemerken, was für eine seltsam emotionslose Sprache sie benutzen und daß sie eine Vorliebe dafür haben, jegliche Angelegenheiten in abstrakter, logischer und rationaler Manier zu erörtern. Ihr Lexikon für Tatsachen und vernünftige Gedanken ist mit Hunderttausenden von Begriffen vollgestopft, ihr Wörterbuch für emotionale Ausdrücke dagegen enthält nichts als weiße Seiten. Die Bedeutung menschlicher Gefühle muß ihnen genauso beigebracht werden, wie ich meine Lektion über die Bedeutung meines errötenden Gesichts gelernt habe. Das ist ein Lernen, das Zeit braucht. Außerdem ist es eine Erziehung, die — wie wir im nächsten Kapitel sehen werden — voraussetzt, daß man sein Erleben von Gefühlen mit anderen teilt.

Ein letzter Aspekt der Alexithymie muß noch erwähnt werden. Die Computeraufzeichnungen von Blutdruck und Herzfrequenz, Durchblutung und Hauttemperatur ließen uns erkennen, daß der menschliche Körper nicht nur von einem Augenblick zum anderen in seinen Funktionswerten schwankt, sondern daß der gleiche Mensch sich gelegentlich auch in seiner Fähigkeit verändert, diese körperlichen Signale zu entdecken. Nimmt man einmal an, daß Alexithymie mit dem Unvermögen verknüpft ist, physiologische Veränderungen innerhalb des eigenen Körpers zu entdecken, dann handelt es sich dabei wahrscheinlich nicht um ein qualitatives Phänomen nach dem Alles-oder-Nichts-Prinzip wie bei Masern, die man entweder hat oder nicht. Vielmehr ist es wohl ein quantitativer Zustand, der in hohem oder niedrigem Ausprägungsgrad vorliegen kann. Das ganze Problem wird dadurch noch komplizierter, daß die Fähigkeit, seine Gefühle zu spüren und in Worte zu fassen, von Mensch zu Mensch stark variiert. Einige Menschen registrieren die Veränderungen in ihren Körpern sehr feinfühlig und sind gleichermaßen fähig, die Gefühle, die diese Veränderungen begleiten können, zu artikulieren. Im entgegengesetzten Extrem ist es genauso wahrscheinlich, daß andere Menschen ihren Körpern gegenüber völlig unsensibel und kaum in der Lage sind, überhaupt irgendwelche Gefühle mit Worten zu beschreiben. Wieder andere können vielleicht die körperlichen Schwankungen äußerst genau wahrnehmen, also ihre Gefühle sehr deutlich spüren, und dennoch unerfahren darin sein, diese Gefühle sprachlich mitzuteilen.

DER URSPRUNG DER ALEXITHYMIE: DIE ORGANSPRACHE

Die Erkenntnis sowohl der Existenz von Alexithymie als auch der Probleme, vor denen psychosomatische Patienten stehen, veranlaßte die Wissenschaftler dazu, eine Vielzahl theoretischer Erklärungsmöglichkeiten für diese Störung aufzustellen. Die Deutungen reichten von unklaren neurologischen Defiziten[22] über Konflikte in der frühen Kindheit[23] bis zu Beeinträchtigungen des Denkens.[24] Die meisten dieser

Möglichkeiten wurden nicht entwickelt, um die Alexithymie als solche, sondern um die Grundursache psychosomatischer Erkrankungen schlechthin zu erklären. Weithin akzeptiert ist dabei die Annahme, daß die vielfältigen psychosomatischen Leiden und die Alexithymie eine ähnliche Ursache haben.

Eine der häufigen angeführten neurophysiologischen Erklärungen wurde erstmals im Jahre 1949 von Dr. Paul MacLean vorgelegt. Er baute auf früheren Entdeckungen über Hirnfunktionen im Zusammenhang mit Emotionen auf sowie auf psychiatrischen Theorien über den Ursprung der menschlichen Gefühle. MacLean beobachtete, daß Patienten mit psychosomatischen Erkrankungen in ihrem Verhalten oft infantil waren.[25] Bei der Durchführung einer Serie von Forschungsarbeiten am Nationalen Gesundheitsinstitut stellte er fest, daß psychosomatische Patienten auf psychischen Streß normalerweise mit starken körperlichen Veränderungen reagierten, ganz ähnlich, wie sich ein wütendes Kind in einen körperlichen Anfall hineinsteigert, wenn niemand auf sein Schreien eingeht. Wie andere Wissenschaftler bemerkte auch er die merkwürdig gefühllose Sprache dieser Patienten. MacLean vermutete, daß diese Patienten an einer fehlerhaften Verbindung zwischen den tiefer gelegenen, entwicklungsgeschichtlich älteren Erregungszentren des Gehirns und den höheren, beim Gebrauch von Sprache mitwirkenden Zentren litten. Aufgrund dieses — hypothetischen — neurologischen Defizits, so entwickelte MacLean seinen Gedanken weiter, seien diese Patienten nicht in der Lage, eine Sprache für Gefühle zu entwickeln. Statt ihre Gefühle durch Worte zu äußern, wären sie gezwungen, ihre Emotionen mit ihrem Körper auszudrücken. Wie MacLean annahm, war dies eine Möglichkeit, Gefühle über eine „Organsprache" deutlich zu machen. Dr. John Nemiah von der Medizinischen Fakultät der Harvard-Universität führte MacLeans Theorien noch etwas weiter aus, indem er behauptete, Patienten mit diesen Schwierigkeiten litten an einer Unterbrechung der Nervenverbindung zwischen den Gefühlszentren des Gehirns (dem limbischen System) und den Denkzentren der Großhirnrinde.

Als wir zum erstenmal Computer einsetzten, um den Blutdruck und die Herzfrequenz der Patienten zu verfolgen, hatten wir den Eindruck, daß die Unverbundenheit von Sprache und Gefühlen nicht neurologischen Ursprungs — wie MacLean mutmaßte —, sondern eher durch das Fehlen von entscheidenden Erfahrungen in den ersten Lebenswochen bedingt war. Ein Mangel an Verbindungen zwischen den Gefühlszentren und den sprachlichen Hirnzentren schien keineswegs das Problem zu sein, sondern eher eine *übermäßige* Verbundenheit. MacLeans Auffassungen einer „Organsprache" gewann eine ganz andere Bedeutung, als wir unsere Hochdruck- und Migränepatienten überwachten. Diese Patienten gebrauchten Worte in einer Weise, die eindeutig schwerwiegende körperliche Störungen auslöste. Das Problem lag darin, daß der Gegensatz zwischen der „Organsprache" und der gesprochenen Sprache es anderen Menschen erschwerte, die Mitteilungen von Alexithymikern über Gefühle zu entschlüsseln. Wie etwa Patty, deren Lächeln ihr inneres Weinen übertünchte, nutzten diese Patienten die Sprache, um ihre Gefühle zu verdecken.

Die Möglichkeit, die Körperfunktionen der Patienten während des therapeutischen Gesprächs kontinuierlich zu überwachen, verhalf uns dazu, die Grenzen des ursprünglichen Alexithymiekonzepts von Sifneos und anderen Forschern zu erkennen: Diese Patienten haben nicht einfach „keine Worte für Gefühle"; vielmehr haben sie keine Worte, um zu beschreiben, was sie in ihren eigenen Körpern nicht empfinden können: Sie sind grundsätzlich taub für die Sprache ihrer eigenen Herzen. Die Patienten können Einsicht in ihre Schwierigkeiten erlangen, wenn ein Therapeut, der die Botschaften ihrer Körper wahrnehmen und entschlüsseln kann, ihnen erst einmal beibringt, auf ihre eigenen Körper zu hören.

Wie wir später sehen werden, erhellten die Computeraufzeichnungen nicht nur die Probleme, die Patienten in dieser Hinsicht haben, sondern sie erhöhten auch unser Bewußtsein für die Schwierigkeiten der Therapeuten.

Im Zusammenhang mit Fragen der Wahrnehmung menschlicher Gefühle und des Unterschiedes zwischen menschlichen Erregungszuständen und menschlichen Gefühlen ist Mark Twains Bemerkung vom Anfang dieses Kapitels noch ungleich treffender, als er beabsichtigt haben mag. Die Menschen sind wirklich die einzigen Lebewesen, die erröten — oder es nötig haben. Wir müssen in der Tat unser inneres Erröten ebenso erkennen wie unser äußeres Erröten, um unnötiges Leiden oder gar einen frühzeitigen Tod zu vermeiden. Wir müssen erröten, um dieses spezifisch menschliche Phänomen — unsere Gefühle — zu verstehen. Denn das Erröten hilft uns zu begreifen, was an unseren Körpern unser Menschsein ausmacht: Über unsere gefühlsmäßigen Beziehungen zueinander und indem wir Worte benutzen, um uns unsere Gefühle gegenseitig mitzuteilen, können wir die grundlegende Wechselbeziehung zwischen unseren Körpern und Gefühlen erkennen und die Mitteilung dieser Erfahrungen als gemeinschaftliches Empfinden begreifen. Wir müssen rot werden und diese Erröten erkennen und anerkennen, um etwas über menschliche Gefühle zu lernen.

9
DAS ENTSCHLÜSSELN DER SPRACHE DES HERZENS

Ich nenne mich den letzten Philosophen, weil ich der letzte Mensch bin. Niemand spricht zu mir außer ich selbst, und meine Stimme kommt mir vor wie die eines Sterbenden! . . . Durch dich kann ich meine Einsamkeit vor mir selbst verbergen und meinen Weg in die Menge nehmen und in die Liebe durch Lügen; denn mein Herz . . . kann den Schrecken der einsamsten Einsamkeit nicht ertragen und zwingt mich zu reden, als wäre ich zwei.
Friedrich Nietzsche, *Also sprach Zarathustra*

Ich frage nicht, wie der Verwundete sich fühlt, ich selbst werde *der Verwundete.*
Walt Whitman, *Leaves of Grass*

In den letzten beiden Kapiteln habe ich die Beziehung zwischen Kreislaufsystem und Kommunikation um zwei Dimensionen erweitert. Diese Dimensionen basierten auf dem Konzept einer sozialen Membran und wurden angeführt, um die Auffassung zu erläutern, daß das Herz und der Kreislauf sowohl als Kommunikationsorgane wie auch als Quelle menschlicher Erfahrungen und Gefühle angesehen werden können. Den Begriff der sozialen Membran habe ich eingeführt, um die beiden Dimensionen zu umreißen und ihnen im Zusammenhang mit den Grenzen zwischen Menschen und ihren einzigartigen Beziehungen untereinander Bedeutung zu verleihen. Wie eine biologische Membran das Innere und Äußere der Zelle mit den für ihr Überleben notwendigen Elementen versorgt, bildet auch die soziale Membran einen selektiven Kommunikationsweg zwischen dem Individuum und den Komponenten seiner Umgebung. Sie wurde als eine halb-durchlässige Grenzfläche angesehen, die eine Person einerseits von der übrigen sozialen und natürlichen Umwelt trennt und sie andererseits mit ihr verbindet. Von den vielen Fragen, die sich aus den in diesem Buch beschriebenen klinischen Schlaglichtern ergaben, wurden im vorangegangenen Kapitel zwei Punkte besonders ausführlich besprochen. Erstens: Weder die Patienten selbst noch irgendeine ihrer Kontaktpersonen scheinen imstande zu sei, die physiologischen Veränderungen zu erkennen, die bei diesen Patienten während eines Gesprächs auftreten. Sie wirken völlig von ihren Körpern abgeschnitten. Zweitens: Die auftretenden physiologischen Veränderungen ähneln denjenigen körperlichen Umstellungen, die normalerweise mit Gemütserregungen und der Wahrnehmung von Gefühlen einhergehen. Die Patienten erschienen allerdings insofern ungewöhnlich, als sie zwar die physiologischen Veränderungen aufwiesen, die üblicherweise mit gefühlsmäßiger Erregung verbunden sind, aber diese Veränderungen nicht spürten und sie auch nicht als ganz bestimmte Gefühle einordnen konnten. Die Verknüpfung zwischen dem Auftauchen körperlicher Emotionen und dem Wahrnehmen und Unterscheiden von Gefühlen schien also im Kern getroffen und zusammengebrochen.

Die Tatsache, daß viele Menschen ihre Gefühle nicht spüren können, führte zu einer der zentralen Fragen dieses Buches, die auch im Mittelpunkt dieses Kapitels stehen wird. Nämlich: Woher wissen Menschen, daß körperliche Erregungen Gefühle sind? Wie erkennen und verstehen sie diese? Ist dieser Vorgang angeboren? Ist es eine Frage der Intuition, oder lernen wir es von anderen? Und wenn dieser Prozeß einer Belehrung bedarf, wie sollte sie dann erfolgen?

Die Einsamste Einsamkeit

Ich glaube, es ist die einsamste Einsamkeit, sein Leben in einem Körper zu führen, den man nicht fühlen kann. Gewöhnlich überwinden wir die Einsamkeit, indem wir anderen unsere Gefühle mitteilen — ein Prozeß, der von uns die Erkenntnis verlangt, daß wir Gefühle mit anderen gemeinsam haben. Das Wort *kommunizieren* bedeutet wörtlich „miteinander teilen"; und es ist das Ausbleiben dieses Teilens, was den Patienten unserer Klinik das Leben zur Qual macht. Da sie sich ihrer Körper nicht bewußt sind, können sie ihr Gefühlsleben nicht mit anderen teilen.

Der Gebrauch von Sprache zur Kommunikation ist eine der charakteristischen Eigenschaften des Menschen. Die Philosophen haben lange über das Wesen dieser bemerkenswerten menschlichen Eigenschaft gestritten. Einige, wie John Locke, ein britischer Philosoph des 17. Jahrhunderts, haben in der Sprache nicht mehr gesehen als die Bewegung von Luft durch den Raum, wobei die Luft auf das Gehör einer anderen Person trifft und so den Vorgang zu Bewußtsein bringt. Andere Experten so unterschiedlicher Fachrichtung wie der Philosoph Ludwig Wittgenstein und der Zoologe Adolf Portmann haben die menschliche Sprache als etwas äußerst Tiefreichendes empfunden.

Wenn man seinen Mund öffnet, um zu sprechen, versucht man in gewisser Weise, den Hörer in die eigene Welt zu führen. Gemeinhin neigen wir dazu, uns Sprache als Worte vorzustellen, die hinausgeschleudert werden und an jemanden gewandt oder auf ihn gemünzt sind. Dächte man aber einen

Augenblick nach, so würde sich zeigen, daß bei *wirklichem Sprechen* genau das Gegenteil gilt. Denn wenn eine Person redet, lädt sie damit andere ein, in ihre Welt, in ihre Wirklichkeit einzutreten — das heißt, in ihren Körper und letztendlich auch in das Innerste ihres Gemüts. Macht man seinen Mund zum Sprechen auf, signalisiert man damit einen Versuch, etwas Inneres mit jemand anderem zu teilen. *Wirkliches Sprechen* ist Kommunikation im tiefsten Sinne: ein Akt der Gemeinschaft. In diesem Sinne ist Sprechen eine äußerst intime Handlung — eine sehr persönliche Form des Teilens.

Wirklich zu sprechen, heißt, einen anderen in eine Welt einzuladen, die in dem und durch den eigenen Körper gelebt wird — und darin liegt, so glaube ich, die Bedeutsamkeit der Sprache für das Herz-Kreislaufsystem. Wirkliches Sprechen stellt eine Person, welche in einem Körper lebt, der an den in diesem Buch beschriebenen Erkrankungen leidet, vor schwierige Probleme. Aufgrund bestimmter Erfahrungen in ihrem Leben und der Unfähigkeit, behaglich im eigenen Körper zu wohnen, neigt diese Person zu der Annahme, daß ihre Erwachsenenwelt — also ihr Körper — es nicht wert ist, andere dorthin einzuladen. Ihr Reden konfrontiert sie mit dem Dilemma, daß sie andere an einen Ort bittet — ihren eigenen Körper —, an dem nur mit großen Schmerzen und Unbehagen gelebt wird; und diese Schmerzen wie das Mißbehagen würde die Person mit den Gästen teilen müssen. Daher ist die Einladung nicht wirklich einladend — ja sie könnte sogar Ablehnung herausfordern. Je größer die seelischen Qualen, desto stärker isoliert man sich vom eigenen Körper; und je bedrückender das Gefühl von Einsamkeit und Abgeschnittensein ist, desto schwieriger ist es, wirklich zu sprechen — also einladend zu sein.

Um sich krampfhaft vor diesem Dilemma zu schützen, versiegeln diese Patienten ihre soziale Membran. Anstatt halb-durchlässig zu sein, wird sie eine unüberwindliche Barriere, und das Sprechen wird eher zu einem Rückzugsgefecht oder zu einem Verstecken als zu einer Einladung. Um die soziale Membran solcher Menschen zu durchdringen, ist es notwendig, ihr Leiden mit ihnen zu teilen.

Diese „Versiegelung" der sozialen Membran wird dann besonders schmerzhaft und zerstörerisch, wenn diese Menschen ihren Kindern das Sprechen beibringen wollen oder wenn sie versuchen, anderen wirklich Bedeutsames mitzuteilen. In solchen Fällen werden die anderen in eine Welt des Leidens eingeladen, vor der man sie verzweifelt zu schützen oder die man vor ihnen zu verbergen sucht. Lüde beispielsweise eine Mutter ihren Sohn in ihre Welt ein, dann wäre sie gezwungen, ihre Leiden mit ihm zu teilen. Doch das Kind nicht hereinzulassen, bedeutet, ihm die Lernerfahrung zu verschließen, wie man gefühl-voll mit anderen kommuniziert. Dadurch würde das Kind von seinem eigenen Körper getrennt, gerade so, wie die Mutter von dem ihren isoliert ist.

Dieses Dilemma zwischen Eltern und Kind tritt in der Therapie besonders prägnant zutage und ruft wieder die Schwierigkeiten ins Gedächtnis, die diese Patienten mit der Sprache haben. Lange bevor es die hochentwickelten Aufzeichnungsgeräte gab, die wir in unseren therapeutischen Begegnungen einsetzen, führten Margaret Thaler-Singer und ihre Kollegen eine Studienreihe durch und entwickelten das Engagement-Verwicklungs-Konzept, um zu beschreiben, daß hypertensive Patienten die merkwürdige Neigung haben, in der Interaktion mit anderen emotional auf Distanz zu bleiben.[1] Diese Forscher stellten fest, daß ein Hochdruckkranker, der andere in ein Gespräch verwickelte, seinen Blutdruck innerhalb vertretbarer Grenzen halten konnte, indem er gefühlsmäßig relativ wenig berührt blieb. Wenn die Person aber zu stark hineingezogen wurde oder anderen zu nahe kam, dann wurde sie akut hypertensiv.[2]

Unsere Aufzeichnungsgeräte versetzten uns in die Lage zu erkennen, daß der Prozeß von Engagement und Betroffenheit eng mit der Art und Weise verbunden war, wie unsere Patienten in der Kommunikation die Sprache gebrauchten. Wenn Patienten, die zu psychophysiologischen Beschwerden neigen, das Sprechen als einen Akt der Distanzierung, des Kampfes oder der Verschleierung einsetzen, können ihre Körper das menschliche Gespräch ertragen, und ihr Blutdruck, ihre Durchblutung und ihre Herzfrequenz werden innerhalb erträglicher Größenordnungen bleiben. Doch wenn diese Patienten versuchen, „wirklich" mit einer anderen Person zu sprechen, den anderen an sich heranzulassen, dann reagieren die Kreislaufsysteme dieser Patienten, als ob sie terrorisiert würden. Wenn ein Erwachsener versucht, „wirklich" zu sprechen, und gleichzeitig entgleitet sein Körper jeglicher Kontrolle, ohne daß es von anderen bemerkt und verstanden wird, dann erzeugt diese Kombination das, was ich — mit Nietzsches Worten die „einsamste Einsamkeit" nenne; denn der Sprechende bleibt sich selbst überlassen und redet zu sich, als bestünde er wahrhaftig aus zwei Personen. Um diesen Sachverhalt zu verdeutlichen, werde ich mich wieder klinischem Beweismaterial zuwenden und etliche Patienten beschreiben, deren Kreislaufsystem genau dann völlig außer Kontrolle geriet, wenn sie sich bemühten, wirklich etwas mitzuteilen.

DAS MUSEUM DES MENSCHLICHEN KÖRPERS
Es war im späten September 1982 in Rotterdam. Die letzten Spuren eines milden holländischen Sommers wichen zögernd den kühlen, feuchten Herbstwinden, die von der Nordsee hereinbliesen — ganz anders als der leuchtende Herbst, den ich im Nordosten der Vereinigten Staaten zurückgelassen hatte! Ich war für zwei Wochen nach Rotterdam gekommen, um den Mitarbeitern des Instituts für Pathologie an der Erasmus-Universität die neuesten Ergebnisse über unseren Behandlungsansatz für Hypertonie zu berichten. Gegen Ende meines Besuches bat mich Dr. J. Rijke-de Vries, eine der jüngeren Ärztinnen der Belegschaft, ob ich mich mit in eine Therapiestunde hineinsetzen könnte, in der sie versuchen wollte, unsere Techniken bei einem Hochdruckpatienten anzuwenden, den sie seit etwa einem Jahr behandelte.

„Das einzige Problem ist", sagte sie mit einem gezwungenen Lächeln, „daß der Patient kein Englisch spricht oder versteht; also werde ich für Sie die Rolle der Übersetzerin übernehmen."

Ihr 47jähriger Patient, Jan, war groß, ziemlich dünn und zurückhaltend; er verdiente seinen Lebensunterhalt als Hafenarbeiter im Rotterdamer Hafenviertel. Dr. Rijke-de Vries erklärte ihm zunächst auf niederländisch, wer ich sei und daß sie seinen Blutdruck mit einer völlig neuen Methode messen wolle. Sie sagte, der Computer werde die Manschette an seinem Arm automatisch aufpumpen, und auf der Anzeigentafel könne Jan rote Leuchtziffern sehen, die jede Minute automatisch seine Herzfrequenz, seinen systolischen und diastolischen Blutdruck sowie den arteriellen Mitteldruck angäben.

Dann begannen die beiden, sich über Jans Blutdruck zu unterhalten, und bald schienen sie kaum noch zu registrieren, daß ich mit ihnen im Zimmer war. Gelegentlich hielt Dr. Rijke-de Vries jedoch inne und übersetzte bestimmte medizinische Einzelheiten, wie beispielsweise, daß Jan „Beta-Blocker" (eine Medikamentenklasse der zweiten Wahl bei der Kontrolle des Bluthochdrucks) einnahm; außerdem schilderte sie in groben Zügen, daß sie über die Schwierigkeiten sprachen, die Jan an seiner Arbeitsstelle und in seiner Familie hatte. Da ihre Übersetzungen immer leicht den natürlichen Fluß des Therapiegespräches störten, schlug ich vor, sie solle einfach weiter mit Jan sprechen, ohne sich Gedanken darüber zu machen, wieweit ich etwas verstand.

Jan sprach mit einer gewissen Vorsicht und Anspannung. Obwohl er, wie andere Hypertoniker, leise sprach, wirkte sein Sprechen in einer Weise beherrscht, die den natürlichen Rhythmus einer angenehmen Unterhaltung zerriß. Trotz seiner umgänglichen Art hatte Jan etwas Distanziertes und Einsames an sich, einen Mangel an Vertrauen, der durch seine kontrollierte Sprechweise noch unterstrichen wurde. Es war für mich leichter, mich auf diese Aspekte seines Sprechens zu konzentrieren, weil ich nicht wußte, worüber er sprach.

Wie die Kurve in Abbildung 9.1 zeigt, blieben Jans Blutdruck und Herzfrequenz über zwanzig Minuten lang völlig normal; die Werte schwankten, wie es bei Hochdruckpatienten, die Beta-Blocker nehmen, in Gesprächen gewöhnlich der Fall ist. Wenn Jan sprach, stieg sein Blutdruck üblicherweise um zehn bis 25 Prozent bis in Hochdruckbereiche; und wenn er Dr. Rijke-de Vries zuhörte, sank sein Blutdruck schnell

337

wieder auf normale Werte. Doch sogar während er in seinem weichen, gutturalen Tonfall sprach, wirkte er abgelenkt, irgendwie von der ganzen Unterhaltung abgehoben, als sei seine Aufmerksamkeit in weite Ferne gerichtet.

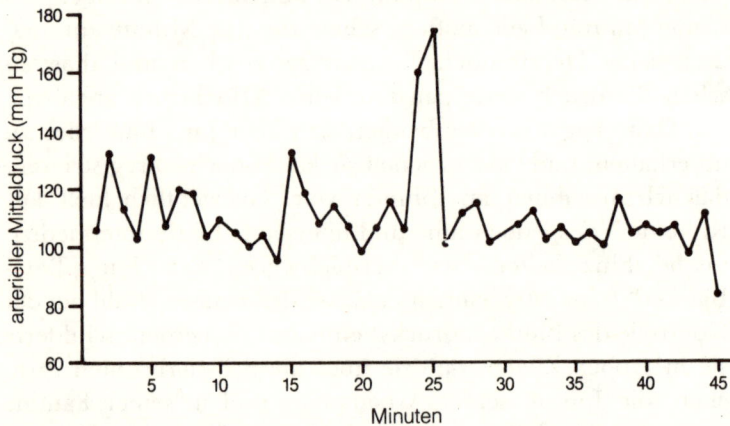

Abb. 9.1
Plötzlicher Anstieg des arteriellen Mitteldrucks bei einem Hochdruckpatienten, als er anfing, über bestimmte, schmerzliche Kindheitserlebnisse zu sprechen (Minute 23). Man beachte den ebenso plötzlichen Abfall des Drucks, als der Patient aufgefordert wurde, tief zu atmen.

Jan schien jemand zu sein, der gehört und verstanden werden wollte, aber unfähig war, seine Gefühle zu artikulieren. Ich dachte, sein Reden könnte vielleicht das Schreien eines Kindes überdecken, das sich anderen nicht verständlich machen kann. Wie ich am Ende von Kapitel 5 erklärt habe, brachten mich unsere Blutdruckuntersuchungen an Neugeborenen auf den Gedanken, den Hochdruck Erwachsener in dieser bildhaften Weise zu betrachten. Jetzt, im Sprechzimmer von Dr. Rijke-de Vries, fragte ich mich, ob Jan sich in Wirklichkeit tief im Innersten, verborgen vor seinem Bewußtsein, so fühlen könnte wie ein Kleinkind, das in der Nacht schreit, ein Kind, das außer sich ist, weil die Mutter es nicht hört. Wir hatten nachgewiesen, daß der Blutdruck eines Neugeborenen sich oft um 100 Prozent oder mehr erhöht, wenn es schreit.[3]

Wir benutzten damals den gleichen Computertyp, mit dem wir jetzt Jans Blutdruck aufzeichneten; und jene Studien waren die ersten, in denen der diastolische Blutdruck Neugeborener gemessen und gleichzeitig ihr Verhalten, beispielsweise ihr Schreien, protokolliert wurden. Ebenso hatten wir die beträchtlichen Schwankungen im Blutdruck Neugeborener bei anderen Aktivitäten gesehen wie dem Trinken an der Brust, Schlafen und dem Nuckeln, wenn sie am Körper der Mutter lagen.[4]

Mein Gedanke trieb mich, das Gespräch zwischen Jan und Dr. Rijke-de Vries zu unterbrechen, um dieser unsere Untersuchungen an Neugeborenen zu beschreiben. Nachdem ich unsere Ergebnisse kurz zusammengefaßt hatte, schlug ich ihr vor: „Vielleicht gibt es ein Kind in Jan, das weint, um gehört zu werden. Fragen Sie Jan nach seiner Kindheit! Sagen Sie ihm, ich sei überzeugt, daß Ereignisse aus der Kindheit manchmal mit den Blutdruckproblemen eines Erwachsenen verknüpft sein können."

Nachdem Dr. Rijke-de Vries meine Bitte übersetzt hatte, drehte sich Jan jäh in seinem Stuhl um und starrte mich an. Er fing an, ein wenig lauter zu sprechen, schneller und weit nachdrücklicher. Zum erstenmal sprach er mich direkt an, obwohl ich nicht verstehen konnte, was er sagte. Und obgleich er aufgeregt zu sein schien, lächelte er ununterbrochen, als er mit mir sprach. Binnen einer Minute stieg Jans Blutdruck von 143 zu 83 auf 183 zu 136; und nach zwei Minuten sogar auf 210 zu 145.

Ich hatte zwar keine Ahnung, was in aller Welt Jan gesagt hatte, aber ich war erschreckt über den plötzlichen Anstieg seines Blutdrucks und bat Dr. Rijke-de Vries, ihn aufzufordern, zu schweigen und ein paar Minuten lang tief zu atmen. Jans Blutdruck fiel, wie der arterielle Mitteldruck in Abbildung 9.1 zeigt, sofort auf 145 zu 83 und weiter bis 140 zu 81; das heißt, innerhalb von zwei Minuten lag sein systolischer Blutdruck niedriger, als sein diastolischer Druck gewesen war, während Jan mit mir gesprochen hatte.

Während Jan weiterhin tief durchatmete, wies Dr. Rijke-de Vries, die ebenfalls durch die plötzlichen Druckveränderungen beunruhigt war, auf die dramatische Steigerung und Senkung seines Blutdrucks hin. Dann übersetzte sie, was er gesagt hatte: „Jan sagte, als kleiner Junge von sechs Jahren habe er im Hafenviertel von Rotterdam gelebt. Alles in der Nachbarschaft wurde zerstört, als die Nazis die Stadt bombardierten. Jan erinnert sich daran, wie rings um ihn herum Häuser in Flammen stehen und Gebäude zusammenstürzen. Er sagt, er sei so von Schrecken erfüllt und durch und durch verängstigt gewesen, daß er nicht einmal mehr weinen konnte."

„Aber das war nicht seine schlimmste Erinnerung", fuhr sie fort. „Er sagt, daß seine Eltern nichts zu essen hatten, als die Alliierten schließlich allmählich die Nazis aus Holland drängten. Er sagt, er sei so schwach und dünn geworden, daß er das Bett nicht mehr verlassen konnte, und sein Vater habe weite Reisen unternehmen müssen, um Nahrung aufzutreiben. Er sagte, das Hungern selbst habe ihn nicht so sehr bekümmert, wie das, was es seinem Körper zufügte. Hauptsächlich schämte er sich wegen seines Körpers — er hatte das Gefühl, er sei ein Nichts — sein Körper bestand aus nichts als Haut und Knochen — und darüber war er tief beschämt."

Ich legte Dr. Rijke-de Vries nahe, Jan zu erklären, daß es tatsächlich einen Zusammenhang zwischen seinen Kindheitserinnerungen und den starken Erhöhungen seines Blutdrucks zu geben schien und daß Jan eine Menge mit ihr zu besprechen hätte. Außerdem wies ich ihn darauf hin, daß er, obwohl sein Blutdruck sehr hoch gestiegen war, als er diese schmerzlichen Erinnerungen schilderte, etwas getan hatte, das seinen Blutdruck schnell gesenkt hatte. Jan nickte, lächelte und setzte dann sein Gespräch mit Dr. Rijke-de Vries fort. In der restlichen Zeit der Sitzung sprachen sie ruhig miteinander, und Jans Blutdruck fiel allmählich ab bis auf 129 zu 76.

Der dramatische Anstieg von Jans Blutdruck — trotz blutdrucksenkender Mittel — ist keineswegs ungewöhnlich. Über vier Jahre hinweg haben wir ähnliche Situationen auch mit anderen Hochdruckpatienten erlebt. Nicht, daß nur Erinnerungen an außergewöhnliche Schicksalsschläge der Kindheit auffällige Veränderungen bewirken: Hypertensive scheinen allgemein besonders anfällig für Druckerhöhungen zu sein, wenn sie, wie im folgenden Fall, Themen berühren, die komplexe Emotionen wachrufen.

EIN „KLEINES GEHEIMNIS"

Oberflächlich glichen Karl und Jan sich so wenig wie ein niederländischer Herbst und ein Frühling in der Wüste Südkaliforniens. Die Worte *behutsam* und *zurückhaltend* würden Karl wohl kaum beschreiben. Karl war stellvertretender Direktor einer mittleren Baufirma und hatte eine Statur wie ein Preisboxer der Mittelgewichtsklasse; tatsächlich hatte er in jungen Jahren seine Begabung auf diesem Gebiet in wilden Wirtshausschlägereien erprobt. Er fluchte wie ein ungehobelter Seemann, obgleich er sich häufig bei seiner Therapeutin, Dr. Thomas, während ihrer gemeisamen Sitzungen entschuldigte — „weil sie doch so eine feine Dame ist". Wenn jemals auf einen Patienten die Merkmale der Typ A-Persönlichkeit zutrafen, dann auf Karl. Er arbeitete hart, sprach schnell, war rastlos impulsiv und war zu unserer Klinik gekommen, um, wie er es ausdrückte, „eine letzte verzweifelte Anstrengung zu unternehmen, einen massiven Herzanfall zu verhindern". Er wußte wirklich „alles über die Typ A-Persönlichkeit" und ihre Verknüpfung mit der koronaren Herzkrankheit, und er erkannte bereitwillig an, daß „die Beschreibungen in den Zeitungen bis aufs I-Tüpfelchen auf mich passen".

Mit seinen 54 Jahren hatte Karl seit über 20 Jahren Schwierigkeiten mit Bluthochdruck. Fast zehn Jahre hatte er verschiedene blutdrucksenkende Mittel eingenommen. Im Frühling 1981 begann er, über zunehmende Impotenz zu klagen, verbunden mit ernsten Eheproblemen, und so setzte sein Herzspezialist die Medikamente allmählich wieder ab. Im Hochsommer des gleichen Jahres, nachdem alle Mittel abgesetzt waren, hatte Karl eine akute hypertone Krise und brach zusammen. Er erinnerte sich daran, daß er Angst hatte, einen Herzanfall zu erleiden. Mit dem Krankenwagen wurde Karl zur Notaufnahme gefahren; bei der Ankunft betrug sein Blutdruck 210 zu 140. Außer der ständigen Belastung durch seine Ehe (seine Frau hatte ihn verlassen, um mit einem anderen Mann zu leben) hatte Karl Unannehmlichkeiten in seiner Firma und mit dem Finanzamt sowie Probleme mit einem Sohn auf dem College. Nach Karls Hochdruckkrise verschrieb sein Kardiologe ihm wieder Medikamente; und erneut begann Karl, sich niedergeschlagen und impotent zu fühlen. Schließlich schickte ihn sein Arzt im März 1982 zu unserer Universitätsklinik, um zu sehen, ob unser Behandlungsansatz ihm helfen könnte.

Während seiner ersten Sitzung mit Dr. Thomas lag Karls Blutdruck im Mittel bei 155 zu 95, sein Blutdruck und seine Herzfrequenz schwankten beträchtlich, wenn er sprach. In den folgenden sechs Sitzungen sondierte Dr. Thomas vorsichtig verschiedene zwischenmenschliche Probleme, die mit Karls Hochdruck verbunden zu sein schienen. Im weiteren Verlauf der Therapie fiel sein Blutdruck allmählich; seine Einstellung und sein allgemeines Auftreten änderten sich. Anfangs hatte er sich geweigert, die Computeraufzeichnungen seines Blutdrucks zu betrachten. Ebenso lehnte er die Vorstellung ab, daß sein Umgangs- und Kommunikationsstil irgendeinen unmittelbaren Einfluß auf seinen Körper ausüben könnte. Karl gestand zwar offenherzig zu, daß seine Typ A-Persönlichkeit und seine Gefühle mit seinem Hochdruck verknüpft seien, stellte aber fest, er sei überzeugt, daß solche Faktoren ihren Tribut erst mit der Zeit forderten, „wie ein Gebirgsbach sich nur langsam in den Hang hineingräbt". Karl fiel es sehr schwer zu glauben, daß seine Sprechweise direkte Auswirkungen auf seine Herzfrequenz und seinen Blutdruck haben könnte.

In der sechsten Sitzung änderte sich seine Haltung. Dadurch, daß wir ihn ständig gemahnt hatten, seine Blutdruckwerte anzuschauen, hatte sich Karl von dem Gedanken gelöst, daß er ein Patient sei, der seinen „langsam verfallenden" Körper einem Arzt vorstellt, und war zu jemandem geworden, der sich aktiv an seiner Therapie beteiligte. Hunderte von Messungen hatten ihn begreifen lassen, daß sein Blutdruck keine statische körperliche Größe ist, die sich im Laufe der Zeit nur allmählich ändert, sondern daß er ein dynamisches Phänomen und in ständiger Bewegung ist. Karl war zusehends stärker von den Blutdruckveränderungen gefesselt, die sich ohne sein Wissen ereigneten. „Verflixt! Das Ding springt aber wirklich herum", rief er während einer Sitzung mehrfach aus. Damit wiederholte er die Ausdrucksweise, die auch von anderen Patienten wie Michael (siehe Kapitel 1) gewählt worden war, um den eigenen Blutdruck zu beschreiben. Wie fast alle Patienten sprach Karl von seinem Blutdruck noch immer, als sei er ein „Ding", das auf einem Computerbildschirm festgehalten wurde, und nicht eine dynamische Komponente, die unentbehrlich für sein Leben war.

Um Karl zu helfen, die Verknüpfung zwischen sich und „dem Ding, das auf dem Computer herumspringt" zu erfassen, schlug Dr. Thomas vor, daß die sechste gemeinsame Sitzung per Video aufgenommen werden sollte. Dr. Thomas glaubte, eine Videoaufzeichnung werde Karl Gelegenheit bieten, zu beobachten und darüber nachzudenken, wie sich sein Blutdruck änderte. Gegen Ende dieser Sitzung lag Karls Blutdruck im Durchschnitt bei 145 zu 90. Karl selbst wirkte viel gelöster als in den vorausgegangenen Sitzungen. Offen äußerte er seine Dankbarkeit für die hilfreiche Sorge und Anteilnahme, die Dr. Thomas ihm gegenüber gezeigt hatte. Er schien fasziniert von den unterschiedlichen Techniken, einschließlich Entspannung und richtiger Atmung, die einen so offensichtlichen und unmittelbaren Einfluß auf seinen Blutdruck hatten. Sie ließen sein Vertrauen wachsen, daß er Schritte zur eigenständigen Beherrschung seiner Probleme unternehmen könnte.

Doch als die Sitzung fast zu Ende war, wechselte Karl in der impulsiven Art und Weise, die für die Typ A-Persönlichkeit typisch ist, das Thema des Gesprächs. Er unterbrach Dr. Thomas und fing an, hastig und mit einem Anflug unterdrückter Nervosität zu sprechen. „Letzte Woche habe ich meinen Kardiologen angerufen und ihm erzählt, wie die Dinge sich hier entwickeln, daß mein Blutdruck sinkt und alles — und ich habe ihn gefragt, ob ich mein Diuretikum auf die Hälfte reduzieren könnte. Verflixt noch mal! Ich hatte es satt, jede Nacht ein halbes Dutzend Mal aufzustehen, um zu pinkeln — man kommt kaum zum Schlafen, wenn man die ganze Nacht lang wegen dieser verdammten Diuretika ständig aufstehen und ins Bad rennen muß. Aber er wollte nicht nachgeben.‟

Leicht erheitert fuhr Karl fort: „Er ist so ein vorsichtiger Arzt, wissen Sie. Er sagte — und war sich selbst so sicher, Sie wissen ja, wie die Ärzte reden: ‚Keinesfalls! Absolut unmöglich!‘ Genau das waren seine Worte; es gäbe einfach keine Möglichkeit, die Diuretika jetzt schon herabzusetzen!‟

Mit lautem Lachen und eindringlicher Gestik wiederholte Karl den Ausdruck: „Unmöglich! Unmöglich!‟ Als er sich dann in seinem Stuhl zurücklehnte, sah er selbstzufrieden und von sich angetan aus und setzte hinzu: „Das einzige Problem ist, daß ich diese verfluchten Pillen schon eine Woche, bevor ich ihn angerufen habe, ganz abgesetzt hatte! Mein Blutdruck war so schön heruntergegangen, daß ich mich fragte, ob ich nicht ohne sie auskommen könnte. Ich bin ein sehr guter Beobachter — und ich habe mich sorgfältig beobachtet; es gab absolut keine Veränderung in meinem Blutdruck. Wenn überhaupt, dann war mein verdammter Druck eher niedriger.‟

Nach einer kurzen Pause fügte er hinzu: „Es ist also nur ein kleines Geheimnis! Er ist so ein netter Kerl, und ich verschweige ihm nicht gern etwas. Aber er sagte so überzeugt ‚Unmöglich‘! — als es eindeutig war, daß es eine Möglichkeit gab! Es gefällt mir gar nicht, ihm zu sagen, daß er unrecht hatte, oder ihn anzulügen, aber eines steht fest: Ich schlafe jetzt nachts besser. Was, meinen Sie, ist günstiger für den Blutdruck? Die ganze Nacht tief zu schlafen oder ein halbes dutzendmal aufzustehen, um zu pinkeln! Ich möchte ihn nicht in Verlegenheit bringen. Glauben Sie, ich muß es ihm erzählen?‟

In seiner Aufregung hatte Karl nicht bemerkt, daß sein Blutdruck plötzlich von einem Mittelwert von 145 zu 90 auf 195 zu 140 hochgeschnellt war. Als der Computer diesen ho-

344

hen Anstieg anzeigte, bemerkte Dr. Thomas ruhig: „Sehen Sie sich ihr kleines Geheimnis einmal an." Und um ganz sicher zu gehen, daß sich Karl der erheblichen Änderung seines Blutdruckes bewußt wurde, wiederholte sie: „Sehen Sie, was Ihr kleines Geheimnis mit Ihrem Blutdruck gemacht hat! Meinen Sie, daß Ihr kleines Geheimnis einen so hohen Preis wert ist?"'

Entsetzt über den plötzlichen Blutdruckanstieg, den der Computerbildschirm zweifelsfrei abbildete, hob Karl seine Hände an den Kopf und murmelte: „Oh, mein Gott! Oh, mein Gott!" Dann erinnerte er sich anscheinend an die Lektionen, die er in früheren Sitzungen gelernt hatte, hörte auf zu sprechen und begann, tief ein- und auszuatmen.

Nach einer Minute des Schweigens und in der Gewißheit, daß Karl einiges Wichtige lernte, ergänzte Dr. Thomas: „Sie wollen also, daß Ihr Kardiologe Sie behandelt, ohne daß er weiß, was für Medikamente Sie nehmen? Wie soll er beurteilen, was medizinisch passiert, wenn Sie anfangen, kleine Geheimnisse zu haben?"

Mit dem Ton eines Menschen, den schiere Angst plötzlich zu einer neuen Denkweise bekehrt hat, bemerkte Karl ziemlich einfältig: „Ich denke, ich werde es ihm erzählen, wenn ich ihn das nächste Mal besuche."

Obwohl sein Blutdruck jetzt unter das Niveau gefallen war, auf dem er vor der Enthüllung des „kleinen Geheimnisses" gewesen war, wirkte Karl noch immer beunruhigt, als er sagte: „Jesus, ich habe noch nie gesehen, daß sich mein Blutdruck so verändert hat. Und ich habe nichts davon gespürt. Ich habe kein verdammtes Bißchen davon gemerkt! Ich habe nicht gefühlt, wie dieser verfluchte Druck hochging, und ich habe nicht gefühlt, wie er wieder herunterging. Auch jetzt spüre ich nichts anderes, als daß ich ein bißchen wirr im Kopf bin."

„Was, glauben Sie, bedeutet das?" fragte Dr. Thomas. „Sagt Ihnen das irgend etwas über Ihre Gefühle?"

„Jesus!" rief Karl und schüttelte seinen Kopf. „Ich muß völlig von meinem Körper und meinen Gefühlen abgeschnitten sein." Dann wiederholte er, zu sich selbst gewandt: „Ich habe kein verdammtes Bißchen gemerkt!"

Innerhalb von fünf Minuten war Karls Blutdruck auf 142 zu 78 gefallen; das war der niedrigste Wert, seit er zum erstenmal in unsere Klinik gekommen war.

In den folgenden sechs Monaten enthüllte Karl andere „kleine Geheimnisse" und entdeckte weitere verborgene Gefühle, indem er die Blutdruckanstiege beobachtete, die der Computer aufzeichnete: Geheimnisse über den ständigen Leistungsdruck, den seine Eltern auf ihn ausgeübt hatten; das Geheimnis, daß er wegen seines Blutdrucks Angst hatte zu versagen; und das Geheimnis, daß er es nötig hatte, andere zu beherrschen und zu kontrollieren. Im Verlauf dieser Entwicklung begann er die Blutdruckveränderungen zu spüren, die vorher unbemerkt geblieben waren. Und Karl fing an zu begreifen, daß er seinen Körper in einer Weise gebrauchte und mißbrauchte, die sein Leben bedrohte.

Dadurch, daß Karl sah, wie sich sein Blutdruck veränderte, und zwar im Einklang mit bestimmten Gesprächsthemen, spürte er zum ersten Mal in seinem Leben seine Gefühle. „Vielleicht", so spekulierte er Monate später, „wollte ich wirklich sterben, und mein Körper ist mir einfach dabei entgegengekommen." Nach und nach setzte er sich mit der beängstigenden Realität auseinander, daß er sich selbst fast zerstört hätte, indem er seinen Kreislauf in einer Weise belastet hatte, die sein Leben unausweichlich vorzeitig beendet hätte.

DEN THERMOSTAT HOCHSTELLEN

Nun ist es keineswegs so, daß größere Kreislaufveränderungen im Verlauf einer menschlichen Begegnung immer in plötzlichen Erhöhungen des Blutdrucks und der Herzfrequenz bestehen. Genau die entgegengesetzte Reaktion kann ebenfalls bei Patienten im Gespräch eintreten: Ihr Blutdruck fällt plötzlich, wenn sie einer anderen Person erlauben, ihre wirkliche innere Welt zu betreten.

Frances wurde wegen Migränekopfschmerzen und einer spastischen Colitis von einem Internisten in unsere Klinik

346

überwiesen. Seit ihrer ersten Regelblutung litt sie jeweils zum Zeitpunkt ihrer Menstruation an Migräne. Nach ihrer Heirat vor neun Jahren waren die Kopfschmerzen häufiger und stärker geworden. Beruflich hatte Frances nach allen objektiven Kriterien durchschlagenden Erfolg, denn mit 37 Jahren war sie leitende Angestellte in einem großen Geldinstitut. Frances berichtete, daß ihre Ehe im allgemeinen glücklich war und daß ihr Mann erfolgreich ein eigenes Unternehmen leitete. Das einzige „wirkliche Problem" sei, bemerkte sie, daß sie keine Kinder bekommen könnte. Als Frances 25 war, tauchten in ihrer Gebärmutter Bindegewebstumoren auf, und sie hatte unregelmäßige Zwischenblutungen. Dies zwang sie, die Gebärmutter entfernen zu lassen, was die Möglichkeit einer Schwangerschaft ausschloß. Sie gab zu, dies habe „zu einem unglücklichen Sexualleben mit ihrem Ehemann" beigetragen und sei ein „beständiges Problem in ihrer Ehe", mit dem sie zu leben gelernt hätten.

Frances' berufliche Leistungen waren um so bemerkenswerter, als sie in starkem Gegensatz zu einer psychisch aufwühlenden und schmerzvollen Kindheit und Jugend standen. Ihr frühes Leben war übersät mit den seelischen Trümmern von schweren Vertrauensbrüchen, dem völligen Fehlen emotionaler Sicherheit und andauerndem Entzug elterlicher Liebe. Frances berichtete von vielen inneren Verwundungen, die sie erlitten hatte. Unter anderem war sie mit acht Jahren vom Geschäftsteilhaber ihres Vaters sexuell belästigt worden. Als Frances ihrem Vater davon erzählte, wies er sie an, diesen Vorfall niemandem gegenüber zu erwähnen, weil er sonst finanziell geschädigt würde; außerdem behauptete er damals, sie sei „mindestens zur Hälfte selbst an der Sache schuld gewesen".

Im Alter von sechzehn Jahren vergewaltigte sie ein Mitschüler, und sie wurde schwanger. Ihre Familie weigerte sich, ihr die Geschichte von der Vergewaltigung zu glauben, und lehnte es anfangs ab, auch nur die Möglichkeit zu erörtern, daß sie schwanger sein könnte. Als deutlich wurde, daß sie es tatsächlich war, befahlen ihr die Eltern jeden Abend, in ihrem

Zimmer zu bleiben, während die übrige Familie gemeinsam zu Tisch saß. Schließlich richteten ihre Eltern es so ein, daß sie das Land verließ, ihr Kind in einem Heim für ledige Mütter zur Welt brachte und dann das Baby zur Adoption freigab. Nach der Adoption tauchten ihre Probleme mit der spastischen Colitis auf. Als Frances 18 war und aufs College ging, hatte ihre Mutter einen Nervenzusammenbruch. In jener Zeit trennten sich ihre Eltern, und beide schoben die Schuld für alle Eheprobleme auf die Schwangerschaft von Frances.

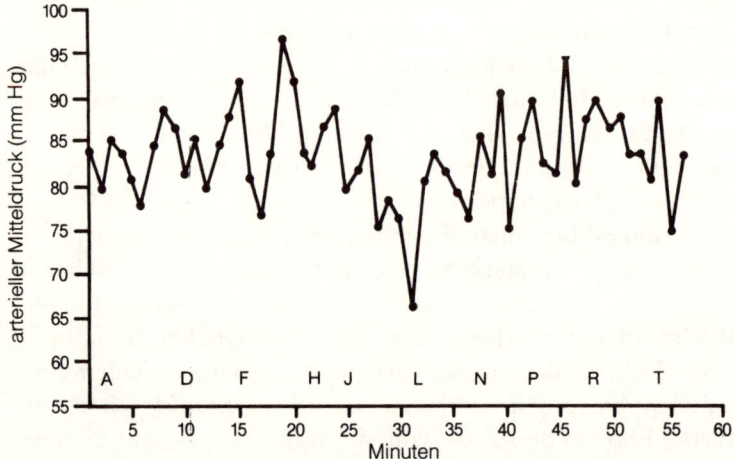

Abb. 9.2
Plötzlicher Abfall des arteriellen Mitteldrucks (an Punkt L) einer Migränepatientin, als sie auf ihre Sorgen wegen ihrer Tochter zu sprechen kam, welche sie bei der Geburt zur Adoption freigegeben hatte.

Sicherlich wären nur wenige Leser von der Vermutung überrascht, daß die psychischen Leiden von Frances in ihrer Kindheit und Jugend mit ihren heutigen Krankheitserscheinungen verknüpft sind; trotzdem ist es beeindruckend zu sehen, wie stark ihr Körper reagierte, wenn sie „wirklich" über bestimmte dieser traumatischen Erlebnisse sprach. Die vierzehnte Therapiesitzung veranschaulicht eine solche Situation.

In dieser Sitzung war Frances etwas optimistischer gestimmt als gewöhnlich. Sie war recht ermutigt durch ihre therapeutischen Fortschritte und drückte ihre Freude darüber aus, daß sie in den letzten vier Wochen frei von Kopfschmerzen geblieben war. Sie meinte, sich nicht an einen so langen Zeitraum ohne Kopfschmerzen erinnern zu können, außer in ihrer Jugend, als sie noch nicht darunter litt. Auch willigte sie zum erstenmal ein, daß ihr Ehemann sie in den folgenden Therapiesitzungen begleitete.

Wie Abbildung 9.2 zeigt, lag ihr arterieller Mitteldruck während dieser einstündigen Sitzung im Mittel bei 85 Millimeter — Quecksilbersäule — das sind etwa 10 bis 15 Prozent unter dem typischen Niveau für Frauen ihres Alters. Obwohl Frances' Blutdruck niedriger war als üblich, waren Blutdruckwerte wie ihre seltsamerweise charakteristisch für viele Patienten, die wegen Migränekopfschmerzen in unsere Klinik kamen. Zwar haben auch einige Migränepatienten einen hohen Blutdruck und eine schnelle Herzfrequenz; doch tritt niedriger Blutdruck (manchmal mit einer hohen, manchmal mit einer normalen Schlagrate einhergehend) in dieser Patientengruppe wesentlich häufiger auf.

Im Lauf der Therapie hatte Frances gelernt, stärker auf ihre Handtemperatur zu achten, und war allmählich in der Lage, diese mittels Entspannung auf 35_Celsius einzuregeln. Die abgebildete Kurve von Frances' arteriellem Mitteldruck während dieser vierzehnten Sitzung zeigt die Schwankungen, die man normalerweise bei Migränepatienten in der Therapie beobachtet. Doch wie man sieht, fiel, als Frances bei Punkt L sprach, ihr Blutdruck plötzlich auf einen Tiefststand von 67 (was Blutdruckwerten von 90 zu 50 entspricht); das sind dreißig Millimeter weniger als zehn Minuten zuvor. (Zum Vergleich: Jans arterieller Mitteldruck lag bei 148, als er über seine Kindheit sprach, und Karls Druck war auf 151 gestiegen, während er sein „kleines Geheimnis" erzählte — fast zweieinhalbmal so hoch wie Frances' Druck). Kurz bevor ihr Druck absackte, hatte Frances einen „wunderbaren Traum" beschrieben, den sie in der vorangegangenen Nacht gehabt hatte. Sie bemerkte, daß sie gewöhnlich nie träume oder, wenn sie es täte, sich nicht an den Traum erinnern könne. In diesem Traum reist sie nach Paris, wo sie zufällig ihre lange verloren geglaubte Tochter findet. Ihre Tochter ist in dem Traum ungefähr 16 Jahre alt. Sie feiern großartig ihr Wiedersehen, unternehmen eine gemeinsame Tour zu einigen Städten, und Frances unterhält ihre Tochter, wie sie es sich von ihrer Mutter gewünscht hätte. Frances ist begeistert, daß ihre Tochter so leicht versteht, warum sie, Frances, sie zur Adoption freigeben mußte.

Zwischen den Punkten J und L der Kurve, nachdem sie die Schilderung dieses Traumes beendet hatte, lächelte Frances und setzte ruhig hinzu: „Oft frage ich mich, wie sie heute wirklich ist. Es ist bitter, daran zu denken — aber irgendwo da draußen habe ich eine Tochter, die inzwischen eine erwachsene Frau von 21 Jahren ist. Gott, ich hoffe, daß sie glücklich ist."

Auf die Frage, wie sie es empfände, zum Verzicht auf ihr eigenes Kind gezwungen zu werden, antwortete sie, sie sei „schon vor langer Zeit darüber hinweggekommen". Sie lächelte heiter, als sie leise hinzufügte, es gehe ihr „gut". Die Vermutung, daß dieses Problem ihr weiterhin zu schaffen machte, wies Frances zurück; dann seufzte sie tief und fragte mit einer Stimme, die voll stiller Resignation zu sein schien: „Wie oft kann einem das Herz brechen?"

Sobald der Computer den plötzlichen Druckabfall nach dieser Bemerkung anzeigte, zitterte Frances, starrte ungefähr dreißig Sekunden schweigend auf den Bildschirm und sagte: „Gott! Es ist kalt hier drinnen." Während sie immer noch auf den Bildschirm starrte, überlegte sie still: „Vielleicht hört ein Herz nie auf zu zerbrechen." Dann änderte Frances plötzlich ihre Stimmung, wie der Anführer einer Fangruppe versucht, seine entmutigte Truppe anzufeuern, damit sie die eigene Mannschaft enthusiatischer unterstütze, und sie sagte lebhaft: „Sprechen wir über meinen Mann. Das bringt den Druck garantiert auf Normalwerte und erwärmt den Körper. Es hat keinen Sinn, der Vergangenheit nachzuweinen."

EINE DAME VON WELT

Michelle war beruflich sicher ebenso erfolgreich wie Frances. Als Rechtsanwältin gehörte sie einer Kanzlei in Washington, D. C., an, und ihre akademischen Leistungen waren wirklich hervorragend. Mit 39 Jahren hatte sie nicht nur eine Anzahl stark beachteter juristischer Abhandlungen veröffentlicht, sondern war auch in ihrem Anwaltsbüro hoch angesehen. Sie war ledig, durchsetzungsfähig, äußerst intelligent, sehr gutaussehend und wirkte immer glücklich und zufrieden; kurz, sie schien der Typ Frau zu sein, der den Neid von Leserinnen der Zeitschrift *Cosmopolitan* erregt.

Doch unter dieser Tünche des Erfolgs lebte eine andere Frau, die seit ihrer Kindheit von Migräne gepeinigt wurde und außerdem seit zehn Jahren mit Unterbrechungen an Dickdarmentzündung und Magen-Darm-Beschwerden litt. Zusätzlich zu ihrer Migräne quälten Michelle auch chronische Spannungskopfschmerzen. Sie scherzte darüber, daß die lange Reihe der Medikamente, die sie inzwischen gegen ihre Kopfschmerzen eingenommen hatte, sie zu einer pharmazeutischen Expertin in der Behandlung von Kopfweh gemacht hätten, und meinte, sie hätte „nahezu jede Medikamentenkombination ausprobiert, die je gegen Kopfschmerzen zusammengebraut wurde." Doch nichts half. Sie versuchte es über längere Zeit mit Psychotherapie und auch mit einem Kurs in Biofeedback. Michelle berichtete, daß sie aus der Psychotherapie einigen persönlichen Nutzen zog, aber ihre körperlichen Symptome milderten sich dadurch wenig. Das Biofeedback dagegen hatte überhaupt keine positive Wirkung.

Neben der umfangreichen Liste von körperlichen Symptomen hatte Michelle eine anscheinend endlose Serie stürmischer und unglücklicher Beziehungen zu Männern. Als sie ihren derzeitigen Partner zum erstenmal traf, glaubte sie, daß sich auf lange Sicht „die Angelegenheit ganz gut entwickeln" würde. Es gab nur ein wirkliches Problem in ihrer Beziehung: die feste Absicht ihres Partners, nie wieder zu heiraten, da er offenbar eine turbulente Ehe und eine schmerzliche Scheidung durchgemacht hatte.

Trotz gewisser Vorbehalte entschloß sich Michelle, mit diesem Mann zusammenzuleben, und wurde zu ihrer großen Überraschung schwanger — „ganz zufällig". Sie erzählte, daß „er durch die Schwangerschaft sehr verstört war und — obwohl er mir nicht die Schuld gab — außerstande, mich zu heiraten". Obgleich Michelle als gläubige Katholikin erzogen war, sah sie keine andere Möglichkeit als eine Schwangerschaftsunterbrechung. Nach diesem Erlebnis, das Michelle als „die schlimmste Erfahrung in meinem Leben" beschrieb, die für sie „absolut verheerend" gewesen sei, verlor sie „jegliches Interesse an Sex".

Im Verlauf der sechsten Therapiestunde hatte Michelle recht gelassen von verschiedenen Schwierigkeiten in ihrem Leben erzählt. Besonders ärgerte sie der Umstand, daß ihre Kanzlei die Entscheidung aufgeschoben hatte, sie zur Teilhaberin zu machen. Zwar wurden wirtschaftliche Gründe dafür angegeben, aber Michelle hatte das Gefühl, daß diese Entscheidung in erster Lnie auf ihrem Geschlecht beruhte. Sie behauptete, daß „anscheinend nur Männer in meiner Sozietät den Durchbruch schaffen. Sie würden selbst eine ‚Superfrau' heruntermachen." Doch trotz ihrer beruflichen Kämpfe waren Michelles Probleme in der Beziehung mit ihrer „besseren Hälfte" viel dringlicher. Michelle glaubte, die Beziehung drohe zu zerbrechen, weil sie kein Interesse mehr an Sex hatte. „Ich kann es nicht ertragen, daß er mich anfaßt, und mit mir ist nicht leicht auszukommen. Warum also sollte er bleiben?"

Seit Michelle in unsere Klinik gekommen war, hatte ihr Kreislauf von einer Woche zur nächsten stets erhebliche Schwankungen gezeigt. In einigen Wochen lag ihre Herzfrequenz im Mittel bei 100 Schlägen pro Minute und in anderen um 70 Schlägen pro Minute. Ähnlich war auch ihr Blutdruck gelegentlich normal, um 130 zu 65, und dann wieder fiel er bis auf 90 zu 50. Ihre Hände waren eiskalt, obwohl die Zimmertemperatur etwas höher als normal (auf 25_) gehalten wurde.

In dieser speziellen Sitzung hatte sie über die Verärgerung wegen ihrer Arbeit gesprochen und darüber, wie sie ihr

Leben aufgezogen hatte und ihre Beziehung zu Männern im allgemeinen. Unmittelbar bevor ihr Blutdruck absackte, hatte ich sie gefragt, ob sie sich einsam und verlassen fühlte. Ich verglich ihr Leben mit dem einer Person, die ganz allein in einem kleinen Boot auf See ist, umgeben von zehn Meter hohen Wellen, die sie jeden Moment kentern lassen könnten. Dann fragte ich: „Wie können Sie mit so kühlem Verstand über ihre Probleme sprechen? Wie können Sie so ruhig von ihrer Arbeit und ihrem Liebesleben reden, wenn sie mit einem kleinen Beiboot weit hinausgefahren sind, das auf dem stürmischen Ozean zu kentern droht?"

„Natürlich fühle ich mich verlassen!" schleuderte Michelle mir entgegen, die anscheinend zunächst einmal auf das Thema ihrer Einsamkeit und Verlassenheit fixiert war. Dies war das erste Mal, daß ich sie das Wort *fühlen* benutzen hörte. Sie ließ sich für einen Augenblick in ihren Sessel zurückfallen, doch sie gewann schnell ihre Fassung wieder. Gleich darauf füllten sich ihre Augen aber mit Tränen, und sie fügte hinzu: „Wie können Sie so ohne weiteres von Liebe reden? Sehen Sie nicht, daß ich das Wort nicht einmal aussprechen kann? Kein einziges Mal in meinem Leben habe ich meine Eltern dies Wort gebrauchen hören. Niemand hat mir je gesagt: ‚Ich liebe dich', und niemals in meinem Leben habe ich jemandem gesagt: ‚Ich liebe dich'." Dann hielt sie einen Augenblick inne und setzte mit kaum merklichem Schaudern hinzu: „Diese Abtreibung werde ich mir nie verzeihen können. Sie war die erschütterndste Erfahrung in meinem Leben. Gott! es war schrecklich! Genausogut könnte ich gleich sterben."

„Vielleicht versucht Ihr Körper gerade, das zu tun," sagte ich, als der Computer den plötzlichen Abfall ihres Blutdrucks von 123 zu 71 auf 91 zu 50 aufzeichnete.

„Komisch", sagte sie und achtete plötzlich auf ihren Körper, „meine Hände und Füße sind eiskalt, und mein Rücken und meine Unterarme sind klatschnaß vor Schweiß. Was für ein verrückter Körper!"

„Vielleicht ist dort all das Blut hingegangen, das eigentlich in ihre Hände und Füße fließen sollte", fuhr ich mit einem

353

Lächeln über meine eigene Metapher fort. „Vielleicht hat sich all Ihr Blut im innersten Kern Ihres Körpers angesammelt, und Sie haben einfach nicht genug Energie, es weiter in Ihre äußeren Gliedmaßen fließen zu lassen."

Im Zimmer wurde es für ein paar Minuten still, bis ich fragte: „Haben Sie gefühlt, wie Ihr Blutdruck gefallen ist?"

„Wollen Sie mich veralbern?" antwortete Michelle, als ihr Blutdruck langsam wieder auf normale Werte kletterte. „Ich weiß nicht einmal, was ein Gefühl ist!"

„Das genau ist das Problem", konterte ich und hoffte, ihr damit eine weitere Einsicht vermittelt zu haben. „Möglicherweise müssen sie ihre Gefühle erst *fühlen*, bevor sie sie kennen! Vielleicht spiegeln sich Ihre Gefühle in diesem dramatischen Blutdruckabfall."

Michelle lächelte und sah zugleich aus, als ob sie weinen wollte; statt dessen aber nahm sie die Schilderung der Auseinandersetzungen mit ihrem Freund wieder auf.

EINE ZWISCHENBILANZ

Diese klinischen Patientenbeschreibungen geben die außerordentlichen Veränderungen wieder, die sich während einer nach außen recht friedlich erscheinenden Unterhaltung vollziehen können. In keinem Fall wurden die Veränderungen von den Patienten bemerkt; und ohne die fortlaufende Computerüberwachung wären sie sicherlich auch von niemand anderem entdeckt worden. Auch wenn ein erfahrener Kliniker natürlich erahnen könnte, daß ein Patient etwas ängstlicher oder aufgeregter ist, bleibt doch die Tatsache bestehen, daß es keine Möglichkeit gab, das Ausmaß dieser plötzlichen Schwankungen von Blutdruck und Herzfrequenz vorauszusagen oder zu erraten. In bestimmten Fällen rief das besprochene Thema ziemlich offensichtlich starke Emotionen hervor, während es in anderen Fällen, beispielsweise bei Karl, viel weniger danach aussah als in vorhergehenden Gesprächen.

Stets lächelte der Patient oder wirkte sogar gefühlsmäßig ausgeglichen, wenn sein Blutdruck sich plötzlich veränderte.

Abgesehen davon, daß die Patienten ein bißchen schneller und angespannter sprachen oder unregelmäßig atmeten, gab es im allgemeinen überhaupt keine äußeren Anzeichen, die dem eigengesetzlichen Sturm entsprochen hätten, der im Inneren ihrer Körper tobte. Es schien, als habe das Bemühen, „wirklich" zu sprechen, körperliche Konsequenzen, die unter Umständen lebensbedrohlich waren.

Was auch immer die physiologischen Mechanismen sind, die zu diesen Veränderungen führen, Tatsache ist, daß diese plötzlichen Schwankungen zum einen oder anderen Zeitpunkt bei den meisten Patienten beobachtet werden können, die für Bluthochdruck oder Migräne anfällig sind. Doch damit soll keineswegs gesagt sein, daß sie in jeder Sitzung auftreten. Und die Richtungen dieser Veränderungen — plötzlicher Blutdruckanstieg bei hypertensiven Patienten und jähe Blutdruckabfälle bei Migränekranken — haben sich mit ausreichender Regelmäßigkeit gezeigt, um uns eine ursächliche Verknüpfung zwischen der Änderungsrichtung und der Art der Erkrankung vermuten zu lassen.

Dysautonomie ist der Begriff, der das Phänomen wohl am besten faßt: Das autonome Nervensystem des Patienten scheint plötzliche emotionale Stimmungsumschwünge überempfindlich zu registrieren und neigt deshalb zu sofortigen und heftigen, überschießenden Reaktionen.* Möglicherweise schütten diese Patienten unter Streß große Mengen von Katecholaminen aus, welche dann auf Strukturen einwirken, die bereits anfällig und reaktionsbereit sind.

---

* Außer „Dysautonomie" sind auch andere Begriffe gebraucht worden, um damit ähnliche Erscheinungen zu belegen. Vor etlichen Jahrzehnten benutzten die Kliniker den Begriff *neurozirkulatorische Asthenie,* um einen abnorm niedrigen Blutdruck bestimmter Patienten, gewöhnlich Frauen, zu beschreiben; eine Reihe von Ärzten schilderte diese Patientinnen als dünn und zerbrechlich. Das Hauptanzeichen der Asthenie war ein plötzlicher Blutdruckabfall, wenn ein Patient unter Streß geriet.[5] Wiederum wurde dieses Phänomen, beobachtet in einer Zeit vor den computergesteuerten Überwachungssystemen, im allgemeinen als ein Symptom für Depression und Anfälligkeit eingeordnet, aber nicht mit dem menschlichen Gespräch in Zusammenhang gebracht.

Einstweilen wissen wir noch nicht, ob vergleichbare Blutdruckerhöhungen und -senkungen auch bei gesunden Menschen auftreten oder bei Personen, die nicht zu diesen besonderen psychosomatischen Erkrankungen neigen. Die Untersuchung dieser Fragestellung würde ausgiebige und wiederholte Gespräche in einem emotionalen Milieu erfordern, das unserem therapeutischen Arrangement entspricht; und eine solche Situation wäre experimentell schwer nachzuahmen. Ich vermute jedoch, man muß bereits anfällig sein, damit Veränderungen dieses Ausmaßes auftreten.

Und diese Veränderungen werden von der Person, in deren Körper sie geschehen, nicht entdeckt. Wenn ich einmal über das hinausgehe, was wir bis jetzt empirisch bestätigen konnten, dann scheint es in der Tat so zu sein, daß eine Person, die zu solchen Reaktionen neigt, diese mit um so geringerer Wahrscheinlichkeit auch *empfindet,* je größer die Schwankungen sind — das heißt, je stärker sie gefühlsmäßig aufgewühlt ist. Dabei versteht sich natürlich von selbst, daß eine Person etwas spürt oder gar zusammenbricht (in Ohnmacht fällt, eine Herzattacke, einem schweren „Angst"-Anfall oder eine Migräne erleidet, bei der dem Betroffenen buchstäblich Hören und Sehen vergeht), sobald die Veränderungen bis zum Äußersten gehen, wie es bei Karl der Fall war, als er in einer akuten Hochdruckkrise schnellstens zur Notaufnahme ins Krankenhaus transportiert werden mußte.

Diese Unfähigkeit, innere Umstellungen wahrzunehmen, ist ein glänzendes Beispiel für etwas, das anscheinend zu den Hauptursachen von Alexithymie gehört. Dabei könnte gerade der Ausdruck *Alexithymie,* wie bereits in Kapitel 8 vermerkt, in Wirklichkeit unzutreffend sein.

Es geht nicht so sehr darum, daß diese Patienten „keine Worte für Gefühle haben"; vielmehr können sie die körperlichen Begleiterscheinungen ihrer eigenen Gefühle nicht empfinden. Nahezu jeder Patient, der am Computerbildschirm Zeuge dieser autonomen Stürme in seinem Körper wurde, äußerte aufrichtiges Erstaunen — wie Karl sagte: „Ich habe kein verdammtes Bißchen gespürt!"

Ungefühlte Gefühle

MENSCHLICHE EMOTIONEN ALS NERVENIMPULSE

Als Walter Cannon im Jahre 1929 sein Buch über die Physiologie der Emotionen schrieb, gab er darin ein verwirrendes Problem auf; und wir waren zunächst so naiv zu glauben, unsere Computeraufzeichnungen hätten dieses Rätsel endlich gelöst. Cannon sah sich mit einem merkwürdigen Paradoxon konfrontiert. Er hatte den Eindruck, daß es, einerlei wie eindeutig und überwältigend das physiologische Beweismaterial über den Einfluß der Emotionen auf den Körper auch wäre, einen tiefsitzenden Widerstand dagegen gäbe, dieses Wissen in der ärztlichen Praxis einzusetzen:

Obwohl Ärzte nicht selten Gelegenheit haben, Fälle von Funktionsstörungen zu sehen, die auf emotionale Ursachen zurückzuführen sind, haben sie eine Neigung, diesen Einfluß herunterzuspielen oder zu vernachlässigen oder sogar abzustreiten, daß es zum ärztlichen Dienst am Patienten gehört, sich mit solchen Problemen zu befassen. Soll der Patient doch zum Priester gehen, wenn er seelische Unterstützung und Trost braucht und eine Auflösung seiner inneren Ängste. Ein unter den Ärzten allzu weit verbreiteter Widerwille, die emotionalen Elemente einer Erkrankung ernsthaft in Betracht zu ziehen, ist vielleicht dem subtilen Einfluß zweier extrem entgegengesetzter Einstellungen und Disziplinen zuzuschreiben. Auf der einen Seite steht die prägende Wirkung der morphologischen Pathologie, der Untersuchung erkrankter Organe nach dem Tod. Die Strukturverformungen, die mit Änderungen der Funktion einhergehen, sind unter dem Mikroskop so überzeugend und durchgängig nachgewiesen worden, daß jeder Zustand, der keine eigene klare „Pathologie" aufweist, als nicht wirklich vorhanden oder von untergeordneter Bedeutung erscheint. Ängste, Sorgen, Wut und Groll hinterlassen keine deutlichen Spuren im Gehirn. Was also haben die Ärzte damit zu tun? Auf der anderen Seite: Diese mysteriösen und beherrschenden Gefühle, die aus unbekannten Quellen in uns aufsteigen — sind sie nicht reine Verwirrungen der „Psyche"? Wenn ja, was wiederum haben die Ärzte damit zu tun? Doch wenn die Ärzte eine solche Gleichgültigkeit zeigen: Ist es dann verwunderlich, daß sich Männer und Frauen, durch psychische Belastungen bedrängt, von ihnen abwenden und bei Gesundbetern und anderen Hilfe suchen, welche die Realität dieser beunruhigenden Zustände anerkennen?[6]

357

In den über fünfzig Jahren, seit Cannon diese Beobachtungen machte, hat sich kaum etwas verändert. Obwohl eigentlich jeder Arzt bereitwillig anerkennt, daß Streß und psychische Belastungen erheblich zu einem weiten Spektrum von Erkrankungen beitragen, wird dieses Wissen in der ärztlichen Praxis nur selten systematisch angewandt. Wir in der Klinik hatten den Verdacht, daß Cannon recht hatte: Wahrscheinlich bestand das Problem, weil Emotionen keine eindeutigen Spuren im Gehirn hinterlassen. Wir meinten, die Computer würden uns helfen, die physiologischen Entsprechungen von Emotionen auf einem Bildschirm wiederzugeben, und dann würden die Kliniker sie ernst nehmen. Arglos glaubten wir, niemand könne über einen 50-prozentigen Blutdruckanstieg hinweggehen, der auftrat, sobald ein Patient über seine Gefühle sprach. Und wir konnten die Aufzeichnungen im Computer speichern und wieder und wieder abspielen, so daß niemand ihren Wirklichkeitsgehalt bezweifeln würde.

Unser Optimismus wurde ferner dadurch genährt, daß wir in Cannons damaligen Bemühungen, das von ihm klar umschriebene Paradoxon aufzulösen, einen logischen Fehler entdeckten. Denn *wie* sollte man nach seinen Vorschlägen Ärzte und Patienten gleichermaßen dazu bringen, Emotionen ernst zu nehmen, weil sie den Körper beeinflussen? Was schlug er vor, um Ärzten die ernsthafte Beschäftigung mit Angst, Wut, Trauer, Einsamkeit oder Liebe nahezubringen, wenn diese Emotionen tatsächlich keine Spuren im Gehirn zurücklassen? Cannons Lösungsweg schien zwar bei oberflächlicher Betrachtung pragmatisch, sollte aber geradezu prophetisch den weiteren Gang der Entwicklung im zwanzigsten Jahrhundert vorwegnehmen. Cannon sprach sich dafür aus, den Gegenstand vom Standpunkt des Meßbaren aus anzugehen. So schrieb er: „Daher habe ich den physiologischen Standpunkt eingenommen und betrachte die Emotionen im Sinne von Nervenimpulsen."[7] Auf diese Weise könnten die Wissenschaftler seiner Meinung nach die neurophysiologischen Korrelate von „Emotionen" untersuchen und endlich die Spuren von Gefühlsregungen im Gehirn feststellen. Dann, wenn diese *Spuren* einmal gefunden wären, und nur dann, würden die Ärzte dieses Wissen in ihre medizinische Behandlung einbauen.

Sicherlich konnte Cannon nicht ahnen, daß die folgende Generation von Physiologen seinen Vorschlägen blind folgen und eine ausgefeilte Neurophysiologie der Emotionen entwickeln würde. Die Wissenschaftler begannen, bis ins feinste Detail verschiedene Hirnzentren und Nervenstränge aufzuspüren, die solche Organe wie das Herz beeinflussen. Während die Physiologen ihre Energien in diese Richtung lenkten, ließen unglücklicherweise die meisten von ihnen in ihren Untersuchungen jegliche Erörterung von „Emotionen" fallen und konzentrierten sich statt dessen ausschließlich auf Nervenbahnen. Nach und nach geriet die *raison d'être* von Cannons ursprünglichem Werk in Vergessenheit. Gegen Ende des zwanzigsten Jahrhunderts erscheinen gewichtige medizinische Lehrbücher über Themen wie Hypertonie, ohne daß Emotionen darin auch nur erwähnt werden, und das, obwohl komplizierte Hirnmechanismen und komplexe Nervennetze, die auf das Gefäßsystem wirken, bis ins letzte ermittelt worden sind. Es wurde eine hochverfeinerte Neurophysiologie entwickelt, die aber wenig zu einem besseren Verständnis menschlicher Gefühle beitrug. An anderer Stelle habe ich darauf hingewiesen, daß in den Jahren 1970 bis 1973 500.000 Forschungsberichte im *Index Medicus* aufgeführt wurden, einer Zeitschrift, welche die Titel und Inhaltsangaben der meisten, auf der ganzen Welt veröffentlichten medizinischen und biologischen Untersuchungen abdruckt; doch in diesem massiven Erguß medizinischer Forschung gab es nicht einen einzigen Artikel, der das Phänomen der Liebe oder den Mangel an Liebe mit dem Herzen in Zusammenhang brachte.[8]

Cannon wollte die Ärzte dazu bringen, Emotionen stärker zu beachten. Doch in höchst merkwürdiger Ironie des Schicksals wurden eben diese inneren Kräfte ausgerechnet durch den Lösungsweg, den Cannon vorgeschlagen hatte, um die Situation zu bereinigen, aus den medizinischen Studien ausgegrenzt — ganz entgegen den Absichten seines Urhebers.

Zwei schwierige Probleme, die zu Cannons Dilemma beigetragen hatten, entgingen fast zwei Jahrzehnte lang unserer Aufmerksamkeit. Das eine war die Unterscheidung zwischen Emotionen und Gefühlen; das andere betraf den Zusammenhang zwischen dem Sprechen und dem Mitteilen von menschlichen Gefühlen. Wir hatten die Bedeutung der Tatsache nicht hoch genug eingeschätzt, daß Cannon sich in seinem begrifflichen Denken auf ein theoretisches Modell stützte, das er von Charles Darwin übernommen hatte. Aufgrund dieses Modells lief Cannon in die gleiche konzeptuelle Falle, die es auch uns am Anfang schwer gemacht hatte, die grundlegende Wichtigkeit der Verbindungen zwischen der menschlichen Sprache und dem Herz-Kreislaufsystem vollständig zu begreifen. Wie Cannon hatten auch wir uns unkritisch an die Vorstellung angelehnt, daß die Tierphysiologie der menschlichen Physiologie ähnlich sei und daß man deshalb auf Tiere zurückgreifen könne, um menschliche Gefühle und streßbedingte Störungen der Physiologie zu verstehen.

Beispielsweise ist Cannons hervorragende Beweisführung, daß das autonome Nervensystem an der Steuerung des Kreislaufsystems beteiligt ist, fast vollständig an Tieren wie Katzen, Ratten und Hunden erarbeitet worden. Und die Mechanismen emotionaler Erregung bei Tieren ähneln denen der Menschen tatsächlich stark. Die neurophysiologischen Abläufe sind bei Menschen und Tieren sicherlich gleichartig. In diesem gedanklichen Kontext war es schwierig, die menschliche Sprache als etwas zu erkennen, das für das Verständnis von Emotionen entscheidend ist. Denn die Physiologie der Emotionen ist von Cannon und anderen Wissenschaftlern an Tieren erarbeitet worden, und Tiere sprechen eben nicht.

Doch wie ich in diesem Buch immer wieder betont habe, dämmerte uns ganz allmählich die Wichtigkeit der Verbindung zwischen Sprache, menschlicher Physiologie und menschlichen Emotionen. Nur die Menschen benutzen eine Sprache, die Worte wie *Liebe, Haß, Ärger, Eifersucht* und *Einsamkeit* umfaßt. Nur Menschen gebrauchen Worte, um Gefühle zu kennzeichnen, und nur Menschen verwenden Worte, um ihre Gefühle auszutauschen. Schließlich sahen wir ein, daß nur Menschen Gefühle unterscheiden können, weil nur Menschen eine soziale Membran miteinander teilen sowie die Fähigkeit zu sprechen. Redet man über vielfältige Gefühle bei Tieren oder beschreibt man sie, so ist das nichts als eine ausgiebige Übung in Anthropomorphismus; es bedeutet, daß man Tieren Merkmale zuschreibt, die allein dem Menschen zu eigen sind. Während ein Mensch einem Tier, mit dem er eine soziale Membran gemeinsam hat, eine gefühlsmäßige Bedeutung beimessen kann, ist dieser Vorgang nie umkehrbar; Tiere können nicht sprechen, und kein Tier kann einen Menschen die „Muttersprache" lehren. Tiere können Menschen nicht einladen, ihre Gefühlswelt mitzuerleben. Kein Hund könnte jemals einem Kind die Bedeutung von Liebe beibringen — oder den Gebrauch des Wortes *Liebe* —, wie liebevoll der Hund auch immer erscheinen mag; denn kein Hund kann einem Kind versichern, daß dessen Gefühlserlebnisse real sind. Nur Menschen erleben Gefühle bewußt und so, daß sie sprachlich miteinander geteilt werden können.

Diese Position unterscheidet sich radikal von der Hauptstoßrichtung der wissenschaftlichen Bemühungen des zwanzigsten Jahrhunderts zu diesem Thema. Die einschlägige Literatur ist zwar so umfangreich wie komplex, und jeder Versuch, sie auf einige allgemeine Aussagen zu reduzieren, läuft Gefahr, sie übermäßig zu vereinfachen; dennoch lassen sich gewisse Grundannahmen erkennen. Zunächst einmal haben nahezu alle Forscher Emotionen als Phänomene lokalisiert, die im Inneren des Körpers auftreten. Zweitens wurden Emotionen als Erscheinungen angesehen, die bei Menschen und höheren Tieren im wesentlichen gleichartig sind. Drittens ging man davon aus, das „Erleben" von Emotionen habe seinen Ursprung in irgendeinem übererregten Organsystem, das dann vom Gehirn oder Bewußtsein identifiziert werde — diese Vorstellung verdankt, wie wir in Kapitel 10 sehen werden, ihre Entstehung den theoretischen Schriften von René Descartes. Der Unterschied zwischen menschlichen Emotionen und menschlichen Gefühlen war nicht beachtet worden; ebenso war man darüber hinweggegangen, daß Gefühle gemeinsamem Erleben entspringen. Durch dieses Versäumnis wurden die Verknüpfungen zwischen menschlichen Beziehungen, menschlichen Gefühlen und körperlichen Funktionen verwischt. Genauer gesagt, ist wenig darauf geachtet worden, daß Sprache und menschliche Kommunikation etwas Grundlegendes für die emotionale Erfahrung und ein entscheidendes Verbindungsglied zu psychosomatischen Erkrankungen sind.

So hatte man allerdings nicht immer gedacht. Lange vor dem neunzehnten Jahrhundert, als Darwin mit seinen Theorien vordrang, war es weithin anerkannt gewesen, daß verschiedene körperliche Veränderungen normalerweise mit unterschiedlichen Gemütszuständen einhergehen. Weinen, Herzklopfen, Schwitzen, Muskelzuckungen, Zittern, Atemnot, Durchfall und so weiter wurden lange Zeit als Anzeichen emotionaler Erregung betrachtet. Shakespeare und andere Bühnenschriftsteller benutzten solche Anspielungen laufend, um dem Publikum vielfältige emotionale Konflikte vor Augen zu führen, und die Zuhörer verstanden ihre Bedeutung mühelos.

Die Vorstellung, daß Emotionen auch Gegenstand wissenschaftlicher Forschung sein könnten, wurde erstmals 1872 von Charles Darwin in seiner klassischen Arbeit *The Expression of Emotions in Man and Animals* (Der Ausdruck von Emotionen bei Menschen und Tieren)[9] aufgebracht. Dieses Buch, das unmittelbar nach seinem Hauptwerk über die Entstehung der Arten erschien, erwies sich als eine wesentliche Erweiterung seiner umstrittenen Behauptung, die Menschen hätten sich aus niederen Tieren entwickelt. Darwin versicherte, es gebe nichts qualitativ Einzigartiges am Menschen. Vielmehr sah Darwin den Unterschied zwischen Menschen und höheren Tieren, da er erst allmählich entstanden sei, als einen rein quantitativen. Seine Theorie spielte die Einzigartigkeit der menschlichen Sprache herunter, indem sie hervorhob, diese sei „lediglich" die Folge davon, daß sich beim Menschen ein etwas komplizierteres Nervensystem entwickelt habe als bei den Tieren. Darwins Theorie über den Ausdruck von Emotionen war von entscheidender Bedeutung, weil sie nicht nur voraussetzte, *daß die Menschen sich aus den Tieren entwickelt haben, sondern auch, daß der menschliche Ausdruck von Gefühlen dem der Tiere ähnelt.* Darwin glaubte, das Ausdrücken von Gefühlen sei eine nützliche Angewohnheit und als solche Gegenstand wissenschaftlicher Forschung. Seine starke Betonung des Wortes *Ausdruck* — wobei „Ausdruck" etwas Meßbares darstellte — bildet den Schlüssel zu Darwins gesamtem Denkansatz.

Darwins Buch über Emotionen war, obwohl das selten erkannt wurde, in vielerlei Hinsicht ungleich revolutionärer und provokativer als seine früheren Schriften über die Evolution. Es markierte den Beginn einer neuen Denkweise, durch die andere Wissenschaftler nach und nach die Auffassung übernahmen, daß Emotionen objektiv untersucht werden könnten. Da seine Abstammungslehre in der Genetik und Physiologie verankert war, war es unvermeidbar, daß das wissenschaftliche Studium des Ausdrucks von Emotionen auf ähnliche Art in einem sich entwickelnden Körper verfolgt wurde. Daher waren Cannons Untersuchungen und Schriften nur folgerichtig. Wie ich bereits sagte, machte es die Kombination der Evolutionstheorie mit Darwins Emotionskonzept nahezu unmöglich, die menschliche Sprache als etwas zu sehen, was auf einzigartige Weise mit den menschlichen Gefühlen verknüpft ist.

Darwins Buch löste eine Lawine wissenschaftlichen Interesses an Emotionen aus. Innerhalb eines Jahrzehnts hatten Forscher wie William James den fundamentalen Unterschied zwischen dem Ausdruck von Emotionen und emotionaler Erfahrung verwischt. Im Jahre 1890 stellte er die Frage: „Was ist Emotion?" und umriß anschließend eine völlig neue Antwort darauf. Er führte Darwins revolutionäre Ideen noch einen Schritt weiter und vertrat die Ansicht, das Erleben von Emotionen sei ein sekundäres Phänomen, das der Wahrnehmung körperlicher Erregungsanzeichen folgte. James nahm an, daß man Emotionen nur dann erlebe, wenn man fühle, wie die Herzfrequenz oder der Blutdruck steigen, oder wenn man andere körperliche Symptome spüre. Diese Sichtweise wird durch die Beschreibungen der Patienten in diesem Buch zumindest teilweise bestätigt. Ein Jahr, nachdem William James diesen Gedanken vorgetragen hatte, stellte ein zweiter Forscher, der dänische Arzt und Psychologe Carl Georg Lange (1834 bis 1900), eine ähnliche These auf, beschränkte aber den Ort der Erfahrung von Emotionen ausschließlich auf das Herz-Kreislaufsystem, das die entscheidenden Hinweisreize liefern sollte.[10] Die miteinander verschmolzenen Auffassungen dieser beiden Männer wurden später als die „James-Lange-Theorie der Emotionen" bekannt.

Die Hauptzüge dieser Theorie legte James folgendermaßen dar:

Der gesunde Menschenverstand sagt, daß wir unser Vermögen verlieren, deshalb traurig sind und weinen; wir treffen einen Bären, bekommen Angst und rennen weg; wir werden von einem Rivalen beleidigt, sind verärgert und schlagen zu. Die Hypothese, die hier verteidigt werden soll, besagt, daß diese Reihenfolge nicht richtig ist, daß ein geistig-seelischer Zustand nicht unmittelbar durch einen anderen hervorgerufen wird, sondern daß zunächst die körperlichen Manifestationen zwischengeschaltet werden müssen; *sie besagt, daß die Natur viel besser durch die Aussage abgebildet wird, daß wir uns traurig fühlen, weil wir weinen, ärgerlich, weil wir zuschlagen, und ängstlich, weil wir zittern ... daß die körperlichen Veränderungen direkt auf die Wahrnehmung des erregenden Umstandes folgen: und* was wir von eben diesen Veränderungen spüren, während sie auftreten, das sind die Emotionen. *Jede einzelne körperliche Umstellung, welche auch immer es sein mag, wird in dem Augenblick, in dem sie eintritt, gestochen scharf oder verschwommen gespürt.*[11] [Hervorhebungen hinzugefügt]

Als diese Theorie kurz vor dem Anfang des zwanzigsten Jahrhunderts veröffentlicht wurde, versetzte sie Psychologen und Physiologen gleichermaßen in Unruhe. Sie schien den Wissenschaftlern eine Methode zu bieten, mit der sie das Erleben von Emotionen untersuchen könnten — was in der Vergangenheit immer als der subjektive Aspekt der Emotionen angesehen worden war. Indem James behauptete, das Erleben von Emotionen breite sich gleichzeitig mit körperlichen Veränderungen aus, setzte er stillschweigend voraus, daß das Erleben mit den körperlichen Umstellungen identisch sei. Dadurch wurde der Unterschied zwischen dem spezifisch menschlichen Phänomen emotionaler Erfahrung und den objektiven Körperkorrelaten von Emotionen verwischt und anderen Wissenschaftlern der Weg geebnet, Emotionen auf nervliche Verschaltungen zu reduzieren, die bei Menschen und Tieren im wesentlichen übereinstimmen.

Es dauerte nicht lange, bis die Physiologen bestimmte Aspekte der James-Lange-Theorie angriffen, obwohl sie den Kernpunkt der These zugleich akzeptierten. Sie zweifelten den Ort des emotionalen Erlebens im Körper an, pflichteten aber James' Grundidee bei, daß *körperliche Veränderungen den Ursprung der Emotionen bildeten und stets mit diesen einhergingen.* Was diese Wissenschaftler in Frage stellten, war die Annahme, daß Emotionen durch Veränderungen in den Eingeweiden verursacht sein sollten. Während James vermutet hatte, daß eine hohe Herzschlagrate zu einem bestimmten Gefühlserlebnis führe, beharrten sie darauf, daß zunächst einmal eine emotionale Erregung im Gehirn das Herz zum Rasen bringe; deshalb ereigne sich das emotionale Erleben im Gehirn.

1927 erhob Walter Cannon Einwände gegen James' Theorie und behauptete, daß Emotionen durch Veränderungen im Gehirn ausgelöst würden.[12] Die klassischen Untersuchungen des hervorragenden Neurophysiologen Sir Charles Sherrington hatten Cannons Angriff den Weg bereitet. Sherrington durchtrennte im Jahre 1900 das Rückenmark und die Vagusnerven eines Hundes und unterbrach auf diese Weise jede Verbindung zwischen dem Gehirn und dem Eingeweide-Nervensystem (das heißt, zu Lunge, Milz, Magen und so weiter); doch der Hund zeigte auch weiterhin erkennbare Anzeichen emotionalen Verhaltens.[13] Derartiges Beweismaterial benutzte Cannon, um James' Auffassung zu widerlegen, daß Emotionen aufgrund vorausgegangener Veränderungen in den Eingeweiden „empfunden" würden; stattdessen schlug

Cannon eine „zentrale Theorie" der Emotionen vor (im Gegensatz zu James' peripherer Theorie).

Dr. Philip Bard, damals Professor für Neurophysiologie an der Johns-Hopkins-Universität, entwickelte Cannons Theorie noch einen Schritt weiter und vermutete, daß eine weitere Hirnregion, nämlich der Thalamus, für den Ausdruck emotionalen Verhaltens ebenfalls notwendig sei.[14] Er stützte seine Position, indem er nachwies, daß ein schwerer Erregungszustand, der in einer Katze durch Entfernung der Großhirnrinde ausgelöst wurde, dadurch beseitigt werden konnte, daß man anschließend den Thalamus heraustrennte. Daher wurde die Theorie, derzufolge Emotionen durch das Zentralnervensystem ausgelöst werden, die „Cannon-Bard-Theorie der Emotionen" genannt. Andere Forscher zogen die Beteiligung dieser Hirnregionen in Zweifel; sie glaubten, ein anderer Bereich des Gehirns — das limbische System — sei die Quelle des emotionalen Ausdrucks.

Beide, die James-Lange-Theorie und die Cannon-Bard-Theorie, haben ihre Befürworter gefunden und sind in der Zwischenzeit verfeinert worden; und trotz aller Einwände bleiben sie die beherrschenden Sichtweisen, an denen die Forschung auf diesem Gebiet sich orientiert.* Elemente beider Theorien sind in den Patientenbeschreibungen dieses Buches aufgetaucht. Beispielsweise habe ich mehrfach betont, daß Cannons Vorstellung von Kampf oder Flucht wesentlich zu unserer Konzeption der sozialen Membran beitrug sowie auch zu unserem Verständnis der Kreislaufreaktionen hypertensiver Patienten beim Sprechen. Ebenso trafen Elemente der James-Lange-Theorie auf die alexithymen Schwierigkeiten von vielen Patienten zu, die in diesem Buch beschrieben wurden. Computer-Feedback über die Kreislaufreaktionen der Patienten beim Sprechen wurde regelmäßig eingesetzt, um sie

---

* Wie ich in Kapitel 10 erörtern werde, sind sowohl die James-Lange-Theorie als auch die Cannon-Bard-Theorie lediglich hochentwickelte Ausformungen einer philosophischen Position, die bereits drei Jahrhunderte früher von René Descartes verkündet worden war.

mit Gefühlen in Kontakt zu bringen, die sie bisher nicht bemerkt hatten. Und ich habe hervorgehoben, daß sich Patienten ihrer Blutdruck- und Herzfrequenzerhöhungen bewußt sein müssen, um Veränderungen ihrer Emotionen bemerken zu können, wenn sie mit anderen Menschen sprechen.

Es steht hier nicht zur Diskussion, ob diese Theorien über die körperlichen Prozesse, die wahrscheinlich an emotionaler Erregung beteiligt sind, nützlich sind. Vielmehr soll die Frage gestellt werden, welche Grenzen diese physiologischen Theorien haben, wenn es darum geht, das subjektive menschliche Erleben von Emotionen zu begründen und zu erklären, welche Rolle die menschliche Kommunikation allgemein bei der Identifikation und Regulation solcher Erfahrungen spielt, wie es unterschiedliche Gefühle sind, Gefühle, die erkannt und über die Sprache mitgeteilt werden können. So ist etwa nachgewiesen worden, daß bestimmte Veränderungen des Herz-Kreislaufsystems speziell mit der menschlichen Sprache verbunden sind. Diese Dimension der emotionalen „Erregtheit" ist etwas einzigartig Menschliches und grundsätzlich anderes als die kunstvollen und raffinierten Experimente, die man sich ausdachte, um die zentralen und peripheren Korrelate der Erregung bei Tieren zu ermitteln.

Es ist ein Teil von Darwins Vermächtnis, daß Wissenschaftler bei der Suche nach den Mechanismen streßbedingter Krankheiten Tiere als Modelle verwendet haben. Sie hoffen zu erfahren, wie man psychosomatische Erkrankungen bei Tieren erzeugen kann, um daraus wirksame Mittel zur Heilung dieser Erkrankungen beim Menschen abzuleiten. Diese Sichtweise des Menschen als Maschine hält unsere Augen vor dem verschlossen, was klar auf der Hand liegt: Allem Anschein nach sind Menschen, und die Menschen allein, besonders anfällig für psychosomatische Erkrankungen.

Dies bedeutet nun nicht, daß ich der Meinung bin, man könne Tiere nicht durch Streß für bestimmte Körperstörungen anfällig machen, oder daß sie nicht gelegentlich an psychosomatischen Erkrankungen litten. Ich glaube aber, daß solche Erkrankungen relativ selten sind und meistens absichtlich in Laboratorien von Menschen hervorgerufen werden. Die Tierexperimente zeigen uns sicherlich, daß Manipulationen am autonomen Nervensystem bei Tieren Krankheiten verursachen können. Ebenso eindeutig sind menschliche Emotionen unauflösbar mit Aktivitäten des autonomen Nervensystems verbunden. Doch die Einzigartigkeit der menschlichen Sprache und ihre starke Verknüpfung mit dem autonomen Nervensystem kann im Tierversuch nicht reproduziert werden.

Cannons dringende Bitte, die Ärzte sollten die Rolle der menschlichen Emotionen bei körperlichen Erkrankungen ernst nehmen, zwang uns schließlich, wenigstens grundsätzlich zu erkennen, warum sein Rat unmöglich zu befolgen war. Teilweise besteht das Problem darin, daß menschliche Gefühle keine eindeutigen Spuren im Gehirn hinterlassen. Zunächst glaubten wir, es sei ein sinnvoller Ansatz, Cannon wörtlich zu nehmen und ein Computersystem zu entwickeln, um die *Entsprechungen der Emotionen im Gefäßsystem auf einem Bildschirm graphisch darzustellen.* Wenn man sehen konnte, wie der Blutdruck von Menschen in Unterhaltungen anstieg, dann, davon waren wir überzeugt, würden sich zu guter Letzt auch die Ärzte genötigt sehen, nicht nur Emotionen, sondern auch die menschliche Sprache ernst zu nehmen. Stattdessen deckte der Computerbildschirm jedoch einen elementaren Denkfehler im gesamten wissenschaftlichen Ansatz zur Erforschung menschlicher Emotionen auf, und wir mußten einsehen, daß Emotionen ihrem Wesen nach von zwischenmenschlichem Austausch abhängig sind. Sie bilden nicht nur — ausgelöst durch das Sprechen — ein Bindeglied zwischen Geist und Körper, sondern sie treten auch, was ungleich wichtiger ist *zwischen zwei oder mehr Menschen* auf. Diese Dimension menschlicher Gefühle *kann nur erfahren werden;* sie könnte niemals aufgezeichnet werden, auch mit keinem noch so ausgefeilten Computersystem. Tatsächlich ist weder eine Maschine noch ein Computer in der Lage, mitgeteilte Erfahrungen über menschliche Gefühle zu erfassen oder weiterzugeben, die wir Menschen, und wir allein, mit Worten beschreiben.

DIE SOZIALE MEMBRAN, EMOTIONEN UND MENSCHLICHE GEFÜHLE

Wie wir im letzten Kapitel festgestellt haben, liegt die Grunderfahrung beim Erröten darin, daß es während menschlicher Begegnungen auftritt. Und es kommt sehr viel stärker darauf an, daß die Person, die der Anlaß für das Erröten eines anderen gewesen ist, dies erkennt, anerkennt und darauf reagiert, als daß der Errötende imstande ist, die Blutgefäße seines Gesichts unter Kontrolle zu halten. Es sind also die anderen Menschen, die einem einzelnen erklären, was es „bedeutet" zu erröten: „Oh, du bist gerade rot geworden. Du mußt verlegen sein." „Ich — und verlegen? Du willst mich wohl auf den Arm nehmen!" „Nun gut, vielleicht bist du nicht verlegen. Aber eins ist sicher: Du siehst so aus, als wäre dir unbehaglich zumute."

Dieser Reflex ist dem Menschen eigentümlich. Nur die Menschen verleugnen ihre Gefühle, vor allem, wenn diese Gefühle für nachteilig gehalten werden. Die Antwort darauf ist eben dies — ein Reflex. Bloß wenige Menschen entscheiden sich freiwillig dafür, ihre emotionale Verletzbarkeit anderen mitzuteilen. Instinktiv versuchen wir, unsere „Schwäche", unser Unbehagen, unsere Ängste zu verbergen und auch die Seiten unserer Persönlichkeit zu verstecken, die uns unsere Verletzlichkeit vor Augen führen. Wir verheimlichen solche Gefühle nicht nur vor anderen, sondern ebenso vor uns selbst. Nicht „Ich" — mein bewußtes Ich — gibt zuerst zu, daß ich verlegen bin. Es ist mein Gesicht, das mich verrät; und ein anderer Mensch sagt mir, was das bedeutet. Wenn mein Körper mir die Wahl ließe, würde ich mich bestimmt nicht auf eine solche Weise bloßstellen lassen.

Dieses menschliche Problem bringt uns auf den Kernpunkt dieses Kapitels und auf eine der Hauptaussagen dieses Buches. Tatsache ist, daß andere Menschen absolut unerläßlich sind, um uns zwei entscheidende Dinge zu lehren. Erstens sind andere Personen nötig, um uns daran zu erinnern, *daß* wir fühlen. Zweitens sind wir auf andere angewiesen, damit sie uns beibringen, *wie* wir fühlen und *was* wir fühlen. Menschen brauchen hinsichtlich ihrer Gefühle eine ebenso beständige Erziehung und gediegene Bildung wie in jedem anderen Bereich. Probleme menschlichen Empfindens werfen grundlegende Fragen über das tiefere Wesen des menschlichen Körpers auf. Tatsächlich verläuft der Prozeß des Lernens über Gefühle naturgemäß — und das bedeutet, biologisch — zwischenmenschlich. Niemand kann in einem sozialen Vakuum Gefühle haben oder etwas über sie lernen. Ebensowenig kann man seine Gefühle spüren, ohne daß unser lebendiges Fleisch und Blut einbezogen sind. Die in diesem Buch beschriebenen Kreislaufveränderungen bei Menschen und ihre enge Verknüpfung mit menschlichen Gefühlen führen zu dem zwingenden Schluß, daß die Mitteilung menschlicher Gefühle den menschlichen Körper in einen Prozeß verwickelt, der weit über alles hinausgeht, was mit Hilfe des cartesianischen Paradigmas einer gut geölten Maschine erfaßt werden kann.

Auf den ersten Blick scheinen andere Personen in die körperlichen Empfindungen eines Menschen nicht grundsätzlich verstrickt zu sein. Tatsächlich nehmen die meisten Menschen ihre Gefühle als selbstverständlich hin. Sie glauben, daß menschliche Emotionen aus dem Inneren hervorquellen und daß man ganz von selbst Zugang zu diesem vulkanischen Teil seiner Natur hat. Im Gegensatz zu ihrer Einstellung gegenüber dem Denken sind die meisten Menschen der Ansicht, daß sie für ihre Gefühle wenig oder gar keine Schulung brauchen, sondern sich ihrer automatisch bewußt sind und von Natur aus auch über die kleinsten Gefühlsregungen Bescheid wissen. Manche Leute huldigen sogar der noch weitergehenden Überzeugung, Gefühle seien ein amorphes und primitivtierisches, sentimentales Zeug, das wir mit unseren vierbeinigen Vettern gemeinsam hätten: eine, zwei oder drei Arten von Empfindungen, die eigentlich eher eine Last als eine Hilfe seien; ein System, das in erster Linie dazu gut sei, das menschliche Denken durcheinander zu bringen. Wieder andere halten Vernunft und Gefühl für Gegensätze, für zwei Seiten der menschlichen Natur, die einen immerwährenden Krieg gegeneinander führten. Das Tier im Menschen gegen den Mensch im Menschen. Schließlich halten auch einige an dem Urteil fest, daß Gefühle ein Merkmal wilder Tiere seien, automatenähnliche Empfindungen, die überwunden und kontrolliert werden müßten.

Obwohl wir für den Umgang mit unseren Gefühlen genausoviel Schulung benötigen wie für die kompliziertesten, rationalen Gedanken, sind die Gelegenheiten für eine solche Bildung in unserer modernen Gesellschaft äußerst rar. Die Schulsysteme haben, wie ich bereits sagte, im Grunde all ihre Bemühungen darauf abgestellt, den Schülern objektive Fakten und rationales Denken beizubringen. 12, 16 oder 20 Jahre lang lernen Schüler und Studenten „objektive" Tatsachen, während offiziell eigentlich keine Anstrengungen unternommen werden, sie über menschliche Gefühle zu unterrichten.* Mathematik und Physik hält man für hochkomplexe Unterrichtsfächer, die sehr viel Übung und eine rigide Disziplinierung der geistigen Fähigkeiten des Lernenden erfordern. Auf der anderen Seite werden menschliche Gefühle, beispielsweise die Liebe, als selbstverständlich hingenommen. Keine Schu-

---

* Für viele Schüler und Studenten können die Ausbildungsstätten zu einem Exerzierplatz werden, auf dem sie nicht beigebracht bekommen, ihre Gefühle zu verstehen, sondern vielmehr darin geschult werden, wie man sie beherrscht. Für diejenigen, die bereits von ihren Anlagen her besonders unsensibel für ihre eigenen Gefühle sind und die in ihrem späteren Leben zu ernstlichen psychosomatischen Erkrankungen neigen werden, dienen die gesamten Erfahrungen der Schulzeit nur der Verschlimmerung ihrer Schwierigkeiten. Gefühle werden als eine irrationale Macht angesehen, als eine dunkle Seite der menschlichen Natur, die unter Kontrolle gebracht werden muß. Die akademische Lehre besagt, daß man seine Gefühle, wenn man sie schon nicht kontrollieren kann, doch wenigstens verbergen sollte. Da solche Einstellungen und Doktrinen oft mit ähnlichen Überzeugungen auf seiten der Eltern zusammentreffen und sie verstärken, schneiden psychosomatisch vorbelastete Menschen in der Schule oft gut ab. Seine eigenen Gefühle nicht zu spüren und vorgegebenen Strukturen und Regeln zwanghaft zu folgen, das ist genau das Verhalten, mit dem man für Erfolge in objektiven Tests gut gerüstet ist. Es ermöglicht, daß man endlose Stunden damit verbringt, unbedeutende Einzelheiten aus irgendwelchen Büchern zu lernen, während man gleichzeitig seine Beklemmung und seinen Ärger darüber verleugnet, daß man soviel Zeit im Wettbewerb gegen Mitstudenten verbringen muß.

lung, keine Übung, keine Sensibilisierung für diese menschlichen Gefühle — außer natürlich zum Zwecke ihrer rationalen Erörterung.

Die von der Computertechnologie zutage geförderte Welt der Gefühle und die durch sie entdeckte Sprache des Herzens führten unweigerlich zu der Erkenntnis, daß das Problem menschlicher Gefühle nicht nur zwischen dem Bewußtsein und dem Körper eines Menschen existiert. Vielmehr besteht das Problem ebenso *zwischen* den Menschen. Menschliche Gefühle treten *zwischen* Menschen genauso auf wie innerhalb einzelner Körper.

Deshalb setzen in unserer Forschungsklinik meine Kollegen und ich bei unserer Arbeit voraus, daß die emotionale Bedeutung verschiedener körperlicher Veränderungen dem einzelnen erst durch andere Menschen beigebracht werden muß. Diese Voraussetzung ist die Basis unseres ungewöhnlichen Behandlungsansatzes, mit dem wir die Patienten in die Lage versetzen, verschiedene Änderungen in ihrem Herz-Kreislaufsystem, die sie bisher nicht bemerkt hatten, zu empfinden und zu deuten. In diesem Kapitel werde ich unsere Grundannahme zu ihrem logischen Schluß bringen, indem ich eine neue These vorlege. Diese gründet auf der Überzeugung, daß es einen fundamentalen Unterschied zwischen Emotionen und Gefühlen gibt, der entscheidend für das Verständnis der Einzigartigkeit des menschlichen Körpers ist. In die These geht als weitere Behauptung mit ein, daß Emotionen zwar Menschen und Tieren gemeinsam sind, aber nur die Menschen die Fähigkeit haben, ihre Gefühle mitzuteilen. (Wenngleich die Begriffe *Emotion* und *Gefühl* heutzutage oft synonym gebraucht werden, wurde jahrhundertelang zwischen Emotionen und Gefühlen getrennt; doch dieser Unterschied ist im siebzehnten Jahrhundert weitgehend verwischt worden.

In Kapitel 10 werde ich untersuchen, wie es dazu kam, und erklären, welch tiefgreifenden Einfluß diese Verschleierung auf die heutige Wahrnehmung des menschlichen Körpers und auf unser Verständnis des menschlichen Gefühlslebens hatte.)

Darüber hinaus geht es nicht nur darum, daß Gefühle dem einzelnen durch andere Menschen beigebracht werden müssen, sondern auch darum, daß dieser Lernprozeß ganz entscheidend durch diejenigen beinflußt wird, die ein Kind zuerst das Sprechen lehren oder — was die Sache vielleicht genauer trifft — die das Kind als erste lehren, die „Muttersprache" zu sprechen. Das Erkennen körperlicher Veränderungen, ob sie nun als Emotionen oder als Gefühle zu werten sind, ist, wie wir sehen werden, aufs engste mit dem Erlernen der Sprache verbunden. Im Zentrum dieses Lernens steht die soziale Membran, an der zum erstenmal durch das einzigartige Teilen und Mitteilen körperlicher Empfindungen zwischen „Lehrer" und „Schüler" — also zwischen Eltern und Kind — die Bedeutung menschlicher Gefühle erfahren und vermittelt wird. An eben dieser Berührungsebene entstehen auch die Probleme, die einen starken Einfluß auf die spätere Fähigkeit eines Menschen haben, seine Gefühle zu erkennen und sie mit anderen zu teilen. Eltern, die an Erkrankungen leiden, wie sie in diesem Buch beschrieben wurden, stehen vor etlichen Schwierigkeiten. Zunächst einmal können sie, weil sie ihren eigenen Körper nicht spüren, ihre emotionalen Erfahrungen nicht mit dem Kind teilen. Da sie unfähig sind, körperliche Veränderungen in sich selbst auszumachen, sind diese Eltern außerdem nicht in der Lage, vergleichbare Veränderungen bei ihren Kindern wahrzunehmen. Die Eltern sind außerstande, die emotionalen Erfahrungen ihrer eigenen Nachkommen als „wirklich" zu bestätigen und zu bekräftigen, und sie sind ebensowenig imstande, diese Veränderungen mit den jeweils passenden Begriffen für Gefühle in Zusammenhang zu bringen. Auf diese Weise wird die defekte soziale Membran von den Eltern auf das Kind übertragen, das es wiederum an die nächste Generation weitergibt.

Wie alle anderen Wörter müssen auch diejenigen, die menschliche Gefühle bezeichnen — beispielsweise *Liebe, Haß, Eifersucht, Neid, Wut, Verdruß, Zufriedenheit* und *Zuneigung* — einem Kind beigebracht werden. Das Kind erfindet diese Worte nicht. Doch im Gegensatz zu Worten wie *Ball, Tasse* oder *Baum,* die sich auf Objekte in der Außenwelt beziehen, verweisen Ausdrücke für menschliche Gefühle auf Erfahrungen, die letztlich im Inneren des Körpers eines Menschen verankert sind. Bei einem Wort wie *Tasse* können Mutter und Kind beide auf ein Objekt außerhalb ihrer Selbst zeigen und sich auf seine gängige Bedeutung einigen. Obwohl äußerliche Objekte ein körperliches Gefühl auslösen können, *ist* kein äußerer Bezugspunkt dieses Gefühl. Worte wie *Liebe* oder *Haß* beschreiben *körperliche Empfindungen.* Deshalb hängt ein genaues Verständnis der Bedeutung dieser Begriffe von einer gemeinschaftlichen Gültigkeitserklärung ab, die sich stark von dem Prozeß unterscheidet, der für das Erlernen von Objektbedeutungen in der Außenwelt erforderlich ist. Mutter und Kind teilen miteinander sowohl die Bedeutung von Ausdrücken für Gefühle als auch gleichartige körperliche Erfahrungen mittels ihrer gemeinsamen sozialen Membran. Dieser Tatbestand schafft aber zugleich das Potential für schwerwiegende Kommunikationsprobleme. Wenn einem Menschen auch Worte wie *Liebe* und *Haß* beigebracht werden, müssen diese Worte nicht notwendigerweise in körperlichen Empfindungen verankert werden; so kann die „Bedeutung" solcher Begriffe, wenn man sie in der Kommunikation mit anderen gebraucht, ganz anders sein, als sie von diesen anderen aufgefaßt wird. Ähnliche Schwierigkeiten treten auf, wenn eine vollständig farbenblinde Person Worte wie *rot, grün, gelb* oder *blau* benutzt. Obwohl man weiß, daß es diese Worte gibt, hat man nie erfahren, welche Farben andere Leute „meinen", wenn sie dieselben Begriffe verwenden.

Kommt beispielsweise ein Kind mit einem aufgeschlagenen und zerschundenen Knie weinend zur Mutter, dann tröstet die Mutter normalerweise ihr Kind nicht nur und küßt vielleicht das Knie, um „es wieder gut zu machen", sondern, was viel wichtiger ist, sie bestätigt dem Kind auch seine Erfahrung von Schmerzen und Unwohlsein als real. Nur, weil sie ebenfalls weiß und spürt, wie es ist, verletzt zu sein, erklärt sie die Feststellung des Kindes „Ich habe mir wehgetan" für gültig. Obwohl das zunächst einleuchtend klingt, neigen die Menschen heute eher zu der Ansicht, Gefühle seien keine Phänomene, die körperlichen Empfindungen entspringen, sondern sie gingen vom Gemüt aus und seien deshalb eher Manifestationen einer psychischen als einer körperlichen Wirklichkeit.

Diese Unterscheidung ist, wie wir sehen werden, mehr als abstrakte philosophische Haarspalterei. Denn viele körperliche Erfahrungen des Kindes, die weniger offensichtlich sind als ein angeschlagenes und schmerzendes Knie, werden vielleicht von den Eltern nicht in ähnlicher Weise bestätigt und erscheinen deshalb dem Kind möglicherweise weniger real. Auch menschliche Erlebnisse wie Angst, Furcht, Ärger, Liebe oder ein Mangel an Liebe können der Mutter oder dem Vater vom Kind entgegengebracht werden; und die emotionale Realität dieser Gefühle — das heißt, ihre körperlichen Entsprechungen — kann von den Eltern gleichermaßen erkannt werden oder nicht und folglich als real bestätigt werden oder nicht. Eine derartige Bestätigung muß sich im Gespräch ereignen; geschieht das nicht, wird das Kind keine Hoffnungen mehr in die Kommunikation setzen und abgespalten von seinem Körper aufwachsen. Viele solcher Kinder erscheinen Jahrzehnte später als Erwachsene in unserer Klinik und hausen dann in einem Körper, in dem sie nicht mehr „leben" und den sie nicht mehr fühlen, weil ihnen niemals jemand die Wirklichkeit ihres Gefühlslebens bestätigt hat.*

---

* Wie wir im letzten Kapitel sehen werden, ist die Fähigkeit, seine eigenen Gefühle wahrnehmen zu können, eine Angelegenheit, die weit über die Beziehung zwischen Eltern und Kind hinausreicht. Sie führt uns auf die Spur eines zentralen Problems, das in der Psychotherapie ebenfalls häufig auftaucht. Wie alexithyme Eltern können auch Psychotherapeuten ernstlich in ihrer Fähigkeit eingeschränkt sein, ihre eigenen körperlichen Emotionen zu entdecken; und daher sind sie möglicherweise nicht in der Lage, die Gefühle des Patienten mitzuempfinden. Therapeuten können rational über Gefühlsprobleme sprechen und trotzdem emotional kommunikationsunfähig sein. Die Therapie selbst kann im Sumpf einer rationalen Diskussion von Emotionen versinken, die auf seiten des Therapeuten wie des Patienten ohne Gefühle abläuft.

Diese These über den körperlichen Ursprung menschlicher Gefühle bildet den Kern unseres Therapieansatzes. Genau wie die Mutter das wirkliche Vorhandensein einer Emotion im Bewußtsein eines Kindes rechtfertigt, indem sie die körperliche Wirklichkeit dieses Kindes erkennt und anerkennt, so handeln auch wir in unserer Therapie, um den Patienten über körperliche Realitäten ins Bild zu setzen, die er lange nicht beachtet hat. Dadurch bestätigen wir die Wirklichkeit dieser zwischenmenschlichen Gefühlserlebnisse. Obwohl eine solche Schulung der Emotionen auf den ersten Blick einfach und elementar erscheinen mag, läßt sie den Patienten bestimmte einzigartige Eigenschaften des menschlichen Gesprächs, des menschlichen Körpers und menschlicher Gefühle erkennen, die lange Zeit im Dunkel lagen. Ferner vermittelt sie die Einsicht, welch tiefgreifende Konsequenzen für ein Kind die Lernerfahrung hat, zu kommunizieren, seine „Muttersprache" zu sprechen. Neben der Bestätigung emotionaler Erlebnisse beginnen der Vater oder die Mutter, dem Kind verschiedene Worte beizubringen, um vielfältige körperliche Empfindungen zu unterscheiden — etwa *verletzt, einsam, liebevoll, traurig, glücklich.* Jedes Wort, das dem Kind auf diese Weise weitergegeben und in einem besonderen Körpergefühl verankert wird, bildet so die Basis, auf der das Kind die Fähigkeit aufbaut, seine Gefühle anderen mitzuteilen. Ohne die Rückversicherung und Unterweisung der Eltern verlieren bestimmte Gefühle für das Kind ihre Daseinsberechtigung; sie werden zu Unbekannten in der Welt, in der das Kind leben und aufwachsen muß.

DER SOZIALE MUTTERLEIB

Etliche Jahrzehnte vor unseren Beobachtungen zu den Bindegliedern zwischen menschlicher Kommunikation und dem Kreislaufsystem sowie unseren Spekulationen über die Existenz einer sozialen Membran beschrieb der Schweizer Zoologe Adolf Portmann ein Phänomen, das er den „sozialen Uterus"[15] nannte. Portmann vertrat nachdrücklich die Ansicht, der Mensch befinde sich bei seiner Geburt noch in einem embryonalen und unfertigen Entwicklungsstadium, weshalb er anschließend in einen sozialen Mutterleib eingebettet werden müsse. Portmann maß diesem Entwicklungs- oder Übergangsstadium größte biologische Bedeutung zu. Er glaubte, daß der Mensch bei seiner Geburt biologisch noch absolut unvollständig sei — eine „physiologische Frühgeburt" — und daß während der ersten zehn Lebensmonate der soziale Uterus die Entwicklung zweier artspezifischer Merkmale förderte, die es dem Kind erlaubten, schließlich ein Mensch zu werden — nämlich die Fähigkeiten zu sprechen und zu gehen.

Portmann war fest überzeugt, daß ein anderer Mensch unbedingt erforderlich sei, damit ein Kind sprechen lerne, und daß diese Funktion Teil einer wesensgerechten biologischen Entwicklung sei, die dem einzelnen den Weg bereite, ein *bestimmter* Mensch mit spezifischen Kennzeichen zu werden (beispielsweise ein Japaner, Deutscher, Engländer, Buddhist, Katholik oder Jude). Portmann meinte, dieses Attribut menschlicher Einzigartigkeit müsse dem Kind durch andere Menschen, normalerweise von den Eltern, beigebracht werden; diese Auffassung stützte er auf zahlreiche Beobachtungen der vergleichenden Verhaltensforschung. Solch eine Unterweisung in der Sprache umfaßt ein fein abgestimmtes Wechselspiel zwischen der physiologischen Entfaltung und denjenigen Menschen, die das Kind in ihren sozialen Mutterleib einhüllen. Besonders radikal ist Portmanns Überzeugung, daß die physiologische und die psychisch-intellektuelle (einschließlich der geistig-spirituellen) Entwicklung des Individuums wechselseitig voneinander abhingen und daß es zur Verwirklichung beider anderer Menschen bedürfe. Keine dieser beiden Entwicklungen sei möglich ohne die andere, und jede vollziehe sich gemäß den Fortschritten der anderen.

Portmann zog den Schluß, daß der soziale Uterus Bestandteil der biologischen Voraussetzungen sei, die das Erlernen von Sprache ermöglichten, und daß er insofern gerade die Entwicklung fördere, die den Menschen von allen anderen Tieren unterscheide. Seine Theorie brachte uns dahin, die soziale Membran ähnlich zu betrachten und viel mehr in ihr zu sehen als einen passiven Kommunikationstrakt zwischen den Menschen. Wir begannen nicht nur zu begrüßen , daß die menschliche Sprache mit dem Herz-Kreislaufsystem und der sozialen Membran verbunden ist, sondern auch, daß der gesamte Prozeß zutiefst und allein den Menschen auszeichnet. Wir erkannten, daß die Sprache im Leben des Erwachsenen eine Funktion erfüllt, die der Funktion des sozialen Mutterschoßes für das Kind gleichzusetzen ist: Beide begünstigen eine Biologie und ein Gefühlsleben, die einzigartig menschlich sind. Portmann entdeckte nicht bloß, daß der soziale Uterus unerläßlich ist, damit ein Mensch sprechen lernt; er zeigte auch, daß es einen anderen Menschen geben muß, der das Kind lehrt, wie man spricht. Damit vergleichbar erkannten wir allmählich, daß die soziale Membran unbedingt vorhanden sein muß, damit ein Kind die erlebnishafte Bedeutung verschiedener körperlicher Regungen erlernt und sich zugleich die Bedeutung unterschiedlicher Begriffe einprägt, die für die Beschreibung solcher Emotionen benutzt werden.

Im vorausgegangenen Kapitel habe ich das Phänomen des menschlichen Errötens als Beispiel für eine von Natur aus interaktive Körperreaktion angeführt. Ich habe betont, daß die emotionale Bedeutung des Errötens dem einzelnen anfangs durch andere Menschen beigebracht werden muß und daß zu einer solchen „Erziehung" oft eine emotionale — das heißt, körperliche — Beteiligung in den Reaktionen desjenigen gehört, der das Erröten beobachtet. In diesem Sinn ist der gesamte Vorgang als ein Prozeß zwischenmenschlichen Austausches anzusehen: eine Körperreaktion, der durch einen anderen Bedeutung verliehen wird, auf die der zweite wiederum antwortet. So erlangen körperliche Reaktionen eine einzigartige emotionale Bedeutung, weil sie in Gegenwart anderer Menschen auftreten. Mensch zu sein, heißt, durch einen Körper zu leben, der ohne andere Menschen biologisch unvollständig ist und der auch in seiner emotionalen — mithin menschlichen — Entwicklung und Sinnhaftigkeit gänzlich von anderen abhängig ist.

Als der Computerbildschirm erstmals die erheblichen Blutdruckschwankungen offenbarte, die durch das Sprechen einer Person entstehen, verstand ich diese Reaktion als eine Form des menschlichen Errötens. Doch wie mir ein Patient nach dem anderen klarmachte, können Computeraufzeichnungen des Blutdrucks nicht alles übermitteln, was das Erröten beinhaltet. Denn Blutdruckwerte und Herzfrequenzdaten sind nicht ganz dasselbe wie Worte oder auch das Erröten. Sie repräsentieren Mitteilungen, die irgendwo dazwischen liegen; wenn man so will, bilden sie eine Brücke zwischen der Welt des Rationalen — der Welt der Gedanken und abstrakten Begriffe — und dem Reich der menschlichen Gefühle — also jenen menschlichen Phänomenen, die eher erfahren als durch Denken erfaßt werden.

Die zutiefst menschliche Seite des Errötens besteht darin, daß es erlebt oder empfunden, nicht darin, daß es rational analysiert wird.

Im Gegensatz dazu kann man Meßgrößen des Kreislaufs, die jede Minute auf einem Computerbildschirm aufleuchten, während eine Person spricht, als genau das nehmen, was sie sind, bloße Zahlen. Das Problem dabei ist, daß wir auf Zahlen — sogar auf Zahlen, die uns etwas über den menschlichen Körper sagen — reflexhaft eher rational reagieren, als daß wir sie erleben. Infolgedessen können Patienten wie Therapeuten auf Blutdruck-, Herzfrequenz- und Hauttemperaturmeßwerte in einer Weise eingehen, die all die Gefühle, welche diese Zahlen symbolisieren, eher auslöschen als verstärken. Zweifellos ließe sich auch menschliches Erröten ähnlich quantifizieren, indem man digital anzeigt, um wieviel Millimeter die Durchblutung im Gesicht einer Person ansteigt, während sie immer verlegener wird — doch diese Millimeter bedeuten für den Errötenden und den Therapeuten wahrscheinlich etwas ganz anderes als die Erfahrung, daß das Gesicht eines Menschen während einer Unterhaltung knallrot anläuft.

Auf Computeranzeigen von Blutdruck und Herzfrequenz kann man derart rational reagieren, daß die Krankheit, die den Patienten quält, sogar noch verschärft wird. „Reagiert jeder so?" Diese Verstandesfrage stellen fast alle Patienten, wenn sie die Aufzeichnungen ihrer Körperreaktionen zum erstenmal auf dem Bildschirm des Computers sehen. Sie ist ein Versuch, der Wirklichkeit der eigenen Gefühle auszuweichen. Niemand, der errötet, könnte eine ähnliche Frage stellen. Denn die statistische Überprüfung der Häufigkeit von Erröten in der Gesamtbevölkerung ist völlig bedeutungslos im Vergleich zu dem Erlebnis, „mit heruntergelassenen Hosen" erwischt zu werden! Es ist ein himmelweiter Unterschied, ob man ein Buch über Verlegenheit liest und vielleicht sogar zugibt, daß einem etwas peinlich ist, oder ob man spürt, wie das eigene Gesicht vor Verlegenheit in leuchtendem Orange-rot erstrahlt. Rationales Nachvollziehen oder Analysieren von menschlichen Emotionen und das tiefe Erleben von Gefühlen sind zwei grundverschiedene Arten, einen Menschen zu verstehen.

So können entweder der Therapeut oder der Patient — oder beide — streng verstandesmäßig auf diese körperlichen Veränderungen reagieren und sich im weiteren Verlauf der Therapie zu dem Glauben verleiten lassen, sie hätten die Botschaft des Körpers völlig „verstanden". (Die Leser dieses Buches unterliegen dieser Tendenz gleichfalls, denn eine rationale Darstellungsweise ist die einzige Möglichkeit, die zentralen Aussagen und die Daten dieses Buches zu übermitteln.) Eine derart verstandesorientierte Reaktionsweise führt innerhalb des therapeutischen Ansatzes, den meine Kollegen und ich entwickelt haben, zu ganz besonderen Problemen. Was empfindet der Therapeut — oder was sollte er empfinden —, wenn der Computerbildschirm ihm enthüllt, wie sehr ein Patient leidet? Was ist es für ein Gefühl, wenn jemand als Therapeut einem Menschen gegenübersitzt, der ruhig, friedlich und vernünftig wirkt, während gleichzeitig der Computer anzeigt, daß der Körper des Patienten immer näher an einen Herzinfarkt oder Schlaganfall heranrückt? Dies ist eine höchst beunruhigende Frage, und die Antwort hängt teilweise von der Fähigkeit des Therapeuten ab, seine eigenen Gefühle zu spüren. In einem früheren Kapitel habe ich von Ärzten, Schwestern und sogar Psychiatern berichtet, die — obwohl sie intellektuell brillant und kompetent waren — ihre eigenen Gefühle nicht wahrnehmen konnten. Doch um die Körpersignale eines Patienten zu entschlüsseln — das heißt, um einem Patienten die emotionale Bedeutung vielfältiger körperlicher Veränderungen nahezubringen — muß der Therapeut lernen, auch seinen eigenen Körper zu entschlüsseln und zu empfinden. Man kann unmöglich einem anderen etwas über Verlegenheit beibringen, wenn man selbst niemals verlegen war.

Daher verursachen die durch den Computer aufgezeichneten Informationen viele Probleme für den Therapeuten. Warum besteht der Patient darauf, mit dem Therapeuten zu sprechen, obwohl der Computer unmißverständlich zeigt, daß der Blutdruck des Patienten sehr hoch ist und noch höher steigt, wenn das Gespräch fortgesetzt wird? Wenn das therapeutische Gespräch und die damit verbundenen physiologischen Veränderungen einen Schlaganfall oder Herzinfarkt auszulösen drohen: Bedeutet das nicht, daß der Patient dann seinen Therapeuten bittet, er möge seinem Tod beiwohnen oder ihn vielleicht sogar mit herbeiführen?

Die Erkenntnis, daß es eine Sprache des Herzens gibt, rührt etliche Fragen und Probleme auf. Diese erleichtern es, Verständnis dafür zu entwickeln, warum Leute so eifrig nach Tabletten suchen, um damit menschliche Erkrankungen zu behandeln: Die meisten Menschen würden diese Sprache nämlich lieber nicht beachten. Nehmen wir den Hochdruck als Beispiel. Wenn ein Arzt alle normalen pharmakologischen Vorsichtsmaßregeln einhält und dem Patienten die besten verfügbaren Medikamente verschreibt, und der Patient stirbt unerwartet, dann kann sich der Arzt wenigstens mit dem Wissen beruhigen, alles in seiner Macht Stehende getan zu haben. Der Körper des Patienten, nicht die Behandlung des Arztes, wird als das Problem angesehen. Wenn andererseits die Pillen durch eine Therapie ersetzt werden, die auf den menschlichen Dialog und auf ein Behandlungsarrangement baut, das auf wechselseitiger Verantwortung beruht, und dann stirbt der Patient — wer ist dann schuld? Fast jeder, der an einem Ge-

381

spräch teilnimmt, das eine andere Person zum Erröten bringt, macht sich automatisch Vorwürfe, dieser anderen Person Unbehagen bereitet zu haben.

Wenn man die Sprache des Herzens entschlüsselt, muß man einer Wahrheit über menschliche Gefühle ins Auge sehen, die manchmal erheiternd ist, einen manchmal aber auch zutiefst aus der Fassung bringen kann. Menschliche Gefühle sind keine Phänomene, die einfach eine isolierte Auseinandersetzung zwischen dem Körper und dem Geist des einzelnen umfassen — eine Auseinandersetzung, die Nietzsche als die „einsamste Einsamkeit" ansah. Vielmehr schließen diese Phänomene miteinander geteilte menschliche Erfahrungen von Freude und Schmerz ein. Doch diese Erlebnisse fordern, wie Walt Whitman andeutet, einen Preis: „Ich frage nicht, wie der Verwundete sich fühlt, ich selbst werde der Verwundete."

10
DAS GESPRÄCH VON MENSCH ZU MENSCH

*Wahrscheinlich sind all die Leidenschaften der Seele mit dem Körper
verbunden — Ärger, Milde, Angst, Mitleid, Mut und Freude
ebenso wie Liebe und Haß; denn wenn sie auftauchen, ist auch der
Körper betroffen. Dafür gibt es hinreichende Beweise. Manchmal
wird Gereiztheit oder Angst nicht ausgedrückt, obwohl der Anreiz
dazu stark und offensichtlich ist; und umgekehrt bringen kleine und
verborgene Ursachen innere Bewegung hervor, wenn der Körper für
Ärger veranlagt ist und wenn er in ärgerlicher Stimmung ist.*
Aristoteles, *De Anima*

*Und denke, lieber Leser, oder noch besser, liebe Leserin, an die
„leuchtenden Augen", mit denen dein Kind dich „anstrahlt", dem
du ein neues Spielzeug mitgebracht hast; und dann lasse den
Physiker dir sagen, daß in Wirklichkeit von diesen Augen nichts
ausgeht — sie ihrerseits werden beständig von Lichtstrahlen getroffen
— das ist ihre Funktionsweise. In Wirklichkeit. Sonderbare
Wirklichkeit. In ihr scheint doch etwas zu fehlen.*
Erwin Schrödinger, *Geist und Materie*

Die Geburt einer neuen Klinik

In einem Buch mit dem Titel *Die Geburt der Klinik* (1973) stellt der französische Philosoph Michel Foucault die Behauptung auf, daß sich die Entwicklung der modernen medizinischen Kliniken aus einer tiefgreifenden Umwälzung der Weltsicht zwischen dem siebzehnten und achtzehnten Jahrhundert ergeben habe.[1] Er begründet dies so: Aufgrund des durch die Renaissance entzündeten, wachsenden Interesses an den Naturwissenschaften sowie aufgrund einer allgemeinen Neuausrichtung der Aufmerksamkeit auf die äußere Welt begann der Durchschnittsbürger, sich und die Welt, in der er lebte, mit ganz anderen Augen zu betrachten, als er es herkömmlich gewohnt war. Diese Wendung zu einer materialistischen Sichtweise ereignete sich zwischen 1700 und 1800 und brachte die Menschen zu der Überzeugung, daß alles, was sie sehen und messen konnten, viel bedeutungsvoller, wichtiger und lohnender war als ihr früherer Glaube an die ungreifbare Welt der Religion.

Eine Folge dieser Interessenverschiebung war ein Wandel der historisch gewachsenen Beziehung zwischen Arzt und Patient sowie eine stetig zunehmende Betonung körperlicher Krankheitsursachen. Ein neuer Glaube schlich sich in die Medizin ein und verführte die Ärzte zu der Annahme, ein Mensch könne buchstäblich aus seiner natürlichen sozialen Umgebung herausgerissen und in eine Klinik verpflanzt werden, wo man den Körper des Patienten genauso untersuchen könnte, wie die Wissenschaftler andere physikalische Körper studierten. Diese Sichtweise stufte schließlich den Anteil der übrigen natürlichen und sozialen Umwelt an den Gesundheitsstörungen einer Person bis zur völligen Bedeutungslosigkeit herab.

Foucault bemerkt, daß dieses Problem die Anführer der Französischen Revolution tief beunruhigte und im Mittelpunkt hitziger Debatten stand. Die Revolutionäre wollten die Ärzte lieber in ihren Gemeinden einsetzen als in zentralisierten, dem Alltag weit entrückten Krankenhäusern. Doch infolge einer neuen philosophischen Orientierung mußten sie von ihrem diesbezüglichen Engagement Abstand nehmen und sich letztlich auf das Modell der Klinik einigen. Dorthin konnten die Bürger nun im wörtlichen Sinne ihre körperlichen Probleme tragen. Foucault meint, daß diese „Geburt der Klinik" das Interesse daran verringert habe, wie soziale, ökonomische und politische Faktoren die Gesundheit beeinflußten. Seither hatten die Patienten keine soziale Existenz mehr, die irgendeine Rolle bei der Entstehung ihrer körperlichen Leiden spielen könnte. Statt dessen wurde der Mensch zu einem isolierten Objekt, einer bloßen Ansammlung körperlicher Mechanismen. Man ging davon aus, daß nun nichts mehr zwischen dem Arzt und dem Patienten stehen könnte.

Die in den vorangegangenen Kapiteln geschilderten Daten scheinen mir anzudeuten, daß wir bald die Geburt einer neuen Klinik erleben werden. Zwar wird die neue Klinik höchstwahrscheinlich immer noch abseits der unmittelbaren sozialen Umgebung der Patienten liegen, doch wird man seine soziale und ökonomische Welt in gewissem Umfang mitbringen können, wenn man seine Heiler aufsucht. Um Aspekte dieser Welt kennenzulernen und ihren Einfluß auf die Gesundheit abschätzen zu können, werden die Kliniker den Patienten bitten, über seine Lebenssphäre zu sprechen, während verschiedene dynamische Körperfunktionen gemessen werden. Denn in der neuen Klinik wird es zum erstenmal möglich sein, die Lebenswelt eines Patienten in ihren Hauptzügen aus den Computergraphiken des körperlichen Dialogs abzulesen.

Um diese Graphiken jedoch richtig deuten zu können, werden die Ärzte ihr Denken über den menschlichen Körper grundlegend ändern müssen. Es wird dann beispielsweise nicht mehr ausreichen, daß ein Arzt, wenn ein Patient über seine emotionalen Konflikte spricht, rational die verschiedenen auftretenden Kreislaufveränderungen auslegt. Vielmehr wird es darauf ankommen, ob der Kliniker die Probleme, die durch solche körperlichen Signale angezeigt werden, auch emotional interpretieren und nachempfinden kann. Noch ist eine soziale Distanz in die übliche Betrachtungsweise des menschlichen Körpers eingebaut — es ist der Blickwinkel des objektiven Wissenschaftlers, der einen isolierten, von ihm deutlich abgetrennten Gegenstand betrachtet. Diese Perspektive wird erweitert werden und eine neue Form sozialer Verbundenheit einschließen, durch die zwei Menschen in der Lage sein werden, gemeinsam empfundene emotionale Erfahrungen an ihrer sozialen Membran zu teilen. In der neuen Klinik wird die Immunisierung gegen die emotionalen Erfahrungen der Mitmenschen nicht mehr als dringende Notwendigkeit betrachtet werden — oder als hervorstechendes Kennzeichen wissenschaftlicher Objektivität. Eine solche Distanziertheit wird statt dessen als Teil einer Grundhaltung gesehen werden, die zweierlei umfaßt: erstens eine eingeschränkte Sichtweise des menschlichen Körpers im Dialog mit anderen, zweitens eine ebenso begrenzte Sicht der Faktoren, die über die bekannten körperlichen Mechanismen hinaus auf die Gesundheit einwirken.

Um allerdings richtig einschätzen zu können, was die neue Klinik für unser Denken über Gesundheit und Krankheit bedeuten und welche Folgen sie für die Gesellschaft als ganze haben könnte, müssen wir uns erneut dem Zentralthema dieses Buches zuwenden — dem Gespräch und seinen Verbindungen zum menschlichen Körper und zum menschlichen Gefühlsleben.

Dieses Buch begann mit der Beobachtung, daß Sprechen das menschliche Herz und den menschlichen Kreislauf tiefgreifend verändern kann. Nach einem Überblick über den philosophischen und wissenschaftlichen Standpunkt, der es uns anfangs erschwerte, die ganze Tragweite unserer Entdeckung zu würdigen, habe ich eine Vielzahl milieubedingter, physiologischer, psychologischer und sozialer Einflußgrößen geschildert, die das Ausmaß dieser Veränderungen mitbestimmen. Durch unsere Studien über die Verknüpfung von Kommunikation und Kreislauf erkannten wir eine bisher vernachlässigte, aber höchst wichtige Ursache für eine Reihe von Erkrankungen — einschließlich Migränekopfschmerzen und Bluthochdruck —, die uns schließlich dazu verhalf, einen neuen und wirkungsvollen Therapieansatz für diese Leiden zu entwickeln.

Im Verlaufe der Therapien bemerkten wir eine andere, bisher unbekannte Dimension des Sprechens und des Kreislaufs: daß — nach unserer Vorstellung — menschliche Emotionen die soziale Membran mit einbeziehen und daß die Bedeutung von Begriffen für Gefühle über geteilte körperliche Erfahrung gelehrt werden muß. Die Berücksichtigung dieser Faktoren ließ uns auch etwas noch Grundlegenderes und Einzigartiges am Gebrauch der Sprache für die Kommunikation erkennen: daß nämlich das menschliche Gespräch unlösbar mit dem emotionalen Leben des Körpers verbunden ist.

Einen Aspekt des menschlichen Dialogs habe ich in diesem Buch besonders herausgestellt — einen Aspekt, der über miteinander geteilte körperliche Erfahrungen Worte zu Gefühlen in Verbindung bringt. Allein die Tatsache, daß Menschen fähig sind, einander ihre Gefühle im Gespräch mitzuteilen, zwingt uns, voller Ehrfurcht nach der Natur dieser bemerkenswerten Fähigkeit zu fragen, wie es schon in der Antike die griechischen Philosophen taten.

Die Grundlagen des menschlichen Gesprächs

Es waren griechische Philosophen, und insbesondere drei intellektuelle Größen der westlichen Zivilisation — Sokrates, Plato und Aristoteles —, die als erste die zentrale Wichtigkeit des emotionalen Dialogs für das Leben der Menschen erkannten. Diese Männer begriffen erstmalig den Einfluß dessen, was sie *logos* nannten und was, wenn zwei Menschen es miteinander teilten, als *dialogos* oder Dialog bezeichnet wurde. Man kann nicht genug betonen, welch grundlegende Bedeutung der Begriff des *logos* in der gesamten griechischen Philosophie hatte. Bertrand Russell rückte den entscheidenden Einfluß dieser Vorstellung ins Blickfeld, als er schrieb:

Der Leitgedanke, der die griechische Philosophie durchzieht, ist der Logos. Dies ist ein Begriff, der unter anderem „Wort" und „Maßstab" bedeutet. Insofern sind der philosophische Diskurs und die wissenschaftliche Untersuchung eng miteinander verbunden. . . . Weisheit besteht *folglich* darin, die zugrundeliegende Formel, welche allen Dingen gemeinsam ist, zu erfassen. . . . *Doch obwohl sich die universelle Formel — oder der Logos — überall wiederfindet, sind die Massen ihr gegenüber blind und verhalten sich, als hätte jeder seine eigene, private Erkenntnis. . . . Im Grunde besteht die Großartigkeit der griechischen Philosophie darin, die zentrale Rolle des Logos erkannt zu haben.*[2] [Hervorhebungen hinzugefügt]

Die griechischen Philosophen gebrauchten den Begriff *Logos* zwar in verschiedenen Zusammenhängen, grundsätzlich bezog er sich aber auf eine Eigenschaft der menschlichen Seele, *die dem Form gab, was anderenfalls formlos wäre,* oder die das eindeutig abgrenzte, was vorher unbestimmt oder *vielleicht sogar grenzenlos* gewesen war. So verlieh der Logos dem Leben einen Sinn oder eine Definition. Insoweit bedeutet der Ausdruck ursprünglich „Wort" oder „Formel". Als Formel verstanden, hatte der Logos noch ein weiteres Merkmal, das die Griechen ebenfalls klar erfaßt hatten: Der Logos oder die Formel des einzelnen waren letzten Endes mit einem universellen Logos verbunden, der allen Dimensionen des griechischen Lebens Sinn gab. Einige Denker, wie Plato (und später Descartes), zogen es vor, diesen Logos streng als Formel aufzufassen, und behaupteten, am besten werde er durch die Mathematik — insbesondere durch die Geometrie — beschrieben. Andere, wie Aristoteles (und später Pascal), glaubten, daß der Inhalt des Begriffs *Logos* am genauesten durch „Wort" wiedergegeben werde, und stellten deshalb die im Körper verwurzelte Sprache als beste Möglichkeit in den Vordergrund, der Wesensbedeutung des Begriffs nahezukommen.

Jedenfalls hatten im Grunde alle griechischen Philosophen erkannt, daß *Worte* an sich Abstraktionen sind, um das Wesentliche von Phänomenen zu beschreiben; und als solche sind Worte tatsächlich Formeln oder *logoi*. Für die Griechen war also die Sprache keine banale Angelegenheit. Zum Erlernen der Muttersprache gehörte der *dialogos*, der Austausch von Formeln zwischen Mutter und Kind.

Im Zusammenhang mit dem individuellen Logos, dem universellen Logos und ihrer Verknüpfung mit dem Dialogos

bemerkte Aristoteles einmal: „Ein ganz und gar einsiedleri-
scher Mensch wäre entweder ein Gott oder ein Rohling."[3]
Diese Beobachtung faßt einen wesentlichen Teil seiner Philosophie knapp zusammen und hilft uns, einiges von der gesam-
melten Weisheit der Begründer der westlichen Zivilisation
herauszukristallisieren. Die Griechen waren in einem Ortsge-
fühl verankert, das es ihnen erleichterte, sich mit der Stellung
des Menschen im Universum intensiv zu beschäftigen. Für sie
standen das Raumgefühl, das Gespür für den eigenen Körper
und das Gefühl für die eigene Identität alle in Verbindung mit
einem größeren Logos — dem universellen Logos. Aristoteles
glaubte, daß die Lebenskraft eines Individuums schlechthin
— was wir seine „Biologie" nennen — in der Beziehung eines
Menschen zu seinen Mitmenschen verwurzelt war; und es
war genau diese Bezogenheit, die den Menschen dazu
brachte, ein ausgedehntes politisches Leben zu entwickeln.
Daher war der menschliche Körper für die Griechen die
Grundlage der Vorstellung von einem politischen oder Staatskörper.

Besonders Aristoteles sah die Menschen nicht nur als soziale Lebewesen, wie andere Tiere in der freien Natur, sondern zugleich als einziges politisches Wesen. Der Mensch, und
nur der Mensch, sei seiner Natur gemäß Teil einer Polis —
ein Mensch unter vielen, die miteinander durch *dialogoi* verbunden sind —, und deshalb besitze er die einzigartige Fähigkeit, seinen Platz in der natürlichen Umwelt auszusuchen und
zu bestimmen. Aristoteles war überzeugt, daß ein menschliches Leben, das nicht in der Gesellschaft anderer verbracht
wurde, von Grund auf — das heißt „biologisch" — unvollständig sei. Also war die Grundstruktur seines politischen
Menschen ein menschliches Wesen, das mit anderen in einer
Art und Weise zusammenlebte, die auch das einschloß, was
Aristoteles die Leidenschaften der menschlichen Seele nannte
— tief empfundene, menschliche Emotionen.

2000 Jahre, bevor wir imstande waren, zu beobachten,
wie sich der Blutdruck und die Herzfrequenz während des
menschlichen Dialogs veränderten, hatte Aristoteles menschli-

389

che Emotionen bereits als „páthe logoi ényloi eisín" definiert; das bedeutet: „Die Leidenschaften der Seele [oder das, was wir heute ‚Gefühle' nennen] sind Logoi, die sich in Materie äußern."[4] Die „Materie", auf die Aristoteles sich bezog, war, wie er in *De anima* glasklar darlegte, das menschliche Fleisch und Blut, und *logoi* waren die Worte des Menschen. Demnach sind menschliche Gefühle Aristoteles zufolge buchstäblich als Worte definiert, die sich durch den menschlichen Körper ausdrücken.*

Die Klarheit des aristotelischen Denkens über den Sitz der menschlichen Gefühle im Körper ruft uns Bertrand Russels Warnung erneut in Erinnerung:

Wo auch immer im Westen spekulatives Denken gedieh, schwebten die Schatten von Plato und Aristoteles im Hintergrund. ... Es gibt kaum ein philosophisches Problem, zu dem sie nicht etwas Wertvolles beigetragen hätten; und jeder, der sich heute anschickt, originell zu sein und dabei die Athenische Philosophie nicht berücksichtigt, tut dies auf eigene Gefahr.[6]

Ich erwähne diese Ermahnung, um noch einmal zu unterstreichen, daß Aristoteles nicht nur Gefühle als Worte be-

---

* Aus Platzgründen kann auf diese Vorstellungen nicht näher eingegangen werden, um auch verschiedene religiöse Fragen berücksichtigen zu können; doch ich sollte wenigstens auf die bemerkenswerte Ähnlichkeit zwischen Aristoteles' Auffassung und den Anfangszeilen des Johannesevangeliums hinweisen. Im Gegensatz zu den anderen drei Evangelien wurde das letzte ursprünglich auf griechisch verfaßt. Dort wurde zum erstenmal ein neues Wort gebraucht, um Gott zu beschreiben — *logos*; und gleich darauf folgt eine ebenso erstaunliche Feststellung: Der Logos (das Wort) wird Fleisch und wohnt unter uns. „Am Anfang war das Wort, und das Wort war bei Gott, und Gott war das Wort. ... Und das Wort ward Fleisch und wohnte unter uns."[5].

Im Zusammenhang mit dem fleischgewordenen Logos stoßen wir auf tiefreichende Probleme in der Cartesianischen Philosophie. Denn wenn der menschliche Körper, wie Descartes behauptete, lediglich eine Maschine ist, dann hätte die Inkarnation — die Fleischwerdung — überhaupt keinen Sinn; dann müßte es dem göttlichen Logos genauso sinnvoll erscheinen, in einen Opel oder eine Wasserpumpe einzuziehen, wie Fleisch zu werden.

schrieben hat, die sich im menschlichen Fleisch ausdrücken, sondern auch eine weitere und wesentliche Unterscheidung getroffen hat, die mich in den letzten beiden Kapiteln beschäftigte. In einer Feststellung, die genau den Kern dieses Buches trifft, bemerkte Aristoteles:

Auf die Frage, was Ärger ist, werden der Naturphilosoph und der Logiker in jedem Falle unterschiedliche Definitionen als Antwort anbieten. Der letztere wird ihn ein Verlangen nach Vergeltung oder irgend etwas derartiges nennen, während der erstere ihn als ein Aufwallen von Blut und Hitze um das Herz herum beschreiben wird. Der eine schildert die Materie, der andere die Form und Formeln [von Ärger — das heißt, den Logos von Ärger].[7]

Diese Trennung entspricht exakt meiner Unterscheidung zwischen Emotionen und Gefühlen. Sicher hätte Aristoteles keinen Anstoß an Darwins logischen Bemühungen genommen, den *Ausdruck* von Emotionen bei Menschen und Tieren zu untersuchen, solange dabei zweifelsfrei klar war, daß dieser die *materielle* Seite der Emotionen, aber nicht ihre Form oder ihren Logos studierte — nämlich das, was diese Emotionen im Grunde bedeuten.

Der einzige Gedanke, um den ich Aristoteles' Beschreibung der Gefühle erweitert habe, ist der, daß Gefühle zunächst über den Dialog an der sozialen Membran als gemeinsam gespürte Körperempfindungen miteinander geteilt werden. Nach meiner Definition schließt der Logos der Emotionen ein einzigartiges Teilen ein, und zwar so, daß zwei Menschen durch geteilte Erfahrung eins werden. Es teilen sich — und Aristoteles dürfte hier zustimmen — zwei menschliche Seelen einander in einer Weise mit, die sich von Aristoteles' ursprünglicher Definition des menschlichen Dialogs unterscheidet.

Die Definition von Gefühlen als *Logoi* oder Worte, die körperlich ausgedrückt werden, trägt den Keim zu einem weiteren zentralen Gedanken dieses Buches in sich. Wenn man sich den Logos als etwas denken kann, das dem Form gibt oder das definiert, was möglicherweise undefiniert oder unbegrenzt ist, dann wird deutlich, welch erstaunliche Fülle von

391

Möglichkeiten die Interaktion im emotionalen Dialog umfaßt. Denn im Logos eines Gefühls wie der Liebe wäre die Vorstellung von etwas möglicherweise Undefiniertem, Ungeformtem, vielleicht sogar Grenzenlosem eingeschlossen. So gesehen, entwertet jede Auffassung von einem wirklichen emotionalen Dialog, der den menschlichen Körper unberührt läßt, das unerschöpfliche Potential, das aus der Begegnung erwächst. Nirgends ist es leichter als im emotionalen Dialog, die griechische Idee eines möglichen universellen Logos zu verstehen. Wenn einem Gefühl wie der Liebe nämlich durch den menschlichen Dialog Form oder Logos verliehen wird, dann durchbricht diese Form im besten Fall die üblichen Grenzen und entzieht sich mathematischen Formulierungen. Könnte die Tatsache, daß menschliche Gefühle aus gemeinschaftlichem Erleben entspringen, nicht gerade jenes Phänomen sein, das uns zu der Erwägung veranlaßt, ob vielleicht ein universeller Logos existiert? Und wenn dieser universelle Logos existiert, gibt es dann eine Formel für eine Liebe, welche größer ist als die, die im Herzen des einzelnen Menschen wohnt?*

Genau diese Frage war es, die im siebzehnten Jahrhundert Blaise Pascal und René Descartes entzweien sollte. Denn diese beiden Männer stritten letztlich über die Natur des menschlichen Dialogs und darüber, wie er mit dem „universellen Logos" verknüpft war. Descartes behauptete, der Logos sei in seinem reinsten Sinn eine Formel und, wie gesagt, am besten durch Mathematik und analytische Geometrie zu erfassen. Pascal trat andererseits für einen emotionalen, im menschlichen Körper verwurzelten Logos ein, einen Logos,

---

* An die unbegrenzten Möglichkeiten menschlicher Emotionen denken wir zwar gern im Zusammenhang mit einem Gefühl wie der Liebe, doch ist es leichter, das grenzenlose Potential dunklerer, zerstörerischer Emotionen zu erleben — beispielsweise den ungezügelten menschlichen Haß allein im zwanzigsten Jahrhundert. Gewiß war nicht Liebe das Gefühl, das die Drohung der atomaren Vernichtung hervorbrachte, die jetzt wie ein entfesseltes Damoklesschwert über unseren Häuptern schwebt — und Liebe setzte auch nicht den uneingeschränkten und ungebundenen Haß frei, der zu Auschwitz, Dachau und Verdun führte.

der über die Mathematik hinausging. Mit der Feststellung: „Das Herz hat seine Gründe, von denen der Verstand nichts weiß. ... Liebt man aus Vernunft?"[8] proklamierte er die Überzeugung, daß das menschliche Herz und Gefühle der Liebe unentrinnbar an jegliches menschliche Gespräch gebunden sind; und diese Verbindung ist ebenso einzigartig wie lebenswichtig. Während er eine von Aristoteles ererbte Position verteidigte, erkannte Pascal, daß die neue, von Descartes vertretene Philosophie die entscheidende griechische Auffassung, daß zum menschlichen Dialog immer emotionale Logoi gehören, fallengelassen hatte und sie durch die Vorstellung von einem rein rationalen (mit anderen Worten: mathematischen) Dialog ersetzt hatte — also durch einen Dialog zwischen Menschen, in dem kein Raum mehr für menschliche Gefühle war. In der neuen cartesianischen Weltordnung würde man, wie Pascal entdeckte, tatsächlich „aus Vernunft lieben", denn der menschliche Dialog war nicht mehr an seine emotionalen *Logoi* geknüpft. Diese dramatische Abkehr vom Kernstück der griechischen Philosophie sollte sich letzten Endes auf alle Bereiche des modernen Lebens auswirken. Der menschliche Dialog wurde von Descartes aus dem Körper herausgelöst und in den Verstand versetzt; doch diese Verlagerung bewerkstelligte er so überzeugend, daß bis zur Mitte des zwanzigsten Jahrhunderts nur noch wenige Leute von sich selber glaubten, daß sie sich in ihrem und durch ihren eigenen Körper äußerten.

Im Jahre 1596, ein halbes Jahrhundert nachdem Kopernikus seine Abhandlung *Über die Drehung der Himmelskörper* veröffentlicht hatte, wurde René Descartes geboren. Er war, wie bereits in Kapitel 2 bemerkt, ein Zeitgenosse von William Harvey und Galilei, und der weitere wissenschaftliche Kontext, in dem das Leben des siebzehnten Jahrhunderts stand, beeinflußte sein Denken sehr tiefgreifend. Denn die Entdeckungen dieser Männer und ihrer Zeitgenossen erschütterten die alte Ordnung, die auf der aristotelischen Philosophie beruhte, welche durch die scholastischen Traditionen des Mittelalters dem Christentum einverleibt worden war. Auf der Grundlage einer christianisierten Spielart aristotelischer Philosophie hatte die katholische Kirche die mittelalterliche Gesellschaft in Europa errichtet. Deshalb kam es zur einer Erschütterung bis in die Grundfesten, als Wissenschaftler nachzuweisen begannen, daß viele seiner maßgebenden Auffassungen nicht richtig waren.* Diese Risse oder Brüche im griechischen Denken verschärften das schon lange schwelende Unbehagen über die Vorherrschaft scholastischer Traditionen im wissenschaftlichen Leben der Renaissance; und diese Mängel machten es schließlich möglich, daß Descartes die tragenden Fundamente der Scholastik unterminierte, nämlich die griechische Vorstellung davon, was alles in das menschliche Gespräch eingeschlossen ist.

In den ersten Entwürfen seiner neuen Philosophie ließ Descartes freilich die weiterreichenden Konsequenzen seines Denkens im Dunkeln. Eingebettet in eine wissenschaftliche Beschreibung von Körpern und eine Analyse der Bewegungen dieser Körper, erschien Descartes' Ausgangsüberlegung einfach und harmlos und lag ziemlich auf einer Linie mit den Schriften seiner wissenschaftlichen Zeitgenossen. Wie Kopernikus die Bewegung von Himmelskörpern studiert hatte und wie die Chemiker organische Körper untersuchten, so wollte auch Descartes die lebenden Körper von Menschen und Tieren erforschen. Und dieses Grundkonzept schien, wie ich bereits in Kapitel 2 bemerkte, einer von anderen, beispielsweise Harvey, geäußerten Auffassung zu gleichen: daß nämlich die lebenden Körper bestimmten, wohldefinierten mechanischen Prinzipien gehorchten und entsprechend den Gesetzen der Physik untersucht werden sollten.

Daher postulierte Descartes, daß die Organe lebender Körper genauso funktionieren wie die wassergetriebenen Statuen der französischen Wassergärten des siebzehnten Jahrhundertes: nach dem Prinzip der Reflexion. Wie Wasser, das in einen Zylinder schießt, diesen in Bewegung setzen kann,

---

* Galileis Nachweis, daß in der Natur luftleere Räume existieren, gehörte in vorderster Linie zu den schweren Attacken gegen Aristoteles' Überzeugung, daß die Natur ein Vakuum verabscheue.

und er so den Druck des Wassers reflektiert, so können auch *Reflexe* innerhalb des Körpers arbeiten. Descartes war überzeugt, daß wissenschaftliche Prinzipien auf das Studium sämtlicher lebenden Körper ebensogut angewandt werden könnten wie auf die Steuerung der Bewegung dieser Statuen. Die Ansicht, daß die Drehungen von Statuen in französischen Wassergärten und die Bewegung lebender Körper einander entsprachen, wurde Descartes nicht zuletzt durch die Beobachtung eingegeben, daß beide Systeme Flüssigkeiten enthielten. Descartes' Interesse an dieser Gemeinsamkeit führte dazu, daß er sich zunächst auf das Herz und den Kreislauf konzentrierte. Er stellte sich das Herz als eine Art Dampfkessel vor, der das Blut aufheizt, bevor es den Weg zu den anderen Organen zurücklegt. Besonders beeindruckte Descartes der Umstand, daß jeder Körper aus separaten kleineren Körpern zusammengesetzt schien; und er fragte sich, welche Kraft oder welcher Faktor diese mehrschichtigen oder zusammengesetzten Körper eint und sie dazu bringt, als Einheit zu funktionieren. Er folgerte, daß das Blut, da es all den getrennten Organen im Körper gemeinsam war, eine vereinigende Kraft bilden müsse. So erklären sich sein Interesse an diesem „besonderen Saft" und auch die daraus abgeleitete Analogie zwischen der Funktionsweise französischer Wassergärten (das heißt, der Hydraulik) und der Kreislaufphysiologie, beziehungsweise — im weiteren Sinne — dem gesamten Körper.*

Doch Descartes' einfache Absicht, die wissenschaftliche Methode rigoros auf die Untersuchung der Physiologie anzuwenden, hatte ein gewaltiges Ziel. Descartes wollte eine völlig neue Medizin ins Leben rufen. Er selbst drückte das so aus: „Die Erhaltung der Gesundheit ist immer das vorrangige Ziel meiner Studien gewesen."[9] Er hatte vor, ein medizinisches System zu stürzen, das nach seiner Überzeugung dringend ei-

---

* Eben dies weckte Pascals Sorge um seine Entdeckung der physikalischen Gesetze der Hydraulik: Pascal erkannte, daß das Wesen des „Druckes" perfekt in das hydraulische System passen würde, das Descartes für den menschlichen Körper erdacht hatte.

ner philosophischen Generalüberholung bedurfte. Trotz technischer Fehldeutungen in bestimmten Einzelheiten wie der Funktionsweise des Herzens waren Descartes' Bemühungen insgesamt schließlich außerordentlich erfolgreich: Er schuf nicht nur eine völlig neue Medizin, sondern bereitete auch den Weg für eine gänzlich neue Gesellschaftsordnung.*

Descartes nahm seine philosophischen Schriften als Teil einer Suche in Angriff. Er wollte einen Weg finden, die Macht einer wieder auflebenden Wissenschaft mit dem zu verschmelzen, was er für die wahren theologischen Interessen der katholischen Kirche des siebzehnten Jahrhunderts hielt. Im wesentlichen wollte er eine Möglichkeit ausfindig machen, die *Welt der Materie* — das heißt, die Welt der physikalischen Körper — mit den nichtmateriellen oder spirituellen Dimensionen der menschlichen Existenz so zu vereinigen, daß die Verworrenheit der scholastischen Philosophie umgangen wurde. Descartes hoffte, gewisse unanfechtbare Wahrheiten zu entdecken, die es ihm ermöglichen würden, diese beiden, angeblich unterschiedlichen Aspekte des menschlichen Lebens miteinander zu integrieren. Nach großen persönlichen Qualen konzentrierte er sich auf zwei Ideen: Zunächst einmal erschien es ihm eindeutig, daß er seine eigene Existenz nicht anzweifeln konnte; und zweitens wußte er, daß das Faktum seiner Existenz wahr sein mußte, weil er darüber nachdenken und nach-

---

* Richard Carter schreibt dazu: „Descartes' philosophische Texte waren, ebenso wie seine Mathematik und Physik, genau das, was sie seiner Meinung nach sein sollten: Sie sind umfassend ausgearbeitete Grundlagen für seine Medizin. Das einzige Ziel von Descartes' Denken war eine verbesserte medizinische Behandlung, und sogar seine Philosophie ist eine medizinische Philosophie. Deshalb ist in dem Maß, wie es völlig richtig ist zu behaupten, daß die moderne Philosophie ihre Fragen der Philosophie Descartes entnimmt, auch die Feststellung zutreffend, daß das moderne Denken ausgehend von Fragen, die sich aus Descartes' medizinischer Forschung und Theorie ergeben, zu Fragestellungen gelangt, die sich mit solchen Themen wie der Definition des Lebens, der neuroanatomischen Grundlage von Wahrnehmung und Denken sowie der Beziehung zwischen Geist und Körper befassen."[10]

sinnen konnte. So gelangte er zu seinem berühmten Ausspruch: „Ich denke, also bin ich" (*Cogito, ergo sum*).[121]

Nachdem Descartes seinen philosophischen Ausgangspunkt einmal erreicht hatte, suchte er nach dem Ursprung dieser wunderbaren Kraft des Denkens und kam zu dem Schluß, das Denken könne sich nur deshalb ereignen, weil Menschen Seelen hätten. Bis dahin war sein Kurs recht konventionell: Descartes sah, wie schon die griechischen Philosophen vor ihm, „Denken" als einen Prozeß, an dem Materie nicht beteiligt war. Per Definition wurde das Denken auf die Existenz einer nichtmateriellen Kraft begründet, die von den herausragenden Denkern der westlichen Zivilisation, einschließlich Aristoteles und Platon, als „Seele" bezeichnet wurde.

An dieser Stelle wandte sich Descartes jedoch radikal von der traditionellen Philosophie ab, indem er behauptete, nur Menschen hätten Seelen, und deshalb könnten auch nur Menschen denken. Er rückte den Menschen in eine einzigartige Position, die sich von der aller anderen Kreaturen auf der Erde unteschied. Die früheren griechischen Denker und scholastischen Philosophen wie Augustinus und Thomas von Aquin waren bestrebt gewesen, den Menschen in die Natur einzuordnen, in Harmonie mit der übrigen Schöpfung — und mit ihrem Schöpfer. Descartes dagegen stellte mit einer neuartigen Begründung fest, daß der Mensch anders sei. Der Mensch allein habe ein Bewußtsein. Tiere könnten nicht denken, weil sie kein Bewußtsein, genauer gesagt, keine Seelen hätten. Vielmehr bestand Descartes darauf, daß Tiere nicht mehr und nicht weniger seien als „automata" — autonome, selbstgesteuerte, vorprogrammierte, seelenlose Roboter.

Diese Unterscheidung zwischen Mensch und Tier mag vielleicht nicht weltbewegend erscheinen, enthielt aber den Keim für Descartes' wirkliche Umwälzung — die Abtrennung des Körpers von jeglichem sinnhaften, menschlichen Gespräch. Denn wenn die Tiere seelenlose Roboter waren, so folgte daraus zwingend, daß die Physiologie nur Teil der Arbeitsweise einer komplexen Maschine sein konnte. Anders gesagt, physiologische Systeme brauchten keine Seele mehr, um ihre lebenswichtigen Funktionen zu erfüllen. Aus diesem Blickwinkel funktionierte die Tierphysiologie — und im weiteren Sinn tatsächlich auch die menschliche Physiologie — genauso wie die Statuen in den französischen Wassergärten. Folglich spielte der Körper im menschlichen Dialog keine wesentliche Rolle, da er nicht länger eine Seele brauchte, um seinen vitalen Funktionen gerecht zu werden. So verlegte Descartes die griechische Idee des Logos aus dem Körper heraus und beschränkte ihn auf eine Seele, die ihrerseits auf den menschlichen Verstand eingegrenzt war.

Indem er die Seele vom Körper trennte, hatte Descartes im Grunde zwei Wirklichkeiten für den Menschen geschaffen: Die erste ist ein maschinengleicher Körper; die zweite der Geist oder eine Seele, die sowohl mit dem Maschinenleib als auch mit anderen Menschen in Beziehung tritt.

Doch so tiefgreifend diese weltanschauliche Revolution auch war, Descartes ging noch weiter und verkündete ein Dogma, das — obwohl es selten richtig erkannt und nicht einmal richtig eingeschätzt wird — die historischen Trennungen verwischte, die die Griechen zwischen Gedanken, Emotionen und Gefühlen vorgenommen hatten. Descartes definierte menschliche Gefühle neu und behauptete, sie seien lediglich verwirrte Gedanken. Er meinte, es gäbe keinen wirklichen Unterschied zwischen Gedanken und Gefühlen — *außer in ihrem Ursprung*. Gedanken und Gefühle rühren von der Seele her oder von außerhalb des Maschinenkörpers, sagte Descartes, Emotionen entstünden dagegen aus Unruhen innerhalb des Körpers.

Der Nährboden für diese bemerkenswerte Einstellung war in dem Moment bereitet worden, als Descartes postulierte, daß die physiologischen Organsysteme von Tieren nichts weiter seien als die mechanischen Teilstücke einer komplizierten Maschine. Descartes sah, daß sich Tiere durch den Raum bewegen — daß Hunde bellen, Vögel singen und Katzen miauen. Das radikal Neue an Descartes Idee war, daß diese Bewegung, diese *E*-motion — wörtlich: „sich herausbewegen" — nur die Aktion und Reaktion einer komplexen Maschine auf diesen oder jenen Reiz sei.

Descartes nahm an, daß Emotionen durch gewisse Sekrete aus inneren Organen des Körpers entstünden; daß diese Organe sehr energiereiche Substanzen in die Blutbahn ausschütteten, über die sie weiter bis ins Gehirn gelangten. Soweit war der Transportprozeß streng mechanisch und bei Mensch und Tier identisch. Der mechanische Transport wurde als die Wirkung einer hydraulischen Kraft angesehen, die eine Maschine in Bewegung setzt. Auf den Augenblick, in dem diese Substanzen das Gehirn erreichen, legte Descartes den fundamentalen Unterschied zwischen Menschen und Tieren fest. Denn nur dem Menschen erlaubt die Seele, sich der außerordentlich schnellen Bewegung der Partikel dieser biochemischen Sekrete in Form von „Gefühlen" bewußt zu werden. Descartes nannte sie „Leidenschaften". Die Tiere andererseits spüren, da sie keine Seele haben und folglich auch kein Bewußtsein, die Verwirrungen nicht, die durch diese energiereichen Substanzen im Gehirn ausgelöst werden. Und so kommen wir zu Descartes' zentraler These: *Die zugrundeliegende Mechanik von Reiz und Reaktion ist bei Mensch und Tier die gleiche; doch nur die Menschen können diese Störungen im Gehirn entdecken und sich ihrer als Gefühle bewußt werden.*

Zunächst einmal führte Descartes also die Ursprünge der Emotionen auf die Maschinerie des Körpers zurück und erklärte dann, der entscheidende Unterschied zwischen dem bloßen Auftreten biochemischer Veränderungen im Körper und der Wahrnehmung von Emotionen als Gefühlen liege im Vorhandensein von Bewußtsein. Descartes hielt daran fest, daß tierische Roboter mehr oder weniger die gleichen biochemischen und physiologischen Mechanismen besäßen, die auch den menschlichen Emotionen zugrundelägen, und daß diese die Hauptkraft seien, die Tiere zu Bewegungen antreibe. Was den Tieren fehlt, ist jegliches Bewußtsein über diese Mechanismen: Sie haben keine Seele. Aus diesen Voraussetzungen ergibt sich, daß *Emotionen von Tieren nach außen hin gezeigt werden können, ohne daß das Tier sie fühlt.*

Das Verschwinden des Körpers aus dem menschlichen Gespräch: Freud und Pawlow

Mit einem kühnen Streich machte Descartes die menschliche Physiologie und menschliche Emotionen völlig unabhängig vom menschlichen Gespräch. Er hatte die Welt des Irrationalen — die Welt der Gefühle — als rational neu definiert, im wesentlichen als eine Welt von Gedanken. Descartes' grundlegender Ausspruch „Ich denke, also bin ich" war mit Bedacht gewählt. Er sagte nicht: „Ich fühle, also bin ich". Er hätte dies auch nie äußern können, ohne gleichzeitig zuzugeben, daß er dabei Gefühle in Gedanken umsetzt.

Descartes' philosophische Position markiert den Beginn der modernen Einsamkeit. Sein Ausspruch „Ich denke, also bin ich" ist nach meiner Überzeugung einer der einsamsten Schreie, die je von Menschen in der westlichen Welt ausgestoßen worden sind: Ich allein existiere: Ich allein denke. Diese Einsamkeit wurde noch weiter verstärkt, als Descartes die Tiere als Roboter klassizierte und diesen Robotern dennoch die gleichen physiologischen Abläufe zugestand, die beim Menschen „Emotionen" genannt würden. Die Emotionen wiederum wurden später als ein rein wissenschaftliches Problem angesehen. Definitionsgemäß stand ein Roboter zum nächsten in keinem anderen Verhältnis als die Statuen in den französischen Wassergärten zum Wasser. Mehr war für die Roboter auch nicht nötig. Denn zwischen ihnen gibt es keinen Dialog. Tiere waren Automaten, *automata*. Außerdem beraubte Descartes, indem er die hydraulischen Entsprechungen von Emotionen in die Physiologie von Robotern verlegte, den Menschen seiner emotionalen — das heißt physiologischen — Grundlage für die gegenseitige menschliche Verbundenheit. Gedanken wurden zum einzigen Weg, auf dem Menschen zueinander Kontakt aufnehmen konnten. Und diese Beziehungen sollten streng rational werden. In dieser neuen Sichtweise ist das Gefühl der Liebe lediglich ein unscharfer Gedanke; und Einsamkeit hat nichts mit körperlicher Gesundheit zu tun. Um es noch genauer zu sagen: Descartes sorgte dafür, daß der menschliche Körper für das menschliche Gespräch völlig unwichtig wurde.

Mit dieser Abkehr von den griechischen Vorstellungen über das menschliche Gespräch entfernte man sich weit von Aristoteles, der Gefühle als leiblich ausgedrückte Worte definiert hatte. Zwar schlug diese neue Auffassung Wurzeln in vielen Bereichen des modernen Lebens; sie ist aber wahrscheinlich nirgends so ausgeprägt wie in einer bestimmten, für das Leben des zwanzigsten Jahrhunderts charakteristischen Beziehung: der zwischen Patient und Psychotherapeut.

Erst in diesem Jahrhundert, meine ich, ist die Idee der „Klinik" in all ihren Erscheinungsformen so weit gereift, daß sie das von Descartes ausgehende System von Leib und Seele gänzlich in sich aufgenommen und vervollständigt hat. Diese „Klinik" ging weit darüber hinaus, den Körper einer Person als bloße Gruppe von Mechanismen zu betrachten, die von ihrer natürlichen sozialen Umgebung abgekoppelt ist. Sie umfaßte jetzt sogar die Vorstellung, daß man sein Gemüt zur Klinik bringen könnte, um es dort unabhängig vom Körper untersuchen und behandeln zu lassen. Eine neue Form des therapeutischen Dialogs wurde ersonnen: Man entzog sich sowohl seiner gewohnten sozialen Umwelt wie auch seinem Körper, um dann einen anderen Menschen für ein rationales Gespräch über die eigenen seelischen Leiden zu verpflichten, mit dem Ziel, diese zu mildern.

DIE EINSAME COUCH: SIGMUND FREUD

Es war ein bemerkenswertes Vorgehen, als Sigmund Freud es sich in den neunziger Jahren des vergangenen Jahrhunderts ursprünglich ausdachte, und dies ist es auch heute noch. Der Patient legt sich auf eine Couch und redet — nicht Auge in Auge mit dem Therapeuten, wohlgemerkt, denn der Analytiker sitzt hinter dem Patienten und nicht in dessen Blickfeld.* Der Analytiker fordert den Patienten auf, frei zu assoziieren, über alles zu sprechen, einschließlich der neben-

---

* Freud ging davon aus, daß ein Gespräch von Angesicht zu Angesicht den Patienten bei seinen Bemühungen, seine unbewußten Konflikte zu verstehen, behindern würde. Freud hatte ferner erkannt, daß solche Faktoren

sächlichsten Einzelheiten des täglichen Lebens. Der Analytiker spricht selten einmal. Der Patient redet, während der Analytiker zuhört. Der Patient kann die Risse in der Decke anstarren, während er redet, aber reden muß er. Man kann fünfzig Minuten lang über alles, was man möchte, frei assoziieren, vier- oder fünfmal in der Woche, sechs oder sieben Jahre lang, während man eine lange Reise in die Vergangenheit unternimmt. Zurück durch längst vergessene Kindheitserlebnisse, durch unterdrückte Erinnerungen und unbewußte Konflikte, zurück durch einen Irrgarten bizarrer Träume und seltsamer Versprecher, bis schließlich vom Persönlichkeits-Gebäude des Erwachsenen alle Fassaden abgerissen sind und die Tünche der Höflichkeit entfernt ist, bis die „primären" Konflikte der Kindheit bloßgelegt sind. Und gegen Ende dieser Reise kennt der Patient jeden Riß und jede feinste Farbabstufung an der Decke des Arbeitszimmers seines Therapeuten in- und auswendig.

Von jener Ur-Couch in Wien ergossen sich einige der gängigsten und einflußreichsten Worte und Begriffe des zwanzigsten Jahrhundertes. *Es, Ich* und *Über-Ich; bewußt, unbewußt* und *vorbewußt*; die Interpretation von Träumen und die psychodynamische Bedeutung von Symbolen; Konzepte der Neurose und Psychose; der Ödipuskonflikt und die kindliche Sexualität; Verdrängung und Verleugnung; und eine umfassende Liste unbewußter Abwehrmechanismen. In überaus beeindruckender Genialität legte Sigmund Freud den Grund für das, was er die „Wissenschaft" der Psychoanalyse nannte. Auf sie gehen die meisten der heutigen Psychotherapieformen zurück.

In diesem ganzen Buch habe ich mich aus Platzgründen wenig darum bemüht, die psychophysiologischen Leiden einzelner Patienten bis zu Konflikten in der Kindheit zurückzu-

---

* wie sein eigener Gesichtsausdruck dem Patienten eine emotionale Botschaft übermitteln könnten und möglicherweise dessen Auseinandersetzungen mit seinen unbewußten Konflikten durcheinanderbringen oder verwischen könnten.

verfolgen. Stattdessen habe ich es vorgezogen, einfach festzustellen, daß solche Konflikte Teil des therapeutischen Gesamt-
bildes sind. Auf einige dieser Belastungen — wie Alkoholismus der Eltern, Verlust der Eltern, Eltern mit Alexithymie,
Mißbrauch und Vernachlässigung im Kindesalter — bin ich
jedoch, wenn auch nur beiläufig, eingegangen; nicht, weil sie
bei den Schwierigkeiten eines Erwachsenen mit menschlichem
Kontakt, mit Bluthochdruck oder Migränekopfschmerzen
keine bedeutende Rolle spielten, sondern vielmehr deshalb,
weil sie in der Vergangenheit von anderen psychoanalytischen
Theroretikern wie Franz Alexander so bewunderswert geschildert wurden. Tatsächlich unterstreicht eine der Kernthesen
dieses Buches, daß ich im wesentlichen mit der psychodynamischen Theorie Freuds übereinstimme, was die konflikthafte
Natur des Gesprächs für die meisten Patienten betrifft, die in
den Kreislaufveränderungen während des Sprechens zutage
tritt. Obwohl unsere transaktionale psychophysiologische
Therapie im Grunde auf zwischenmenschlicher Begegnung
beruht, stützt sie sich doch stark auf viele der — erstmals von
Freud formulierten — psychodynamischen Aussagen.*

Das Problem dieser psychodynamischen Formulierungen
liegt nicht so sehr in Freuds theoretischen Konzepten und seinem klinischen Scharfsinn; vielmehr entsteht es daraus, daß
Freuds Methode bei der Behandlung psychosomatischer Patienten nur eingeschränkt brauchbar ist. Außerdem hat Freud
sich kaum mit weitergehenden Fragen zur Natur des emotionalen Verstehens im Sinne gemeinschaftlicher menschlicher
Erfahrung auseinandergesetzt. Natürlich fehlten Freud unsere
technischen Möglichkeiten zur Überwachung des menschli-

---

* Das gleiche gilt für die Einsichten, die zuerst von Iwan Pawlow verbreitet
wurden. Wie in Kapitel 3 kurz skizziert, wurzelt ein Großteil meiner
Überlegungen in dem Pawlowschen Paradigma, wie es mir durch einen
von Pawlows Schülern, W. Horsley Gantt, beigebracht wurde. Ebenso
gibt es keinen Zweifel darüber, daß die Kreislaufveränderungen, die während des Sprechens bei Patienten beobachtet werden, im Grunde konditionierte, autonome Reaktionen sind, die durch Probleme aus früheren
Lebensabschnitten des Patienten ausgelöst werden.

chen Körpers, und folglich konnte er die dynamische Beziehung zwischen dem menschlichen Kreislauf und dem Sprechen nicht angemessen würdigen.

Als ich zum ersten Mal einem Psychiater vorführte, wie der Blutdruck beim Sprechen ansteigt, bemerkte dieser Kollege: „Nun, dann ist ja wohl klar, daß Freud wußte, was er tat, als er die Patienten zum Sprechen brachte! Indem er schwieg, schonte er wenigstens sein eigenes Kreislaufsystem. Vielleicht hat er unbewußt gespürt, was für eine Gefäßbelastung ein Gespräch von Angesicht zu Angesicht ist, und hat deshalb die für ihn einzig denkbare Methode gewählt, die seiner persönlichen Gesundheit zuträglich war."

Diese amüsante Mutmaßung, Freud hätte versucht, der Kreislaufbelastung durch das menschliche Gespräch zu entgehen, half mir zu begreifen, welches tieferliegende Problem in Freuds gesamtem Konzept menschlicher Gefühle enthalten ist. Die Kernaussage seiner Theorie ist, daß sowohl der Therapeut als auch der Patient menschliche Gefühle objektiv betrachten können und daß der Patient seine Emotionen rational verstehen kann, ohne je die Bedeutung verschiedener körperlicher Veränderungen empfinden, beschreiben oder begreifen zu müssen. Selbst wenn wir voraussetzen, daß Freud in dieser Hinsicht stark durch die Denkweise von Descartes beeinflußt war, müssen wir uns dennoch fragen, warum oder wie Freud einen so entscheidenden Fehler begehen konnte. Diese Frage brachte mich auf die Vermutung, diese besondere Blindheit Freuds könnte durch seine eigenen körperlichen Beschwerden verursacht sein — zumal Freud das Wechselspiel zwischen emotionalen Erfahrungen, der Natur menschlicher Gefühle und den dynamischen Verschiebungen in seinem eigenen Kreislaufsystem in bedenklicher Weise mißverstanden hatte.

Freud selbst litt zeitlebens an Kreislaufbeschwerden, die durch verschiedene unangenehme Begegnungen mit anderen Menschen ausgelöst wurden. Die Labilität seines eigenen Kreislaufs mag Freud davon abgehalten haben, seine Gefühle anders als in ausschließlich rationaler und objektiver Art zu erkunden und zu verstehen. Neben anderen Kreislaufbeschwerden hatte Freud lebenslang auch unter schweren Migräneanfällen zu leiden. Dieses Problem scheint zwar auf den ersten Blick wenig mit Freuds Gesamtsicht vom Wesen menschlicher Gefühlskonflikte zu tun zu haben, doch ich bin davon überzeugt, daß sein Konzept es Freud erschwert hat, in Gesprächen mit anderen Menschen seine eigenen Gefühle — insbesondere die negativen — korrekt wahrzunehmen. Wahrscheinlich hatte Freud die gleichen alexithymen Schwierigkeiten wie eigentlich jeder der in diesem Buch beschriebenen Patienten — das heißt, er war unfähig, seine eigenen Gefühle zu empfinden. Wie diese hatte auch Freud aller Wahrscheinlichkeit nach ein hyperreaktives Kreislaufsystem, das er nicht spüren konnte. Folglich wäre er nicht in der Lage gewesen, Einsicht über Geschehnisse und Begegnungen zu gewinnen, die stärkere Streßreaktionen in seinem Körper hervorriefen. Wie der in Kapitel 1 beschriebene Psychiater mit Bluthochdruck hätte Sigmund Freud die psychodynamischen Ursachen emotionaler Konflikte rational ausgezeichnet erfassen sowie vorzüglich verstehen und doch gleichzeitig unfähig sein können, seine eigenen Gefühle oder die der Patienten tatsächlich zu empfinden.

Diese Überlegungen müssen — besonders im Lichte der jüngsten Angriffe auf bestimmte Züge von Freuds Charakter — um einen weiteren Gedanken ergänzt werden. Freud muß, wie die Patienten, die ich beschrieben habe, mit großer Wahrscheinlichkeit zutiefst altruistisch gewesen sein und sich um andere gekümmert haben, ohne zunächst ausreichend für sich selbst zu sorgen.

Außer an Migräne litt Freud den größten Teil seines Lebens an neurozirkulatorischer Asthenie, einer Erkrankung, die durch Herzrasen und heftige Kreislaufreaktionen gekennzeichnet ist. Heute gilt als gesichert, daß die neurozirkulatorische Asthenie mit langanhaltenden oder extremen Angstzuständen einhergeht und gewöhnlich auch von Phasen äußerster Müdigkeit begleitet ist. Freud klagte häufig über Zeiten stärkster und vollständiger Erschöpfung.

Ernest Jones (ein Schüler Freuds) beschrieb Freuds Migräneattacken in seiner ausführlichen Biographie folgendermaßen:

Sein ganzes Leben lang war Freud das Opfer von Migräneanfällen, die ihn völlig außer Gefecht setzten und jeglicher Behandlung widerstanden. Es ist immer noch nicht bekannt, ob diese Beschwerden organischen oder funktionellen Ursprungs sind. Die folgende Bemerkung Freuds legt das erste nahe: „Es war, als ob all der Schmerz äußerlich wäre; ich war nicht mit der Krankheit identifiziert und stand über ihr." *Dies wurde geschrieben, als Freud zum Stehen zu schwach war, sich geistig aber völlig klar fühlte. Es erinnerte mich an eine ähnliche Äußerung, viele Jahre später, als ich ihn wegen einer schweren Erkältung bemitleidete:* „Das ist rein äußerlich; der innere Mensch ist unversehrt."[12] [Hervorhebungen hinzugefügt]

Freud beschreibt seine Migräne und seine Kopfschmerzen in der gleichen losgelösten Sprache, die auch die Patienten unserer Klinik benutzen. Der Schmerz wird nicht als „mein" Schmerz angesehen, sondern als eine Erscheinung, die jenseits oder außerhalb des persönlichen Identitätsgefühls liegt.

Des weiteren neigte Freud zu periodischen Ohnmachtsanfällen, die wahrscheinlich durch die gleiche labile Kreislaufverfassung hervorgerufen wurde, die auch zu seiner Migräne beitrug. Der vielleicht bekannteste Zwischenfall einer Ohnmacht ereignete sich 1912 in München, als Freud eine besonders unangenehme Begegung (die er in den Griff zu bekommen versuchte) mit seinem berühmten Kollegen Carl Gustav Jung hatte, der Freud, wie viele andere seiner Kollegen, zunächst tief bewunderte und sich später gegen ihn wandte. Freud schilderte seine Ohnmacht in München so:

Ich habe mich damit abgefunden, daß ich aufgrund meines Anfalls in München zum Anwärter auf die Ewigkeit erklärt werde. Kürzlich schrieb Stekel [einer der ersten Anhänger Freuds], *mein Verhalten zeige bereits* „scheinheilige Züge". *Sie alle können es kaum erwarten, aber ich kann ihnen das gleiche erwidern, was Mark Twain unter ähnlichen Umständen sagte:* „Berichte über meinen Tod sind stark übertrieben."[13]

Später schrieb Freud — mit weit größerer Einsicht, wie es scheint — über den gleichen Vorfall an Ludwig Binswanger, einen anderen Kollegen:

Mein Ohnmachtsanfall in München ist gewiß durch psychogene Faktoren ausgelöst worden, die somatisch noch stark unterstützt wurden (eine Woche voller Unannehmlichkeiten, eine schlaflose Nacht, das Äquivalent einer Migräne, die anstrengende Arbeit des Tages). Ich hatte schon etliche solcher Anfälle; jedesmal trugen — nach einem bißchen Alkohol, den ich nicht vertrage — ähnliche Ursachen dazu bei. Zu den psychischen Elementen gehört die Tatsache, daß ich bei zwei früheren Gelegenheiten, vor vier und sechs Jahren, in München an den gleichen Örtlichkeiten recht ähnliche Attacken hatte. Im Lichte einer höchst sorgfältigen Diagnose scheint es kaum möglich, meine Anfälle einer ernsteren Ursache zuzuschreiben, beispielsweise einem schwachen Herzen. Unterdrückte Gefühle, die diesmal gegen Jung gerichtet sind, *wie früher gegen seinen Vorgänger, spielen naturgemäß die Hauptrolle.*

Das in München erzielte Einvernehmen wird wohl kaum lange halten. Jungs Haltung schließt dies aus. Gerne würde ich jegliche persönliche Beziehung zu ihm aufkündigen und nur noch die förmliche Verbindung wahren. Im übrigen sieht es so aus, als habe mein Besuch in Kreuzlingen [dem Ort am Bodensee, wo Binswanger eine psychiatrische Klinik leitete] *Jung deshalb so sehr beunruhigt, weil er, wie er sagte, annahm, ich habe mich mit seinen Feinden, nämlich Ihnen und Haberlin, gegen ihn verschworen!*

Ich bitte Sie inständig, den Fortgang der Ereignisse zu verlangsamen, indem Sie über alles, was ihn und mich betrifft, strengstes Stillschweigen bewahren.[14] [Hervorhebungen hinzugefügt]

Alle Faktoren sind hier vereinigt: zwischenmenschliche Auseinandersetzungen; unterdrückter Ärger; körperliche Prädisposition. Doch gleichzeitig können wir beinahe hören, wie Freud verzweifelt nach einem auslösenden Mechanismus sucht. Denn bei dem Problem, dem er gegenüberstand, ging es nicht bloß darum, die psychodynamischen und zwischenmenschlichen Konflikte zu verstehen, die seinen Beschwerden zugrundelagen; vielmehr bestand seine Schwierigkeit darin, daß er vor seinen „Feinden" in Ohnmacht gefallen war — das bedeutet, er hatte sozusagen vor den Augen der Öffentlichkeit seine Karten schlecht gespielt —, und ebenso darin, wie er es vermeiden könnte, daß er sich durch Selbstanklagen unbarmherzig Schmerz zufügte. Die rückblickende Analyse seiner eigenen Konflikte hinderte ihn weder daran, in Ohnmacht zu fallen, noch hielt sie je eine seiner Migränen auf.

Dr. Richard Restak, ein Neurologe aus Washington, D. C., hat vor einiger Zeit darauf hingewiesen, daß Freuds Interesse an Kokain anfangs höchstwahrscheinlich zum Teil aus seinen „verzweifelten Versuchen" entstand, „sich von seinen Migränekopfschmerzen zu befreien."[15] Offensichtlich entgingen Freud hinsichtlich seiner Migräneattacken einige Tatsachen: Ihr Einsetzen fiel zeitlich mit seiner Pubertät zusammen, sie verstärkten sich akut, als er heiratete, und sie verschwanden im Alter.* Demnach schienen seine Anfälle auf den gleichen Problemen zu beruhen, die viele seiner Patienten quälten und die wahrscheinlich auch die Quelle seiner brillanten Erkenntnisse waren — nämlich Schwierigkeiten in seiner eigenen psychosexuellen Entwicklung.

Freuds Einsichten über Migräne treten wohl am deutlichsten in seiner psychologischen Biographie des amerikanischen Präsidenten Woodrow Wilson zutage, die freilich bis 1967, also fast 30 Jahre nach Freuds Tod, unveröffentlicht blieb.[16] Was Freud ganz offensichtlich an Woodrow Wilson faszinierte, waren dessen schreckliche Kämpfe gegen Migränekopfschmerzen. Vierzehnmal in seinem Leben brach Wilson gesundheitlich völlig zusammen, und er litt an chronischen Kopfschmerzen, Nervosität, Erschöpfung und Verdauungsstörungen — genau den gleichen Beschwerden, die auch Freud plagten. Als Freud die psychodynamischen Einzelheiten aus Wilsons Kindheit durchforstete, kam er zu dem Schluß, daß „der Konflikt zwischen Wilsons Feminität und seinem überzogenen Über-Ich, das forderte, er solle ganz und gar männlich sein" die tiefenpsychologische Wurzel seiner Probleme war.[17] Wenn man Freuds Leben sorgfältig untersucht, dann erscheint seine Analyse von Wilson als ein Akt der

---

* Genauso interessant ist die Tatsache, daß auch Wilhelm Fliess, einer der engsten Freunde Freuds, der zehn Jahre lang sein persönlicher Arzt war, an den gleichen Beschwerden litt. Sie schrieben einander regelmäßig über ihre Kopfschmerzen. Fliess behandelte Freuds Migräne, ohne Erfolg.

Selbstoffenbarung.* Es kommt mir allerdings nicht darauf an, die Schwächen Sigmund Freuds in den Mittelpunkt zu stellen oder zu enthüllen, daß seine Migräne durch emotionale Konflikte bedingt war. Läge dies in meiner Absicht, hätte ich ebensogut die gewichtige Beobachtung hinzufügen können, daß Freud auch nur ein Mensch war. Durch seine schweren Migräneattacken hatte Freud etwas mit Karl von Linné, Thomas Jefferson, Ulysses S. Grant, Alfred Nobel, Alexander Graham Bell, George Bernard Shaw, Upton Sinclair und Prinzessin Margaret gemeinsam — sie alle dürften auch an vergleichbaren psychodynamischen Konflikten gelitten haben oder leiden; zumindest glich oder gleicht ihr Kreislaufverhalten dem, was ich in diesem Buch beschrieben habe.

---

* Vor dem Hintergrund ihrer gemeinsamen Gesundheitsprobleme ist folgende Ergänzung äußerst interessant: Freud hegte eine leidenschaftliche Abneigung gegen Woodrow Wilson. Seine ablehnende Haltung war so stark, daß er sich — was zu seiner Anerkennung gesagt werden muß — genötigt fühlte, seine Leser am Anfang der Analyse von Wilson zu warnen. So schrieb er unter anderem: „Wenn ein Autor seine Meinung von einer historischen Persönlichkeit veröffentlicht, versäumt er es selten, seinen Lesern am Anfang zu versichern, daß er sich bemüht habe, sich von Vorurteilen und Abneigungen frei zu halten, daß er, wie es die schöne klassische Wendung ausdrückt, ,sine ira et studio' gearbeitet habe. Doch ich muß meinen Beitrag zu dieser psychologischen Studie von Thomas Woodrow Wilson mit dem Geständnis eröffnen, daß die Person des amerikanischen Präsidenten mir von Anfang an, als er über dem europäischen Horizont aufstieg, unsympathisch gewesen ist; und diese Aversion steigerte sich im Laufe der Jahre, je mehr ich über ihn erfuhr und je mehr wir in der letzten Zeit unter den Folgen seines Eindringens in unser Schicksal zu leiden hatten. ... Seit der Einfluß [William] Bullitts [Diplomat und Freuds Co-Autor] mich dazu brachte, das Leben des Präsidenten gründlicher zu untersuchen, blieb dieses Gefühl sicherlich nicht unverändert. Ein gewisses Maß an Sympathie entwickelte sich, aber von jener besonderen, mit Mitleid vermischten Sorte, die man empfindet, wenn man bei Cervantes über seinen Helden, den treuherzigen Ritter von La Mancha, liest."[18] Da Freud und Wilson ähnliche Schwierigkeiten mit Migräneanfällen hatten, spiegeln diese Bemerkungen meiner Ansicht nach wider, daß Freud unbewußt eine gleichartige Einstellung sich selbst gegenüber hatte.

Wenn ich über Freud spreche, muß ich jedoch seine Ansichten über ein Phänomen kritisieren, das er „Gegenübertragung" nannte und mit dem er in der Therapie Schwierigkeiten hatte. 1913 schrieb Freud als eine Antwort auf eine Frage zur Gegenübertragung:

Technisch gesehen ist sie eine der schwierigsten [Fragen] in der Psychoanalyse. Ich denke, diese ist auf theoretischer Ebene leichter zu lösen. Was man dem Patienten mitteilt, sollte in der Tat niemals ein spontaner Affekt sein, sondern immer bewußt zugemessen *und zwar mehr oder weniger, stets nach den jeweiligen Erfordernissen. Manchmal sehr viel, aber niemals aus dem eigenen Unbewußten. Das würde ich als die Grundformel betrachten. Mit anderen Worten: Man muß immer seine Gegenübertragung erkennen und über sie erhaben sein, nur dann ist man uneingeschränkt man selbst. Jemandem zu wenig zu geben, weil man ihn zu sehr liebt, heißt, dem Patienten gegenüber ungerecht zu sein, und ist ein technischer Fehler. All dieses ist nicht leicht und vielleicht erst möglich, wenn man älter ist.*[19] [Hervorhebungen hinzugefügt]

Deshalb sah Freud in der Couch die beste Möglichkeit, den Patienten gegen die unbewußten Gefühle des Therapeuten in der Gegenübertragung zu schützen. Doch alle verfügbaren Hinweise sprechen dafür, daß Freud selbst nicht sonderlich geschickt darin war, seine eigenen Gefühle zu empfinden, sondern sie eher in seinem übererregbaren Gefäßsystem vor sich verborgen hat. Es ist nicht schwierig, sich den therapeutischen Konflikt auszumalen, der sich daraus ergab: ein Konflikt zwischen den persönlichen Gefühlen, die der Patient ausdrückte, und Freuds versteckten, emotionalen Kreislaufreaktionen sowie seiner Unfähigkeit, seine eigenen Empfindungen oder die des Patienten zu spüren.

Ich glaube, diese Problem war es, das Freud davon überzeugte, ein Patient könne in der sozialen Isolation auf der Analytiker-Couch am besten etwas über seine Gefühle erfahren, indem er die psychodynamischen Kernfragen und die damit verbundenen psychischen Konflikte rational verstehe. Folglich wurden Gefühle auf Freuds Couch nicht erlebt, sondern als die Reste unpräziser, widerstreitender Gedanken analysiert, die vorher tief im Unbewußten begraben lagen. Die wesentlich zwischenmenschliche Natur menschlicher Gefühle ging verloren. Statt dessen erstarrten die menschlichen Gefühle durch die cartesianische Betrachtungsweise, die sie auf eine weltfern-ichbezogene Begegnung zwischen Kopf und Herz reduzierte.

Freuds *wissenschaftliche Analyse* der menschlichen Psyche wurzelte, was aber weitgehend unerkannt blieb, in einer erheblich weiter zurückreichenden philosophischen Tradition und war damit an die gleichen Leitsätze über physiologische Reflexe und Energieerhaltung gebunden, an denen sich auch eine weitere akademische Zentralfigur des zwanzigsten Jahrhunderts orientierte: Iwan Pawlow. Freuds Therapie wurde gerade deshalb für „wissenschaftlich" gehalten, weil sie das menschliche Subjekt zum Objekt machte. Sowohl der frei assoziierende Patient auf Freuds Couch als auch der Hund, der in Pawlows Isolationskammer Speichel absonderte, wurden aus ihrer natürlichen Umwelt herausgerissen und untersucht. Freuds und Pawlows Ansichten und die sozialen Konsequenzen ihrer Sichtweisen entstammten beide derselben Quelle — René Descartes.

Die Isolationskammer: Iwan Pawlow

„Seit er im Jahre 1936 gestorben ist, haben wir nichts verändert. Sie sehen, daß sein Büro genauso erhalten wurde, wie es war, als er zuletzt hier gearbeitet hat. Sein Nobelpreis liegt auch immer noch auf dem Schreibtisch. Sie werden sehen, daß sein Labor ebenfalls noch ganz dasselbe ist. Über vierzig Jahre lang ist nichts verändert worden."

Als wir mühsam die Betonwendeltreppe emporstiegen, die zu Iwan Pawlows berühmten Turmlaboratorien in Leningrad führte, hallte der dröhnende Baß meines russischen Gastgebers voll Stolz und Begeisterung von den kalten, steinernen Wänden wider. Er fuhr fort: „Es gibt viele andere wissenschaftliche Institute in Rußland, aber sich um Pawlows Institut zu kümmern — das ist die allerhöchste Ehre in der gesamten russischen Medizin." Als wir die Spitze des Turmes erreicht hatten, stieß mein Gastgeber die knarrende gußeiserne Tür auf, mit der Pawlow die Tierkammer gegen alle äußeren Geräusche abgeschirmt hatte, und sagte dann: „Sehen Sie selbst, erkennen Sie, wie außerordentlich Pawlows Weitblick war. Schon zu Beginn des zwanzigsten Jahrhunderts konnte er die ganze Zukunft deutlich vor sich sehen."

Dann lachte er herzlich, als ob er spürte, daß ich sein Entzücken teilte, und fragte schwungvoll: „Na, was sagen Sie jetzt?" Seine strahlenden dunklen Augen waren prüfend auf mein Gesicht gerichtet, als er, ohne eine Antwort abzuwarten, weitersprach: „Sie müssen mit uns nach Georgien fliegen, um unser schönes Land zu erleben. Es wäre eine große Ehre für meine Familie, Sie dorthin führen zu dürfen. Ich freue mich so, einen von Professor Gantts Schülern zu treffen. Ohne Zweifel haben Sie von Ihrem geschätzten Lehrer alles über Pawlow erfahren! Aber stellen Sie sich nur vor — stellen Sie sich vor! Pawlow hat dies hier errichtet, lange bevor andere diese neue Wissenschaft begriffen haben. Und wir haben nichts verändert!"

Ein drückender, kalter und bleierner Himmel hing über Leningrad, während ich dort war; und das Innere des Raumes, in dem Pawlow seine Tierexperimente durchgeführt hatte, war kühl und feucht, einem Leichenschauhaus nicht unähnlich. Die letzten Oktobertage gingen dahin, und die polare Kälte, die einem das Blut in den Adern erstarren ließ, bildete einen scharfen Gegensatz zu der Wärme und Freundlichkeit meines Gastgebers.

Im weiteren Verlauf unseres Rundgangs durch Pawlows Laboratorium begannen meine Gedanken in die Ferne zu schweifen, hin zum größeren Kontext der Stadt und des Landes, in denen es beheimatet war. Legionen von Leibeigenen hatten in den sumpfigen Landzungen des Golfs von Finnland endlose Kanäle durch den vereisten russischen Torf und Morast gezogen und so weite Sumpfgebiete entwässert, um ihr Venedig des Nordens zu schaffen. An diesem abschreckenden Ort, wo ein halbes Dutzend sagenumwobener russischer Flüsse entspringt, erbauten sie eine prachtvolle Stadt und machten sie zur Winterresidenz ihrer Zaren. Dieser Stadt war es bestimmt, die Geburtsstätte der bolschewistischen Revolution zu werden, getränkt mit dem Blut namenloser Leibeigener; sie waren gekommen, um ihrem Zaren im Anbruch des zwanzigsten Jahrhunderts zu huldigen, nur, um mit Klingen und Kugeln empfangen zu werden. Schließlich wurde Petersburg zu Leningrad; und im Zweiten Weltkrieg ertrug diese Stadt, gestürzt in unbeschreibliche Schmerzen und Leiden, 900 Tage Belagerung, bei der schätzungsweise 1,25 Millionen ihrer Bewohner umkamen. Als ich an die gewaltsamen Umwälzungen und radikalen Umbrüche dachte, die diese Stadt überdauert hatte, konnte ich mich nur wundern, daß in einer Nation und einer Stadt, die keinen Mangel an Helden hatten, Iwan Pawlow, ein reiner Physiologe, dennoch ein echter russischer Held war.

Als Sohn eines russischen Priesters und erster Nobelpreisträger unter seinen Landsleuten wurde Pawlow durch die Entdeckung des bedingten Reflexes weltberühmt. Während Maschinengewehrfeuer und Kanonen durch die Straßen von Leningrad hallten und den Beginn der Revolution anzeigten, führte Iwan Pawlow in der klostergleichen Stille seines Laboratoriums seine eigene Revolution durch. Er träumte davon, einen Wallgraben um seinen Turm zu bauen, damit das Rumpeln der Geschütze vom Wasser absorbiert würde und so die Vibrationen vermindert und die Kampfgeräusche gedämpft würden. Er scheute keine Mühe, wenn sie nur dazu beitrug, die wissenschaftliche Genauigkeit seiner Experimente zu gewährleisten. Die Speicheltropfen, die als Antwort auf einen konditionierten Reiz aus der Parotisdrüse strömten, waren viel zu kostbar, als daß sie durch die militärischen Auseinandersetzungen, die auf den Straßen tobten, hätten gestört werden dürfen. Jede Unruhe in der äußeren Umgebung konnte die konditionierte Speichelsekretion verändern und mußte deshalb kontrolliert werden. Während die Revolution die alte Ordnung stürzte, blieben Pawlows Hunde in ihren Turmzimmern, isoliert von allen äußeren Reizen mit Ausnahme derer, die exakt gemessen werden konnten. Diese Hunde lieferten das wissenschaftliche und philosophische Rüstzeug, das später ein grundlegender Bestandteil der neuen sozialistischen Ordnung werden sollte.*

Lenin suchte nämlich in Pawlows Arbeit Rückhalt für seine Definition des neuen Sowjetmenschen, der im dialektischen Materialismus wiedergeboren würde und Teil einer neuen sozialistischen Ordnung wäre, welche die Arbeiterklasse aus jahrhundertelanger Sklaverei und dem philosophischen Staatskorsett der herrschenden Elite befreien würde.** Keine bourgeoise Philosophie mehr und keine versklavenden Rechtsgrundsätze! Religionen sollten nicht länger das „Opium fürs Volk" sein!

---

* Einer von Pawlows Forschungsassistenten bezeugte die bemerkenswerte Beharrlichkeit seines Lehrers: „Während der Revolution war es sehr schwierig, überhaupt zum Laboratorium zu gelangen, weil unter anderem oft in den Straßen gekämpft und geschossen wurde. Trotzdem war Pawlow im allgemeinen anwesend, selbst wenn außer ihm niemand dort war. Eines Tages, als ich mit ungefähr zehn Minuten Verspätung zu einem Experiment eintraf, war Pawlow bereits rechtzeitig da, obwohl sonst niemand gekommen war. Als er sah, daß ich unpünktlich war, kam er gleich in seiner üblichen Lebhaftigkeit auf mich zu: ‚Warum sind Sie zu spät?' Ich fragte ihn, ob er nicht wüßte, daß draußen eine Revolution stattfand. ‚Was bedeutet schon eine Revolution, wenn Sie Arbeiten im Labor zu erledigen haben!' "20.

Ich muß unterstreichen, daß Pawlow als Person ein Rätsel war. Er war weder Kommunist noch Sozialist und bestürzt über die Umwälzungen in seinem Land und die Exzesse der Revolution. Als ein Porträt des Prinzen von Oldenburg aus seinem Institut entfernt und auf einen Müllhaufen geworfen wurde, rettete er das Bild und hängte es in seinem eigenen Büro auf. Pawlow war mutig genug, die Rechtschaffenheit und Unerschrockenheit seines in Ungnade gefallenen Wohltäters zu einer Zeit zu verteidigen, als ein solcher Widerstand zur Hinrichtung führen konnte. Später jedoch kam er zu der Überzeugung, daß die bolschewistische Revolution das Los des russischen Durchschnittsbauern verbessert habe, und in diesem Sinne unterstützte Pawlow ihre Ideale.

** Dankbar unterzeichnete Lenin im Jahre 1921 eine Verfügung, die die Regierungsbehörden anwies, „so bald wie möglich die günstigsten Bedingungen für die Sicherung der wissenschaftlichen Arbeit des Akademiemitglieds Pawlow und seiner Mitarbeiter zu schaffen". Die gleiche

414

Was sah Lenin in Pawlows Forschung, die George Bernard Shaw nur lachend als viel Lärm um nichts abgetan hatte, als eine bloße Wiederentdeckung von Tricks, die Tierbändiger schon seit Jahrhunderten benutzten? Warum gefielen Pawlows isolierte Hunde den Anführern der neuen sozialistischen Revolution?

Lenin sowie seine Wegbereiter Marx und Engels hatten sehr genau erkannt, daß nur eine bestimmte Art von Tieren in einer Gesellschaft lebt — Tiere, die „sozial" sind. Außerdem waren sie davon überzeugt, daß das Verhalten und die Werthaltungen der Menschen ganz und gar von den Umweltbedingungen (einschließlich der ökonomischen) abhingen, unter denen sie lebten. Marx hatte deshalb gefordert, daß der Staat als Repräsentant des sozialen Kollektivs sich — zum wirtschaftlichen Wohle aller — dieser Bedingungen bemächtigen müsse. Marx hatte erlebt, wie im neunzehnten Jahrhundert die Arbeiterklasse in Europa und die Bauern in Rußland dazu verleitet wurden, sich in ihr erbärmliches Lebensschicksal zu fügen, wobei ihre Ausbeutung durch die Propaganda

---

Verfügung trug einer Behörde auf, Pawlow und seine Frau mit doppelten Nahrungsrationen zu versorgen — und dies in einer Zeit, in der viele Menschen dringend Lebensmittel benötigten.

1935 fand der 15. Internationale Kongreß für Physiologie in Leningrad statt. Im Anschluß an die Tagung wurde von der sowjetischen Regierung für die ausländischen Gäste ein Empfang im Kreml gegeben. In einer Rede an die Abordnung sagte Pawlow: „Wie außergewöhnlich günstig ist die Stellung der Wissenschaft in meinem Vaterland! Ich möchte nur ein Beispiel geben, um die Beziehung zu veranschaulichen, die in unserem Land zwischen Regierung und Wissenschaft entstanden ist. Wir, die Leiter der wissenschaftlichen Institutionen, sind wirklich beunruhigt und fühlen uns unangenehm berührt angesichts der Frage, ob wir imstande sind, all die Mittel, die uns die Regierung zur Verfügung stellt, zu rechtfertigen oder nicht. Wie sie wissen, bin ich von Kopf bis Fuß ein Experimentator. Mein ganzes Leben bestand aus Experimenten. Unsere Regierung ist ebenfalls ein Experimentator, nur auf einer unvergleichlich höheren Ebene. Ich wünsche mir sehnlichst, so lange zu leben, daß ich die siegreiche Vollendung dieses *historischen sozialen Experimentes* noch erlebe."[21] (Hervorhebungen hinzugefügt).

der herrschenden Elite — das heißt, durch philosophische Lehren, religiöse Strukturen und wirtschaftliche Macht — unnachgiebig verschärft wurde. Gleichzeitig glaubte Marx, daß ein revolutionärer Umsturz nicht nur möglich, sondern sogar unvermeidlich sei, als Endergebnis sozialer Entwicklungskräfte, die schließlich zu einer neuen sozialen Synthese führen würden. Marx' Gedanken waren in der Wissenschaft des neunzehnten Jahrhunderts verwurzelt und in besonderem Maße mit Charles Darwins umwälzenden Ideen geistesverwandt. (Auch heute noch steht übrigens eine Statue von Darwin an dem Fußweg, der zu Pawlows Institut führt.) In seiner Grabrede auf Karl Marx stellte Engels fest:

Genau wie Darwin das Entwicklungsgesetz der organischen Natur entdeckte, fand Marx das Entwicklungsgesetz der menschlichen Geschichte: die einfache Tatsache, die bislang durch die alles überwuchernde Ideologie verdeckt wurde, daß der Mensch zunächst einmal Essen, Trinken, Obdach und Kleidung braucht, bevor er der Politik, Wissenschaft, Kunst oder Religion und so weiter nachgehen kann; daß deshalb die Produktion der unmittelbaren materiellen Mittel zur Selbsterhaltung und folglich der Grad wirtschaftlicher Entwicklung, die von einem bestimmten Volk oder während einer bestimmten Epoche erreicht werden, die Grundlage bilden, auf welcher sich die staatlichen Institutionen, die Vorstellungen von Kunst und sogar von Religion des betreffenden Volkes entfaltet haben und in deren Licht sie infolgedessen erklärt werden müssen — statt umgekehrt, wie es bisher der Fall war. . . . So war der Mann der Wissenschaft. Aber dies machte ihn nicht einmal zur Hälfte aus. Wissenschaft war für Marx eine geschichtsdynamische, revolutionäre Kraft. [22]

Welche revolutionäre Wissenschaft sollte bald die Hälfte der Erdbevölkerung dazu bringen, unter der absoluten Herrschaft staatlich gelenkter Bürokratien zu leben? Welche Art von Wissenschaft brachte Marx zu der Überzeugung, daß er bloß das Sprachrohr einer Entwicklungskraft war, die unabwendbar zu einer neuen sozialen Ordnung führen würde? Wie Engels in seiner Grabrede verdeutlichte, entsprang die Quelle des Marxschen dialektischen Materialismus, der Urquell der neuen sozialistischen Ordnung, der Wissenschaft und war mit Darwins Vorstellungen von Evolution nahe verwandt.* Karl Marx hatte etwas über Wissenschaft und die wissenschaftliche Methode abgeleitet, das weit über die Beobachtungen in Laboratorien hinausging: *Die wissenschaftliche Methode war das Gestaltungsprinzip der neuen sozialen Ordnung.* Zwar wußte Marx nicht zu würdigen, daß Descartes zu seiner *Abhandlung über die Methode* genau die gleiche Aussage traf, doch er erfaßte die Konsequenzen dieser philosophischen Sicht. Gerade Descartes' Vorstellung vom menschlichen Körper war es, die Marx dazu brachte, ein theoretisches System zu errichten, zu dessen zentralen Lehrsätzen die Überzeugung gehört, daß — nach dem Vorbild von Descartes' seelenlos lebendem Tierorganismus — das Bewußtsein ein Nebenprodukt der körperlichen Strukturen ist und der Staat oder die Bürokratie eine Art lebendiger Organismus. Nach Marx' Ansicht brauchen weder ein Staat noch einzelne Körper eine Seele. So wurde die moderne, seelenlose „Staatskörperschaft" geboren. Die Darwinsche Evolutionstheorie beispielsweise wurde von Marx nicht nur als Möglichkeit angesehen, die materialistischen Anfänge der Menschheit zu begreifen, sondern sich, was noch bedeutsamer ist, auch auszudenken, wie sich Gesellschaften unweigerlich entwickeln müßten. Die Arbeiter hatten die Macht, sich zu einer kollektiven Antriebskraft der sozialen Evolution zu vereinigen, die unausweichlich die herrschende Elite stürzen würde.

Pawlows wissenschaftliche Forschung (die anfangs, in der Zeit des Zaren, vom russischen Adel gefördert wurde) erbrachte genau die Art von Daten, welche die neue soziale Ordnung brauchte; denn seine Experimente zum bedingten Reflex lieferten einen grundsätzlich neuen Sinnzusammenhang zur Interpretation der sozialen Umwelt. Pawlow betrachtete „soziale Stimuli" lediglich als einen komplexen Satz

---

* Das philosophische Erbe der Marxisten kann bis auf die Lehren Hegels und seine Ausführungen zur Dialektik (die ihrerseits wiederum auf den philosophischen Schriften Rousseaus basierte) zurückverfolgt werden; Marx ersetzte den dialektischen Idealismus seines Lehrers durch den dialektischen Materialismus der Wissenschaft.

von Umgebungsreizen, die im Organismus bedingte Reaktionen auslösten. Der Charakter der konditionierten Reaktionen auf die „sozialen Stimuli" war von vorausgegangenen Erfahrungen (das heißt, von früheren Konditionierungen) abhängig. Es war exakt die gleiche Auffassung, die Marx für den Bereich der Politik verkündet hatte. Die Arbeiterklasse war durch eine Vielfalt bürgerlicher Strukturen (etwa Religion, Erziehung und Recht) konditioniert worden, ihr wirtschaftliches Elend hinzunehmen: Als Weg, eine solche Konditionierung zu ändern, schlug Marx daher vor, das Wirtschaftssystem umzustürzen, das die für das Elend verantwortlichen Umgebungsbedingungen aufrechterhielt und kontrollierte. Es würde eine Revolution stattfinden müssen, die das soziale Bewußtsein der Arbeiterklasse wandelte. Pawlows isolierte Hunde lieferten das wissenschaftliche Beweismaterial, mit dem man erklärte, wie die Umgebung festlegt, auf welche Reize ein Hund Speichel absondert. Doch nicht nur das. Man folgerte weiterhin daraus, auf welche Stimuli hin auch die Arbeiterklasse — so wie sie nun einmal war — „Speichel absonderte".

Eine andere naheliegende Konsequenz aus den Experimenten Pawlows entging anfangs der allgemeinen Aufmerksamkeit. In einem tieferen Sinn setzten die Experimente stillschweigend voraus, daß lebende Organismen lediglich ein „Inneres" haben, das genetisch darauf programmiert ist, auf äußere Reize gleichförmig zu reagieren; das heißt, es gibt keine wirkliche oder „sinn-volle" Welt, sondern nur eine Welt, auf die lebendige Organismen konditioniert sind. Genau das war, wie Engels in seiner Grabrede gesagt hatte, die eigentliche Einsicht, die Marx gewonnen hatte, und es war darüber hinaus die weiterreichende Schlußfolgerung aus Pawlows Entdeckung. Die Evolution von Politik, Kunst, ökonomischen Strukturen und der Religion hing jeweils von der Konditionierung durch die Umwelt ab. Es gab keine Wahrheiten *a priori*, keine vorherbestimmten Gebote, keine von vornherein gegebene Ordnung oder erhabene theokratische Vollmachten, wie sie die herrschende Elite für sich in Anspruch genommen und mit überkommenen philosophischen und religiösen Strukturen gerechtfertigt hatte. Im Gegenteil, diese Strukturen wurden selbst nur als hochkomplexe Konditionierungssignale angesehen, die dazu bestimmt sind, das Verhalten der Menschen zu beeinflussen.

Zugleich bewirkten Pawlows Experimente in Verbindung mit der marxistischen Philosophie aber auch, daß die Vorstellung vom Menschen als Individuum ausgelöscht wurde, da der Mensch in der neuen sozialistischen Ordnung als Wesen definiert wurde, das lediglich auf Umweltreize reagierte. Verschwunden war also die Vorstellung, daß es wirkliche und wesentliche menschliche Beziehungen gäbe — vermittelt durch den emotionalen Dialog, das heißt, den individuellen und den universellen Logos der alten Griechen. Auch die Mittel und Wege der Menschen, sich in natürlicher Weise aufeinander und auf ihre äußere Umgebung zu beziehen, waren verlorengegangen. In einer seltenen Ironie des Schicksals fanden die sozialistische Revolution und die neue soziale Ordnung ihre Erklärung für das Wesen *sozialer* Beziehungen ausgerechnet in der Isoliertheit einer Pawlowschen Kammer. Der einzelne Mensch wurde als „höheres" Tier angesehen, das so geschaltet ist, daß es auf ein breites Spektrum komplexer Umweltsignale (einschließlich anderer Menschen) reflexhaft reagiert; die menschlichen Beziehungen selbst konnten durch den Staat bestimmt werden, der die Umwelt zum wirtschaftlichen Wohl der Gemeinschaft unter Kontrolle hielt.*

Wenn die Ausdehnung von Pawlows Konzept der Reflexe auf soziale Beziehungen radikal erscheint, dann nur deshalb,

---

* Bewohner westlicher Länder glauben gern, daß nur die Bürger totalitärer Staaten Opfer der Propaganda ihrer Regierungen und der Umweltmanipulation seien; doch eine ähnliche soziale Konditionierung hatte in nicht-kommunistischen Ländern einen ebenso tiefgreifenden Einfluß auf die menschlichen Beziehungen. Dieser Einfluß hilft zu erklären, warum in der westlichen Welt das Familienleben zerfällt und Einsamkeit und Entfremdung zunehmen; denn die Menschen versuchen überall, ihre Beziehungen nach Maßgabe der neuen „sozialen" Philosophie und der wissenschaftlichen Technologie des zwanzigsten Jahrhunderts neu zu ordnen.

weil schon die zugrundeliegenden physiologischen Theorien über den menschlichen Körper radikal waren. Wie Pawlow selbst richtig bemerkte, wurde die Idee des Reflexes zum ersten Mal im siebzehnten Jahrhundert von René Descartes formuliert. Im Gegensatz zu vielen anderen Wissenschaftlern, die philosophische Hintergründe oder Konsequenzen ihrer Arbeit außer acht ließen, sah Pawlow in dieser Hinsicht wenigstens klar. Ganz am Anfang seines Werkes *Konditionierte Reflexe* schrieb er:

Der Physiologe muß seinen eigenen Weg gehen, dort entlang, wo bereits ein schmaler Pfad für ihn markiert wurde. Vor 300 Jahren entwickelte Descartes die Idee des Reflexes. Von der Annahme ausgehend, daß Tiere sich einfach wie Maschinen verhielten, betrachtete er jede Aktivität des Organismus als eine notwendige Reaktion auf irgendeinen äußeren Reiz, wobei die Verbindung zwischen dem Stimulus und der Reaktion durch eine festgelegte Nervenbahn hergestellt wurde; und diese Verbindung, behauptete er, sei der eigentliche Zweck der Nervenzellen im tierischen Körper. Dies war die Basis, auf der die Untersuchungen des Nervensystems fest verankert wurden. . . . Descartes' Konzept des Reflexes wurde in den hier vorliegenden Studien ständig und gewinnbringend angewandt.[23]

Der Umstand, daß Descartes' Vorstellungen letztlich sämtliche modernen Theorien über den Körper durchdringen, macht deutlich, warum Pawlows Auffassungen auch in solchen Ländern schnell übernommen wurden, die an gänzlich anderen politischen und ökonomischen Systemen festhalten.

DER POLITISCHE KÖRPER

Vor 2000 Jahren, als Aristoteles erstmals den Begriff des Staatskörpers formulierte, legte er die Vision einer griechischen Gesellschaft vor, in der die Menschen die Möglichkeit und Fähigkeit hatten, in Einigkeit und Harmonie miteinander zu leben, weil sie ein Wesensmerkmal gemeinsam hatten — den Logos. Obwohl heute die Hauptzüge dieser alten griechischen Vorstellung weitgehend in Vergessenheit geraten sind, hat sich seltsamerweise ein allgemeines Einverständnis mit einem Teil von ihr erhalten. Denn trotz stark voneinander abweichender wirtschaftlicher und politischer Systeme besteht eigentlich kein Unterschied darin, wie kommunistische, sozialistische und kapitalistische Systeme den menschlichen Körper betrachten. Die wissenschaftliche Medizin ist heutzutage in Washington nicht wesentlich anders als in Moskau, in Peking oder Paris, London oder Leningrad, Berlin oder Bukarest, Tokio oder Tanger. In Warschau und Rom, in Neu-Delhi und New York werden für Migränekopfschmerzen und Bluthochdruck dieselben Medikamentengattungen verschrieben. Alle teilen die cartesianischen Ansichten über den menschlichen Körper. Es gibt auch keine wesentlichen Unterschiede darin, wie man den Einfluß von sozialen und Umweltfaktoren auf den Körper einschätzt. Letztlich stimmt man allgemein überein, daß der Körper eine in sich abgeschlossene, homöostatisch selbstgesteuerte, auf Reflexe vorprogrammierte und zur Selbsterhaltung bestimmte Maschine ist. Erschreckend ähnlich sind darüber hinaus auch die Auffassungen über die Natur sozialer Beziehungen, zumindest soweit sie den menschlichen Körper betreffen.*

---

* Diese Situation führt zu der überraschenden Schlußfolgerung, daß die einzelnen Nationen nicht mehr glauben, politische, ökonomische und philosophische Unterschiede hätten irgendeinen Einfluß auf die allgemeine Gesundheit ihrer Bürger. Andernfalls würde man den Tatsachen erlauben, für sich selbst zu sprechen, und Lebenserwartungs- oder Gesundheitsstatistiken anführen, um das politische System eines bestimmten Staates zu untermauern. Da solche Statistiken nicht zur Rechtfertigung politischer Systeme herangezogen werden, können wir schließen, daß heute nahezu alle Nationen die Vorstellung übernommen haben, der Körper sei eine genetische Maschine. So kommt es, daß steil angestiegene Sterblichkeits- und Krankheitsziffern durch Erkrankungen wie Bluthochdruck bei armen Bevölkerungsgruppen, etwa schwarzen Amerikanern oder in Ländern der Dritten Welt, als körperliche Probleme betrachtet werden. Ghettos sieht man als Ursache für soziale, psychische, geistige, ökonomische und zwischenmenschliche und sogar gesundheitliche Störungen an; diese sind aber auf Umgebungsbedingungen wie eine schlechte sanitäre Versorgung und Infektionskrankheiten zurückzuführen und nicht auf spezifische soziale Abweichungen im Verhältnis zur Gesamtgesellschaft. Ein Standpunkt, der die Verknüpfung zwischen sozia-

Wie also setzen Nationen ihre Vorstellungen vom Staatswesen fest, wenn ihre Ansichten über den menschlichen Körper alle mehr oder weniger übereinstimmen? Weichen unsere Sichtweisen des „Staatskörpers" wirklich so weit voneinander ab? Sind die Unterschiede im Westen einfach ein philosophisches Relikt aus einer Zeit vor Descartes?

Wie ich in Kapitel 2 zu bedenken gab, ist die Entwicklung des zwanzigsten Jahrhunderts, die eine Messung des Blutdrucks beim Menschen erlaubte, nur eine kleine technische Kräuselung auf der philosophischen Flutwelle, die Descartes drei Jahrhunderte früher ausgelöst hatte. Viel bedeutsamer als die Technologie, die man zur Messung fließenden Blutes einsetzte, war der erstaunliche Gedanke, daß Blut überhaupt einen Druck hatte, der mathematisch vollständig definiert werden konnte. Die Übernahme dieser Überzeugung, die wiederum die Anerkennung der allgemeinen Prämisse widerspiegelte, daß die Biologie gänzlich in Mathematik und Physik aufgehen konnte, erwies sich als ein machtvolles Organisationsprinzip aller modernen Gesellschaften. Denn wenn der menschliche Körper durch eine wissenschaftliche Methode, welche die Wirkweisen verschiedener Organe systematisch entwirrt und voneinander löst, vollkommen begriffen werden kann, dann kann auch auf einer höheren Ebene die Gesellschaft selbst in ähnlicher Manier lediglich als komplexes Gefüge einer Ansammlung von Körpern aufgefaßt werden. Sozial-, Unternehmens- und Regierungsbürokratien wurden mit der Bestimmung geschaffen, nach den gleichen Prinzipien

lem Leben, menschlichem Gespräch und Gesundheit anerkennt, würde uns zwingen, uns mit dem beunruhigenden Gedanken auseinanderzusetzen, daß wir uns selbst — wenn wir an die Verbindung zwischen körperlicher Gesundheit und dem gemeinschaftlichen Gespräch glauben — als Mitwirkende bei einen Angriff auf unsere Mitmenschen sehen müßten. So ist es nicht verwunderlich, daß wir auch weiterhin das Ausscheidungssystem und einen unausgeglichenen Salzhaushalt für den Bluthochdruck verantwortlich machen. Die Alternative ist, uns selbst als Angehörige und Teilhaber eines sozialen Systems zu betrachten, das bestimmten Mitgliedern zehn oder mehr Jahre ihres Lebens nimmt.

zu arbeiten, die auch das Funktionieren einzelner Körper steuern. Jeder Teil der Bürokratie sollte seine eigene Funktion haben, die der automatischen Lösung spezieller Probleme zu dienen hatte. All diese Teile wurden zusammengeschaltet, um so die übergreifenden Aufgaben des „Gesamtkörpers" zu bewältigen.

Zunächst entfachte diese Überzeugung in den westlichen Gesellschaften großen Optimismus und viele Hoffnungen. Zahlreiche Leute nahmen an, man könne Menschen so organisieren, daß sie imstande wären, alle Probleme zu lösen, einschließlich derer, die mit Gesundheit zu tun haben. Die umfassende Organisation der Bürokratie sollte durch die aufgeklärte menschliche Vernunft bestimmt werden, die sich eifrig der Aufgabe widmete, Schwierigkeiten in strikter Übereinstimmung mit den Prinzipien der wissenschaftlichen Methode zu lösen. Der allgemeine Grundentwurf zu diesem Vernunftglauben stammt, wie gesagt, von Descartes. Er war ein Versuch, eine neue Medizin und davon ausgehend eine neue politische Ordnung zu schaffen, die auf dem Grundsatz beruhte, daß lebende Körper verstanden werden könnten, indem man sie in ihre Einzelteile zerlegt. Descartes trat entschieden dafür ein, daß alle Körper — seien sie tierischer, menschlicher, sozialer oder politischer Natur — mittels Mechanismen funktionieren, die rational — das heißt, objektiv — durchschaut werden können. Außerdem war Descartes fest davon überzeugt, daß komplexe Körper — einschließlich des menschlichen — so aufgebaut sind, daß sie interne Lösungen für ihre eigenen Probleme liefern: Jedes Teil, jede einzelne Komponente des Körpers reagiert auf die hydraulischen Anforderungen der anderen Teile. Andernfalls, so behauptete Descartes, seien komplexe Körper nicht in der Lage, ihre Integrität als Einheit zu erhalten, und würden zerfallen. Diese optimistische Anschauung führte zu der stillschweigenden Annahme, daß es für alle menschlichen Zwangslagen eine rationale Lösung gebe. Doch im zwanzigsten Jahrhundert, als ein Staatssystem eine rationale „End*lösung*" für seine Juden„frage" darin sah, Millionen menschlicher — das heißt, maschinenartiger — Körper kalt

423

und rationell auszurotten, da war es just diese Annahme, die den Holocaust anheizte. Auschwitz und andere Konzentrationslager hinterließen körperlichen Abfall, und das durch diese Lager zur Verfügung gestellte Arbeitskräftereservoir gequälter und gepeinigter Menschen wurde von kapitalistischen „Körperschaften" leidenschaftslos ausgenutzt. Nach all dem war nur zu offenkundig, daß es nichts notwendigerweise Heiliges — oder auch nur Menschliches — mehr an menschlichen Körpern, menschlichen Gemeinwesen oder dem menschlichen „Staatskörper" gab. Auch zwischen den amoralischen, mechanischen Arbeitsweisen eines menschlichen Körpers und dem amoralischen, mechanischen Funktionieren von Unternehmens- und Staatsbürokratien gab es keine Unterscheidung mehr.* Alle wurden gleichermaßen als Wirkgefüge angesehen, die zum Lösen von Problemen gedacht waren. Im einen Fall war das Problem die innere Steuerung, im anderen die wirtschaftliche und soziale Regulierung. So hatte sich die Definition dessen, was es bedeutet, ein Mensch zu sein, im Laufe dreier Jahrhunderte langsam, aber sicher gewandelt. Im zwanzigsten Jahrhundert erhoben sich die Menschen triumphierend über die Natur. Sie hatten beachtliche Macht, eine beliebige Anzahl physikalischer Körper — einschließlich ihres eigenen — zu beherrschen, waren aber ihrer eigenen Natur und ihrem Organismus derart entrissen und entfremdet, daß jeder Mensch völlig allein zurückblieb. In gewissem Sinn ist der Mensch sein eigener universeller Logos geworden; die Fleischwerdung war ins Gegenteil verkehrt worden,

---

* Zwar betrachten immer noch viele Leute den Holocaust als einen erschütternden und irrationalen Akt, der von ein paar perversen Verrückten geschickt eingefädelt wurde, doch die Tatsachen zeigen eine andere Wirklichkeit. Die modernen Gesellschaften haben ihr Vertrauen in die gewaltigen mechanistischen Bürokratien gesetzt, die arbeiten, ohne die moralischen Implikationen ihres Handelns zu bemerken. Die Folgen der Billigung dieser Bürokratien sind von Hannah Arendt[24], Raul Hilberg[25], Richard Rubenstein[26] und anderen Autoren gründlich untersucht worden, doch die tieferliegenden Wurzeln dieses für unsere Zeit spezifischen Problems blieben dabei unüberprüft.

denn die Menschen waren zu dem Glauben gelangt, daß ihr Geist das Räderwerk der Natur beherrschte.

Das Leben und der menschliche Dialog

Zu Beginn dieses Kapitels habe ich angedeutet, daß wir kurz davor stehen, die Geburt einer neuen Art von Klinik mitzuerleben. Diese Klinik beruht nicht nur auf der Sichtweise, daß der menschliche Körper mehr als eine Ansammlung komplizierter und isolierter biologischer Mechanismen ist, die repariert werden müssen, sondern sie setzt auch voraus, daß der menschliche Körper unauflöslich mit dem menschlichen Gespräch verknüpft ist und tiefgreifend von ihm beeinflußt wird. Doch wie Foucault in seiner historischen Skizze vermutete, daß das Zusammenfließen philosophischer, sozialer und wissenschaftlicher Fragen die Entstehung der ersten Klinik im achtzehnten Jahrhundert gefördert habe, so ist auch die Geburt einer Behandlungsform, wie ich sie in diesem Buch beschrieben habe, Teil einer viel tiefergreifenden weltanschaulichen Veränderung, die weit über das hinausgeht, was in unseren Entdeckungen über die Verbindungen zwischen der menschlichen Sprache und dem Herzen enthalten ist. Denn wie die Geschichte des zwanzigsten Jahrhunderts nahelegt, hat die Vorstellung, der menschliche Körper sei bloß ein Verbund komplizierter Mechanismen, uns an den Abgrund geführt und schreit jetzt nach einem Wandel.

Die Geschichte bestätigt nun als stummer und schmerzerfüllter Zeuge die Tatsache, daß die Menschheit weder ausschließlch durch Gefühle noch allein durch Vernunft zu retten sein wird. Gefühle und Vernunftgründe führen, sofern sie in menschlichen Belangen zum Extrem getrieben werden, vor allem, wenn sie unverbunden nebeneinander bestehen, unweigerlich zur Unmenschlichkeit des Menschen gegenüber dem Menschen. Das war nicht Descartes' Zielvorstellung, als er seine neue Philosophie ausarbeitete. Er wollte eine neue Gesellschaft und eine neue Medizin erschaffen, welche die Unwissenheit, den Aberglauben, das Leiden und die Grausamkeit der Zeit, in der er lebte, beenden sollte. Die Beweggründe, die Descartes' Vision leiteten, waren nicht finster oder böse, sondern spiegelten vielmehr seine Hoffnung wider, daß die Menschen in einer besseren Welt leben könnten, einer Welt der Vernunft, wo der Logos allen menschlichen Dialogs in der kristallinen Reinheit der mathematischen Logik erfaßt werden könnte. Dies war, wie ich bereits erwähnte, ein Gedanke, der in der westlichen Welt zunächst große Zuversicht erweckte. Doch es war auch eine blinde Hoffnung, die mit dem Wahnwitz der schieren Rationalität von Auschwitz für immer zerschlagen wurde. Dort bezeugte die mathematische Vorstellung einer Endlösung einen verhängnisvollen Irrtum in den philosophischen Grundlagen der modernen westlichen Zivilisation. Denn dort, in einem der höchstentwickelten Länder des Westens, geschah es, daß Menschen, die eindeutig vernunftbegabt waren, ebenso eindeutig außerstande waren, die Schreie menschlichen Leidens wahrzunehmen. Wenn Deutschland nämlich das wissenschaftlich fortschrittlichste Land — mithin das vernünftigste aller Länder — war und wenn es über die fortschrittlichste Medizin in der westlichen Welt verfügte, dann war dies auch eine Medizin, die für solche Schreie völlig taub war. Nun freilich zu glauben, daß eine solche Taubheit etwas typisch Deutsches oder das Resultat der Abweichung von einem Weg sei, der unter anderen Umständen unaufhaltsam zu größerer Aufklärung geführt hätte — das hieße jene Geisteskrankheit nur zu verschlimmern, die zuvörderst diese menschliche Katastrophe hervorgerufen hat.

Wie bei jeder Geburt können auch Form und Charakter der neuen Klinik nicht vollständig bekannt sein, bevor sie Zeit zu reifen hatte. Es gibt jedoch gewisse Bestrebungen, die, wie ich hoffe, die Entwicklung der Klinik leiten werden. Drei Grundsätze scheinen dabei besonders bedeutsam zu sein. Erstens: Das Leben, die Gespräche und die Gesundheit der Menschen müssen im Rahmen der weiteren Welt, in der wir alle leben, gesehen werden. Wenn wir miteinander sprechen, dann geschieht dies hoffentlich in einem Bewußtsein des Universums, das wir alle teilen. Zweitens werden wir so, hoffentlich erkennen, daß sowohl Vernunft als auch Gefühle im gleichen menschlichen Körper beheimatet sind und daß sie deshalb immer miteinander einhergehen müssen. Denn dann, und nur dann, können wir Menschen den Reichtum und die unerschöpflichen Möglichkeiten jeder menschlichen Kommunikation vollends würdigen. Drittens hoffe ich — was vielleicht das Wichtigste ist —, daß die neue Klinik eine Welt begünstigt, in der, wenn einer von uns schreit, sei es unartikuliert, kraftlos oder in körperlichem Leiden, andere Menschen da sein werden, um zuzuhören, zu verstehen, die Not zu teilen und auf sie zu reagieren.

Das „In Exitu" des mittelalterlichen gregorianischen Chorals enthält das zentrale Drama jedes menschlichen Lebens. Die Hymne klingt nach Einsamkeit, Verfolgung, Askese und Leere und ruft so das Exil der Juden in die Erinnerung zurück, die durch die Wüste Sinai zogen. Sie erinnert an die Einsamkeit eines Volkes in der Verbannung, an den Kummer, keinen Platz zum Leben zu haben, an die rastlose Suche nach einer Heimat, einem gelobten Land, wo man in Jerusalem ein mit anderen geteiltes Leben führen könnte. In diesem Buch haben Patienten immer wieder die schmerzvollen Seiten dieses menschlichen Dramas geschildert, denn jeder war aus seinem eigenen Körper verbannt und versuchte unablässig, eine Art Zuhause, ein Gefühl von Heimat zu finden, eine Möglichkeit, Beziehungen zu anderen aufzunehmen und die überwältigende Isolation und Einsamkeit zu durchbrechen. Wenn man unfähig ist, in seinem eigenen Körper zu leben, dann heißt das, daß man keinen Ort zum Leben hat. Das Leid der Patienten machte das ganz deutlich. Es ist ein Leben in der Verbannung. Sein Zuhause zu finden und seinen eigenen Körper wiederzuentdecken, bedeutet, ein Leben mit anderen im Jerusalem des menschlichen Herzens zu entdecken.

Manchmal ertappte ich mich dabei, daß ich zitterte, wenn meine Augen die eines Patienten trafen — wie sie mich ansahen, suchend und voller Hoffnung, zum ersten Mal die emotionale Bedeutung seines erhöhten Blutdrucks, seiner hohen Herzfrequenz oder kalten Hände aufzudecken. In solchen Momenten habe ich gefühlt, daß Schrödinger recht hatte —

habe die von ihm beschriebene Realität tief empfunden: Diese Augen sind sicher mehr als optische Sensoren, deren einzige Funktion es ist, Lichtquanten aufzuspüren. Und ich habe gerade dann gezittert, weil ich einen flüchtigen Blick auf das unendliche Universum hinter diesen Augen werfen konnte und auf die Wirklichkeit eines universellen Logos, der uns im Gespräch vereinigte. In solchen Momenten, im ruhigen Teilen und Mitteilen von Vernunftgründen und Gefühlen in einem Gespräch, habe ich mich bisher am lebendigsten und menschlichsten gefühlt.

ANHANG:
TRANSAKTIONALE PSYCHOPHYSIOLOGIE

Erkrankungen durch gestörte menschliche Kommunikation und ihre Behandlung

Die hier beschriebenen Begegnungen mit Patienten sind Bestandteil einer neuen und systematischen klinischen Behandlungsmethode für eine Vielzahl streßbedingter Erkrankungen. Es war zwar nicht meine Absicht, in diesem Buch auf einzelne Details der transaktionalen Psychophysiologie einzugehen — das ist der Therapieansatz, mit dem meine Kollegen und ich an der Psychophysiologischen Klinik der Universität Maryland arbeiten —, doch waren bestimmte klinische Fälle nützlich, um spezifische Merkmale dieses Ansatzes herauszustellen.*

Obwohl jeder Patient seine besondere Konstellation an Lebenserfahrungen und auch körperlichen Reaktionen hat, sind allgemeine Aspekte unserer Methode für alle Patienten gleich. Die im folgenden dargestellten Prinzipien können zwar auf vielfältige Erkrankungen angewandt werden, wir beschränken uns jedoch hier auf die therapeutischen Schritte, die speziell für den Bluthochdruck gelten.

---

* Alle in diesem Anhang skizzierten Behandlungsschritte der transaktionalen psychophysiologischen Therapie habe ich zusammen mit Dr. Sue Thomas entwickelt und in einer vorläufigen Fassung im ersten Kapitel von *The Healing Heart: Psychological Intervention in Cardiovascular Disease*[1]veröffentlicht. Der Behandlungsansatz erfordert jedoch ein spezielles Training und Supervision, wenn er Erfolg haben soll.

429

Schritte der Transaktionalen Psychophysiologischen Therapie

Die Transaktionale Psychophysiologische Therapie (T. P. Therapie) basiert im wesentlichen auf der fortlaufenden, computerunterstützen Überwachung verschiedener körperlicher Meßgrößen (wie Blutdruck, Herzfrequenz, Durchblutung, Hauttemperatur, Muskelaktivität), während eine Person mit dem Therapeuten spricht. Wie ich in Kapitel 8 schrieb, kann man sich viele innere Gefäßreaktionen als eine Form des Errötens vorstellen. Genau wie niemand allein errötet, reagiert auch das innere Gefäßsystem — einschließlich des Blutdrucks, der Herzfrequenz und der Durchblutung — stark auf menschliche Interaktion. Die technische Überwachungsausrüstung ermöglicht uns, diese verborgenen Komponenten des Kreislaufsystems sichtbar zu machen und auf sie als emotionale Mitteilungen in ähnlicher Weise einzugehen, wie man auf ein Erröten reagieren würde.

Als übergreifendes Ziel der T. P. Therapie steht die Verminderung des Kreislaufgeschehens der Kampf-oder-Flucht-Reaktion im Mittelpunkt, wie sie typischerweise im Dialog mit Hochdruckkranken zu beobachten ist. Obwohl wir glauben, daß die Patienten Blutdruckerhöhungen in einem belastenden Gespräch nicht direkt unter Kontrolle bringen können, kann man ihnen doch ihre Kreislaufschwankungen bewußt machen und ihnen beibringen, während des Sprechens auf sie zu achten. Außerdem kann man dem Patienten eine Vielfalt körperlicher Übungen nahebringen, die das Ausmaß der Veränderungen von Blutdruck und Herzfrequenz regulieren helfen. Diese Übungen umfassen die Verlangsamung der Sprechgeschwindigkeit, tiefes Atmen, Muskelentspannung, Zuhören, ohne sich zu verteidigen, und, falls es für die Entspannung nötig ist, Phasen des sozialen Rückzugs und stiller Meditation.

Die T. P. Therapie basiert auf der Annahme, daß Patienten mit streßbedingten, körperlichen Krankheiten bestimmte zwischenmenschliche Schwierigkeiten gemeinsam haben, die zu ihrer Erkrankung führten; diese gemeinsamen Probleme sind es, die in der Therapie systematisch angegangen werden sollen. Jeder Schritt der Behandlung läßt den Patienten allmählich immer besser verstehen, wie der menschliche Körper zum menschlichen Gespräch beiträgt und was der Unterschied zwischen einem gesunden und einem ungesunden Dialog ist.

Das Fortschreiten von einer Stufe zur nächsten hängt davon ab, wieweit der Patient bestimmte grundlegende Prinzipien verstanden und sich angeeignet hat.

Die Hauptstufen der T. P. Therapie des Bluthochdrucks umfassen:

1. eine psychophysiologische Anfangsbeurteilung;
2. die Beobachtung von Gefäßreaktionen in einer zwischenmenschlichen Situation;
3. das Verbinden des Herz-Kreislaufsystem mit der menschlichen Kommunikation;
4. die Verknüpfung des Herz-Kreislaufsystems mit einem Bewußtsein menschlicher Gefühle;
5. die Erkenntnis, daß der Therapeut und andere „bedeutsame" Personen entscheidende Bestandteile des transaktionalen psychophysiologischen Dialogs sind;
6. die Lernerfahrung, in der Interaktion mit anderen die eigenen Kreislaufreaktionen zu empfinden und zu steuern;
7. das Erkennen emotionaler Probleme, die mit den physiologischen Veränderungen des Herz-Kreislaufsystems verbunden sind; und
8. die Einsicht, daß Familienstrukturen und die Umwelt das Gleichgewicht des Gefäßsystems beeinflussen.

STUFE 1: PSYCHOPHYSIOLOGISCHE ANFANGSBEURTEILUNG

Zur ersten Stufe der T. P. Therapie gehören fünf Teilschritte:

1. eine vollständige körperliche Untersuchung und die Erhebung einer detaillierten Krankengeschichte;
2. die Einschätzung des derzeitigen körperlichen Zustandes, mit Einzelheiten der klinischen Problematik und Medikamenteneinnahme;

3. eine ausführliche Befragung zur sozialen und familiären Vorgeschichte;

4. eine gründliche psychologische Diagnostik;

5. eine psychophysiologische Beurteilung des Patienten im Gespräch.

Jeder Patient, der Symptome von Bluthochdruck zeigt, muß sorgfältig medizinisch untersucht werden, um mögliche organische Ursachen der Störung auszuschließen sowie festzustellen, ob durch den anhaltenden oder extremen Hochdruck möglicherweise Folgeschäden an Organen eingetreten sind. Unter der Voraussetzung, daß eine solche Untersuchung bereits stattgefunden hat, besteht der erste Schritt der T.P. Diagnostik aus einem Aufnahmegespräch, das von einer spezialisierten Krankenschwester mit Universitätsausbildung (in den USA) geführt wird. Eine Schwester oder ein Krankenpfleger sind besonders geeignet, dieses Gespräch durchzuführen, denn sie können den Patienten — besser als Ärzte einerseits und Angehörige andererseits — ermutigen, zu spüren, daß sein Leiden im Körper verwurzelt ist. Die Schwester garantiert also nicht nur, daß die wichtigen klinischen Daten gesammelt werden, sondern sie unterstützt auch die sozialen Verteidigungsmechanismen des Patienten, indem sie betont, daß seine Gesundheitsstörung nicht „rein psychisch" ist — was viele Patienten damit gleichsetzen, ihre Probleme seien nur eingebildet oder nichtorganisch. Im allgemeinen stehen Patienten, deren Bluthochdruck psychophysiologisch bedingt ist, einer psychologischen Interpretation ihrer Kreislaufbeschwerden äußerst ablehnend gegenüber (wie es ja auch bei Sigmund Freud selbst der Fall war). Deshalb meinen wir, daß der Patient das Aufnahmeverfahren um so eher akzeptieren wird, je mehr es dem traditionellen medizinischen Verfahren gleicht — das gilt zumindest für die entscheidende Anfangsphase der Therapie.

Während eines einstündigen Interviews erheben die Krankenschwester oder der Pfleger die Krankengeschichte des Patienten — einschließlich Beginn und Dauer der Beschwerden sowie der Umstände, die sie verschlimmern. Außerdem überprüft sie sämtliche mit den Beschwerden verbundenen Symptome und wichtigen medizinischen Fragen. Dies schließt alle Anzeichen für Diabetes, Herzversagen, Nierenfunktionsstörungen und Sehschwierigkeiten ein, die auf eine ernsthafte Hochdruckerkrankung oder eine mögliche Organschädigung hindeuten könnten. Ebenso werden sämtliche Risikofaktoren für Bluthochdruck und Herz-Kreislaufbeschwerden abgefragt. Dazu gehören eine familiäre Vorbelastung, Übergewicht, Blutzuckererhöhungen, Cholesterinspiegel, Serumlipide und Rauchgewohnheiten. Auch die früher und gegenwärtig eingenommenen Medikamente werden ausführlich notiert.

Im Anschluß an diese medizinische Bestandsaufnahme nimmt die Krankenschwester kurz die soziale, familiäre und berufliche Anamnese auf. Dabei bemüht sie sich vor allem, mögliche Hauptursachen von Streß und Konflikten in den persönlichen Beziehungen des Patienten festzustellen.

Dann wird dem Patienten von der Krankenschwester eine Batterie computerlesbarer und standardisierter medizinischer und psychologischer Tests vorgelegt. Diese Tests dienen dazu, den geistig-seelischen Zustand des Patienten einzuschätzen. Ein Patient, der ernsthafte Denkstörungen hat oder offensichtlich eine schwere emotionale Krise durchmacht, ist für eine T. P. Therapie nicht geeignet. Empfindliche Beeinträchtigungen der psychischen Verfassung erschweren das Erreichen von Einsicht und Kontrolle, das über den interaktiven Dialog in der T. P. Therapie angestrebt wird. In diesen Fällen wird dem Patienten empfohlen, den Blutdruck weiterhin mit pharmakologischen Mitteln unter Kontrolle zu halten.*

Als Teil des Aufnahmeverfahrens zeichnet die Krankenschwester verschiedene körperliche Kennwerte (einschließlich Herzfrequenz, Blutdruck und Hauttemperatur) auf, einmal, während der Patient schweigt, und ein anderes Mal, während

---

* Solche Fälle sind in unserer Klinik relativ selten — vielleicht, weil die meisten Patienten von Ärzten überwiesen werden, denen die Komplexität unserer Behandlung bereits vertraut ist.

er über einen alltäglichen Aspekt seines Lebens (beispielsweise die Arbeit oder das Leben zu Hause) spricht. Diese Daten werden nicht nur erhoben, um abschätzen zu können, welche körperlichen Veränderungen bei diesem Patienten in Kommunikationssituationen auftreten, sondern sie dienen auch als Grund- und Vergleichswerte für die spätere physiologische Überwachung.

STUFE 2: BEOBACHTUNGEN VON GEFÄSSREAKTIONEN IN EINER ZWISCHENMENSCHLICHEN SITUATION

Diese Stufe des therapeutischen Prozesses beinhaltet vier Teilschritte:

1. Sehen, daß Blutdruck, Durchblutung und Herzfrequenz eher dynamisch wirken, als daß sie statisch sind;
2. Lernen, sich seinen Körper „anzueignen", indem man eingesteht, daß das Herz-Kreislaufsystem Teil der eigenen Identität ist;
3. Erkennen, daß das Herz-Kreislaufsystem hochsensibel auf zwischenmenschliche Interaktionen reagiert; und
4. Verstehenlernen, welche Beziehung zwischen innerem und sozialem Gleichgewicht besteht.

Bevor man einem Patienten helfen kann, seinen Blutdruck zu senken, muß er zunächst lernen, Blutdruckveränderungen wahrzunehmen, wenn er mit einer anderen Person ein Gespräch aufnimmt. Um eine solche Bewußtheit zu erreichen, muß man den Patienten zuerst mit dem Gedanken vertraut machen, daß Blutdruck und Herzfrequenz keine statischen Komponenten eines verhältnismäßig gleichbleibenden Körpergeschehens sind. Ganz im Gegenteil. Das wesentliche am Lebendigsein ist gerade, daß man in einem Körper lebt, der sich beständig im Fluß befindet. In gewissem Sinn muß der Patient neu mit seinem Körper bekannt gemacht werden; und man muß dem Kranken vermitteln, daß er viel darüber zu lernen hat, wie sein Herz-Kreislaufsystem reagiert, insbesondere im Umgang mit anderen Menschen. Allmählich wird die Vorstellung von einem Kreislauf, der ständig in Bewegung ist, um den Gedanken erweitert, daß er ein System ist, das hochgradig auf menschliche Interaktion reagiert. Während der Patient eine Ahnung davon gewinnt, wird ihm nahegelegt, daß Faktoren außerhalb des Körpers, vor allem zwischenmenschliche Beziehungen, ebenso wichtig für das Herz-Kreislaufsystem sind wie verschiedene innere Anpassungsmechanismen. Dieser erste Schritt des therapeutischen Prozesses kann vier bis sechs einstündige Sitzungen in Anspruch nehmen, je nachdem, wie starr die Vorstellungen des Patienten über seinen Körper sind.

STUFE 3: DAS HERSTELLEN EINER VERBINDUNG ZWISCHEN KREISLAUFSYSTEM UND MENSCHLICHER KOMMUNIKATION

Zu dieser nächsten Stufe gehören eine Reihe von Einzelschritten, die den Patienten mit grundlegenden Tatsachen über die Bindeglieder zwischen Kommunikation und Kreislauf vertraut machen sollen. Unter anderem werden die folgenden Dimensionen von Kommunikation zu Veränderungen des Blutdrucks in Beziehung gesetzt:
1. Schnelles Sprechen gegenüber langsamem Sprechen;
2. Zuhören, Sprechen und der menschliche Dialog;
3. Atmung und Entspannung während des Sprechens;
4. der gefühlsmäßige Inhalt des Gesprochenen; und
5. Sprache als ein Schrei gegenüber Sprache als Kommunikation.

Auf dieser Stufe geht der Patient allmählich über die allgemeine Anerkennung der dynamischen Natur des Kreislaufsystems hinaus und gelangt zu einem tieferen Verständnis bestimmter spezifischer Faktoren, die deutliche Blutdruckschwankungen auslösen. Während der Patient Aufzeichnungen seines Blutdrucks und seiner Herzfrequenz beobachtet, führt man ihm die Unterschiede zwischen schnellem und langsamem Sprechen, tiefer und flacher Atmung sowie die Auswirkungen stiller Entspannung auf den Blutdruck vor Augen. Sind diese mechanischen Aspekte des Sprechens und ihre Verknüpfung mit der Kreislaufregulation einmal verstanden, so ist der Patient darauf vorbereitet, den Unterschied zwischen passiver Entspannung und aktiver Hinwendung zur Umwelt

435

zu begreifen. Dem Patienten wird anhand der Computeraufzeichnungen demonstriert, daß die beiden Bestandteile des Dialogs — Sprechen und Zuhören — den Blutdruck erheblich und entgegengesetzt beeinflussen. Wenn der Patient diese Gedanken in sich aufgenommen hat, bringt man ihm nahe, wie Gemütserregungen auf die mechanischen Aspekte des Sprechens wirken und auch in andere physiologische Mechanismen eingreifen, die verändernd auf das Kreislaufsystem einwirken. Langsam wird der Patient im Verlauf des therapeutischen Gesprächs an verschiedene emotionale Kernfragen herangeführt und erkundet ihren Zusammenhang mit den Kreislauffunktionen. Dem einzelnen wird beigebracht, welcher Unterschied zwischen der undifferenzierten Kommunikationsweise (ähnlich dem Schreien eines Säuglings) und einer wirksamen Kommunikation besteht, die nicht zu übertriebenen Kreislaufreaktionen führt. Außerdem wird der Patient angewiesen, seinen Blutdruck zu Hause vor und nach fünf Minuten entspannten tiefen Atmens zu messen. Weiterhin werden die Patienten, um sie für die Verknüpfung zwischen emotionaler Erregung und Blutdruck zu sensibilisieren, aufgefordert, ihren Blutdruck zu schätzen, bevor sie ihn dann tatsächlich messen, und aufzuschreiben, wie sie sich zur Zeit der Messung fühlen.

STUFE 4: DIE VERKNÜPFUNG DES HERZ-KREISLAUFSYSTEMS MIT MENSCHLICHEN GEFÜHLEN

Diese Stufe der T. P. Therapie ist einzelnen Aspekten der Beziehung zwischen menschlichen Gefühlen und Veränderungen im Herz-Kreislaufsystem gewidmet. Unter anderem werden folgende Punkte erörtert:
1. Emotionale Folgen, wenn man sich beträchtlicher körperlicher Veränderungen, insbesondere im Verlauf von Gesprächen, nicht bewußt wird;
2. das Erspüren von körperlichen Wandlungen;
3. Lernen, körperlichen Schwankungen im Zusammenhang mit Gefühlen eine Bedeutung zu verleihen und sie sprachlich zu erfassen;

4. Erkennen, daß körperliche Veränderungen Signale sind, auf die man hören und die man akzeptieren sollte, anstatt sie von sich zu weisen.

Während dieses Stadiums der T. P. Therapie wird die Aufmerksamkeit fortlaufend auf den Charakter der Kreislaufveränderungen gelenkt, die während des therapeutischen Dialogs auftreten. Die Patienten werden dazu angehalten, die Schwankungen ihrer Herzfrequenz und ihres Blutdrucks zu beobachten, vor allem, wenn sie zu einem anderen sprechen, und sie werden häufig um eine Deutung gebeten, was derartige Wandlungen ihrer Meinung nach bedeuten. In dieser Phase der Behandlung fängt der Therapeut auch an, für den Patienten emotional bedeutsame Themen anzusprechen. Wir geben uns alle Mühe, das Erregungsniveau so „einzupegeln", daß der Blutdruck des Patienten nicht übermäßig steigt. Dieser wird aufgefordert, in sich hineinzuschauen und seine Gefühle genau zu prüfen, damit er sie zu den Kreislaufschwankungen in Beziehung setzen kann. Ferner wird in diesem Stadium der Patient immer wieder daran erinnert, daß es viel wichtiger ist, Gefühle zu empfinden, als sie zu beherrschen. Wir vermitteln dem Patienten, daß er seine Gefühle nicht verstehen kann, bevor er nicht gelernt hat, sie wahrzunehmen. Es wird auch besonderes Gewicht darauf gelegt, persönliche Lebenskonzepte zu überprüfen, die bestimmte Gefühlszustände, etwa eine chronische Kampf- oder Fluchtbereitschaft, untermauern und verfestigen. Dies soll dem Patienten helfen, die Gefahren, die tatsächlich von anderen Menschen in der äußeren Welt ausgehen, anders wahrzunehmen. Zudem wird betont, daß ein Patient keine „guten" oder „schlechten" körperlichen Reaktionen, sondern vielmehr menschliche Reaktionen aufweist, auf die er achten muß.

Wie ich bereits in Kapitel 9 hervorgehoben habe, kommt es in dieser Therapiephase nicht nur auf die Bemühungen des Patienten an, sondern genauso entscheidend ist die Fähigkeit des Therapeuten, zu empfinden und seine Gefühle mitzuteilen. In diesem Stadium der Behandlung wird zweierlei als besonders wichtig in den Mittelpunkt gestellt: die *soziale Membran* als die Nahtstelle, an der ein Patient etwas über seine Gefühle und miteinander geteiltes menschliches Erleben erfährt, und die *Sprache*, die man gebraucht, um anderen gefühlsmäßige Aussagen zu übermitteln.

STUFE 5: ERKENNEN, DASS DER THERAPEUT UND „WICHTIGE" ANDERE EIN WESENTLICHER ASPEKT DES T. P. GESPRÄCHS SIND
Diese Stufe ist wohl der am schwersten greifbare Abschnitt der Therapie. Letztlich umfaßt er eine konzeptuelle Neuorientierung hinsichtlich des Einflusses zwischenmenschlicher Faktoren auf das Herz-Kreislaufsystem. Die theoretischen Kernpunkte sind zwar in kurzer Form kaum befriedigend zu erklären, schließen aber zumindest drei Teilaspekte ein:
1. Körperliche Reaktionen in der Gegenübertragung;
2. lebensbedrohliche körperliche Schwankungen als ein Problem der Gegenübertragung, und
3. die Tatsache, daß niemand allein errötet.

In der Hauptsache erweitert diese Stufe das Bewußtsein des Patienten — und auch das Bewußtsein der Personen, die mit dem Patienten in Beziehung treten — um den Gedanken, daß der menschliche Körper stark auf die Wirkgrößen der sozialen Umgebung und Konstellation reagiert. Diese Vorstellung steht in schroffem Gegensatz zur herkömmlichen Annahme, daß der Blutdruck ausschließlich durch innerkörperliche Mechanismen reguliert werde. In gewissem Sinn wird das „hypertensive Problem" ausgedehnt, so daß es nicht nur die Person mit dem erhöhten Blutdruck betrifft, sondern auch all diejenigen, die mit ihr in Berührung kommen. Dem Patienten wird die Auffassung nahegebracht, daß diese „bedeutsamen" anderen oft unabsichtlich zu der generellen Störung beitragen. Ein Patient muß beispielsweise erkennen, daß sein Blutdruck nicht nur vorübergehend reagiert, wenn er sich mit seinem Ehepartner oder dem Therapeuten unterhält, sondern daß auch sein überdauernder Ruheblutdruck durch die Eigenart dieser Interaktion beeinflußt wird. Folglich können sowohl angenehme wie unangenehme Begegnungen ein solches

Gewicht erlangen, daß sie den Ruheblutdruck eines Patienten „festsetzen" können. Außerdem ist es für die Personen, die mit dem hypertensiven Patienten in Beziehung stehen — einschließlich des Therapeuten und des Ehepartners — gleichermaßen wichtig, sich mit eben dieser Realität auseinanderzusetzen. Diesen Punkt versuchen wir vor dem Hintergrund unserer Auffassung zu erklären, daß niemand allein errötet. Die verborgenen Hochdruckreaktionen haben — wie das Erröten — als eine Antwort des Gefäßsystems einen realen zwischenmenschlichen Mitteilungscharakter.

Diese Phase der Therapie ist vor allem deshalb problematisch, weil normalerweise weder der Hochdruckkranke noch seine Interaktionspartner sich wirklich unbehaglich fühlen und infolgedessen kaum begreifen können, daß Blutdruckreaktionen alles andere als mechanisch sind. Es ist besonders schwierig, diese Veränderungen als Mitteilungen zu sehen, zumal sie in der Vergangenheit weder vom betroffenen einzelnen empfunden, noch von anderen wahrgenommen wurden. Außerdem werden sie häufig durch ein Lächeln und fröhliches Verhalten übertüncht, die jemandes innere Kämpfe Lügen strafen. Wenn andererseits die Computer diese bisher verborgenen inneren Auseinandersetzungen enthüllen, könnten freilich andere Menschen sich selbst für die „Ursache" der Hochdruckreaktionen einer Person halten und deshalb dazu neigen, sich aus dem Gespräch zurückzuziehen. In Analogie zum Erröten muß die im wesentlichen *transaktionale* Natur körperlicher Botschaften verstanden werden. Übernimmt man in einer solchen Situation die Rolle des Helfers — indem man beispielsweise versucht, den Blutdruck einer Person zu dämpfen —, dann muß man auch mit seiner möglichen Hilflosigkeit fertigwerden. Man könnte ja in seinen Versuchen, den anderen Menschen zu beruhigen, schlicht „scheitern" und so in der Gegenübertragung Schuldgefühle auslösen. Zusätzlich zu diesem komplexen Problem muß angesprochen werden, daß Emotionen als miteinander geteilte menschliche Erfahrungen verbindend wirken. Im Grunde müssen die Diskrepanzen zwischen offener und verdeckter körperlicher Kommunikation wahrgenommen und entschlüsselt werden, und daran anschließend muß man seine Reaktionen auf solche widersprüchlichen Signale hin analysieren.

Wie in der herkömmlichen tiefenpsychologischen Therapie ist diese Phase der körperlichen Gegenübertragung auch in der T. P. Therapie das schwierigste Stadium überhaupt.

STUFE 6: LERNEN, KREISLAUFREAKTIONEN ZU SPÜREN UND ZU REGULIEREN, WENN MAN MIT ANDEREN SPRICHT

In diesem Abschnitt der Therapie werden noch einmal verschiedene physiologische Faktoren hervorgehoben, die den Blutdruck beeinflussen. Grundsätzlich wird die Wirkung dieser Faktoren einmal für den Fall besprochen, daß der Patient allein ist, und zum anderen für den Fall, daß er sich im Gespräch mit anderen befindet. Mehrere entscheidende Punkte werden aufgegriffen.

1. Kurzfristige Wirkungen des tiefen Atmens und der Muskelentspannung;

2. langfristige Wirkungen durch richtige Atmung, Muskelentspannung und abgestuftes körperliches Training; und

3. die Vermittlungsfunktion des zentralen Nervensystems im Herz-Kreislaufgeschehen.

Vor allem wird der Patient noch einmal darüber aufgeklärt, wie verschiedene mechanische Faktoren auf den Blutdruck wirken und wie diese Mechanismen arbeiten, wenn man emotional reagiert. Allmählich wird dem Patienten das Verständnis vermittelt, daß eine dauerhafte Umstellung des Blutdrucks auch mit bestimmten grundlegenden Veränderungen der allgemeinen Lebensgewohnheiten und des Gesundheitsverhaltens einhergehen muß. Besonders wird betont, daß man gefühlsmäßig erregt, ja sogar innerlich aufgewühlt sein und dennoch normal atmen und sich regelmäßig Bewegung verschaffen kann. So lernt der Patient nach und nach, daß es möglich ist, mit anderen ein Gespräch zu führen, selbst ein belastendes Gespräch, ohne dabei akut hypertensiv zu werden. Wir ziehen gern einen Vergleich damit, eine kräftezehrende Sportart zu betreiben, wenn man in guter körperlicher

Verfassung ist oder wenn die Kondition schlecht ist: Je besser man körperlich in Form ist, desto eher wird man in der Lage sein, mitzuhalten. Das gleiche trifft auf Gespräche zu: Je besser die „Kondition" des Kreislaufs, desto eher kann man belastende Gespräche führen.

Schließlich erfährt der Patient etwas über mannigfache zentralnervöse Mechanismen, die den Blutdruck beeinflussen, sowie darüber, was diese Mechanismen mit unterschiedlichen psychischen Zuständen zu tun haben. Erneut wird der Patient, wie in der dritten Stufe, daran erinnert, daß die entspannte Aufmerksamkeit für andere und für die natürliche Umgebung mit einem Absinken des Blutdrucks verknüpft ist.

STUFE 7: ERKENNEN VON EMOTIONALEN PROBLEMEN, DIE MIT DEN PHYSIOLOGISCHEN VERÄNDERUNGEN DES HERZ-KREISLAUF-SYSTEMS VERZAHNT SIND

In dieser dritten Hauptphase und letzten Stufe ist die Therapie hauptsächlich auf ein umfassendes Verständnis wesentlicher Lebensfragen ausgerichtet, die einen weitreichenden Einfluß auf Herz und Kreislauf sowie insgesamt auf die Gesundheit eines Menschen ausüben. Unter anderem geht es dabei um folgende Punkte:

1. Aktuelle zwischenmenschliche Konflikte, die auf die Physiologie des Kreislaufs wirken;
2. frühe Lebenserfahrungen, die den Kommuniktionsstil eines Menschen prägen;
3. der Unterschied zwischen dem Erkennen eines emotionalen Problems und dem Ändern der physiologischen Reaktion darauf; und
4. eine genetische Veranlagung, mit einem bestimmten Organsystem zu reagieren, und die Folgen dieser Prädisposition für das Gefühlsleben.

Allgemein gesagt, wird dem Patienten in dieser abschließenden Phase der Therapie vermittelt, daß Erfahrungen aus der Kindheit einen bedeutenden Einfluß auf die Kommunikationsmuster des Erwachsenen haben. Beispielsweise könnten hypertensive Eltern oder ein hypertensiver Elternteil mit dem

Patienten, als er noch ein Kind war, in einer Weise umgegangen sein, die ein wirkliches Verstehen von Gefühlen verhinderte: Eine Mutter, die an Alexithymie litt, hätte also Schwierigkeiten, ihre eigenen Gefühle zu empfinden, und würde ihren Kindern infolgedessen ein bewußtes Wahrnehmen eigener Gefühle nur unzureichend nahebringen können. Das Aufzeigen solcher Zusammenhänge ermöglicht es dem Patienten, seine Erfahrungen in einem größeren Rahmen zu sehen, der auch schwerwiegende Kindheitserlebnisse einschließt. Außerdem lernt der Patient, daß der Blutdruck wie ein empfindliches Barometer eingesetzt werden kann, um Veränderungen in den zwischenmenschlichen Auseinandersetzungen des Erwachsenenlebens zu überwachen und festzustellen, sowie um die Bereiche dingfest zu machen (beispielsweise Arbeit oder Familienleben), die zu einem Grundgefühl von Anspannung beitragen dürften.

Wie ich schon bei früheren Phasen der Behandlung betonte, wird dem Patienten auch beigebracht, daß es ein erheblicher Unterschied ist, zu erkennen und zu begreifen, daß das Gefäßsystem reagiert, oder diese Reaktion zu kontrollieren. Wie beim Erröten ist es auch bei anderen Gefäßreaktionen weit wichtiger, zu erkennen, *daß* man reagiert, als die Reaktion steuern zu können; denn die Gefäßantwort muß als eine Botschaft betrachtet werden, auf die man eher horchen sollte, anstatt sie beherrschen zu wollen. Dem Patienten wird — wiederum wie beim Erröten — gesagt, daß eine Neigung zu überzogenen Blutdruckreaktionen genetisch bedingt sein kann oder möglicherweise auf frühe Erfahrungen mit der Umwelt zurückzuführen ist. Wesentlicher, als die Ursprünge seiner Probleme zu begreifen, ist es aber, die emotionalen Folgen des persönlichen Reaktionsmusters zu verstehen.

Schließlich wird jedem Patienten vor Augen geführt, daß er sämtliche Gespräche mit anderen Menschen im vollen Bewußtsein seiner körperlichen Grenzen führen muß. Ältere müssen beispielsweise einsehen, daß Arteriosklerose und nachlassende Elastizität der Gefäße Bedingungen schaffen, unter denen der Blutdruck beim Sprechen steiler ansteigt als bei einer jüngeren Person. Deshalb muß der ältere Mensch unter Umständen seine Sprechweise entsprechend umgestalten, vielleicht, indem er beim Sprechen regelmäßig atmet sowie weniger eindringlich und langsamer spricht.

STUFE 8: DIE AUSWIRKUNG VON FAMILIENSYSTEMEN UND UMWELT AUF DAS HERZ-KREISLAUF-GLEICHGEWICHT

Dieser Schritt am Ende der Therapie führt den Patienten an die Erkenntnis heran, auf welche Weise Vorbelastung für verborgene Kreislaufreaktionen ein ganzes Familiensystem beeinflussen kann. Da der Patient vom eigenen Körper abgetrennt und sich seiner nicht bewußt ist, ist er wahrscheinlich vom Bewußtsein anderer Menschen ebenso abgeschnitten; oder genauer gesagt: Anderen werden die Gefühle des Patienten ebenfalls kaum bewußt werden. So werden in dieser Schlußphase der Therapie der äußere und innere Dialog ausgedehnt und die Schlüsselpersonen im Leben des Patienten mit einbezogen. Es wird nachdrücklich betont, daß der Blutdruck ein ebenso wichtiges Kommunikationssystem ist wie gesprochene Worte und daß man sorgfältig auf ihn hören und sich nach ihm richten muß. Vor Beendigung der Therapie werden die Patienten darüber informiert, daß sie für den Rest ihres Lebens weiterhin ihren Blutdruck überwachen müssen, und sie werden ermahnt, die Signale ihres Kreislaufs nicht unbeachtet zu lassen.

Schließlich sagen wir den Patienten, daß sie nicht im konventionellen Sinne „geheilt" sind; das heißt, ihr Blutdruck wird nicht konstant bleiben. Nach unserer Überzeugung sind hypertensive Patienten erblich dazu veranlagt, auf Streß mit vorübergehenden Blutdruckerhöhungen zu reagieren — während Migränepatienten die periphere Durchblutung unterbinden —, genauso, wie ich auch in Zukunft jedesmal erröten werde, wenn ich verlegen bin. Wir legen daher unseren Patienten eine lebenslange Verpflichtung auf, ihr Herz und ihren Kreislauf zu kontrollieren, und sie werden angewiesen, erneut zu einer Nachuntersuchung zu kommen, sobald ein erhöhter Blutdruck nicht innerhalb von ein paar Tagen auf ein tragbares Niveau zurückfällt oder wiederkehrende Kopfschmerzen auftreten.

ANMERKUNGEN

Einführung

1. *The New York Times,* 31 October 1984, p. A18.
2. James J. Lynch, *The Broken Heart: The Medical Consequences of Loneliness* (New York: Basic Books, 1977).
3. Ibid., pp. 217, 218.

Kapitel 1

1. S. Cobb and R. Rose, "Hypertension, Peptic Ulcer and Diabetes in Air Traffic Controllers," *Journal of the American Medical Association* 224 (1973):489–92.

Kapitel 2

1. National Center for Health Statistics, "Office Visits for Diseases of the Circulatory System. The National Ambulatory Medical Care Survey, U.S., 1975, 1976." Publication no. (PHS) 79-1971, Department of Health, Education, and Welfare, Hyattsville, Maryland, 1979.
J. J. Lynch et al.,"Human Speech and Blood Pressure," *Journal of Nervous and Mental Disease* 168(9[1981]).
2. William B. Kannel, "Role of Blood Pressure in Cardiovascular Morbidity and Mortality," *Progress in Cardiovascular Diseases* 17(1[July/August 1974]):5–24.
3. *Cardiovascular Primer for the Workplace.* Health Education Branch, Office of Prevention, Education, and Control. National Heart, Lung, and Blood Institute. U.S. Department of Health and Human Services. Public Health Service. National Institutes of Health. NIH Publication no. 81–2210 (January 1981).
4. Ibid.
5. W. B. Kannel; and P. Sorlie, "Hypertension in Framingham," in O. Paul, ed., *Epidemiology and Control of Hypertension* (Miami: Symposia Specialists, 1975).
Veterans Administration Cooperative Study Group on Antihypertensive Agents, "Effects of Treatment on Morbidity in Hypertension: I. Results in Patients with Diastolic Blood Pressure Averaging 115–129," *Journal of the American Medical Association* 202(1967):1028–34.
Veterans Administration Cooperative Study Group on Antihypertensive Agents, "Effects of Treatment on Morbidity in Hypertension: II. Results in Patients with Diastolic Blood Pressure Averaging 90 through 114 mm Hg," *Journal of the American Medical Association* 213(1970):1143–52.

6. M. J. Reichgott and B. G. Simons-Morton, "Strategies to Improve Patient Compliance with Antihypertensive Therapy," *Primary Care* 10(1[March 1983]):21.

7. Harvey quoted in F. A. Willius and T. E. Keys, *Classics of Cardiology* (New York: Dover, 1941), vol. I, p. 15. William Harvey's manuscript notes for "An Anatomical Disquisition on the Motion of the Heart and Blood in Animals" (1628) are now in the British Museum.

8. Ibid.

9. René Descartes, *Philosophic Works of Descartes,* 2 vols., E. S. Haldane and G. R. T. Ross, trans. (New York: Dover, 1955; Oxford University Press, 1967).

10. Hales quoted in Willius and Keys, *Classics of Cardiology* [8], pp. 131–55. The original source of Hales's *Account* is the third edition published in London in 1733.

11. Blaise Pascal, *Traité de la Pesanteur de la Masse de L'air* (Paris: Guillaume Deprez, 1663).

12. For Pascal, see *Dictionary of Scientific Biography* (New York: Charles Scribner's, 1974), vol. X, pp. 330–42; and *Encyclopedia Americana* (New York: American, 1977), vol. XXI, pp. 362–64.

13. Pascal, *Pensées* (Paris, Guillaume Deprez, 1670).

14. Ibid.

15. Pascal, *Traité* [11].

16. Willius and Keys, *Classics of Cardiology* [8], p. 131.

17. James J. Lynch, et al., "Heart Rate Changes in the Horse to Human Contact," *Psychophysiology* 11(4[1974]):472–78.

18. L. A. Geddis, *The Direct and Indirect Measurement of Blood Pressure* (Chicago: Year Book Medical Publishers, 1970), pp. 75–77. Original source: L. Luciane, *Human Physiology,* F. A. Wilby, trans., vol. I (London: Macmillan, 1911), 592. Original article: S. Riva-Rocci, "Un nuovo sfigmomanometro," vol. 47 (Torino: Medical Gazette, 1896), pp. 981–96.

19. M. E. Geddis, H. E. Hoff, and A. S. Badger, "Introduction to the Ausculatory Method of Measuring Blood Pressure—Including a Translation of Korotkoff's Original Paper," *Cardiovascular Research Bulletin* 5(1967):57–74.

20. M. Douglas. *Natural Symbols: Explorations in Cosmology* (London: Barries and Rockliss: Cresset Press, 1970; New York: Random House, 1972).

Kapitel 3

1. D. Roffman and S. A. Thomas, "Treatment of Hypertension," in M. Weiner and G. A. Pepper, eds., *Clinical Pharmacology and Therapeutics in Nursing,* 2nd ed. (New York: McGraw-Hill, 1985).

2. H. Weiner, *Psychobiology of Essential Hypertension* (New York: Elsevier, 1979).

3. M. Friedman and R. Rosenman, *Type A Behavior and Your Heart* (New York: Alfred A. Knopf, 1974).

4. Blood Pressure Study, 1979, Society of Actuaries and Association of Life Insurance Medical Directors of America (November 1980).

5. T. S. Kuhn, *Structure of Scientific Revolutions* (Chicago: University of Chicago Press, 1970).

6. W. H. Gantt, "The Role of Teleology in Behavior," editorial, *Pavlovian Journal of Biological Science* 14(3[1979]):157–59.

W. H. Gantt, "Who Am I? Who Are You?" editorial page, *Baltimore Sun,* 25 April 1979.

W. H. Gantt, "Perspectives Fifty Years after Pavlov," *Journal of Behavioral Therapy and Experimental Psychiatry* 10(2[1979]).

W. H. Gantt, "The Role of Teleology in Behavior," editorial, *Pavlovian Journal of Biological Science* 14(1[1979]).

W. H. Gantt, "The Century's Ebb," editorial, *Pavlovian Journal of Biological Science* 13(3[1978]):133–34.

W. H. Gantt, "Do Consciousness and Free Will Require Physical Energy?," editorial, *Pavlovian Journal of Biological Science* (1977).

A. M. Harvey, "W. Horsley Gantt—A Legend in His Time," *The Johns Hopkins Medical Journal* 139(3[September 1976]):121–26.

W. H. Gantt, "Autokinesis, Schizokinesis, Organ-System Responsibility: Concepts and Definitions," *Pavlovian Journal of Biological Science* 9(4[1974]):187–91.

W. H. Gantt, *"A Scientist's Last Words,"* in J. W. Cullen, ed., *Legacies in the Study of Behavior* (Springfield, Ill.: Charles C Thomas, 1974), pp. 46–61.

W. H. Gantt, "Ivan Petrovich Pavlov," *Encyclopaedia Britannica,* 15th ed. (1974), pp. 1095–97.

James J. Lynch, et al., "Pavlovian Conditioning of Drug Reactions: Some Implications for Problems of Drug Addiction," *Conditional Reflex* 8(4[1973]): 211–23.

W. H. Gantt, "Objectivity and Subjectivity: Pain," *Conditional Reflex* 8(4[1973]):187–92.

W. H. Gantt, "Reminiscences of Pavlov," *Journal of Experimental Analysis Behavior* 20(1973):131–36.

W. H. Gantt, "Analysis of the Effect of Person," *Conditional Reflex* 7(2[1972]):67–73.

W. H. Gantt, "B. F. Skinner and His Contingencies," editorial, *Conditional Reflex* 5(2[1970]):63–74.

W. H. Gantt, "The Distinction Between the Conditional and the Unconditional Reflex," *Conditional Reflex* 3(1[1968]):1–3.

W. H. Gantt, "Pavlov's Higher Nervous Activity," *Conditional Reflex* 3(4[1968]):279–84.

J. J. Lynch and W. H. Gantt, "The Heart Rate Component of the Social Reflex in Dogs: The Conditional Effects of Petting and Person," *Conditional Reflex* 3(2[1968]):69–80.

J. J. Lynch and W. H. Gantt, "Comparison of the Conditional Reflex to the Unconditional Reflex in Classical Heart Rate Conditioning: The Effect of Person and Its Interaction with Shock," *Conditional Reflex* 3(2[abstract, 1968]).

W. H. Gantt, "Pavlovian, Classical Conditional Reflex, A Classical Error?," *Conditional Reflex* 2(4[1967]):255–57.

W. H. Gantt, "On Humility in Science," *Conditional Reflex* 2(3[1967]):179–83.

W. H. Gantt, "Introduction to Dos Passos editorial," *Conditional Reflex* 2(1[1967]).

J. E. O. Newton and W. H. Gantt, "History of a Catatonic Dog," *Conditional Reflex* 3(1[1967]):45–61.

W. H. Gantt, "Neurophysiological Psychiatry: Descartes to Pavlov and After," in I. Galdston, ed., *Historic Derivations of Modern Psychiatry* (New York: McGraw-Hill, 1967), pp. 139–57.

W. H. Gantt, "The Meaning of the Cardiac Conditional Reflex," *Conditional Reflex* 1(3[1966]):139–43.

J. F. Reus, J. J. Lynch, and W. H. Gantt, "Motor Response Device," *Conditional Reflex* 1(2[1966]):135–36.

W. H. Gantt, "Conditional or Conditioned, Reflex or Response?," *Conditional Reflex* 1(2[1966]):69–74.

W. H. Gantt, editorial, *Conditional Reflex* 1(1[1966]):1–2.

W. H. Gantt, et al., "Effect of Person," *Conditional Reflex* 1(1966):18–35.

Sandra Anderson and W. H. Gantt, "The Effect of Person on Cardiac and Motor Responsivity to Shock in Dogs," *Conditional Reflex* 1(3[1966]):181–90.

W. H. Gantt, "Reflexology, Schizokinesis and Autokinesis," *Conditional Reflex* 1(1966):57–68.

W. H. Gantt, "Comments: Impact of Pavlov on Psychiatry," *American Journal of Psychiatry* 121(1965):1213–15.

W. H. Gantt, "Autonomic Conditioning," *Annals New York Academy of Science* 117(1964):132–41.

W. H. Gantt, "The Role of the Heart in Psychosomatic Medicine," editorial, *Medical Tribune*, 30 August 1963.

W. H. Gantt, J. E. O. Newton, and Fred L. Royer, "Effect of Person," *American Academy of Neurology*, exhibit, 26–29 April 1961.

Fred L. Royer and W. H. Gantt, "The Effect of Different Persons on the Heart Rate of Dogs," Eastern Psychological Association, Philadelphia, 7–8 March 1961.

W. H. Gantt, J. E. O. Newton, and J. Stephens, "Effect of Person on Conditional Reflexes," *Psychosomatic Medicine* 22(1960):322–23.

W. H. Gantt, *Experimental Basis for Neurotic Behavior* (New York: Hoeber, 1944).

7. E. Schrödinger, *What Is Life? Mind and Matter* (London: Cambridge University Press, 1967), p. 135.

8. See titles in note 6.

9. J. E. O. Newton and W. W. Ehrlich, "Coronary Blood Flow in Dogs: Effect of Person," *Conditional Reflex* 1(1966):81.

10. J. J. Lynch, et al., "The Effects of Human Contact on Cardiac Arrhythmia in Coronary Care Patients," *Journal of Nervous and Mental Disease* 158(1974):88–99.

J. J. Lynch, et al., "Human Contact and Cardiac Arrhythmia in a Coronary Care Unit," *Psychosomatic Medicine* 39(1977):188–92.

S. A. Thomas, J. J. Lynch, and M. E. Mills, "Psychosocial Influences on Heart Arrhythmia in a Coronary Care Patient," *Heart and Lung* 4(1975):746–50.

J. J. Lynch, et al., "Psychological Aspects of Cardiac Arrhythmia," *American Heart Journal* 93(1977):645–57.

11. J. J. Lynch, et al., "The Effects of Human Contact on the Heart Activity of Curarized Patients in a Shock-Trauma Unit," *American Heart Journal* 88(1974):160–69.

12. Ibid.

13. J. J. Lynch, *The Broken Heart: The Medical Consequences of Loneliness* (New York: Basic Books, 1977).

14. Ibid.

15. P. Sterling and J. Eger, "Biological Basis for Stress Related Mortality," *Social Science and Medicine* 15E(1981):3–42.

16. I. H. Page, "Some Regulatory Mechanisms of Renovascular and Essential Hypertension," in J. Genest, E. Koiw, and O. Kuchel, eds., *Hypertension* (New York: McGraw-Hill, 1977).

17. A. C. Guyton, *Arterial Pressure and Hypertension* (Philadelphia: W. B. Saunders, 1980).

18. Veterans Administration Cooperative Study Group on Antihypertensive Agents, "Effects of Treatment on Morbidity in Hypertension: Results in Patients with

Diastolic Pressure Averaging 115 through 129 mm Hg," *Journal of the American Medical Association* 202(1967):1028–34.

Veterans Administration Cooperative Study Group on Antihypertensive Agents, "Effects of Treatment on Morbidity in Hypertension: Results in Patients with Diastolic Pressure Averaging 90 through 114 mm Hg," *Journal of the American Medical Association* 213(1970):1143–52.

19. Hypertension Detection and Follow-Up Program Cooperative Group, "Five Year Findings of the Hypertension Detection and Follow-up Program. I: Reduction in Mortality of Persons with High Blood Pressure, Including Mild Hypertension," *Journal of the American Medical Association* 242(1979):2572–77.

20. Multiple Risk Factor Intervention Trial Research Group, "Multiple Risk Factor Intervention Trial Risk Factor Changes and Mortality Results," *Journal of the American Medical Association* 248(12[1982]):1465–1501.

21. M. J. Reichgott and B. G. Simons-Morton, "Strategies to Improve Compliance with Antihypertensive Therapy," *Primary Care* 10(1[1983]):21–27.

22. E. Brandt, "Assistant Secretary for Health's Advisory on Treatment of Mild Hypertension," *FDA Drug Bulletin* 13(1983):24–25.

23. James J. Lynch, et al., "Interpersonal Aspects of Blood Pressure Control," *Journal of Nervous and Mental Disease* 170([1982]):143–53.

Kapitel 4

1. S. A. Thomas, et al., "Patients' Cardiac Responses to Nursing Interviews in a CCU," *Dimensions of Critical Care Nursing* 1(4[July–August 1982]):198–205.

S. A. Thomas, et al., "Denial in the Coronary Care Patient—An Objective Reassessment," *Heart and Lung* 12(1[January 1983]):74–80.

2. Ibid.

3. I. P. Stevenson, et al., "Life Situations, Emotions, and Extrasystoles," *Psychosomatic Medicine* 11(1949):257–72.

4. R. Coleman, M. Greenblatt, and H. Solomon, "Physiological Evidence of Rapport during Psychotherapeutic Interviews, *Diseases of the Nervous System* 17(1956):71–78.

H. Mayer, B. Stanek, and P. Hahn, "Biometric Findings on Cardiac Neurosis II EKG and Circulatory Findings of Cardiophobic Patients During Standardized Examination of Circulatory System," in Topics of Psychosomatic Research (Ninth European Conference on Psychosomatic Research, Vienna, 1973), pp. 284–88.

L. H. Sigler, "Emotion and Atherosclerotic Heart Disease I: Electrocardiographic Changes Observed on the Recall of Past Emotional Disturbances," *British Journal of Medical Psychology* 40(1967):55–64.

S. Wolf, "Cardiovascular Reactions to Symbolic Stimuli," *Circulation* 18(1958):287–92.

5. F. Alexander, "Psychoanalytic Study of a Case of Essential Hypertension," *Psychosomatic Medicine* 1(1939):139–56.

F. Alexander, "Emotional Factors in Essential Hypertension," *Psychosomatic Medicine* 1(1939):173.

F. Alexander, *Psychosomatic Medicine: Its Principles and Applications* (New York: W. W. Norton, 1950)

L. Moses, G. E. Daniels, and J. L. Nickerson, "Psychogenic Factors in Essential Hypertension," *Psychosomatic Medicine* 18(1956):471–85.

M. Reiser, et al., "Life Situations, Emotions, and the Course of Patients with Arterial Hypertension," *Psychosomatic Medicine,* May–June 1951.

M. Thaler, H. Weiner, and M. Reiser, "Exploration of the Doctor-Patient Relationship through Projective Techniques," *Psychosomatic Medicine* 19(1957):228–39.

S. Wolf, et al., *Life Stress and Essential Hypertension* (Baltimore: Williams & Wilkins, 1955).

6. J. J. Lynch, *The Broken Heart: The Medical Consequences of Loneliness* (New York: Basic Books, 1977).

7. W. S. Agras, "Relaxation Therapy in Hypertension," *Hospital Practice,* May 1983, pp. 129–37.

W. S. Agras, et al., "Relaxation Training," *Archives of General Psychiatry* 37(1980):859–63.

H. Benson, et al., "Decreased Blood Pressure in Borderline Hypertensives Who Practice Meditation," *Journal of Chronic Disease* 27(1974):163–69.

H. Benson, et al., "Decreased Systolic Blood Pressure through Operant Conditioning Techniques in Patients with Essential Hypertension," *Science* 173(1971):740–42.

H. Benson, et al., "Decreased Blood Pressure in Pharmacologically Treated Hypertensive Patients Who Regularly Elicited the Relaxation Response," *Lancet* 1(1974):289–91.

H. Benson, and R. K. Wallace, "Decreased Blood Pressure in Hypertensive Subjects Who Practice Meditation," *Circulation* 46 (supplement II [1972]):130.

H. Benson, B. R. Marzetta, and B. A. Rosner, "Decreased Blood Pressure Associated with the Regular Elicitation of the Relaxation Response: A Study of Hypertensive Subjects," *Contemporary Problems in Cardiology,* vol I: *Stress and the Heart,* ed. by R. S. Eliot (Mt. Kisco, N.Y.: Futura, 1974).

B. Blackwell, et al., "Transcendental Meditation in Hypertension," *Lancet* 1(1976):223–26.

J. P. Brady, L. Luborsky, and R. E. Kron, "Blood Pressure Reduction in Patients with Essential Hypertension through Metronome-Conditioned Relaxation: A Preliminary Report," *Behavior Therapy* 5(1974):203–9.

H. L. Deabler, C. Fidel, and R. L. Dillenkoffer, "The Use of Relaxation and Hypnosis in Lowering High Blood Pressure," *American Journal of Clinical Hypnosis* 16(1973):75–83.

J. J. Lynch, et al., "Interpersonal Aspects of Blood Pressure Control," *Journal of Nervous and Mental Disease* 170(1982):143–53.

C. Patel and K. K. Datey, "Relaxation and Biofeedback Techniques in the Management of Hypertension," *Angiology* 27(1976):106–13.

C. Patel, M. G. Marmot, and D. J. Terry, "Controlled Trial of Biofeedback—Aided Behavioral Methods in Reducing Mild Hypertension," *British Medical Journal* 282(1981):2005–8.

J. E. Shoemaker and D. L. Tasto, "The Effects of Muscle Relaxation on Blood Pressure of Essential Hypertensives," *Behavioral Research and Therapy* 13(1975):29–43.

M. A. Southam, et al., "Relaxation Training," *Archives of General Psychiatry* 39(1982):715–17.

8. L. Moses, G. Daniels, and J. Nickerson, "Psychogenic Factors in Essential Hypertension," *Psychosomatic Medicine* 18(6[1956]):471–85.

M. Reiser, et al., "Life Situations, Emotions, and the Course of Patients with Arterial Hypertension," *Psychosomatic Medicine* 13(3[1951]):133–39.

9. F. Alexander, "Psychoanalytic Study of a Case of Essential Hypertension," *Psychosomatic Medicine* 1(1939):139–56.

F. Alexander, "Emotional Factors in Essential Hypertension," *Psychosomatic Medicine* 1(1939):173.

10. S. Freud, *Basic Writings of Sigmund Freud* (New York: Random House, 1938).

11. W. B. Cannon, *Bodily Changes in Pain, Hunger, Fear and Rage* (New York: Appleton-Century-Crofts, 1929).

12. Ibid., p. 93.

13. Ibid., pp. 193–94.

14. Alexander, "Psychoanalytic Study" [9].

15. M. F. Reiser, M. Rosenbaum, and E. B. Ferris, "Psychologic Mechanisms in Malignant Hypertension," *Psychosomatic Medicine* 13(1951):157.

16. Ibid.

17. Moses, Daniels, and Nickerson, "Psychogenic Factors" [8].

18. A. P. Shapiro, comments in *Psychosomatic Classics: Selected Papers from Psychosomatic Medicine, 1939–1958* (New York: S. Karger, 1972), p. 56.

19. H. Weiner, *Psychobiology of Essential Hypertension* (New York: Elsevier, 1979).

20. F. Alexander, T. M. French, and G. H. Pollock, *Psychosomatic Specificity* (Chicago: University of Chicago Press, 1968), p. 30.

21. S. Wolf, et al., *Life Stress and Essential Hypertension* (Baltimore: Williams & Wilkins, 1955).

22. Ibid., p. 96.

23. Weiner, *Psychobiology* [19].

24. See titles in note 5 and Weiner, *Psychobiology* [19].

25. Weiner, *Psychobiology* [19], p. 29.

26. W. J. Grace and D. T. Graham, "Relationship of Specific Attitudes and Emotions to Certain Bodily Diseases," *Psychosomatic Medicine* 14(1952):243.

Kapitel 5

1. B. Gribbin, A. Steptoe, and P. Sleight, "Pulse Wave Velocity as a Measure of Blood Pressure Changes," *Psychophysiology* 13(1976):86–91.

P. Walsh, A. Dale, and D. E. Anderson, "Comparison of Biofeedback Pulse Wave Velocity and Progressive Relaxation in Essential Hypertensives," *Perceptual and Motor Skills* 44(1977):839–43.

Kapitel 6

1. S. M. Kaplan, et al., "Hostility in Verbal Productions and Hypnotic 'Dreams' of Hypertensive Patients (Comparisons Between Hypertensive and Normotensive Groups and Within Hypertensive Individuals)," abstract in *Psychosomatic Medicine* 22(1960):320.

2. G. Innes, W. M. Millar, and M. Valentine, "Emotion and Blood-Pressure," *Journal of Mental Science* 105(1959):840–51.

3. R. Adler, et al., "A Context Study of Psychological Conditions Prior to Shifts in Blood Pressure," *Psychotherapy and Psychosomatics* 27(1976–77):198–204.

4. M. Friedman and R. Rosenman, *Type A Behavior and Your Heart* (New York: Alfred A. Knopf, 1974).

5. T. M. Dembrowski, et al., "Components of Type A Behavior Pattern and Cardiovascular Responses to Psychomotor Performance Challenge," *Journal of Behavioral Medicine* (1978).

T. M. Dembrowski, J. M. MacDougall, and R. Lushene, "Interpersonal Interaction and Cardiovascular Response in Type A Subjects and Coronary Patients," *Journal of Human Stress* 5(1979):28–36.

6. S. A. Thomas, et al., "Denial in the Coronary Care Patient—An Objective Reassessment," *Heart and Lung* 12(1[1983]):74–80.

S. A. Thomas, et al., "Patients' Cardiac Responses to Nursing Interviews in a CCU," *Dimensions of Critical Care Nursing* 1(4[July–August 1982]):198–205.

S. A. Thomas, J. J. Lynch, and M. E. Mills, "Psychosocial Influences on Heart Rhythm in Coronary Care Unit," *Heart and Lung* 4(5[1975]):746–50.

7. J. J. Lynch, et al., "Human Speech and Blood Pressure," *Journal of Nervous and Mental Disease* 168(1980):526–34.

8. Ibid.

9. J. J. Lynch, et al., "The Effects of Talking on the Blood Pressure of Hypertensive and Normotensive Individuals," *Psychosomatic Medicine* 43(1981):25–33.

10. S. Wolf, et al., *Life Stress and Essential Hypertension* (Baltimore: Williams & Wilkins, 1955).

11. K. Malinow, et al., "Automated Blood Pressure Recording: The Phenomenon of Blood Pressure Elevation During Speech," *Angiology* 33(7[1982]):474–79.

12. T. G. Pickering, et al., "Blood Pressure During Normal Daily Activities, Sleep and Exercise: Comparison of Values in Normal and Hypertensive Subjects," *Journal of the American Medical Association* 247(issue 7[1982]):992–96.

T. G. Pickering, et al., "Ambulatory Monitoring in the Elevation of Blood Pressure in Patients with Borderline Hypertension and the Role of the Defense Reflex," *Clinical and Experimental Hypertension* A-4(1982):675–93.

G. A. Harshfield, et al., "Situational Variations of Blood Pressure in Ambulatory Hypertensive Patients," *Psychosomatic Medicine* 44(1982):237–45.

13. E. Friedmann, et al., "The Effects of Normal and Rapid Speech on Blood Pressure," *Psychosomatic Medicine* 170(3[1982]):143–53.

S. Hall, et al., "Measurement of Neonatal Blood Pressure: A New Method," *Psychophysiology* 19(2[1982]):231–36.

J. M. Long, et al., "The Effect of Status on Blood Pressure during Verbal Communication," *Behavioral Medicine* 5(2[1982]):165–72.

K. Malinow, et al., "Automated Blood Pressure Recording: The Phenomenon of Blood Pressure Elevations During Speech," *Angiology* 33(7[1982]):474–79.

J. J. Lynch, et al., "The Effects of Talking on the Blood Pressure of Hypertensive and Normotensive Individuals," *Psychosomatic Medicine* 43(1981):25–33.

J. J. Lynch, et al., "Human Speech and Blood Pressure," *Journal of Nervous and Mental Disease* 168(1980):526–34.

J. J. Lynch, et al., "Interpersonal Aspects of Blood Pressure Control," *Journal of Nervous and Mental Disease* 170(3[1982]):143–53.

S. A. Thomas, et al., "Changes in Nurses' Blood Pressure and Heart Rate While Communicating," *Journal of Research in Nursing and Health* 7(1984):119–26.

S. A. Thomas, et al., "Blood Pressure and Heart Rate Changes in Children When They Read Aloud in School," *Public Health Reports* 99(1[1984]):77–84.

14. J. J. Lynch, et al., "Blood Pressure Changes While Talking," *Israeli Journal of Medical Science* 18(5[1982]):575–79.

15. E. Lynch, et al., "Blood Pressure and Heart Rate Increases in Kindergarten

Children during a Routine School Task," manuscript to be submitted to *Child Development*, 1984.

16. M. Friedman and R. Rosenman, *Type A Behavior and Your Heart* (New York: Alfred A. Knopf, 1974).

17. E. Friedman, et al., "The Effects of Normal and Rapid Speech on Blood Pressure," *Psychosomatic Medicine* 44(6[1982]):545–53.

18. C. E. Thoresen, et al., "Feasibility of Altering Type A Behavior Pattern after Myocardial Infarction. Recurrent Coronary Prevention Project Study: Methods, Baseline Results and Preliminary Findings," *Circulation* 66(1[1982]):83–92.

19. P. J. Rosch, "Stress, Cholesterol and Coronary Heart Disease," *Lancet* 2(1983):851–52.

20. J. Staessen, et al., "The Effects of Aging on Blood Pressure," in Franz Gross and Toma Strasser, eds., *Mild Hypertension: Recent Advances* (New York: Raven Press, 1983), pp. 315–26.

21. T. G. Pickering, et al., "Blood Pressure during Normal Daily Activities, Sleep and Exercise: Comparison of Values in Normal and Hypertensive Subjects," *Journal of the American Medical Association* 247(7[1982]):992–96.

T. G. Pickering, et al., "Ambulatory Monitoring in the Elevation of Blood Pressure in Patients with Borderline Hypertension and the Role of the Defense Reflex," *Clinical and Experimental Hypertension* A-4(1982):675–93.

G. A. Harshfield, et al., "Situational Variations of Blood Pressure in Ambulatory Hypertensive Patients," *Psychosomatic Medicine* 44(1982):237–45.

22. J. M. Long, et al., "The Effect of Status on Blood Pressure during Verbal Communication," *Behavioral Medicine* 5(2[1982]):165–72.

23. S. A. Thomas, et al., "Blood Pressure and Heart Rate Changes in Children When They Read Aloud in School," *Public Health Reports* 99(1[1984]):77–84.

24. I. M. Moriyama, D. E. Kreuger, and J. Stamler, "Cardiovascular Diseases in the United States," Vital and Health Statistics Monograph (Cambridge, Mass.: Harvard University Press, 1971).

25. H. A. Tyroler, "Race Education and 5-Year Mortality in HDFP Stratum I Referred-Care Males," in F. Gross and T. Strasser, eds., *Mild Hypertension: Recent Advances* (New York: Raven Press, 1983), pp. 163–75.

26. E. Friedmann, et al., "Animal Companions and One-Year Survival of Patients after Discharge from a Coronary Care Unit," *Public Health Reports* 95(4[1980]):307–12.

27. E. Friedmann, et al., "Social Interaction and Blood Pressure: Influence of Animal Companions," *The Journal of Nervous and Mental Disease* 171(8[1983]):461–65.

28. A. Beck and A. H. Katcher, *Between Pets and People* (New York: G. P. Putnam, 1983).

29. J. J. Lynch, "The Cardiac Orienting Response and Its Relationship to the Cardiac Conditional Response in Dogs," *Conditional Reflex* 2(2[1967]):138–52.

30. F. K. Graham and R. K. Clifton, "Heart Rate Changes as a Component of the Orienting Response," *Psychological Bulletin* 65(1966):305–20.

E. N. Sokolov, *Perception and the Conditioned Reflex*, translated by Stefan W. Waydenfeld (New York: Macmillan, 1963).

31. Sokolov, *Perception* [30].

32. Lynch, "Cardiac Orienting Response" [29].

33. Graham and Clifton, "Heart Rate Changes" [30].

34. K. Malinow, et al., "Blood Pressure Changes While Signing in a Deaf Population," unpublished manuscript.

35. G. A. Harschfield, et al., "Situational Reactivity of Blood Pressure in Essential

Hypertensive Patients During Normal Activities," *Psychophysiology* 18(1981):163.

36. J. Hsiao, et al., "Blood Pressure Changes in Schizophrenics When They Talk," unpublished manuscript.

37. P. Sterling and J. Eyer, "Biological Basis for Stress Related Mortality," *Social Science and Medicine* 15E(1981):3–42.

38. A. C. Guyton, *Arterial Pressure and Hypertension* (Philadelphia: W. B. Saunders, 1980).

39. I. H. Page, "The Mosaic Theory of Hypertension," in K. D. Bock and P. T. Cottier, eds., *Essential Hypertension* (Berlin: Springer, 1960).

40. S. A. Thomas, et al., "Changes in Blood Pressure, Intra-pleural Pressure and Finger Blood Flow during Normal and Rapid Speech," unpublished manuscript.

41. Ibid.

42. M. D. Abramson and E. B. Ferris, "Responses of Blood Vessels in the Resting Hand and Forearm to Various Stimuli," *American Heart Journal* 19(1940):541–53.

H. Barcroft, et al., "The Mechanism of the Vasodilatation in the Forearm Muscle During Stress (Mental Arithmetic)," *Clinical Science* 19(1960):577–86.

V. Fencl, Z. Hejl, and J. Jirka, "Circulatory Changes Underlying Blood Pressure Elevations during Acute Emotional Stress (Mental Arithmetic) in Normotensive and Hypertensive Subjects," *Clinical Science* 18(1959):269–79.

V. Fencl, et al., "Changes of Blood Flow in Forearm Muscle and Skin during an Acute Emotional Stress (Mental Arithmetic)," *Clinical Science* 18(1959):491–98.

D. Kelly, C. C. Brown, and J. W. Schaffer, "A Comparison of Physiological and Psychological Measurements on Anxious Patients and Normal Controls," *Psychophysiology* 6(1970):429–41.

H. Konzett and K. Strieder, "Differentiation of Stress Stimuli by Measuring Forearm Blood Flow," *Federal Proceedings* 29(741[Abstract 2801, 1970]).

M. Ulrych, "Changes of General Haemodynamics during Stressful Mental Arithmetic and Non-Stressing Quiet Conversation and Modification of the Beta-Adrenergic Blockage," *Clinical Science* 36(1969):453–61.

43. J. J. Lynch, et al., "Oxygen Tension Changes in Forearm Skin Tissue during Talking and Rest," unpublished manuscript.

44. F. Wimbush, et al., "Patient Responses to Two Stressors: Communication and Cardiac Catheterization," unpublished manuscript.

Kapitel 7

1. S. Longworth, "Blood Pressure in Mental Disorders," *British Medical Journal* (1911):1366–68.

2. Ray Gibson, "The Pathology of Dementia Praecox, Especially in Relation to the Circulatory Change," *Archives of Neurology and Psychiatry* 5(1911):182.

3. T. Raphael, J. Parsons, and M. Woodwell, "Schizophrenic Catatonia with Associated Metabolic and Vegetative Features," *Archives of Neurology and Psychiatry* 9(1923):471–77.

4. W. S. Dawson, "A Study of the Endocrine-Autonomic Disorders of Dementia Praecox," *Journal of Mental Science* 69(1923):182–99.

5. G. Pankin, "Some Observations on the Study of Blood-Pressure in the Insane," *Journal of Mental Science* 73(1927):240–55.

6. H. Freeman, R. G. Hoskins, and F. H. Sleeper, "The Blood Pressure in Schizophrenia," *Archives of Neurology and Psychiatry* 27(1932):333–51.

7. M. Miller, "Blood Pressure Findings in Relation to Inhibited Aggressions in Psychotics," *Psychosomatic Medicine* 1(1[1939]):162–72.

8. Joseph Rheingold, "Autonomic Integration in Schizophrenia," *Psychosomatic Medicine* 1(3[1939]):497–513.

9. O. Lingjaerde, C. L. Laane, and H. Strom, "The Variation of Blood Pressure with the Age in Schizophrenics," *Journal-Nordisk Medicin* 43(1950):167–70.

10. F. Shattock, M. Oxon, and D. London, "The Somatic Manifestations of Schizophrenia: A Clinical Study of Their Significance," *Journal of Mental Science* 96(1950):32–63.

11. Ibid.

12. G. Masterton, et al., "Low Blood Pressure in Psychiatric Inpatients," *British Heart Journal* 45(1981):442–46.

13. R. R. Monroe, et al., "A Comparison of Hypertensive and Hypotensive Schizophrenics," *Psychosomatic Medicine* 23(6[1961]).

14. K. Witton and A. R. Goldman, "Some Considerations on Blood Pressure Patterns in a Mental Hospital Population," *Journal of Nervous and Mental Disease* 140(1[1965]):58–63.

15. Monroe et al., "A Comparison" [13].

16. Ibid.

17. G. Masterton, et al., "Low Blood Pressure in Psychiatric Inpatients," *British Heart Journal* 45(1981):442–46.

18. Freeman, Hoskins, and Sleeper, "Blood Pressure" [6].

19. C. J. Main and G. Masterton, "The Influence of Hospital Environment on Blood Pressure in Psychiatric Inpatients," *Journal of Psychosomatic Research* 25(3[1981]):157–63.

20. B. Richards and F. Enver, "Blood Pressure in Down's Syndrome," *Journal of Mental Deficiency Research* 23(1979):123–35.

21. W. C. Alvarez and L. L. Stanley, "Blood Pressure in Six Thousand Prisoners and Four Hundred Prison Guards," *Archives of Internal Medicine,* 12 November 1929, pp. 17–39.

22. Ibid.

23. D. A. D'Atri and A. M. Ostfeld, "Crowding—Its Effects on Elevation of Blood-Pressure in a Prison Setting," *Preventive Medicine* 4(4[1975]):550–66.

24. J. Gordon Barrow, et al., "Studies in Atherosclerosis III. An Epidemiologic Study of Atherosclerosis in Trappist and Benedictine Monks: A Preliminary Report," *Annals of Internal Medicine* 52(2[1960]):368–77.

25. Ibid.

26. J. Staessen, et al., *"The Effects of Aging on Blood Pressure,"* in F. Gross and T. Strasser, eds., *Mild Hypertension: Recent Advances* (New York: Raven Press, 1983), pp. 315–27.

27. W. J. Oliver, E. L. Cohen, and J. V. Neel, "Blood Pressure, Sodium Intake and Sodium Related Hormones in the Yanomamo Indians, A 'No Salt' Culture," *Circulation* 52(1975):146–51.

28. W. R. Morse and Y. T. Beh, "Blood Pressure amongst Aboriginal Ethnic Groups of Szechwan Province, West China," *Lancet* 1(1937):966–67.

29. I. Maddocks, "Blood Pressure in Melanesians," *Medical Journal of Australia* 1(1967):1123–26.

30. A. W. Williams, "Blood Pressure Differences in Kikuyu and Samburu Communities in Kenya," *East Africa Medical Journal* 46(1969):262–71.

31. B. Gampel, et al., "Urbanization and Hypertension among Adult Zulus," *Journal of Chronic Diseases* 15(1961):57.

32. L. B. Page, A. Damon, and R. C. Moellering, "Antecedents of Cardiovascular

Disease in Six Solomon Island Societies," *Circulation* 49(1974):1132–46.

33. A. M. Prior, et al., "Sodium Intake and Blood Pressure in Two Polynesian Populations," *New England Journal of Medicine* 279(1968):515–20.

34. Stephen T. McGarvey and Paul T. Baker, "The Effects of Modernization and Migration on Samoan Blood Pressures," *Human Biology* 51(1979):461–80.

35. G. C. Shattuck, *The African Republic of Liberia and the Belgian Congo: Report of the Harvard Expedition to Liberia* (Cambridge, Mass.: Harvard University Press, 1930).

36. J. O. M. Pobee, "Epidemiological Report from West Africa," in Franz Gross and Toma Strasser, eds., *Mild Hypertension: Recent Advances* (New York, Raven Press, 1983), pp. 33–54.

O. O. Akinkugbe, and O. A. Ojo, "Arterial Pressures in Rural and Urban Populations in Nigeria," *British Medical Journal* 2(1969):222.

37. C. G. Salsbury, "Disease Incidence among the Navajo," *Southwestern Medicine* 21(1937):230–33.

38. F. DeStefano, J. Coulehan, and K. Wiunt, "Blood Pressure Survey on the Navajo Indian Reservation," *American Journal of Epidemiology* 109(3[1979]):335–45.

39. M. Braxton, "Blood Pressure Changes among Male Navajo Migrants to an Urban Environment," *Canadian Review of Sociology and Anthropology* 7(1970):189–200.

40. M. Sievers, "Historical Overview of Hypertension among American Indians and Alaskan Natives," *Arizona Medicine* 34(1977):607–10.

41. Braxton, "Blood Pressure Changes" [39].

42. H. Benson, B. R. Marzetta, and B. A. Rosner, "Decreased Systolic Blood Pressure in Hypertensive Subjects Who Practiced Meditation," *Journal of Clinical Investigation* 52(1973):8a.

H. Benson, H. P. Klemchuk, and J. R. Graham, "The Usefulness of the Relaxation Response in the Therapy of Headache," *Headache* 14(1974):49–52.

H. Benson, "Your Innate Asset for Combatting Stress," *Harvard Business Review* 52(1974):49–60.

H. Benson, J. F. Beary, and M. P. Carol, "The Relaxation Response," *Psychiatry* 37(1974):37–46.

H. Benson, "Transcendental Meditation—Science or Cult?" *Journal of the American Medical Association* 227(1974):807.

H. Benson, "Yoga for Drug Abuse," *New England Journal of Medicine* 281(1969):1133.

H. Benson and M. Z. Klipper, *The Relaxation Response* (New York: William Morrow, 1975).

Charles F. Stroebel, *The QR or Quieting Reflex* (New York: G. P. Putnam, 1982), p. 221.

Kapitel 8

1. J. Wilkin, "Flushing Reactions: Consequences and Mechanisms," *Annals of Internal Medicine,* 95(1981):468–76.

2. S. Fahrion, "Autogenic Biofeedback for Migraine," *Psychiatric Annals* (May 1978):219–34.

Joseph D. Sargent, Elmer E. Green, and E. Dale Walters, "Preliminary Report on the Use of Autogenic Feedback Training in the Treatment of Migraine and Tension Headaches," *Psychosomatic Medicine* 35(2[1973]):129–35.

3. Ad Hoc Committee on the Classification of Headache, National Institute of Neurological Diseases and Blindness, "Classification of Headaches," *Neurology* 12(1962):378.

4. C. F. Rose and M. Gawel, *Migraine—The Facts* (New York: Oxford University Press, 1979).

5. H. Adams, M. Feurlstein, and J. Fowler, "Migraine Headache: Review of Parameters, Etiology and Intervention," *Psychological Bulletin* 87(2[March 1980]):217–37.

A. H. Crisp, et al., "Some Clinical, Social, and Psychological Characteristics of Migraine Subjects in the General Population," *Postgraduate Medical Journal* 53(November 1977):691–97.

S. Dimond and J. Gedina, "Review Article: Current Thoughts in Migraine," *Headache* 20(1980):208–12.

6. J. J. Lynch and S. A. Thomas, "Heart Rate and Blood Pressure Changes in Migraine Patients during Therapeutic Dialogue," unpublished manuscript.

7. H. G. Wolff and M. M. Tunis, "Analysis of Cranial Artery Pressure Pulse Waves in Patients With Vascular Headaches of the Migraine Type," *Transactions of Associations of American Physicians* 65(240[1952]).

8. H. G. Wolff, *Wolff's Headache and Other Head Pain,* edited by D. J. Dalessio, 4th ed. (New York: Oxford University Press, 1980).

9. Rose and Gawel, *Migraine: The Facts* [4].

10. Ibid.

11. J. G. Flannery, "Alexithymia," *Psychotherapeutics and Psychosomatics* 30(1978):193–97.

P. C. Kimball, "The Languages of Psychosomatic Medicine," *Psychotherapeutics and Psychosomatics* 28(1977):1–12.

H. Krystal, "Trauma: Consideration of Severity and Chronicity," in H. Krystal and W. Niederland, eds., *Psychic Traumatization* (Boston: Little, Brown, 1971).

J. Nemiah, "Denial Revisited: Reflections on Psychosomatic Theory," *Psychotherapeutics and Psychosomatics* 26(1975):140–47.

J. C. Nemiah, "Alexithymia, Theoretical Considerations," *Psychotherapeutics and Psychosomatics* 28(1977):199–206.

J. C. Nemiah and P. E. Sifneos, "Psychosomatic Illness: A Problem of Communication," *Psychotherapeutics and Psychosomatics* 18(1970):154–58.

R. Pierloot and J. Vinick, "A Pragmatic Approach to the Concept of Alexithymia," *Psychotherapeutics and Psychosomatics* 28(1977):156–66.

P. E. Sifneos, "A Reconsideration of Psychodynamic Mechanisms in Symptom Formation in View of Recent Clinical Observations," *Psychotherapeutics and Psychosomatics* 24(1974):151–55.

P. E. Sifneos, "The Prevalence of Alexithymic Characteristics in Psychosomatic Patients," *Psychotherapeutics and Psychosomatics* 22(1973):255–62.

G. J. Taylor, "Alexithymia and the Counter-Transference," *Psychotherapeutics and Psychosomatics* 28(1977):141–47.

12. F. Alexander, *Psychosomatic Medicine* (New York: W. W. Norton, 1950).

E. Lindemann, "Psychiatric Problems in Conservative Treatment of Ulcerative Colitis," *Archives of Neurology* (Chicago) 53(1945):322–24.

13. A. Garma, "Internalized Mother as Harmful Food in Peptic Ulcer Patients," *International Journal of Psychoanalysis* 34(1953):102.

F. T. Knapp, M. Rosenbaum, and J. Romano, "Psychological Factors in Men with Peptic Ulcer," *American Journal of Psychiatry* 103(1947):700.

J. C. Nemiah, "The Psychological Management and Treatment of Patients with Peptic Ulcer," *Advanced Psychosomatic Medicine* 6(169[1971]).

14. J. Ruesch, "The Infantile Personality: The Core Problem of Psychosomatic Medicine," *Psychosomatic Medicine* 10(1948):134–44.

15. M. B. Freedman and B. S. Sweet, "Some Specific Features of Group Psychotherapy and Their Implications for Selected Patients," *International Journal of Group Psychotherapy* 4(1954):355–68.

16. H. C. Shands, "How Are Psychosomatic Patients Different from Psycho-Neurotic Patients?" *Psychotherapeutics and Psychosomatics* 26(1975):270–85.

17. P. Marty and M. de M'Uzan, "La Pensée Opératoire," *Revue François Psychoanalysis* 27(supplement [1963]):1345.

18. J. C. Nemiah, H. Freyberger, and P. E. Sifneos, "Alexithymia: A View of the Psychosomatic Process," in O. Hill, ed., *Modern Trends in Psychosomatic Medicine, vol. III* (London: Butterworths, 1976), pp. 430–39.

19. Ibid, p. 432.

20. P. E. Sifneos, "Problems of Psychotherapy of Patients with Alexithymic Characteristics and Physical Disease," *Psychotherapeutics and Psychosomatics* 26(1975):68.

21. H. Krystal, "Alexithymia and Psychotherapy," *American Journal of Psychotherapy* 33(1979):17–31.

22. K. D. Hoppe and J. E. Bogen, "Alexithymia in Twelve Commissurotomized Patients," *Psychotherapeutics and Psychosomatics* 28(1977):148–55.

23. J. McDougall, "The Psychosoma and Psychoanalytic Process," *International Journal of Psychoanalysis* 1(1974):461–66.

24. Marty and de M'Uzan, "La Pensée Opératoire" [17].

25. P. D. MacLean, "Psychosomatic Disease and the Visceral Brain," *Psychosomatic Medicine* 11(1949):338.

Kapitel 9

1. M. Thaler-Singer, "Psychological Dimensions in Psychosomatic Patients," *Psychotherapeutics and Psychosomatics* 28(1977):13–27.

2. M. Thaler-Singer, M. F. Reiss, and H. Weiner, "An Exploration of the Doctor-Patient Relationship through Projective Techniques: Their Use in Psychosomatic Illness," *Psychosomatic Medicine* 19(1957):228–39.

3. P. S. Hall, S. A. Thomas, E. Friedmann, J. J. Lynch, "Measurement of Neonatal Blood Pressure: A New Method," *Psychophysiology* 19(1982):231–36.

4. P. S. Hall, J. J. Lynch, S. A. Thomas, and E. Friedmann, "The Effects of Breast Feeding and Bottle Feeding on the Blood Pressure and Heart Rate of Newborn Infants," unpublished manuscript.

5. John C. Nemiah, "Neurasthenic Neurosis" in Alfred M. Freedman, H. I. Kaplan, and Benjamin J. Sadock, eds. *Comprehensive Textbook of Psychiatry II,* vol. 1, 2nd ed. (Baltimore: Williams & Wilkins, 1975) p. 1264.

6. W. B. Cannon, *Bodily Changes in Pain, Hunger, Fear and Rage: An Account of Recent Researches into the Function of Emotional Excitement* (New York: Appleton, 1929).

7. Ibid.

8. J. J. Lynch, *The Broken Heart: The Medical Consequences of Loneliness* (New York: Basic Books, 1977).

9. C. Darwin, *The Expression of the Emotions in Man and Animals* (New York: Philosophical Library, 1955).

10. Carl Georg Lange, *Ueber Gemüthsbewegungen*, H. Kurella, trans. (Leipzig: 1887) p. 75.

11. William James, "On Emotion," in *Principles of Psychology*, vol. 2 (New York: Holt and Company, 1890).

W. James, "What is an Emotion," *Mind* 9(1884):188–205.

W. James, *Emotions: Their Parameters and Measurements*, L. Livi, ed. (New York: Raven Press, 1975).

12. W. B. Cannon, *Bodily Changes in Pain, Hunger, Fear and Rage: An Account of Recent Researches into the Function of Emotional Excitement* (New York: Appleton, 1929).

13. C. S. Sherrington, *Integrative Action of the Nervous System* (New York: Scribner, 1906).

14. Philip Bard, "A Diencephalic Mechanism for the Expression of Rage with Special Reference to the Sympathetic Nervous System," *American Journal of Physiology* 84(1928):490–515.

15. Adolf Portmann, "Lebensforschung unserer Tage," *Universitas* 3 (Februar 1955). (*Contemporary Biological Research Part I*, R.B. Carter, trans.)

Adolf Portmann, "Lebensforschung unserer Tage," *Universitas* 3 (März 1955). (*Contemporary Biological Research Part II*, R.B. Carter, trans.).

Adolf Portmann, "Lebensforschung unserer Tage," *Universitas* 3 (April 1955). (*Contemporary Biological Research Part III*, R.B. Carter, trans.)

Adolf Portmann, *Handbuch der allgemeinen Pathologie*, vol. 1, (Berlin, Heidelberg, New York: 1969), pp. 187–204. (*The Problem of Living Things*, R. B. Carter, trans.)

Adolf Portmann, "Der Mensch im Felde der Evolutionstheroie," in *Meyers Enzyklopaedischem Lexikon* (Mannheim, Wein, Zurich: Bibliographisches Institut, 1971). (*Human Beings in the Perspective of the Theory of Evolution*, R. B. Carter, trans.)

Adolf Portmann, "Das Lebendige als vorbereitete Beziehung," *Erranos-Jahrbuch* 24(1955):485–506. Nachdruck (1965): *Aufbuch der Lebensforschung*, pp. 13–32. (*The Living Thing as a Pre-Arranged Relationship*, B. Carter with E. B. Carter, trans.).

Adolf Portmann, "Der Weg Zum Wort: Stufen lebendiger Kommunikation," *Erranos-Jahrbuch* 39 (1970), (Leiden: E. J. Brill, 1973):397–424. (*The Path Leading to Words: Levels of Living Communication*, R. B. Carter, trans.)

Kapitel 10

1. M. Foucault, *Naissance de la Clinique: Une Archeologie du Regard Medical* (Paris: Presse Université de France, 1972).

2. Bertrand Russell, *Wisdom of the West* (London: Rathbone Books Limited, Crescent Books, 1959).

3. Aristotle, "De Anima," in *On the Soul*, with commentaries and glossary by Hippocrates. G. Apostle, trans. (Grinnell, Iowa: Peripatetic Press, 1981).

4. Ibid.

5. John 1:1 and 14.

6. Russell, *Wisdom of the West*.

7. Aristotle, "De Anima."

8. Blaise Pascal, *Pensées* (New York: Washington Square Press, 1965).

9. René Descartes, "Discourse on Method" in *Oeuvres*, vol. 4, p. 329, 1, 16–19, as quoted in Richard B. Carter, *Descartes' Medical Philosophy—The Organic Solution to the Mind-Body Problem* (Baltimore: Johns Hopkins University Press, 1983) p. 7.

10. Richard B. Carter, *Descartes' Medical Philosophy—The Organic Solution to the Mind-Body Problem* (Baltimore: Johns Hopkins University Press, 1983).

11. René Descartes, *The Philosophical Works of Descartes*, vol. 1, E. S. Haldane and G. R. T. Ross, trans. (New York: Cambridge University Press, 1979, [c. 1911]).

12. Ernest Jones, *The Life and Work of Sigmund Freud: The Formative Years and the Great Discoveries 1856–1900*, vol. 1 (New York: Basic Books, 1953), pp. 169–70.

13. Ludwig Binswanger, *Sigmund Freud: Reminiscences of a Friendship*, Norbert Guterman, trans. (New York: Grune and Stratton, 1957).

14. Ibid.

15. Richard M. Restak, review of *The Freudian Fallacy*, by E.M. Thornton, in "Book World," *Washington Post*, 18 March 1984.

16. S. Freud and W. C. Bullitt, *Thomas Woodrow Wilson, Twenty-Eighth President of the United States: A Psychological Study* (Boston: Houghton Mifflin, 1967 [c. 1966]).

17. Ibid.

18. Ibid., pp. xi–xiii.

19. Binswanger, *Sigmund Freud.*

20. Ivan P. Pavlov, *Lectures on Conditioned Reflexes: Twenty-Five Years of Objective Study of the Higher Activity (Behavior) of Animals*, vols. 1 and 2, W. H. Gantt, ed. and trans. (New York: International Publishers, 1941).

21. Ivan P. Pavlov, *Conditioned Reflexes and Psychiatry*, vol. 2, Appendix 2, W.H. Gantt, ed. and trans. (New York: International Publishers, 1941).

22. Karl Marx, *The Portable Karl Marx*, Eugene Kamenka, ed. (Harmondsworth, Middlesex, England: Penguin Books, 1983).

23. Ivan P. Pavlov, *Conditioned Reflexes* (New York: Dover Books, 1960 reprint of the 1927 Oxford University Press, G.V. Anrep, trans.) p. 4, as quoted in Richard B. Carter, *Descartes' Medical Philosophy—The Organic Solution to the Mind-Body Problem* (Baltimore: Johns Hopkins University Press, 1983) p. 3.

24. Hannah Arendt, *Crises of the Republic* (New York: Harcourt Brace Jovanovich, 1972 [c. 1969]).

Hannah Arendt, *On Violence* (New York: Harcourt Brace and World, 1969).

Hannah Arendt, *The Origins of Totalitarianism*, 2nd ed. (New York: Meridian Books, 1958).

25. Raul Hilberg, *The Destruction of the European Jews* (Chicago: Quadrangle Books, 1967).

26. Richard L. Rubenstein, *The Cunning of History: The Holocaust and the American Future* (New York: Harper and Row, 1978 [c. 1975]).

Anhang

1. S. A. Thomas, "Steps in Transactional Psychophysiology Therapy" in *The Healing Heart: Psychological Intervention in Cardiovascular Disease*, Andrew M. Razin, ed.(California: Jossey-Bass, in press).

2. S. A. Thomas, J. J. Lynch, H. Gross, and P. Rosch, *Transactional Psychophysiology: A New Non-Drug Treatment for Stress-Linked Diseases.* (New York: Basic Books, in press).

459

461

SACHREGISTER

462

463

464

472

473

474

475

Horizonte
D E S · L E B E N S

Sachbücher zum
Umdenken
— mit Gefühl und
mit Verstand

Aus dem
Englischen von
Werner Enzmann
Leinen mit
Schutzumschlag,
mit zahlreichen Abbil-
dungen
447 Seiten, DM 44,—
ISBN 3-87387-256-0

Michael Argyle erforscht seit über zehn Jahren soziale Beziehungen — in Ehen und Partnerschaften, zwischen Eltern und Kindern, unter Verwandten, Nachbarn und Arbeitskollegen. Vor allem hat er die Regeln untersucht, die — in jeder Kultur — das menschliche Zusammenleben bestimmen, die Fertigkeiten, die der einzelne braucht, um tragfähige Bindungen aufzubauen und zu erhalten, und die Auswirkungen sozialer Kontakte auf das persönliche Glück und die Gesundheit.

Gemeinsam mit der Psychologin und Therapeutin Monika Henderson hat Argyle die eigenen Erkenntnisse sowie Forschungsergebnisse anderer in klarer, ein-facher Sprache für einen breiten Leserkreis aufbereitet. Die Autoren liefern eine sorgfältige Bestandsaufnahme unserer zwischenmenschlichen Wirklichkeit, die heillose Beziehungsdebatten auf den Boden verläßlicher Einsichten stellt. Darüber hinaus geben sie dem Leser im Schlußteil praktische Orientierungshilfen, den eigenen Umgang mit anderen zu verbessern und Konflikte konstruktiv zu bewältigen.

Ihr Buch ist *die derzeit umfassendste Darstellung des psychologischen Wissensstandes über menschliche Beziehungen — eine „Enzyklopädie des Zusammenlebens" von wissenschaftlichem Rang und zugleich eine anregende Lektüre für jedermann.*

Junfermann-Verlag · Paderborn